中華古籍保護計劃
ZHONG HUA GU JI BAO HU JI HUA CHENG GUO

·成 果·

海外中華古籍書志書目叢刊

美國芝加哥大學圖書館藏中文古籍善本書志 叢部

李文潔 著

國家圖書館出版社

圖書在版編目（CIP）數據

美國芝加哥大學圖書館藏中文古籍善本書志·叢部 / 李文潔著 . — 北京 : 國家圖書館出版社 , 2019.6
（海外中華古籍書志書目叢刊）
ISBN 978-7-5013-6314-8

Ⅰ . ①美…　Ⅱ . ①李…　Ⅲ . 高等學校—中文—古籍—善本—圖書館目録—美國　Ⅳ . ① Z838

中國版本圖書館 CIP 數據核字（2017）第 299678 號

書　　名　美國芝加哥大學圖書館藏中文古籍善本書志·叢部
著　　者　李文潔 著
責任編輯　張愛芳　陳瑩瑩

出版發行　國家圖書館出版社（北京市西城區文津街 7 號　　100034）
　　　　　（原書目文獻出版社 北京圖書館出版社）
　　　　　010-66114536　63802249　nlcpress@nlc.cn（郵購）
網　　址　http://www.nlcpress.com
排　　版　北京九章文化有限公司
印　　裝　北京科信印刷有限公司
版次印次　2019 年 6 月第 1 版　2019 年 6 月第 1 次印刷

開　　本　787×1092（毫米）　1/16
印　　張　21.5
字　　數　379 千字
書　　號　ISBN 978-7-5013-6314-8
定　　價　128.00 圓

陳眉公訂正麟書

宋　汪若海　東叟著

明　顧雲鵬　天池　校
　　沈元禎　開生　校

太學生臣汪若海誠惶誠懼頓首頓首謹言臣

於十一月二十五日從張叔夜幕中爲兵火所

逼倉惶走艮嶽匿於神運石之下居一夕忽遇

磐固侯闥臣曰吾居太湖鷗夷子去越時遺書

008　亦政堂鐫陳眉公普秘笈一集五十種八十八卷
明刻本

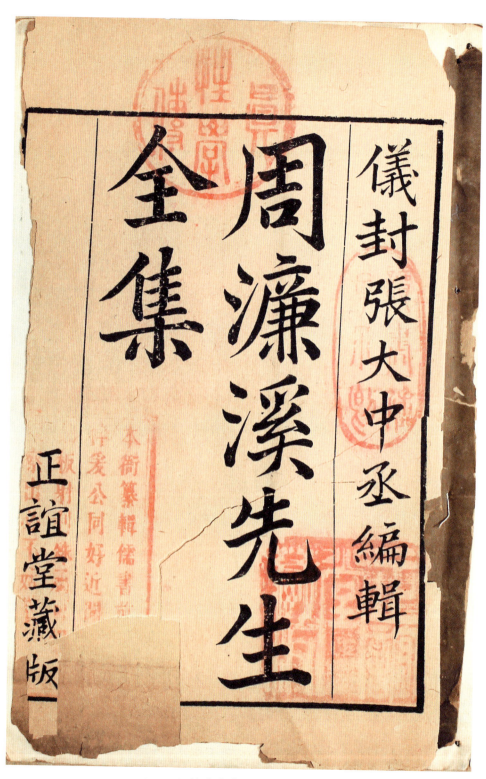

全集 周濂溪先生 儀封張大中丞編輯

正誼堂藏版

本衙纂輯儀書許發公同好近翻版

013　正誼堂全書□□種□□□卷

清康熙四十六年至五十年（1707—1711）刻本

易傳卷第一

唐 資州 李鼎祚 集解

乾下乾上 乾元亨利貞

纂說卦乾健也言天之體以健為用運行不息應化
无窮故聖人則之欲使人法天之用不法天之體故
名乾不名天也○子夏傳曰元始也亨通也利和也
貞正也言乾稟純陽之性故能首出庶物各得元始
開通和諧貞固不失其宜是以君子法乾而行四德
故曰元亨利貞矣

初九潛龍勿用

014　雅雨堂叢書十三種一百三十六卷

清乾隆二十一年至二十五年（1756—1760）盧氏雅雨堂刻本（《大戴禮記》配清刻本）

都公譚纂卷上

門人陸采編次

元太祖尊禮邱長春、屢試其術、一日、長春入朝、語弟
子可掘坎以俟及入太祖賜酡酒一杯、長春飲之
無難色、嘔歸寢坎中、得生頂髮盡禿明日又謂弟
子索絲繩以入太祖賜玉冠長春出絲繩繫之而
謝太祖神其術、禮之愈隆後欲妻以公主堅不可
辭遂自腐以告絕其日乃十月九日今京師謂之
閹九爲會甚盛、

都公譚纂卷上　　　　　一

硯雲書屋

017　硯雲甲編八種十六卷

清乾隆四十年（1775）刻本

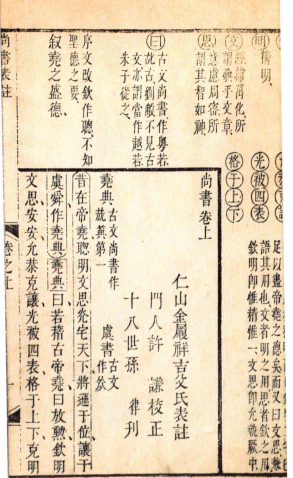

028　率祖堂叢書八種五十七卷附七種三十卷

清雍正至乾隆刻本

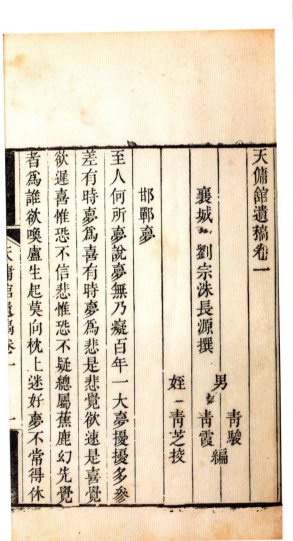

024　劉氏傳家集三十三種二百九卷

清乾隆刻本

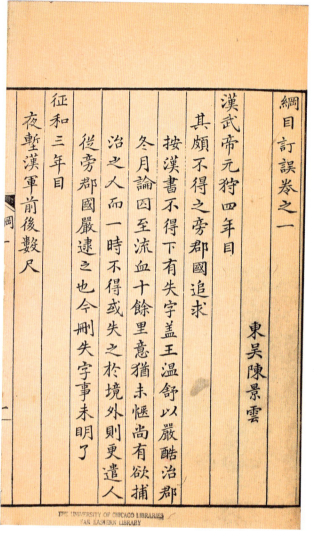

綱目訂誤卷之一

東吳陳景雲

漢武帝元狩四年目

其頗不得之旁郡國追求

按漢書不得下有失字蓋王温舒以嚴酷治郡

冬月論囚至流血十餘里意猶未愜尚有欲捕

治之人而一時不得或失之於境外則更遣人

從旁郡國嚴逮之也今刪失字事未明了

征和三年目

夜塹漢軍前後數尺

042　文道十書四種十二卷

清乾隆十九年（1754）陳黃中樸茂齋刻本

屏山草堂稿

宜黃應麟圖呈著

男文笏孫肇甦程編輯

易經碎言卷首

作易之旨

天地之間有理而後有氣有氣而後有象而後

有數聖人教人何以必懸象數而顧舍本以逐末乎

蓋只與人說理則人皆病於無可捉摸而莫知所適

044　屏山草堂稿四種十五卷

清乾隆十六年（1751）宜黃應氏刻本

總　目

古籍回歸故里　功德澤被千秋（代序）

　　"史在他邦，文歸海外"，這是鄭振鐸先生面對中華古籍流失海外時的慨嘆。流傳海外的珍貴典籍，無論是文化交流、贈送、交換、販售，還是被掠奪、偷運，抑或是遭非法交易、走私等，都因其具備極高的文物價值和文獻價值，而爲海外所看重。因此，其中多珍善版本，甚而還有不少是孤本秘笈。據估算，海外中文古籍收藏數量超過三百萬册件，北美、歐洲、亞洲等許多大型圖書館、博物館和私人機構、寺廟等都收藏有中文古籍。甲骨、竹木簡、敦煌西域遺書、宋元明清善本、拓本輿圖和中國少數民族古籍等，在海外都有珍稀孤罕的藏品。

　　中華文化綿延五千年，是全世界唯一没有中斷的古老文明，其重要載體就是留存於世的浩瀚典籍。存藏於海外的典籍，同樣是中華燦爛輝煌文化的重要見證，是釐清中華文明發展脉絡不可或缺的組成部分。要促成中華民族最重要的智慧成果歸於完璧、傳承中華文化優秀成果，就必須高度重視海外古籍回歸工作。

　　一九四九年以來，黨中央、國務院始終高度重視海外中華古籍的回歸與保護工作。一九八一年中共中央在《關於整理我國古籍的指示》中，明確指出"通過各種辦法争取弄回來，或者複製回來，同時要有系統地翻印一批珍本、善本"。二〇〇七年，國務院辦公廳頒布《關於進一步加強古籍保護工作的意見》，指出要"加強與國際文化組織和海外圖書館、博物館的合作，對海外收藏的中華古籍進行登記、建檔"。同年"中華古籍保護計劃"正式啓動，中國國家圖書館加挂"國家古籍保護中心"牌子，負責牽頭與海外藏書機構合作，制訂計劃，有步驟地開展海外古籍調查工作，摸清各國藏書情況，建立《國家珍貴古籍名録》（海外卷）。二〇一一年文化部頒布《關於進一步加強古籍保護工作的通知》，指出"要繼續積極開展國際合作，調查中華古籍在世界各地的存藏情況，促進海外中華古籍以數字化方式回歸"。

　　按照黨中央、國務院的要求，半個世紀以來，海外中華古籍的回歸工作一直在不斷推進，并取得了一系列的重要成果。一九五五年和一九六五年，在周恩來總理親切關懷和支持下，中國國家圖書館兩度從香港購藏陳清華舊藏珍籍；二〇〇四年，又實現了第三批陳清華海外遺珍的回歸。二〇一〇年，在國際學者和學術機構的幫助下，中國國家圖書館在館網上建立了海外中文古籍專題網站，發布了"哈佛燕京圖書館藏中文善本特藏資源庫"。二〇一三年，北京大學中國古文獻研究中心團隊所承擔的《日本宮內廳書陵部所藏宋元本漢籍叢刊》由上海古籍出版社出版；二〇一三年五月、二〇一四年七月，國家圖書館出版社分別影印出版了《哈佛燕京圖書館藏〈永樂大典〉》《普林斯頓大學東亞圖書館藏〈永樂大典〉》；二〇一四年日本大倉汲古館藏書整體入藏北京大學圖書館。這些不同形式的海外古籍回歸，均有利於學術研究，促進了中外文化交流。但總體説來，這些僅係海外古籍中的極少部分，絶大多數仍沉眠於海外藏書機構或藏家手中，國人無緣得見。

在海外中華古籍實物回歸、數字化回歸、影印出版等幾種方式中，採取以影印出版的方式永久保存承載華夏文明的中華古籍特藏，是古籍再生性保護的重要手段，是繼絶存真、保存典籍的有效方式，也是傳本揚學、惠及士林的最佳方式，它不僅有利於珍本文獻原件的保存和保護，更有利於文獻的利用和學術研究，而且也有效地解決了古籍保護與利用之間的矛盾。與實物回歸相比較，影印出版的方式更爲快捷，規模也更大。

爲進一步做好海外中華古籍的回歸工作，二〇一四年國家古籍保護中心（中國國家圖書館）彙集相關領域專家、國外出版機構、出版工作者等多方力量，在已有工作的基礎上，整合資源、有序推進，策劃啓動了"海外中華古籍書志書目叢刊""海外中華古籍珍本叢刊"兩大海外中華古籍回歸項目。"海外中華古籍書志書目叢刊"編纂出版海外圖書館、博物館、書店等單位或個人所藏中華古籍新編書目、歷史目錄、專題書目、研究書志書目、藏書志、圖錄等；"海外中華古籍珍本叢刊"則以影印的方式，按專題或收藏機構系統整理出版海外圖書館或個人存藏的善本文獻、書籍檔案，對具有典型性、文物性、資料性和藝術性的古籍則採用仿真影印的形式出版；希望通過"海外中華古籍書志書目叢刊""海外中華古籍珍本叢刊"的持續出版，促進海外古籍的影印回歸。

"海外中華古籍書志書目叢刊""海外中華古籍珍本叢刊"編纂出版項目作爲"中華古籍保護計劃"的一部分，它的實施對保存保護中華傳統典籍、推進海外散藏文獻爲學界利用、促進學術研究深入開展均具有重要意義，也必將極大促進中外文化交流的實質性拓展。

是爲序。

國家古籍保護中心（中國國家圖書館）

二〇一五年三月

序

　　美國芝加哥大學東亞圖書館始建於 1936 年。是年，芝加哥大學校長聘請青年學者顧立雅（Herrlee G. Creel）先生來芝加哥大學開設中國研究項目與課程，此爲東亞研究學科（時稱遠東研究）在芝大之發軔。顧先生到芝大教書的同年即創辦了遠東圖書館（今東亞圖書館）。

　　芝大東亞圖書館中文善本古籍的主要來源有四：一是建館之初的系統採購。顧立雅在 1938 年從洛克菲勒基金會申請到一筆五年的購書經費，通過有專門爲海外圖書館服務業務的北平大同書店，採購了大量中文圖書。1939—1940 年間，顧立雅到中國訪學。期間，經大同書店協助，一次性購買了近七千册圖書。這些建館初期的採購包括大量綫裝古籍，特別是地方志。這其中就不乏明代和清初的善本。二是從芝加哥紐伯瑞圖書館（Newberry Library）收購的勞費爾二十世紀初在華考察（expedition）期間所購圖書。貝托爾德·勞費爾（Berthold Laufer）是在美國聲名卓著的第一代漢學家。1908—1934 年間曾在芝加哥菲爾德自然歷史博物館（Field Museum of Natural History）先後任亞洲民族學部的助理主任和亞洲人類學部的主任。勞費爾在 1908—1910 年間去中國考察三年，爲新組建的菲爾德博物館亞洲民族學部搜集購買藏品，同時亦受芝加哥兩所私立研究圖書館之托在中國搜求購買圖書。其中，勞費爾當年給紐伯瑞圖書館購得的一千多種兩萬多册圖書中的大部在 1943—1944 年間轉售給了芝加哥大學遠東圖書館。這批含有中、日、藏、滿、蒙古五種語言圖書中的大部分爲中文古籍，包括許多善本。三是老館長錢存訓先生主持館務時期不斷採進的。錢先生是國際著名的中國圖書史、印刷史專家。1947 年受邀來芝大做中文編目。1949 年被聘爲遠東圖書館館長，主持館務一直到他 1978 年退休。據錢老回憶，二十世紀五十年代末及六十年代間，清刊本以平均每册十餘美分，明刊本也不過以每册二至四美元的價格即可從中國臺灣、香港，以及日本等地購入。四是二十世紀六十年代末收購的李宗侗先生的部分藏書。李宗侗是清末重臣李鴻藻之孫，曾任清室善後委員會顧問及故宮博物院秘書長。1948 年隨故宮文物遷臺，後爲臺灣大學歷史系教授。錢老與李氏相識。所購李氏藏書除明清刻本外，還有一些清代稿抄本。

對館藏中文古籍的揭示，始於編目著錄。這項工作從 1947 年錢存訓先生受邀來館始，多年來都在進行着，各屆主持館務的前任和負責與參與中文編目的同仁們爲此貢獻良多。最初的著錄是記錄在一張張 3×5 英寸的標準卡片上的，上面的羅馬拼音或英文一般是由打字機打印的，而中文信息則常常是手工抄錄的。隨着技術的進步，二十世紀八十年代中期本館作爲研究圖書館組織（The Research Libraries Group，即 RLG）的成員，開始使用該組織創制的中、日、韓文終端、軟件與鍵盤進行中文編目，并在九十年代參加了由 RLG 主持的編製中文善本國際聯合目錄的項目。通過這個項目，不但實現了館藏中文善本的機讀編目，而且有效地提高了善本編目的質量。遵循該項目制定的善本機讀目錄編目規則，新的著錄除包括善本的書名、著者、卷數、年代、出版地等信息，還增添了對如行款、版框、版心和一些其它相關特徵的描述。

目錄之學在中國源遠流長。自西漢劉向、劉歆編撰《別錄》《七略》始，凡兩千餘年。而書志之體例雖較晚出，然其對所收之書描述較爲詳盡，又輔以審核考訂，故爲傳統目錄學的最高形制。由李文潔博士撰寫的《美國芝加哥大學圖書館藏中文古籍善本書志・集部》和《美國芝加哥大學圖書館藏中文古籍善本書志・叢部》是芝加哥大學圖書館中文善本書志這一項目的先期成果。前者收錄集部善本 248 部，後者收錄叢部善本 50 部。該兩書志以傳統分類法爲基礎，在集、叢兩部之下對所收善本依內容加以細分，再配以書名、著者、版本和館藏索書號索引，使之成爲揭示館藏集、叢兩部善本方便而可靠的工具書。雖然此前本館善本大多已收錄在芝大圖書館的機讀目錄中，但當有讀者想要瞭解館藏中文善本的全貌或某一類善本在本館之收藏時，却每每苦於難求直截了當又全面可靠的查找方法與答案。有了這兩本書志，不僅集部和叢部的善本盡括其中，而且便利檢索。同時，由於編者採傳統書志之制，又參照、汲取了近年來所出善本書志之成例，對每書均詳細描述版式及物理特徵，包括序跋、刻工及所見鈐印，又考訂作者及撰著、刊刻之緣由，版刻、印刷之年代，并對初印、後印、遞修、增補、翻刻等加以區分，以期向讀者提供詳盡的目錄資料。因此，它們也是有助於研究者詳細瞭解本館集部、叢部每一種善本的研究指南。兩本書志所揭示的雖然祇是本館善本的一部分，但其中也有一些世所罕見的孤本、珍本。如元刻本《精選古今名賢叢話詩林廣記》、明萬曆十二年初刻本《三渠先生集》、明萬曆間刻本《選余食其藁遺》及清雍正五年刻本《懷遠堂詩》，珍貴稿本《沅湘耆舊詩集續編》《耆舊集補》《耆舊集前編補》及《笑鄉詩稿初集》《松禪老人詩册》，稀見清抄本《東坡先生編年詩》以及曾經作爲《四庫全書》底本的《檀園集》和《杭雙溪先生詩集》。

芝大中文善本書志項目的開展與此兩書志的編製是有關各方通力合作的成果。這裏首先要感謝中國國家圖書館，特別是張志清副館長對此合作項目的大力支持。是張志清先生的提議和支持促成了李文潔女士於 2014 年與 2015 年兩度在芝大圖書館訪學共十四個月，逐一檢視、核查、鑒別與考訂了本館集部與叢部的善本，撰寫書志。更要感謝芝加哥大學東亞語言文明系資深教授夏含夷（Edward L. Shaughnessy）先生，是夏教授通過顧立雅中國古文字學中心（Creel Center for Chinese Paleography）所提供的資助玉成了李博士的訪學。没有芝大顧立雅中國古文字學中心和中國國家圖書館的全力支持，就不可能有此項目的開展和取得的階段性成果。我的同仁錢孝文先生爲兩書志精心拍攝了書影，國家圖書館出版社重大項目編輯室的張愛芳主任，靳諾、陳瑩瑩編輯爲書志的早日出版盡心竭力，在此一并申謝。

周原
2018 年 12 月於芝加哥

凡 例

一、本書志收録美國芝加哥大學東亞圖書館庋藏之中文善本古籍，以清乾隆六十年（1795）以前之刻本、活字印本、稿抄校本爲主，嘉慶元年（1796）以後具有特殊文獻價值、版刻特點之刻本及稿抄本等，亦酌予收録。

二、本書志分經、史、子、集、叢五部，各部之下再分小類。分類及排列次序，大體依據《中國古籍善本書目》。

三、各條目順序編號，以完整書名爲標題，并標明本館索書號。

四、每一條目分爲著録、考訂、存藏三部分。著録部分旨在反映原書面貌及特徵，包括書名、卷數、著者、版本、批校題跋者、存卷、册數、版框尺寸、行款，以及卷端著者、書名葉、牌記、原書序跋、凡例、目録等。考訂部分簡述著者仕履、成書情況，記録避諱字、刻工、紙廠印記等。存藏部分概述各地藏書機構收藏情況及鈐印。各項所述，根據實際情況酌予增損。

五、書名依據卷端著録。如别有所據，則予以説明。

六、版框、行款之描述，以半葉爲單位，以卷一首葉爲據，如有殘缺、抄配等情形，則順序擇取次卷首葉。版框量取外框尺寸，框寬量至版心折葉處。無版框者，不記尺寸。

七、凡魚尾爲黑色者，不再標示顔色。如爲白魚尾、花魚尾、綫魚尾等，則予以説明。

八、卷端之撰著編校者，若爲多人並列，概不分主次，由右至左依序著録。

九、書名葉信息完整反映，以資辨别版本。無書名葉者，不再注明。

十、原書序跋注明撰寫時間、撰者。有標題者，録於書名號中；無標題者，則統稱列於書前者爲序、書後者爲跋。無撰寫時間者，注明"未署年"。

十一、簡述著者仕履，并注明所據之史傳、方志等資料。同一著者再次出現時，標示爲參見某書，不再重述。

十二、刻工按出現先後排序。刻工名有全名、簡稱之異，如可判定爲一人，則在首次出現之姓名後括注其他名稱，如"柏（劉柏）"。

　　十三、卷端、書名葉、序跋、刻工等處如有異體字，儘量使用原書字形，以資考訂。殘字、未能釋讀之印文，以"□"標示。如原文有訛誤等情況，則隨文括注按語。

　　十四、紙廠印記有助於版本考訂，據書中所見酌加著錄。

　　十五、鈐印文字按由上至下、由右至左順序釋讀。可考印主之印章，按遞藏先後著錄；不可考之印章，按在書中出現順序排列。

　　十六、存藏情形據知見所及，依中國（大陸、臺、港），北美，歐洲，日本，韓國等順序，酌加概述。

　　十七、書末附書名拼音索引、著者拼音索引、版本索引、館藏索書號索引。

目　録

彙編類

001
**説郛一百二十弓説郛續四十六弓（説郛存一千二百五十四種一千三百四十五卷、
説郛續存五百三十一種五百三十六卷）**

T9100　0122

《説郛》一百二十弓《説郛續》四十六弓

　　説郛

　　　弓一

　　　《大學石經》一卷

　　　《大學古本》一卷　元陶宗儀輯

　　　《中庸古本》一卷　元陶宗儀輯

　　　《詩小序》一卷

　　　《詩傳》一卷

　　　《詩説》一卷　題漢申培撰

　　　弓二

　　　《乾鑿度》二卷

　　　《元包》一卷　北周衛元嵩撰

　　　《潛虛》一卷　宋司馬光撰

　　　《京氏易略》一卷　漢京房撰

　　　《關氏易傳》一卷　題北魏關朗撰

　　　《周易略例》一卷　三國魏王弼撰

　　　《周易古占》一卷　宋程迥撰

　　　弓三

　　　《周易舉正》一卷　唐郭京撰

　　　《讀易私言》一卷　元許衡撰

　　　《元包數義》一卷　宋張行成撰

　　　《檀蓍記》一卷　元劉因撰

　　　《論語筆解》一卷　唐韓愈撰

　　　《論語拾遺》一卷　宋蘇轍撰

《疑孟》一卷　宋司馬光撰

《詰墨》一卷　題漢孔鮒撰

《翼莊》一卷　晋郭象撰

弓四

《毛詩草木鳥獸蟲魚疏》二卷　三國吳陸璣撰

《詩説》一卷　宋張耒撰

《三禮叙録》一卷　元吳澄撰

《夏小正》一卷

《月令問答》一卷　漢蔡邕撰

《九經補韻》一卷　宋楊伯嵒撰

《小爾雅》一卷　漢孔鮒撰

弓五

《三墳書》一卷　元陶宗儀訂

《易飛候》一卷　漢京房撰

《易洞林》一卷　晋郭璞撰

《易稽覽圖》一卷

《易巛靈圖》一卷

《易通卦驗》一卷

《尚書旋璣鈐》一卷

《尚書帝命期》一卷

《尚書考靈耀》一卷

《尚書中候》一卷

《詩含神霧》一卷

《詩紀曆樞》一卷

《春秋元命苞》一卷

《春秋運斗樞》一卷

《春秋文曜鈎》一卷

《春秋合誠圖》一卷

《春秋孔演圖》一卷

《春秋説題辭》一卷

《春秋感精符》一卷

《春秋潜潭巴》一卷

《春秋佐助期》一卷

《春秋緯》一卷

《春秋後語》一卷　晋孔衍撰

《春秋繁露》一卷　漢董仲舒撰

《禮稽命徵》一卷

《禮含文嘉》一卷

《禮斗威儀》一卷

《大戴禮逸》一卷

《樂稽耀嘉》一卷

《孝經援神契》一卷

《孝經鈎命决》一卷

《孝經左契》一卷

《孝經右契》一卷

《孝經内事》一卷

《五經折疑》一卷　題三國魏邯鄲綽撰

《五經通義》一卷

《龍魚河圖》一卷

《河圖括地象》一卷

《河圖稽命徵》一卷

《河圖稽燿鈎》一卷

《河圖始開圖》一卷

《洛書甄耀度》一卷

《遁甲開山圖》一卷

《淮南畢萬術》一卷

　弓六

《聖門事業圖》一卷　宋李元綱撰

《兼明書》五卷　五代丘光庭撰

《希通録》一卷　宋蕭參撰

《實賓録》一卷

　弓七

《譚子化書》六卷　五代譚峭撰

《素書》一卷

《枕中書》一卷　晋葛洪撰

《參同契》一卷　漢魏伯陽撰

《陰符經》一卷

弓八

《三教論衡》一卷　唐白居易撰

《令旨解二諦義》一卷　南朝梁蕭統撰

《漁樵對問》一卷　宋邵雍撰

《西疇老人常言》一卷　宋何坦撰

《藝圃折中》一卷　宋鄭厚撰

《發明義理》一卷　宋呂希哲撰

弓九

《鹿門隱書》一卷　唐皮日休撰

《山書》一卷　唐劉蛻撰

《兩同書》一卷　唐羅隱撰

《迂書》一卷　宋司馬光撰

《新書》一卷　題三國蜀諸葛亮撰

《權書》一卷　宋蘇洵撰

弓十

《正朔考》一卷　宋魏了翁撰

《史剡》一卷　宋司馬光撰

《綱目疑誤》一卷　宋周密撰

《揚子新注》一卷　唐柳宗元撰

《新唐書糾謬》一卷　宋吳縝撰

《遂初堂書目》一卷　宋尤袤撰

弓十一

《輶軒絕代語》一卷　漢揚雄撰

《獨斷》一卷　漢蔡邕撰

《臆乘》一卷　宋楊伯嵒撰

《芥隱筆記》一卷　宋龔頤正撰

《宜齋野乘》一卷　宋吳枋撰

弓十二

《中華古今注》三卷　後唐馬縞撰

《古今考》一卷　宋魏了翁撰

《刑書釋名》一卷　宋王鍵撰

《釋常談》三卷

《續釋常談》一卷　宋龔熙正撰

《事原》一卷　唐劉孝孫撰

《袖中記》一卷　南朝梁沈約撰

弓十三

《演繁露》一卷　宋程大昌撰

《學齋佔嗶》一卷　宋史繩祖撰

《李氏刊誤》一卷　唐李涪撰

《孔氏雜說》一卷　宋孔平仲撰

弓十四

《鼠璞》二卷　宋戴埴撰

《資暇錄》一卷　唐李匡乂撰

《賓退錄》一卷　宋趙與時撰

《紀談錄》一卷　宋晁邁撰

《過庭錄》一卷　宋范公偁撰

《楮記室》一卷　明潘塤撰

弓十五

《螢雪叢說》二卷　宋俞成撰

《孫公談圃》三卷　宋孫升述　宋劉延世撰

《墨客揮犀》一卷　宋彭乘撰

《師友談記》一卷　宋李廌撰

弓十六

《宋景文公筆記》一卷　宋宋祁撰

《王文正筆錄》一卷　宋王曾撰

《丁晉公談錄》一卷

《楊文公談苑》一卷　宋楊億撰

《欒城先生遺言》一卷　宋蘇籀撰

弓十七

《愛日齋叢抄》一卷　宋葉□撰

《能改齋漫錄》一卷　宋吳曾撰

《識遺》一卷　宋羅璧撰

《退齋雅聞錄》一卷　宋侯延慶撰

《南墅閒居錄》一卷

《雪浪齋日記》一卷

《廬陵官下記》一卷　唐段成式撰

《玉溪編事》一卷

《渚宮故事》一卷　唐余知古撰

《麟臺故事》一卷　宋程俱撰

《五國故事》一卷

《郡閣雅言》一卷　宋潘若同撰

　弓十八

《侯鯖録》一卷　宋趙令畤撰

《畫墁録》一卷　宋張舜民撰

《摭青雜説》一卷　宋王明清撰

《樂郊私語》一卷　元姚桐壽撰

《隱窟雜志》一卷　宋温革撰

《梁溪漫志》一卷　宋費袞撰

《三水小牘》一卷　唐皇甫枚撰

　弓十九

《寓簡》一卷　宋沈作喆撰

《碧雞漫志》一卷　宋王灼撰

《晁氏客語》一卷　宋晁説之撰

《涪翁雜説》一卷　宋黃庭堅撰

《雲麓漫抄》一卷　宋趙彦衛撰

《黃氏筆記》一卷　元黃溍撰

《兩鈔摘腴》一卷　宋史浩撰

《碧湖雜記》一卷　宋謝枋得撰

《西林日記》一卷　元姚燧撰

《搜神秘覽》一卷　宋章炳文撰

《牧豎閒談》一卷　宋景煥撰

《紫薇雜記》一卷　宋呂本中撰

　弓二十

《巖下放言》一卷　宋葉夢得撰

《玉澗襍書》一卷　宋葉夢得撰

《石林燕語》一卷　宋葉夢得撰

《避暑録話》一卷　宋葉夢得撰

《深雪偶談》一卷　宋方嶽撰

《葦航紀談》一卷　宋蔣津撰

《豹隱紀談》一卷　宋周遵道撰

《悦生隨抄》一卷　宋賈似道撰

《齊東埜語》一卷　宋周密撰

《邇言志見》一卷　宋劉炎撰

《晰獄龜鑑》一卷　宋鄭克撰

　　弓二十一

《青箱雜記》一卷　宋吳處厚撰

《冷齋夜話》一卷　宋釋惠洪撰

《癸辛雜識》一卷　宋周密撰

《墨莊漫録》一卷　宋張邦基撰

《龍川別志》一卷　宋蘇轍撰

《羅湖野録》一卷　宋釋曉瑩撰

《鶴林玉露》一卷　宋羅大經撰

《雲谿友議》一卷　唐范攄撰

　　弓二十二

《後山談叢》一卷　宋陳師道撰

《林下偶譚》一卷　宋吳子良撰

《緗素雜記》一卷　宋黃朝英撰

《捫虱新話》一卷　宋陳善撰

《研北雜志》一卷　元陸友撰

《清波雜志》一卷　宋周煇撰

《壺中贅録》一卷

《物類相感志》一卷　宋蘇軾撰

　　弓二十三

《因話録》一卷　唐趙璘撰

《同話録》一卷　宋曾三異撰

《五色線》一卷

《五總志》一卷　宋吳炯撰

《金樓子》一卷　南朝梁元帝蕭繹撰

《乾𦠆子》一卷　唐溫庭筠撰

《投荒雜録》一卷　唐房千里撰

《炙轂子録》一卷　唐王叡撰

《抒情録》一卷　唐盧懷撰

《啓顔録》一卷　唐侯白撰

《絶倒録》一卷　宋朱暉撰

《唾玉集》一卷　宋俞文豹撰

《辨疑志》一卷　唐陸長源撰

《開城録》一卷　唐李石撰

《原化記》一卷　唐皇甫□撰

《蠡海録》一卷　宋王逵撰

《澄懷録》一卷　元袁桷撰

　弓二十四

《王氏談録》一卷　宋王欽臣撰

《先公談録》一卷　宋李宗諤録

《槁簡贅筆》一卷　宋章淵撰

《傳講雜記》一卷　宋呂希哲撰

《繼古藂編》一卷　宋施青臣撰

《南窗記談》一卷

《後耳目志》一卷　宋鞏豐撰

《群居解頤》一卷　宋高懌撰

《雁門野説》一卷　宋邵思撰

《三柳軒雜識》一卷　元程棨撰

《負暄雜録》一卷

《中吳紀聞》一卷　宋龔明之撰

《緯略》一卷　宋高似孫撰

《鈎玄》一卷

　弓二十五

《遯齋閒覽》一卷　宋范正敏撰

《稗史》一卷　元仇遠撰

《志林》一卷　宋蘇軾撰

《因論》一卷　唐劉禹錫撰

《晋問》一卷　唐柳宗元撰

《窮愁志》一卷　唐李德裕撰

《席上腐談》一卷　宋俞琰撰

《讀書隅見》一卷

《田間書》一卷　宋林芳撰

《判決録》一卷　唐張鷟撰

弓二十六

《東園友聞》一卷

《劉馮事始》一卷　唐劉存、五代馮鑑撰

《西墅記譚》一卷　五代潘遠撰

《遺史紀聞》一卷　宋詹玠撰

《姑蘇筆記》一卷　宋羅志仁撰

《南部新書》一卷　宋錢易撰

《龍城録》一卷　題唐柳宗元撰

《桂苑叢談》一卷　唐馮翊撰

《義山雜記》一卷　唐李商隱撰

《文藪雜著》一卷　唐皮日休撰

《法苑珠林》一卷

《蒼梧雜志》一卷　宋胡珵撰

《青瑣高議》一卷　宋劉斧撰

《秘閣閑話》一卷

《耕餘博覽》一卷

弓二十七

《雞肋編》一卷　宋莊季裕撰

《泊宅編》一卷　宋方勺撰

《吹劍録》一卷　宋俞文豹撰

《投轄録》一卷　宋王明清撰

《鑒戒録》一卷　後蜀何光遠撰

《暇日記》一卷　宋劉跂撰

《佩楚軒客談》一卷　元戚輔之撰

《志雅堂雜抄》一卷　宋周密撰

《浩然齋視聽抄》一卷　宋周密撰

《瑞桂堂暇録》一卷

《陵陽室中語》一卷　宋范季隨撰

《猗覺寮雜記》一卷　宋朱翌撰

《昭德新編》一卷　宋晁迥撰

《山陵雜記》一卷　元楊奐撰

弓二十八

《雞肋》一卷　宋趙崇絢撰

《桯史》一卷　宋岳珂撰

《雲谷雜記》一卷　宋張淏撰

《船窗夜話》一卷　宋顧文薦撰

《野人閒話》一卷　宋景煥撰

《植杖閒談》一卷　宋錢康功撰

《東齋記事》一卷　宋許觀撰

《澹山雜識》一卷　宋錢功撰

《坦齋通編》一卷　宋邢凱撰

《桃源手聽》一卷　宋陳賓撰

《韋居聽輿》一卷　宋陳直撰

《仇池筆記》一卷　題宋蘇軾撰

弓二十九

《暘谷漫録》一卷　宋洪巽撰

《友會談叢》一卷　宋上官融撰

《野老記聞》一卷　宋王楙撰

《灌畦暇語》一卷

《澗泉日記》一卷　宋韓淲撰

《步里客談》一卷　宋陳長方撰

《雲齋廣録》一卷　宋李獻民撰

《續骫骳説》一卷　宋朱昂撰

《西齋話記》一卷　宋祖士衡撰

《雪舟謏語》一卷　元王仲暉撰

《西軒客談》一卷

《蒙齋筆談》一卷　宋葉夢得撰（誤題鄭景璧）

《廬陵雜説》一卷　宋歐陽修撰

《昌黎雜説》一卷　唐韓愈撰

《漁樵閒話》一卷　宋蘇軾撰

弓三十

《遊宦紀聞》一卷　宋張世南撰

《行都紀事》一卷　宋陳晦撰

《鄰幾雜志》一卷　宋江休復撰

《楓窗小牘》二卷　宋袁褧撰
《湖湘故事》一卷　宋陶岳撰
弓三十一
《誠齋雜記》一卷　元周達觀撰
《溫公瑣語》一卷　宋司馬光撰
《蔣氏日録》一卷　宋蔣穎叔撰
《剡溪野語》一卷　宋程正敏撰
《釣磯立談》一卷　宋費樞撰
《盛事美談》一卷
《衣冠盛事》一卷　唐蘇特撰
《窗間記聞》一卷　宋陳子兼撰
《翰墨叢記》一卷　宋滕康撰
《備忘小抄》一卷　五代文谷撰
《艅艎日疏》一卷　元淩準撰
《輶軒雜録》一卷　宋王襄撰
《獨醒雜志》一卷　宋吳宏撰
《姚氏殘語》一卷　宋姚寬撰
《有宋佳話》一卷
《采蘭雜志》一卷
《嘉蓮燕語》一卷
《戊辰雜抄》一卷
《真率筆記》一卷
《芸窗私志》一卷　元陳芬撰
《致虛雜俎》一卷
《內觀日疏》一卷
《漂粟手牘》一卷
《奚囊橘柚》一卷
《玄池説林》一卷
《賈氏説林》一卷
《然藜餘筆》一卷
《荻樓雜抄》一卷
《客退紀談》一卷
《下帷短牒》一卷

11

《下黃私記》一卷

弓三十二

《娜嬛記》一卷　元伊世珍撰

《宜室記》一卷　唐張讀撰

《傳載》一卷　唐劉餗撰

《傳載略》一卷　宋釋贊寧撰

《瀟湘録》一卷　唐李隱撰

《野雪鍛排雜説》一卷　宋許景迁撰

《耳目記》一卷　唐張鷟撰

《墨娥漫録》一卷（《中國古籍善本書目》《中國叢書綜録》屬弓十八，以
下二書簡稱《善目》《綜録》）

《樹萱録》一卷　唐劉泰撰

《善謔集》一卷　題宋天和子撰

《紹陶録》一卷　宋王質撰

《視聽抄》一卷　宋吳萃撰

《却掃編》一卷　宋徐度撰

《開顔集》一卷　宋周文玘撰

《雞跖集》一卷　宋王子韶撰

《葆化録》一卷　唐陳京撰

《聞見録》一卷　宋羅點撰

《洽聞記》一卷　唐鄭常撰

《閒談録》一卷　宋蘇耆撰

《解醒悟》一卷　元李材撰

《延漏録》一卷　宋章望之撰

《三餘帖》一卷

《北山録》一卷

《玉匣記》一卷　宋皇甫牧撰

《潛居録》一卷

弓三十三

《西溪藂語》一卷　宋姚寬撰

《倦遊雜録》一卷　宋張師正撰

《虛谷閒抄》一卷　元方回撰

《玉照新志》六卷　宋王明清撰

《醉翁寐語》一卷　宋樓璹撰

《錦里新聞》一卷

弓三十四

《清尊録》一卷　宋廉布撰

《昨夢録》一卷　宋康譽之撰

《就日録》一卷　題宋灌園耐得翁撰

《漫笑録》一卷　宋徐愷撰

《軒渠録》一卷　宋呂本中撰

《拊掌録》一卷　元元懷撰

《諧噱録》一卷　唐劉訥言撰

《咸定録》一卷

《天定録》一卷

《調謔編》一卷

《謔名録》一卷　宋吳淑撰

《艾子雜説》一卷

弓三十五

《摭言》一卷　五代王定保撰

《諧史》一卷　宋沈俶撰

《可談》一卷　宋朱彧撰

《話腴》一卷　宋陳郁撰

《談藪》一卷　宋龐元英撰

《談淵》一卷　宋王陶撰

《談撰》一卷　元虞裕撰

弓三十六

《尚書故實》一卷　唐李綽撰

《次柳氏舊聞》一卷　唐李德裕撰

《隋唐嘉話》一卷　唐劉餗撰

《劉賓客嘉話録》一卷　唐韋絢録

《賓朋宴語》一卷　宋丘昶撰

《法藏碎金録》一卷　宋晁迥撰

弓三十七

《春渚紀聞》一卷　宋何薳撰

《曲洧舊聞》一卷　宋朱弁撰

《茅亭客話》一卷　宋黃休復撰

《避戎嘉話》一卷　宋石茂良撰

《閒燕常談》一卷　宋董弅撰

《儒林公議》一卷　宋田況撰

《賈氏談錄》一卷　宋張洎撰

《燈下閒談》一卷　宋江洵撰

《藕堂野史》一卷　宋林子中撰

《退齋筆錄》一卷　宋侯延慶撰

《皇朝類苑》一卷　宋江少虞撰

《珩璜新論》一卷　宋孔平仲撰

　弓三十八

《白獺髓》一卷　宋張仲文撰

《清夜録》一卷　宋俞文豹撰

《貴耳録》一卷　宋張端義撰

《碧雲騢》一卷　宋梅堯臣撰

《異聞記》一卷　宋何先撰

《芝田録》一卷　唐丁用晦撰

《避亂録》一卷　宋王明清撰

《啽囈集》一卷　元宋無撰

《毒關録》一卷　唐韓昱撰

　弓三十九

《揮麈録》一卷　宋王明清撰

《揮麈餘話》一卷　宋王明清撰

《避暑漫抄》一卷　宋陸游撰

《南唐近事》一卷　宋鄭文寶撰

《洞微志》一卷　宋錢易撰

《該聞録》一卷　宋李畋撰

《從駕記》一卷　宋陳世崇撰

《東巡記》一卷　宋趙彥衛撰

《江表志》一卷　宋鄭文寶撰

　弓四十

《歸田録》二卷　宋歐陽修撰

《嬾真子録》一卷　宋馬永卿撰

《陶朱新録》一卷　宋馬純撰

《東皐雜録》一卷　宋孫宗鑑撰

《東軒筆録》一卷　宋魏泰撰

《山房隨筆》一卷　元蔣子正撰

《十友瑣説》一卷　宋温革撰

弓四十一

《春明退朝録》三卷　宋宋敏求撰

《澠水燕談録》一卷　宋王闢之撰

《幙府燕閒録》一卷　宋畢仲詢撰

《老學菴筆記》一卷　宋陸游撰

《老學菴續筆記》一卷　宋陸游撰

《蓼花洲閒録》一卷　宋高文虎撰

《秀水閒居録》一卷　宋朱勝非撰

弓四十二

《大唐創業起居注》三卷　唐温大雅撰

《乾淳起居注》一卷　宋周密撰

《御塞行程》一卷　宋趙彦衛撰

《熙豐日曆》一卷　宋王明清撰

《唐年補録》一卷　唐馬總撰

弓四十三

《東觀奏記》三卷　宋裴庭裕撰

《國老談苑》二卷　宋王君玉撰

《明道雜志》一卷　宋張未撰

《續明道雜志》一卷　宋張未撰

弓四十四

《燕翼貽謀録》五卷　宋王林撰

《玉堂逢辰録》一卷　宋錢惟演撰

《宜春傳信録》一卷　宋羅誘撰

《洛陽縉紳舊聞記》一卷　宋張齊賢撰

《小説舊聞記》一卷　唐柳公權撰

《廣陵妖亂志》一卷　唐鄭廷誨撰

弓四十五

《玉堂雜記》三卷　宋周必大撰

《玉壺清話》一卷　宋釋文瑩撰

《道山清話》一卷　宋王暐撰

《家世舊聞》一卷　宋陸游撰

《錢氏私志》一卷　宋錢愐撰

《家王故事》一卷　宋錢惟演撰

《桐陰舊話》一卷　宋韓元吉撰

　弓四十六

《北夢瑣言》一卷　唐孫光憲撰

《杜陽雜編》三卷　唐蘇鶚撰

《金華子雜編》一卷　南唐劉崇遠撰

《玉泉子真録》一卷

《松窗雜記》一卷　唐杜荀鶴撰

《南楚新聞》一卷　唐尉遲樞撰

《中朝故事》一卷　南唐尉遲偓撰

《戎幕閒談》一卷　唐韋絢撰

《商芸小説》一卷　南朝梁殷芸撰

《封氏聞見記》一卷　唐封演撰

《景龍文館記》一卷　唐武平一撰

　弓四十七

《行營雜録》一卷　宋趙葵撰

《江行雜録》一卷　宋廖瑩中撰

《聞見雜録》一卷　宋蘇舜欽撰

《養痾漫筆》一卷　宋趙溍撰

《文昌雜録》一卷　宋陳襄撰

《遂昌雜録》一卷　元鄭元祐撰

《宣政雜録》一卷　宋江萬里撰

《古杭雜記》一卷　元李有撰

《錢塘遺事》一卷　元劉一清撰

　弓四十八

《朝野僉載》一卷　唐張鷟撰

《唐國史補》一卷　唐李肇撰

《唐闕史》一卷　唐高彥休撰

《唐語林》一卷　唐王讜撰

《大唐新語》一卷　唐劉肅撰

《大唐奇事》一卷　唐馬總撰

《三聖記》一卷　唐李德裕撰

《先友記》一卷　唐柳宗元撰

《皮子世録》一卷　唐皮日休撰

《盧氏雜説》一卷　唐盧言撰

《零陵總記》一卷　唐陸龜蒙撰

《玉堂閑話》一卷

　弓四十九

《四朝聞見録》一卷　宋葉紹翁撰

《三朝聖政録》一卷　宋石承進撰

《會昌解頤録》一卷　唐包湑撰

《洛中紀異録》一卷　宋秦再思撰

《鐵圍山叢談》一卷　宋蔡絛撰

《困學齋雜鈔》一卷　元鮮于樞撰

《金鑾密記》一卷　唐韓偓撰

《常侍言旨》一卷　唐柳珵撰

《涑水記聞》一卷　宋司馬光撰

《大中遺事》一卷　唐令狐澄撰

《朝野遺記》一卷

《朝野僉言》一卷

《西朝寶訓》一卷

《蜀道征討比事》一卷　宋袁申儒撰

　弓五十

《甲申雜記》一卷　宋王鞏撰

《隨手雜録》一卷　宋王鞏撰

《聞見近録》一卷　宋王鞏撰

《續聞見近録》一卷　宋王鞏撰

《南遊記舊》一卷　宋曾紆撰

《燕北雜記》一卷　宋武珪撰

《山居新語》一卷　元楊瑀撰

《家世舊事》一卷　宋程頤撰

　弓五十一

《卓異記》一卷　唐李翱撰

《翰林志》一卷　唐李肇撰

《續翰林志》一卷　宋蘇易簡撰

《翰林壁記》一卷　唐丁居晦撰

《御史臺記》一卷

《上庠録》一卷　宋呂榮義撰

《唐科名記》一卷　宋高似孫撰

《五代登科記》一卷　宋韓思撰

《趨朝事類》一卷

《紹熙行禮記》一卷　宋周密撰

《上壽拜舞記》一卷　宋陳世崇撰

《封禪儀記》一卷　漢馬第伯撰

《明禋儀注》一卷　宋王儀撰

《梁雜儀注》一卷　唐段成式撰

《婚雜儀注》一卷　唐段成式撰

《朝會儀記》一卷　漢蔡質撰

《稽古定制》一卷

　弓五十二

《明皇十七事》一卷　唐李德裕撰

《開元天寶遺事》一卷　五代王仁裕撰

《傳信記》一卷　唐鄭榮撰

《幽閑鼓吹》一卷　唐張固撰

《摭異記》一卷　唐李濬撰

《愧郯録》一卷　宋岳珂撰

《新城録》一卷　唐沈亞之撰

　弓五十三

《南渡宮禁典儀》一卷　宋周密撰

《乾淳御教記》一卷　宋周密撰

《燕射記》一卷　宋周密撰

《唱名記》一卷　宋周密撰

《天基聖節排當樂次》一卷　宋周密撰

《乾淳教坊樂部》一卷　宋周密撰

《雜劇段數》一卷　宋周密撰

《高宗幸張府節次略》一卷　宋周密撰

《藝流供奉志》一卷　宋周密撰

弓五十四

《晉史乘》一卷

《楚史檮杌》一卷

《蜀檮杌》一卷　宋張唐英撰

《幸蜀記》一卷　唐宋居白撰

《愧郯録》一卷　宋岳珂撰

《新城録》一卷　唐沈亞之撰

《江南野録》一卷　宋龍袞撰

《默記》一卷　宋王銍撰（《善目》《綜録》屬弓四十七）

弓五十五

《金志》一卷　題宋宇文懋昭撰

《遼志》一卷　宋葉隆禮撰

《松漠記聞》一卷　宋洪皓撰

《雞林類事》一卷　宋孫穆撰

《虜廷事實》一卷　宋文惟簡撰

《夷俗考》一卷　宋方鳳撰

《北風揚沙録》一卷　宋陳準撰

《大事記》一卷　宋呂祖謙撰（《善目》《綜録》屬弓四十九）

《三朝野史》一卷　元吳萊撰（《善目》《綜録》屬弓四十九）

《五代新説》一卷　宋徐炫撰（《善目》《綜録》屬弓五十四）

《三楚新録》一卷　宋周羽翀撰（《善目》《綜録》屬弓五十四）

《青溪寇軌》一卷　宋方勺撰（《善目》《綜録》屬弓三十九）

弓五十六

《蒙韃備録》一卷　宋孟珙撰

《北邊備對》一卷　宋程大昌撰

《燕北録》一卷　宋王易撰

《北轅録》一卷　宋周煇撰

《西使記》一卷　元劉郁撰

《使高麗録》一卷　宋徐兢撰

《安南行記》一卷　元徐明善撰

《高昌行紀》一卷　宋王延德撰

《陷虜記》一卷　五代胡嶠撰

弓五十七

《群輔録》一卷　題晉陶潛撰

《英雄記鈔》一卷　三國魏王粲撰

《真靈位業圖》一卷　南朝梁陶弘景撰

《東林蓮社十八高賢傳》一卷

《高士傳》一卷　晉皇甫謐撰

弓五十八

《汝南先賢傳》一卷　晉周斐撰

《陳留耆舊傳》一卷　三國魏蘇林撰

《會稽先賢傳》一卷　三國吳謝承撰

《益都耆舊傳》一卷　晉陳壽撰

《楚國先賢傳》一卷　晉張方撰

《襄陽耆舊傳》一卷　宋習鑿齒撰

《長沙耆舊傳》一卷　晉劉彧撰

《零陵先賢傳》一卷　晉司馬彪撰

《廣州先賢傳》一卷　□鄒閬甫撰

《閩川名士傳》一卷　唐黃璞撰

《西州後賢志》一卷　晉常璩撰

《文士傳》一卷　晉張隱撰

《列女傳》一卷　晉皇甫謐撰

《梓潼士女志》一卷　晉常璩撰

《漢中士女志》一卷　晉常璩撰

《孝子傳》一卷　晉徐廣撰

《幼童傳》一卷　南朝梁劉劭撰

《高道傳》一卷　宋賈善翔撰

《方外志》一卷

《列仙傳》一卷　題漢劉向撰

《神仙傳》一卷　晉葛洪撰

《續神仙傳》一卷　南唐沈汾撰

《集仙傳》一卷　宋曾慥撰

《江淮異人録》一卷　宋吳淑撰

弓五十九

《漢官儀》一卷　漢應劭撰

《獻帝春秋》一卷

《玄晏春秋》一卷　晋皇甫謐撰

《九州春秋》一卷　晋司馬彪撰

《帝王世紀》一卷　晋皇甫謐撰

《魏晋世語》一卷　晋郭頒撰

《東宮舊事》一卷　晋張敞撰

《元嘉起居注》一卷

《大業拾遺録》一卷　唐杜寶撰

《建康宮殿簿》一卷　唐張著撰

《山公啓事》一卷　晋山濤撰

《八王故事》一卷　晋盧綝撰

《陸機要覽》一卷　晋陸機撰

《桓譚新論》一卷　漢桓譚撰

《譙周法訓》一卷　三國蜀譙周撰

《裴啓語林》一卷　晋裴啓撰

《虞喜志林》一卷　晋虞喜撰

《魏臺訪議》一卷　三國魏王肅撰

《魏春秋》一卷　晋孫盛撰

《齊春秋》一卷　南朝梁吳均撰

《晋陽秋》一卷　晋庾翼撰

《續晋陽秋》一卷　南朝宋檀道鸞撰

《晋中興書》一卷　南朝宋何法盛撰

《宋拾遺録》一卷　南朝梁謝綽撰

《會稽典録》一卷　晋虞預撰

《三國典略》一卷　晋魚豢撰

《建康實録》一卷

《三輔決録》一卷　漢趙岐撰

《鄴中記》一卷　晋陸翽撰

《吳録》一卷　晋張勃撰

　弓六十

《靈憲注》一卷　漢張衡撰

《玉曆通政經》一卷

《徐整長曆》一卷　三國吳徐整撰

《孫氏瑞應圖》一卷　□孫柔之撰

《玉符瑞圖》一卷　南朝梁顧野王撰

《地鏡圖》一卷

《五行記》一卷

《玄中記》一卷

《發蒙記》一卷　晋束晳撰

《決疑要注》一卷　晋摯虞撰

《在窮記》一卷　□孔元舒撰

《河東記》一卷

《雞林志》一卷

《湘山録》一卷

《九國志》一卷　□劉旻撰

《九域志》一卷　宋李昕撰

《十道志》一卷　唐李吉甫撰

《十三州記》一卷　晋黄義仲撰

《寰宇記》一卷　宋樂史撰

《風土記》一卷　晋周處撰

《神境記》一卷　南朝宋王韶之撰

《西征記》一卷　晋戴祚撰

《三輔黃圖》一卷

《三輔舊事》一卷　唐袁郊撰

《西都雜記》一卷　唐韋述撰

《太康地記》一卷

《燉煌新録》一卷　北魏劉昞撰

《扶南土俗》一卷　三國吳康泰撰

《南宋市肆紀》一卷　宋周密撰

弓六十一

《三秦記》一卷

《長安志》一卷　宋宋敏求撰

《關中記》一卷　晋潘岳撰

《洛陽記》一卷　晋陸機撰

《梁州記》一卷　南齊劉澄之撰

《梁京寺記》一卷

《宜都記》一卷　晋袁山松撰

《益州記》一卷　晋任豫撰

《荆州記》一卷　南朝宋盛弘之撰

《湘中記》一卷　晋羅含撰

《武陵記》一卷　□鮑堅撰

《漢南記》一卷　□張瑩撰

《南雍州記》一卷　晋王韶之撰

《安城記》一卷　□王孚撰

《南康記》一卷　晋鄧德明撰

《潯陽記》一卷　晋張僧鑒撰

《鄱陽記》一卷　南齊劉澄之撰

《九江志》一卷　晋何晏撰

《丹陽記》一卷　南朝宋山謙之撰

《會稽記》一卷　晋孔曄撰

《永嘉郡記》一卷　南朝宋鄭緝之撰

《三齊略記》一卷　晋伏琛撰

《南越志》一卷　□沈懷遠撰

《廣州記》一卷　晋顧微撰

《廣志》一卷　晋郭義恭撰

《番禺雜記》一卷　唐鄭熊撰

《始興記》一卷　南朝宋王韶之撰

《林邑記》一卷

《涼州記》一卷　北涼段龜龍撰

《交州記》一卷　晋劉欣期撰

《沙州記》一卷　南朝宋段國撰

弓六十二

《雲南志略》一卷　元李京撰

《遼東志略》一卷　元戚輔之撰

《桂海虞衡志》一卷　宋范成大撰

《岳陽風土記》一卷　宋范致明撰

《真臘風土記》一卷　元周達觀撰

《陳留風俗傳》一卷　晋江微撰

《成都古今記》一卷　宋趙朴撰

《臨海水土記》一卷

《臨海異物志》一卷　□沈瑩撰

　弓六十三

《吳地記》一卷　唐陸廣微撰

《遊城南注》一卷　宋張禮撰

《北戶録》一卷　唐段公路撰

《湖山勝槩》一卷　宋周密撰

《約齋燕遊志》一卷　宋張鎡撰

　弓六十四

《入越記》一卷　宋呂祖謙撰

《吳郡諸山録》一卷　宋周必大撰

《廬山録》一卷　宋周必大撰

《廬山後録》一卷　宋周必大撰

《九華山録》一卷　宋周必大撰

《金華遊録》一卷　宋方鳳撰

《大嶽志》一卷　明方升撰

　弓六十五

《來南録》一卷　唐李翱撰

《入蜀記》一卷　宋陸游撰

《攬轡録》一卷　宋范成大撰

《驂鸞録》一卷　宋范成大撰

《吳船録》一卷　宋范成大撰

《汎舟録》二卷　宋周必大撰

《乾道庚寅奏事録》一卷　宋周必大撰

《河源志》一卷　元潘昂霄撰

《于役志》一卷　宋歐陽修撰

《峽程記》一卷　唐韋莊撰

《述異記》一卷　題梁任昉撰

　弓六十六

《佛國記》一卷　晋釋法顯撰

《神異經》一卷　漢東方朔撰

《拾遺名山記》一卷　前秦王嘉撰

《海內十洲記》一卷　題漢東方朔撰

《洞天福地記》一卷　前蜀杜光庭撰

《別國洞冥記》一卷　漢郭憲撰

《西京雜記》一卷　漢劉歆（一題晉葛洪）撰

《南部煙花記》一卷　唐馮贄撰

　弓六十七

《豫章古今記》一卷　南朝宋雷次宗撰

《睦州古蹟記》一卷　宋謝翱撰

《南海古蹟記》一卷　元吳萊撰

《遊甬東山水古蹟記》一卷　元吳萊撰

《洛陽伽藍記》一卷　北魏楊衒之撰

《寺塔記》一卷　唐段成式撰

《益部方物略記》一卷　宋宋祁撰

《嶺表錄異記》一卷　唐劉恂撰

《溪蠻叢笑》一卷　宋朱輔撰

《函潼關要志》一卷　宋程大昌撰

《南宋故都宮殿》一卷　宋周密撰

　弓六十八

《東京夢華錄》一卷　宋孟元老撰

《古杭夢遊錄》一卷　題宋灌園耐得翁撰

《錢塘瑣記》一卷　宋于肇撰

《六朝事迹》一卷　宋張敦頤撰

《汴故宮記》一卷　元楊奐撰

《汴都平康記》一卷　宋張邦基撰

《艮嶽記》一卷　宋張淏撰

《洛陽名園記》一卷　宋李格非撰

《吳興園林記》一卷　宋周密撰

《廬山草堂記》一卷　唐白居易撰

《草堂三謠》一卷　唐白居易撰

《終南十志》一卷　唐盧鴻撰

《平泉山居雜記》一卷　唐李德裕撰

《平泉山居草木記》一卷　唐李德裕撰

　弓六十九

《歲華紀麗譜》一卷　元費著撰

《荊楚歲時記》一卷　晉宗懍撰

《乾淳歲時記》一卷　宋周密撰

《輦下歲時記》一卷　唐□□撰

《秦中歲時記》一卷　唐李淖撰

《玉燭寶典》一卷　隋杜臺卿撰

《四民月令》一卷　漢崔寔撰

《千金月令》一卷　唐孫思邈撰

《四時寶鏡》一卷

《歲時雜記》一卷　宋呂原明撰

《歲華紀麗》四卷　唐韓鄂撰

《影燈記》一卷

弓七十

《畫簾緒論》一卷　宋胡太初撰

《官箴》一卷　宋呂本中撰

《政經》一卷　宋真德秀撰

《忠經》一卷　漢馬融撰

《女孝經》一卷　唐鄭□撰

《女論語》一卷　唐宋若昭撰

《女誡》一卷　漢班昭撰

《厚德錄》一卷　宋李元綱撰

《省心錄》一卷　宋林逋撰

弓七十一

《涑水家儀》一卷　宋司馬光撰

《顏氏家訓》一卷　北齊顏之推撰

《石林家訓》一卷　宋葉夢得撰

《緒訓》一卷　宋陸游撰

《蘇氏族譜》一卷　宋蘇洵撰

《訓學齋規》一卷　宋朱熹撰

《呂氏鄉約》一卷　宋呂大忠撰

《義莊規矩》一卷　宋范仲淹撰

《世範》一卷　宋袁采撰

《鄭氏家範》一卷　元鄭太和撰

弓七十二

《前定録》一卷　唐鍾輅撰

《續前定録》一卷　唐鍾輅撰

《還冤記》一卷　北齊顏之推撰

《報應記》一卷　唐唐臨撰

弓七十三

《袪疑説》一卷　宋儲泳撰

《辨惑論》一卷　宋謝應芳撰

《善誘文》一卷　宋陳録撰

《樂善録》一卷　宋李昌齡撰

《東谷所見》一卷　宋李之彥撰

弓七十四

《山家清供》一卷　宋林洪撰

《山家清事》一卷　宋林洪撰

《忘懷録》一卷　宋沈括撰

《登涉符籙》一卷　晋葛洪撰

《卧游録》一卷　宋呂祖謙撰

《對雨編》一卷　宋洪邁撰

《農家諺》一卷　漢崔寔撰

弓七十五

《經鉏堂雜志》一卷　宋倪思撰

《吳下田家志》一卷　元陸泳撰

《天隱子養生書》一卷　唐司馬承禎撰

《保生要録》一卷　宋蒲處貫撰

《保生月録》一卷　宋韋行規撰

《養生月録》一卷　宋姜蜕撰

《攝生要録》一卷　明沈仕撰

《齊民要術》一卷　北魏賈思勰撰

《林下清録》一卷　明沈仕撰

《蘭亭集》一卷　晋王羲之等撰

《輞川集》一卷　唐王維、裴迪撰

《洛中耆英會》一卷　宋司馬光等撰

《洛中九老會》一卷　唐白居易等撰

　弓七十六

《錦帶書》一卷　南朝梁蕭統撰

《耕禄藁》一卷　宋胡錡撰

《水族加恩簿》一卷　宋毛勝撰

《禅本草》一卷　宋釋慧日撰

《義山雜纂》一卷　唐李商隱撰

《雜纂續》一卷　宋王銍撰

《雜纂二續》一卷　宋蘇軾撰

　弓七十七

《小名録》一卷　唐陸龜蒙撰

《侍兒小名録》一卷　宋王銍撰

《侍兒小名録》一卷　宋温豫撰

《侍兒小名録》一卷　宋洪遂撰

《侍兒小名録》一卷　宋張邦幾撰

《釵小志》一卷　唐朱揆撰

《粧樓記》一卷　南唐張泌撰

《粧臺記》一卷　唐宇文士及撰

《靚粧録》一卷　唐温庭筠撰

《髻鬟品》一卷　唐段成式撰

　弓七十八

《織錦璇璣圖》一卷　前秦蘇蕙撰

《北里志》一卷　唐孫棨撰

《教坊記》一卷　唐崔令欽撰

《青樓集》一卷　元夏庭芝撰

《麗情集》一卷　宋張君房撰

　弓七十九

《文則》一卷　宋陳騤撰

《文録》一卷　題宋唐庚撰

《詩品》三卷　南朝梁鍾嶸撰

《詩式》一卷　唐釋皎然撰

《詩譜》一卷　元陳繹曾撰

《二十四詩品》一卷　唐司空圖撰

《詩談》一卷

《詩論》一卷　宋釋普聞撰

《詩病五事》一卷　宋蘇轍撰

《杜詩箋》一卷　宋黄庭堅撰

弓八十

《風騷旨格》一卷　唐釋齊己撰

《韻語陽秋》一卷　宋葛立方撰

《藝苑雌黄》一卷　宋嚴有翼撰

《譚苑醍醐》一卷　明楊慎撰

《竹林詩評》一卷

《謝氏詩源》一卷

《潛溪詩眼》一卷　宋范温撰

《本事詩》一卷　唐孟棨撰

《續本事詩》一卷　□聶奉先撰

弓八十一

《碧溪詩話》一卷　宋黄徹撰

《環溪詩話》一卷　宋吳沆撰

《東坡詩話》一卷　宋蘇軾撰

《西清詩話》一卷　宋蔡絛撰

《艇齋詩話》一卷　宋曾季狸撰

《梅澗詩話》一卷　宋韋居安撰

《後村詩話》一卷　宋劉克莊撰

《漫叟詩話》一卷

《桐江詩話》一卷

《蘭莊詩話》一卷　明閔文振撰

《迂齋詩話》一卷

《金玉詩話》一卷　宋蔡絛撰

《漢皋詩話》一卷

《陳輔之詩話》一卷　宋陳輔撰

《敖器之詩話》一卷　宋敖陶孫撰

《潘子真詩話》一卷　宋潘子真撰

《青瑣詩話》一卷　宋劉斧撰

《玄散詩話》一卷

弓八十二

《六一居士詩話》一卷　宋歐陽修撰

《司馬溫公詩話》一卷　宋司馬光撰

《劉攽貢父詩話》一卷　宋劉攽撰

《後山居士詩話》一卷　題宋陳師道撰

《許彥周詩話》一卷　宋許顗撰

弓八十三

《滄浪詩話》一卷　宋嚴羽撰

《珊瑚鈎詩話》三卷　宋張表臣撰

《石林詩話》三卷　宋葉夢得撰

《烏臺詩案》一卷　宋朋九萬撰

弓八十四

《庚溪詩話》一卷　宋陳巖肖撰

《紫微詩話》一卷　宋呂本中撰

《竹坡老人詩話》一卷　宋周紫芝撰

《臨漢隱居詩話》一卷　宋魏泰撰

《苕溪漁隱叢話》一卷　宋胡仔撰

《歲寒堂詩話》一卷　宋張戒撰

《娛書堂詩話》一卷　宋趙與虤撰

《二老堂詩話》一卷　宋周必大撰

《比紅兒詩話》一卷　宋馮曾撰

《林下詩談》一卷

《詩話雋永》一卷　元喻正己撰

《詩詞餘話》一卷　元俞焯撰

《詞品》一卷　元朱權撰

《詞旨》一卷　元陸行直撰

《四六餘話》一卷　宋相國道撰

《月泉吟社》一卷　宋吳渭編

弓八十五

《佩觿》三卷　宋郭忠恕撰

《干祿字書》一卷　唐顏元孫撰

《金壺字考》一卷　宋釋適之撰

《俗書證誤》一卷　隋顏愍楚撰

《字書誤讀》一卷　宋王霁撰

《字格》一卷　唐竇臮撰

《字林》一卷　晋呂忱撰

弓八十六

《六義圖解》一卷　宋王應電撰

《筆勢論略》一卷　晋王羲之撰

《筆陣圖》一卷　晋衛鑠撰

《筆髓論》一卷　唐虞世南撰

《書法》一卷　唐歐陽詢撰　明王道焜注

《五十六種書法》一卷　唐韋續撰

《九品書》一卷　唐韋續撰

《書品優劣》一卷　唐韋續撰

《續書品》一卷　唐韋續撰

《書評》一卷　唐韋續撰

《書評》一卷　南朝梁袁昂撰

《論篆》一卷　唐李陽冰撰

《冰陽筆訣》一卷　唐李陽冰撰

《張長史十二意筆法》一卷　唐顏真卿撰

《四體書勢》一卷　晋衛恒撰

《法書苑》一卷　宋周越撰

《衍極》一卷　元鄭杓撰

弓八十七

《書譜》一卷　唐孫過庭撰

《續書譜》一卷　宋姜夔撰

《書斷》四卷　宋張懷瓘撰

《書品》一卷　南朝梁庾肩吾撰

《書評》一卷　南朝梁武帝蕭衍撰

《後書品》一卷　唐李嗣真撰

《能書錄》一卷　南齊王僧虔撰

弓八十八

《書史》二卷　宋米芾撰

《海岳名言》一卷　宋米芾撰

《翰墨志》一卷　宋高宗趙構撰

《思陵書畫記》一卷　宋周密撰

《歐公試筆》一卷　宋歐陽修撰

弓八十九

《寶章待訪録》一卷　宋米芾撰

《譜系雜説》二卷　宋曹士冕撰

《法帖刊誤》二卷　宋黃伯思撰

《法帖刊誤》一卷　宋陳與義撰

《集古録》一卷　宋歐陽修撰

弓九十

《古畫品録》一卷　南齊謝赫撰

《後畫品録》一卷　南朝陳姚最撰

《續畫品録》一卷　唐李嗣真撰

《益州名畫録》三卷　宋黃休復撰

《名畫記》一卷　宋張彦遠撰

《名畫獵精》一卷　宋張彦遠撰

《采畫録》一卷　唐馬朗撰

《廣畫録》一卷　□釋仁顯撰

弓九十一

《貞觀公私畫史》一卷　唐裴孝源撰

《林泉高致》一卷　宋郭熙撰

《畫論》一卷　宋郭若虛撰

《紀藝》一卷　宋郭若虛撰

《畫梅譜》一卷　宋釋仲仁撰

《畫竹譜》一卷　元李衎撰

《墨竹譜》一卷　元管道昇撰

《畫學秘訣》一卷　唐王維撰

弓九十二

《畫史》一卷　宋米芾撰

《畫品》一卷　宋李廌撰

《畫鑒》一卷　宋湯垕撰

《畫論》一卷　宋湯垕撰

弓九十三

《茶經》三卷　唐陸羽撰

《茶録》一卷　宋蔡襄撰

《試茶録》一卷　宋宋子安撰

《大觀茶論》一卷　宋徽宗趙佶撰

《宣和北苑貢茶録》一卷　宋熊蕃撰

《北苑別録》一卷　宋趙汝礪撰

《品茶要録》一卷　宋黃儒撰

《本朝茶法》一卷　宋沈括撰

《煎茶水記》一卷　唐張又新撰

《十六湯品》一卷　唐蘇廙撰

《述煮茶小品》一卷　宋葉清臣撰

《采茶録》一卷　唐溫庭筠撰

《鬪茶記》一卷　宋唐庚撰

　弓九十四

《酒譜》一卷　宋竇苹撰

《續北山酒經》一卷　宋李保撰

《酒經》一卷　宋蘇軾撰

《酒經》一卷　宋朱肱撰

《安雅堂觥律》一卷　宋曹紹撰

《觴政述》一卷　宋趙與時撰

《醉鄉日月》一卷　宋皇甫松撰

《罰爵典故》一卷　宋李廌撰

《熙寧酒課》一卷　宋趙珣撰

《新豐酒法》一卷　宋林洪撰

《酒乘》一卷　元韋孟撰

《觥記注》一卷　宋鄭獬撰

《麴本草》一卷　宋田錫撰

《酒爾雅》一卷　宋何剡撰

《酒小史》一卷　元宋伯仁撰

《酒名記》一卷　宋張能臣撰

　弓九十五

《食譜》一卷　唐韋巨源撰

《食經》一卷　□謝諷撰

《食珍録》一卷　南朝宋虞悰撰

《膳夫録》一卷　唐鄭望之撰

《玉食批》一卷　宋司膳内人撰

《士大夫食時五觀》一卷　宋黃庭堅撰

《糖霜譜》一卷　宋洪邁撰

《中饋録》一卷

《刀劍録》一卷　南朝梁陶弘景撰

《洞天清録》一卷　宋趙希鵠撰

　弓九十六

《硯史》一卷　宋米芾撰

《硯譜》一卷　宋李之彦撰

《硯譜》一卷　宋蘇易簡撰

《端溪硯譜》一卷

《歙州硯譜》一卷　宋洪適撰

《歙硯説》一卷　元曹紹撰

《辨歙石説》一卷　元曹紹撰

《雲林石譜》三卷　宋杜綰撰

《漁陽石譜》一卷

《宣和石譜》一卷　宋常懋撰

《太湖石志》一卷　宋范成大撰

　弓九十七

《吳氏印譜》一卷　宋吳孟思撰　宋王厚之考

《學古編》一卷　元吾丘衍撰

《傳國璽譜》一卷　宋鄭文寶撰

《玉璽譜》一卷　唐徐令信撰

《相貝經》一卷　漢朱仲撰

《相手板經》一卷

《帶格》一卷　宋陳世崇撰

《三器圖義》一卷　宋程迥撰

《寶記》一卷

《三代鼎器録》一卷　唐吳協撰

《鼎録》一卷　題陳虞荔撰

《錢譜》一卷　宋董逌撰

《泉志》一卷　宋洪遵撰

弓九十八

《香譜》一卷　宋洪芻撰

《名香譜》一卷　宋葉廷珪撰

《墨經》一卷　宋晁貫之撰

《墨記》一卷　宋何遠撰

《筆經》一卷　晋王羲之撰

《蜀箋譜》一卷　元費著撰

《蜀錦譜》一卷　元費著撰

《衛公故物記》一卷　唐韋端符撰

弓九十九

《古玉圖考》一卷　元朱德潤撰

《文房圖贊》一卷　宋林洪撰

《文房圖贊續》一卷　元羅先登撰

《燕几圖》一卷　宋黄伯思撰

弓一百

《琴曲譜録》一卷　宋釋居月撰

《雅琴名録》一卷　南朝宋謝莊

《琴聲經緯》一卷　宋陳暘撰

《琴箋圖式》一卷　元陶宗儀撰

《雜書琴事》一卷　宋蘇軾撰

《古琴疏》一卷　宋虞汝明撰

《樂府解題》一卷　唐吳兢撰

《驃國樂頌》一卷

《唐樂曲譜》一卷　宋高似孫撰

《籟紀》一卷　南朝陳陳叔齊撰

《嘯旨》一卷　唐孫廣撰

《玄真子漁歌記》一卷　唐張志和撰

《觱篥格》一卷　唐段成式撰

《柘枝譜》一卷　唐樂史撰

《管絃記》一卷　□凌秀撰

《鼓吹格》一卷

《樂府雜録》一卷　唐段安節撰

弓一百一

《尤射》一卷　三國魏繆襲撰

《射經》一卷　宋王琚撰

《九射格》一卷　宋歐陽修撰

《投壺儀節》一卷　宋司馬光撰

《投壺新格》一卷　宋司馬光撰

《丸經》二卷

《蹴踘圖譜》一卷　□汪雲程撰

《打馬圖》一卷　宋李清照撰

《譜雙》五卷　宋洪遵撰

弓一百二

《除紅譜》一卷　元楊維楨撰

《醉緑圖》一卷　□張光撰

《骰子選格》一卷　唐房千星撰

《樗蒲經略》一卷　宋程大昌撰

《藝經》一卷　三國魏邯鄲淳撰

《五木經》一卷　唐李翱撰

《彈碁經》一卷　晉徐廣撰

《儒棋格》一卷　三國魏□肇撰

《棊訣》一卷　宋劉仲甫撰

《棋經》一卷　宋張擬撰

《棋手勢》一卷　□徐泓撰

《棋品》一卷　南朝梁沈約撰

《圍棋義例》一卷　唐徐鉉撰

《古局象棋圖》一卷　宋司馬光撰

《琵琶録》一卷　唐段安節撰

《羯鼓録》一卷　唐南卓録

弓一百三

《金漳蘭譜》一卷　宋趙時庚撰

《王氏蘭譜》一卷　宋王貴學撰

《菊譜》一卷　宋范成大撰

《菊譜》一卷　宋劉蒙撰

《菊譜》一卷　宋史正志撰

《海棠譜》一卷　宋陳思撰

《海棠譜詩》二卷　宋陳思輯

弓一百四

《洛陽牡丹記》一卷　宋歐陽修撰

《洛陽牡丹記》一卷　宋周師厚撰

《陳州牡丹記》一卷　宋張邦基撰

《天彭牡丹譜》一卷　宋陸游撰

《牡丹榮辱志》一卷　宋丘璿撰

《揚州芍藥譜》一卷　宋王觀撰

《梅譜》一卷　宋范成大撰

《梅品》一卷　宋張鎡撰

《花經》一卷　宋張翊撰

《花九錫》一卷　唐羅虬撰

《洛陽花木記》一卷　宋周師厚撰

《桂海花木志》一卷

《魏王花木志》一卷

《楚辭芳草譜》一卷　宋謝翱撰

《南方草木狀》三卷　晋嵇含撰

《園林草木疏》一卷　宋王方慶撰

弓一百五

《桐譜》一卷　宋陳翥撰

《竹譜》一卷　晋戴凱之撰

《續竹譜》一卷　元劉美之撰

《筍譜》二卷　宋釋贊寧撰

《荔枝譜》一卷　宋蔡襄撰

《橘錄》三卷　宋韓彥直撰

《打棗譜》一卷　元柳貫撰

弓一百六

《菌譜》一卷　宋陳仁玉撰

《蔬食譜》一卷　宋陳達叟撰

《野菜譜》一卷　明王磐撰

《茹草紀事》一卷　宋林洪撰

《藥譜》一卷　後唐侯寧極撰

《藥録》一卷　晋李當之撰

《何首烏録》一卷　唐李翺撰

《彰明附子記》一卷　□楊天惠撰

《種樹書》一卷　元俞宗本撰

　弓一百七

《禽經》一卷　晋張華注

《肉攫部》一卷　唐段成式撰

《麟書》一卷　宋汪若海撰

《蠶書》一卷　宋秦觀撰

《養魚經》一卷

《漁具詠》一卷　唐陸龜蒙撰

《相鶴經》一卷　題□浮丘公撰

《相牛經》一卷

《相馬書》一卷　宋徐咸撰

《蟹譜》二卷　宋傅肱撰

《蟫史》一卷

《禽獸決録》一卷　南齊卞彬撰

《解鳥語經》一卷　題□和菟撰

　弓一百八

《風后握奇經》一卷　漢公孫弘解;《握奇經續圖》一卷;《八陳總述》一
卷　晋馬隆撰

《算經》一卷　宋謝察微撰

《望氣經》一卷　唐邵諤撰

《星經》二卷　題漢石申撰

《相雨書》一卷　唐黃子發撰

《水衡記》一卷

《峽船誌》一卷　唐王周撰

《水經》二卷　漢桑欽撰

　弓一百九

《太乙經》一卷

《起世經》一卷

《宅經》一卷

《木經》一卷　宋李誡撰

《耒耜經》一卷　唐陸龜蒙撰

《褚氏遺書》一卷　南齊褚澄撰

《脉經》一卷　晉王叔和撰

《子午經》一卷

《玄女房中經》一卷　唐孫思邈撰

《相地骨經》一卷

《相兒經》一卷　晉嚴助撰

《龜經》一卷

《卜記》一卷　宋王宏撰

《箕龜論》一卷　宋陳師道撰

《百怪斷經》一卷　宋俞誨撰

《土牛經》一卷　宋向孟撰

《漏刻經》一卷

《感應經》一卷　宋陳櫟撰

《感應類從志》一卷　宋釋贊寧撰

《夢書》一卷

《數術記遺》一卷　題漢徐岳撰　北周甄鸞注

弓一百十

《漢雜事秘辛》一卷

《大業雜記》一卷　唐杜寶撰

《大業拾遺記》一卷　唐顏師古撰

《元氏掖庭記》一卷　元陶宗儀撰

《焚椒録》一卷　遼王鼎撰

《開河記》一卷

《迷樓記》一卷

《海山記》一卷

弓一百十一

《東方朔傳》一卷　漢郭憲撰

《漢武帝内傳》一卷　漢班固撰

《趙飛燕外傳》一卷　漢伶玄撰

《飛燕遺事》一卷

《趙后遺事》一卷　宋秦醇撰

《楊太真外傳》二卷　宋樂史撰

《梅妃傳》一卷　唐曹鄴撰

《長恨歌傳》一卷　唐陳鴻撰

《高力士傳》一卷　唐郭湜撰

弓一百十二

《緑珠傳》一卷　宋樂史撰

《非煙傳》一卷　唐皇甫枚撰

《謝小娥傳》一卷　唐李公佐撰

《霍小玉傳》一卷　唐蔣防撰

《劉無雙傳》一卷　唐薛調撰

《虬髯客傳》一卷　題唐張説撰

《韓仙傳》一卷　唐韓若雲撰

《神僧傳》一卷　晋釋法顯撰

《劍俠傳》　·卷

弓一百十三

《穆天子傳》一卷

《鄴侯外傳》一卷　唐李繁撰

《同昌公主傳》一卷　唐蘇鶚撰

《梁四公記》一卷　唐張説撰

《林靈素傳》一卷　宋趙與時撰

《希夷先生傳》一卷　宋龐覺撰

《梁清傳》一卷　南朝宋劉敬叔撰

《西王母傳》一卷　漢桓驎撰

《魏夫人傳》一卷　唐蔡偉撰

《杜蘭香傳》一卷　晋曹毗撰

《麻姑傳》一卷　晋葛洪撰

《白猿傳》一卷

《柳毅傳》一卷　唐李朝威撰

《李林甫外傳》一卷

《汧國夫人傳》一卷　唐白行簡撰

《靈鬼志》一卷　晋荀□撰

《才鬼記》一卷　宋張君房撰

弓一百十四

《太清樓侍宴記》一卷　宋蔡京撰

《延福宮曲宴記》一卷　宋李邦彥撰

《保和殿曲宴記》一卷　宋蔡京撰

《周秦行紀》一卷　題唐牛僧孺撰

《東城老父傳》一卷　唐陳鴻撰

《登西臺慟哭記》一卷　宋謝翱撰

《東陽夜怪錄》一卷　唐王洙撰

《冥通記》一卷　南朝梁陶弘景撰

《冥音錄》一卷　唐朱慶餘撰

《三夢記》一卷　唐白行簡撰

《古鏡記》一卷　唐王度撰

《記錦裙》一卷　唐陸龜蒙撰

　弓一百十五

《甘澤謠》一卷　唐袁郊撰

《夢遊錄》一卷　唐任蕃撰

《會真記》一卷　唐元稹撰

《集異記》一卷　唐薛用弱撰

《續齊諧記》一卷　南朝梁吳均撰

《春夢錄》一卷　元鄭禧撰

　弓一百十六

《諾皐記》一卷　唐段成式撰

《金剛經鳩異》一卷　唐段成式撰

《集異志》一卷　唐陸勳撰

《括異志》一卷　題宋張師正撰

《括異志》一卷　宋魯應龍撰

《博異志》一卷　唐鄭還古撰（《善目》《綜錄》屬弓一百十五）

《幽怪錄》一卷　唐牛僧孺撰（《善目》《綜錄》屬弓一百十七）

　弓一百十七

《異聞實錄》一卷　唐李玫撰

《靈異小錄》一卷　宋曾忴撰

《異苑》一卷　南朝宋劉敬叔撰

《幽明錄》一卷　南朝宋劉義慶撰

《續幽明錄》一卷　唐劉孝孫撰

《搜神記》一卷　題晉干寶撰

《搜神後記》一卷　題晉陶潛撰

《稽神録》一卷　宋徐鉉撰

《幽怪録》一卷　唐王惲撰

《續幽怪録》一卷　唐李復言撰

《窮怪録》一卷

《玄怪記》一卷　唐徐炫撰

《續玄怪録》一卷

《志怪録》一卷　唐陸勳撰

《志怪録》一卷　晉祖台之撰

《吉凶影響録》一卷　宋岑象求撰

《靈應録》一卷　唐傅亮撰

《聞奇録》一卷　五代于逖撰

弓一百十八

《録異記》一卷　前蜀杜光庭撰

《纂異記》一卷　宋李玫撰

《采異記》一卷　宋陳達叟撰

《乘異記》一卷　宋張君房撰

《廣異記》一卷　唐戴孚撰

《獨異志》一卷　宋李冗撰

《甄異記》一卷　南朝宋戴祚撰

《徂異記》一卷　宋聶田撰

《祥異記》一卷

《近異録》一卷　南朝宋劉質撰

《旌異記》一卷　宋侯君素撰

《冥祥記》一卷　晉王琰撰

《集靈記》一卷

《太清記》一卷　南朝宋王韶之撰

《妖化録》一卷　宋宣靖撰

《宣驗記》一卷　南朝宋劉義慶撰

《睽車志》一卷　宋郭彖撰

《睽車志》一卷　元歐陽玄撰

《鬼國記》一卷　宋洪邁撰

《鬼國續記》一卷　宋洪邁撰

《壟上記》一卷　唐蘇頲撰

《物異考》一卷　宋方鳳撰

弓一百十九

《雲仙雜記》九卷　題唐馮贄撰

弓一百二十

《清異録》四卷　宋陶穀撰

説郛續

弓二

《草木子》一卷　明葉子奇撰

《豢龍子》一卷　明董穀撰

《觀微子》一卷　明朱裒撰

《海樵子》一卷　明王崇慶撰

《沆瀣子》一卷　明蔣鐄撰

《郁離子微》一卷　明劉基撰

《潛溪邃言》一卷　明宋濂撰

《蘿山雜言》一卷　明宋濂撰

《何子雜言》一卷　明何景明撰

《華川卮辭》一卷　明王禕撰

《青巖叢録》一卷　明王禕撰

《廣成子解》一卷　宋蘇軾撰

《空同子》一卷　明李夢陽撰

《續志林》一卷　明王禕撰

弓三

《冥影契》一卷　明董穀撰

《宵練匣》一卷　明朱得之撰

《玄機通》一卷　明仇俊卿撰

《求志編》一卷　明王文禄撰

《從政録》一卷　明薛瑄撰

《遒徇編》一卷　明葉秉敬撰

《海涵萬象録》一卷　明黃潤玉撰

《補衍》一卷　明王文禄撰

《機警》一卷　明王文禄撰

《筆疇》一卷　明陳世寶撰

《古言》一卷　明鄭曉撰

《燕書》一卷　明宋濂撰

《庸書》一卷　明崔銑撰

《松窗寤言》一卷　明崔銑撰

《後渠漫記》一卷　明崔銑撰

《仰子遺語》一卷　明胡憲仲撰

《蒙泉雜言》一卷

《槎庵燕語》一卷　明來斯行撰

《容臺隨筆》一卷　明董其昌撰

　弓四

《未齋雜言》一卷　明黎久撰

《南山素言》一卷　明潘府撰

《類博雜言》一卷　明岳正撰

《思玄庸言》一卷　明桑悅撰

《東田皐言》一卷　明馬中錫撰

《侯城雜誡》一卷　明方孝孺撰

《西原約言》一卷　明薛蕙撰

《凝齋筆語》一卷　明王鴻儒撰

《方山紀述》一卷　明薛應旂撰

《經世要談》一卷　明鄭善夫撰

《儼山纂録》一卷　明陸深撰

《奇子雜言》一卷　明楊春芳撰

《拘虛晤言》一卷　明陳沂撰

《文昌旅語》一卷　明王文禄撰

《雞鳴偶記》一卷　明蘇濬撰

《讀書筆記》一卷　明祝允明撰

《汲古叢語》一卷　明陸樹聲撰

《病榻寤言》一卷　明陸樹聲撰

《清暑筆談》一卷　明陸樹聲撰

　弓五

《遵聞録》一卷　明梁億撰

《賢識録》一卷　明陸釴撰

《在田録》一卷　明張定撰

《逐鹿記》一卷　明王褘撰

《壟起雜事》一卷　明楊儀撰

《龍興慈記》一卷　明王文祿撰

《聖君初政記》一卷　明沈文撰

《一統肇基錄》一卷　明夏原吉撰

《東朝紀》一卷　明王泌撰

《椒宮舊事》一卷　明王達撰

《復辟錄》一卷　明楊瑄撰

《保孤記》一卷

《秘錄》一卷　明李夢陽撰

弓六

《明良録略》一卷　明沈士謙撰

《明良記》一卷　明楊儀撰

《明臣十節》一卷　明崔銑撰

《造邦賢勳錄略》一卷　明王褘撰

《備遺錄》一卷　明張芹撰

《明輔起家考》一卷　明徐儀世撰

《椽曹名臣錄》一卷　明王鴻儒撰

《殉身錄》一卷　明裘玉撰

《致身錄》一卷　明史仲彬撰

弓七

《翊運録》一卷　明劉基撰

《遜國記》一卷

《革除遺事》一卷　明黄佐撰

《擁絮迂談》一卷　明朱鷺撰

《天順日録》一卷　明李賢撰

《九朝野記》一卷　明祝允明撰

《玉池談屑》一卷

《嵩陽雜識》一卷

《溶溪雜記》一卷

《郊外農談》一卷

《冶城客論》一卷　明陸采撰

《西皐雜記》一卷

《滄江野史》一卷

《澤山雜記》一卷

《沂陽日記》一卷

《海上紀聞》一卷

《孤樹裒談》一卷　明李默撰

《西墅雜記》一卷　明楊穆撰

弓八

《藩獻記》一卷　明朱謀㙔撰

《琬琰録》一卷　明楊廉撰

《瑣綴録》一卷　明尹直撰

《代醉編》一卷　明張鼎思撰

《明興雜記》一卷　明陳敬則撰

《水東記略》一卷　明葉盛撰

《玉壺遐覽》一卷　明胡應麟撰

《良常仙系記》一卷　明鄒迪光撰

《賜遊西苑記》一卷　明李賢撰

《延休堂漫録》一卷

《濯纓亭筆記》一卷　明戴冠撰

弓九

《錦衣志》一卷　明王世貞撰

《馬政志》一卷　明歸有光撰

《冀越通》一卷　明唐樞撰

《邊紀略》一卷　明鄭曉撰

《制府雜録》一卷　明楊一清撰

《醫間漫記》一卷　明賀欽撰

《征藩功次》一卷　明王守仁撰

《兵符節制》一卷　明王守仁撰

《十家牌法》一卷　明王守仁撰

《保民訓要》一卷　明劉宗周撰

弓十

《備倭事略》一卷　明歸有光撰

《北虜紀略》一卷　明汪道昆撰

《雲中事記》一卷　明蘇祐撰

《南巡日録》一卷　明陸深撰

《北還録》一卷　明陸深撰

《北使録》一卷　明李實撰

《西征記》一卷　明宗臣撰

《北征記》一卷　明楊榮撰

《北征録》一卷　明金幼孜撰

《北征後録》一卷　明金幼孜撰

《北征事蹟》一卷　明袁彬撰

弓十一

《平夏録》一卷　明黃標撰

《平夷録》一卷　明趙輔撰

《平定交南録》一卷　明丘濬撰

《撫安東夷記》一卷　明馬文升撰

《哈密國王記》一卷　明馬文升撰

《滇南慟哭記》一卷　明王紳撰

《渤泥入貢記》一卷　明宋濂撰

《琉球使略》一卷　明陳侃撰

《日本寄語》一卷　明薛俊撰

《朝鮮紀事》一卷　明倪謙撰

《建州女直考》一卷　明天都山臣撰

《夷俗記》一卷　明蕭大亨撰

弓十二

《否泰録》一卷　明劉定之撰

《遇恩録》一卷　明劉仲璟撰

《彭公筆記》一卷　明彭時撰

《蓻勝野聞》一卷　明徐禎卿撰

《庭聞述略》一卷　明王文禄撰

《今言》一卷　明鄭曉撰

《觚不觚録》一卷　明王世貞撰

《金臺紀聞》一卷　明陸深撰

《玉堂漫筆》一卷　明陸深撰

弓十三

《皇朝盛事》一卷　明王世貞撰

《雙槐歲抄》一卷　明黃瑜撰

《後渠雜識》一卷　明崔銑撰

《古穰雜錄》一卷　明李賢撰

《震澤紀聞》一卷　明王鏊撰

《菽園雜記》一卷　明陸容撰

《莘野纂聞》一卷　明伍餘福撰

《駒陰冗記》一卷　明闕莊撰

《客座新聞》一卷　明沈周撰

《枝山前聞》一卷　明祝允明撰

《尊俎餘功》一卷

《漱石閒談》一卷　明王元楨撰

《平江記事》一卷　元高德基撰

弓十四

《南翁夢錄》一卷　明安南黎澄撰

《公餘日錄》一卷　明湯沐撰

《中洲野錄》一卷　明程文憲撰

《三餘贅筆》一卷　明都卬撰

《懸笥瑣探》一卷　明劉昌撰

《蘇談》一卷　明楊循吉撰

《吳中故語》一卷　明楊循吉撰

《庚巳編》一卷　明陸燦撰

《續巳編》一卷　明郎瑛撰

《長安客話》一卷　明蔣一葵撰

《快雪堂漫錄》一卷　明馮夢禎撰

《雲夢藥溪談》一卷　明文翔鳳撰

《聞雁齋筆談》一卷　明張大復撰

《鬱岡齋筆麈》一卷　明王肯堂撰

弓十五

《胡氏雜說》一卷　明胡儼撰

《劉氏雜志》一卷　明劉定之撰

《丹鉛雜錄》一卷　明楊慎撰

《書肆説鈴》一卷　明葉秉敬撰

《田居乙記》一卷　明方大鎮撰

《碧里雜存》一卷　明董穀撰

《聽雨紀談》一卷　明都穆撰

《宦遊紀聞》一卷　明張誼撰

《意見》一卷　明陳于陛撰

《識小編》一卷　明周賓所撰

《語言談》一卷　明張獻翼撰

《子元案垢》一卷　明何孟春撰

　弓十六

《西樵野記》一卷　明侯甸撰

《甲乙剩言》一卷　明胡應麟撰

《寒檠膚見》一卷　明毛元仁撰

《語窺今古》一卷　明洪文科撰

《詢蒭録》一卷　明陳沂撰

《新知録》一卷　明劉仕義撰

《涉異志》一卷　明閔文振撰

《前定録補》一卷　明朱佐撰

《維園鉛摘》一卷　明謝廷讚撰

《攬茝微言》一卷　明顧其志撰

《墨池浪語》一卷　明胡維霖撰

《雪濤談叢》一卷　明江盈科撰

《春雨雜述》一卷　明解縉撰

《世説舊注》一卷　南朝梁劉孝標撰　明楊慎輯

　弓十七

《簪曝偶談》一卷　明顧元慶撰

《病逸漫記》一卷　明陸釴撰

《蜩笑偶言》一卷　明鄭瑗撰

《東谷贅言》一卷　明敖英撰

《蓬軒別記》一卷　明楊循吉撰

《蓬窗續録》一卷　明馮時可撰

《琅琊漫抄》一卷　明文林撰

《高坡異纂》一卷　明楊儀撰

《水南翰記》一卷　明李如一撰

《藜牀瀋餘》一卷　明陸瀋原撰

《霏雪録》一卷　明劉績撰

《已瘧編》一卷　明劉玉撰

《夢餘録》一卷　明唐錦撰

《祐山雜説》一卷　明馮汝弼撰

《江漢叢談》一卷　明陳士元撰

《投甕隨筆》一卷　明姜南撰

《洗硯新録》一卷　明姜南撰

《丑莊日記》一卷　明姜南撰

《輟築記》一卷　明姜南撰

弓十八

《雙溪雜記》一卷　明王瓊撰

《二酉委譚》一卷　明王世懋撰

《窺天外乘》一卷　明王世懋撰

《百可漫志》一卷　明陳鼐撰

《近峯聞略》一卷　明皇甫庸撰

《近峯記略》一卷　明皇甫庸撰

《寓圃雜記》一卷　明王錡撰

《青溪暇筆》一卷　明姚福撰

《方洲雜録》一卷　明張寧撰

《遼邸記聞》一卷　明錢希言撰

《宛委餘編》一卷　明王世貞撰

《谿山餘話》一卷　明陸深撰

《委巷叢談》一卷　明田汝成撰

《無用閒談》一卷　明孫緒撰

弓十九

《逌旃璅言》一卷　明蘇祐撰

《井觀瑣言》一卷　明鄭瑗撰

《林泉隨筆》一卷　明張綸撰

《推蓬寤語》一卷　明李豫亨撰

《讕言長語》一卷　明曹安撰

《震澤長語》一卷　明王鏊撰

《桑榆漫志》一卷　明陶輔撰

《延州筆記》一卷　明唐覲撰

《戒菴漫筆》一卷　明李詡撰

《暖姝由筆》一卷　明徐充撰

《農田餘話》一卷　明長谷真逸撰

《雨航雜錄》一卷　明馮時可撰

《菊坡叢語》一卷　明單宇撰

《玄亭涉筆》一卷　明王志遠撰

《野航史話》一卷　明茅元儀撰

《西峰淡話》一卷　明茅元儀撰

《大賓辱語》一卷　明姜南撰

《抱璞簡記》一卷　明姜南撰

　弓二十

《寶櫝記》一卷　明滑惟善撰

《脚氣集》一卷　宋車若水撰

《望崖錄》一卷　明王世懋撰

《燕閒錄》一卷　明陸深撰

《閒中今古錄》一卷　明黃溥撰

《綠雪亭雜言》一卷　明敖英撰

《春風堂隨筆》一卷　明陸深撰

《雲蕉館紀談》一卷　明孔邇撰

《兼葭堂雜抄》一卷　明陸楫撰

《鳳凰臺記事》一卷　明馬生龍撰

《願豐堂漫書》一卷　明陸深撰

《天爵堂筆餘》一卷　明薛崗撰

《壁疏》一卷　明淩登名撰

《譚輅》一卷　明張鳳翼撰

《戲瑕》一卷　明錢希言撰

《塵餘》一卷　明謝肇淛撰

《談剩》一卷　明胡江撰

　弓二十一

《雲林遺事》一卷　明顧元慶撰

《比事摘錄》一卷

《堇戶録》一卷　明楊慎撰

《蛅蟖嗃筆》一卷　明楊慎撰

《病榻手欥》一卷　明楊慎撰

《枕譚》一卷　明陳繼儒撰

《群碎録》一卷　明陳繼儒撰

《記事珠》一卷　唐馮贄撰

《俗呼小録》一卷　明李翊撰

《名公像記》一卷　明顧起元撰

《傷逝記》一卷　明顧起元撰

　弓二十二

《景仰撮書》一卷　明王達撰

《仰山脞録》一卷　明閔文振撰

《見聞紀訓》一卷　明陳良謨撰

《先進遺風》一卷　明耿定向撰

《畜德録》一卷　明陳沂撰

《新倩籍》一卷　明徐禎卿撰

《國寶新編》一卷　明顧璘撰

《金石契》一卷　明祝肇撰

《西州合譜》一卷　明張鴻磐撰

《吳風録》一卷　明黃省曾撰

《吳中往哲記》一卷　明楊循吉撰

　弓二十三

《兒世説》一卷　明趙瑜撰

《香案牘》一卷　明陳繼儒撰

《女俠傳》一卷　明鄒之麟撰

《貧士傳》二卷　明黃姬水撰

　弓二十四

《客越志》一卷　明王穉登撰

《雨航記》一卷　明王穉登撰

《明月編》一卷　明王穉登撰

《荊溪疏》一卷　明王穉登撰

《閩部疏》一卷　明王世懋撰

《入蜀紀見》一卷　明郝郊撰

《黃山行六頌》一卷　明吳士權撰

弓二十五

《瀛涯勝覽》一卷　明馬歡撰

《海槎餘録》一卷　明顧岕撰

《吳中勝記》一卷　明華鑰撰

《泉南雜志》一卷　明陳懋仁撰

《南陸志》一卷　明崔銑撰

《貴陽山泉志》一卷　明慎蒙撰

《雲南山川志》一卷　明楊慎撰

《金陵冬遊記略》一卷　明羅洪先撰

《蜀都雜抄》一卷　明陸深撰

《豫中漫抄》一卷　明陸深撰

弓二十六

《廬陽客記》一卷　明楊循吉撰

《居山雜志》一卷　明楊循吉撰

《武夷遊記》一卷　明吳拭撰

《太湖泉志》一卷　明潘之恒撰

《半塘小志》一卷　明潘之恒撰

《諸寺奇物記》一卷　明顧起元撰

《西干十寺記》一卷　明謝廷瓚撰

《西浮籍》一卷　明錢希言撰

《楚小志》一卷　明錢希言撰

《朔雪北征記》一卷　明屠隆撰

《烏蠻瀧夜談記》一卷　明董傳策撰

《邊堠紀行》一卷　元張德輝撰

《滇行紀略》一卷　明馮時可撰

《銀山鐵壁謾談》一卷　明李元陽撰

《游台宕路程》一卷　明陶望齡撰

《榕城隨筆》一卷　明淩登名撰

《西吳枝乘》一卷　明謝肇淛撰

《禮白嶽紀》一卷　明李日華撰

《篷櫳夜話》一卷　明李日華撰

弓二十七

《居家制用》一卷　元陸梳山撰

《清齋位置》一卷　明文震亨撰

《覼采清課》一卷　明費元禄撰

《巖棲幽事》一卷　明陳繼儒撰

《林水録》一卷　明彭年撰

《山棲志》一卷　明慎蒙撰

《玉壺冰》一卷　明都穆撰

弓二十八

《帝城景物略》一卷　明劉侗撰

《熙朝樂事》一卷　明田汝成撰

《賞心樂事》一卷　宋張鑒撰

《吳社編》一卷　明王穉登撰

《武陸競渡略》一卷　明楊嗣昌撰

《清閑供》一卷　明程羽文撰

《林下盟》一卷　明沈仕撰

《田家曆》一卷　明程羽文撰

《古今諺》一卷　明楊慎輯

《畫舫約》一卷　明汪汝謙撰

《南陔六舟記》一卷　明潘之恒撰

《宛陵二水評》一卷　明潘之恒撰

弓二十九

《明經會約》一卷　明林希恩撰

《讀書社約》一卷　明丁奇遇撰

《林間社約》一卷　明馮時可撰

《勝蓮社約》一卷　明虞淳熙撰

《生日會約》一卷　明高兆麟撰

《月會約》一卷　明嚴武順撰

《紅雲社約》一卷　明徐熥撰

《紅雲續約》一卷　明謝肇淛撰

《浣俗約》一卷　明李日華撰

《運泉約》一卷　明李日華撰

《霞外雜俎》一卷　明杜巽才撰

54

《韋弦佩》一卷　明屠本畯撰

《禪門本草補》一卷　明袁中道撰

《蘇氏家語》一卷　明蘇士潛撰

《韻史》一卷　明陳梁撰

　弓三十

《陰符經解》一卷　明湯顯祖撰

《胎息經疏》一卷　明王文祿撰

《析骨分經》一卷　明寧一玉撰

《醫先》一卷　明王文祿撰

《葬度》一卷　明王文祿撰

《農說》一卷　明馬一龍撰

《友論》一卷　意大利利瑪竇撰

《田家五行》一卷　明婁元禮撰

《居家宜忌》一卷　明瞿佑撰

《放生辯惑》一卷　明陶望齡撰

　弓三十一

《長者言》一卷　明陳繼儒撰

《清言》一卷　明屠隆撰

《續清言》一卷　明屠隆撰

《歸有園塵談》一卷　明徐學謨撰

《木几冗談》一卷　明彭汝讓撰

《偶譚》一卷　明李鼎撰

《玉笑零音》一卷　明田藝蘅撰

《寓林清言》一卷　明黃汝亨撰

《狂言紀略》一卷　明黃汝亨撰

　弓三十二

《切韻射標》一卷　明李世澤撰

《發音錄》一卷　明張位撰

《讀書十六觀》一卷　明陳繼儒撰

《文章九命》一卷　明王世貞撰

《歌學譜》一卷　明林希恩撰

《三百篇聲譜》一卷　明張蔚然撰

《陽關三疊圖譜》一卷　明田藝蘅撰

弓三十三

《談藝錄》一卷　明徐禎卿撰

《秕圃擷餘》一卷　明王世懋撰

《詩文浪談》一卷　明林希恩撰

《歸田詩話》一卷　明瞿佑撰

《南濠詩話》一卷　明都穆撰

《蓉塘詩話》一卷　明姜南撰

《敬君詩話》一卷　明葉秉敬撰

《蜀中詩話》一卷　明曹學佺撰

《麓堂詩話》一卷　明李東陽撰

《夷白齋詩話》一卷　明顧元慶撰

《存餘堂詩話》一卷　明朱承爵撰

《娛書堂詩話》一卷　宋趙與虤撰

《升庵辭品》一卷　明楊慎撰

弓三十四

《千里面譚》一卷　明楊慎撰

《詩家直說》一卷　明謝榛撰

《詩談》一卷　明徐泰撰

《香宇詩談》一卷　明田藝蘅撰

《西園詩麈》一卷　明張蔚然撰

《雪濤詩評》一卷　明江盈科撰

《閨秀詩評》一卷　明江盈科撰

《聞書杜律》一卷　明楊慎撰

《樂府指迷》一卷　宋張炎撰

《墨池璅錄》一卷　明楊慎撰

弓三十五

《書畫史》一卷　明陳繼儒撰

《書畫金湯》一卷　明陳繼儒撰

《論畫瑣言》一卷　明董其昌撰

《丹青志》一卷　明王穉登撰

《繪妙》一卷　明茅一相撰

《畫麈》一卷　明沈顥撰

《畫說》一卷　明莫是龍撰

《畫禪》一卷　明釋蓮儒撰

《竹派》一卷　明釋蓮儒撰

　弓三十六

《射經》一卷　明李呈芬撰

《鄉射直節》一卷　明何景明撰

《名劍記》一卷　明李承勛撰

《玉名詁》一卷　明楊慎撰

《古奇器録》一卷　明陸深撰

《紙箋譜》一卷　元鮮于樞撰

《箋譜銘》一卷　明屠隆撰

《十友圖贊》一卷　明顧元慶撰

《古今印史》一卷　明徐官撰

《硯譜》一卷　明沈仕撰

　弓三十七

《水品》一卷　明徐獻忠撰

《煮泉小品》一卷　明田藝蘅撰

《茶譜》一卷　明顧元慶撰

《茶録》一卷　明馮時可撰

《茶疏》一卷　明許次紓撰

《茶箋》一卷　明聞龍撰

《茶解》一卷　明羅廩撰

《羅岕茶記》一卷　明熊明遇撰

《岕茶箋》一卷　明馮可賓撰

《茶寮記》一卷　明陸樹聲撰

《煎茶七類》一卷　明徐渭撰

《焚香七要》一卷　明朱權撰

　弓三十八

《觴政》一卷　明袁宏道撰

《文字飲》一卷　明屠本畯撰

《醉鄉律令》一卷　明田藝蘅撰

《小酒令》一卷　明田藝蘅撰

《奕問》一卷　明王世貞撰

《奕旦評》一卷　明馮元仲撰

《奕律》一卷　明王思任撰

《詩牌譜》一卷　明王良樞輯

《宣和牌譜》一卷　明瞿佑撰

《壺矢銘》一卷　明袁九齡撰

《朝京打馬格》一卷　明文翔鳳撰

《彩選百官鐸》一卷

　弓三十九

《穎譜》一卷　明郳樵叟撰

《六博譜》一卷　明潘之恒撰

《兼三圖》一卷　明屠幽叟撰

《數錢葉譜》一卷　明汪道昆撰

《楚騷品》一卷　明汪道昆撰

《嘉賓心令》一卷　明巢玉庵撰

《葉子譜》一卷　明潘之恒撰

《續葉子譜》一卷　明潘之恒撰

《運掌經》一卷　明黎遂球撰

《牌經》一卷　明馮夢龍撰

《馬吊腳例》一卷　明馮夢龍撰

《胠陣譜》一卷　明袁福徵撰

　弓四十

《瓶史》一卷　明袁宏道撰

《缾花譜》一卷　明張丑撰

《缾史月表》一卷　明屠本畯撰

《花曆》一卷　明程羽文撰

《花小名》一卷　明程羽文撰

《學圃雜疏》三卷　明王世懋撰

《藥圃同春》一卷　明夏旦撰

《募種兩堤桃柳議》一卷　明聞啓祥撰

《草花譜》一卷　明高濂撰

《亳州牡丹表》一卷　明薛鳳祥撰

《牡丹八書》一卷　明薛鳳翔撰

　弓四十一

《荔枝譜》二卷　明徐燉撰

《荔枝譜》一卷　明宋珏撰

《荔枝譜》一卷　明曹蕃撰

《荔枝譜》一卷　明鄧慶采撰

《記荔枝》一卷　明吳載鰲撰

《廣菌譜》一卷　明潘之恒撰

《種芋法》一卷　明黃省曾撰

《野菜箋》一卷　明屠本畯撰

《野蔌品》一卷　明高濂撰

《野菜譜》一卷　明滑浩撰

　　弓四十二

《藿經》一卷　明蔣德璟撰

《獸經》一卷　明黃省曾撰

《虎苑》二卷　明王穉登撰

《名馬記》一卷　明李翰撰

《促織志》一卷　明袁宏道撰

《促織志》一卷　明劉侗撰

《海味索隱》一卷　明屠本畯撰

《魚品》一卷　明顧起元撰

　　弓四十三

《冥寥子游》一卷　明屠隆撰

《廣寒殿記》一卷　明宣宗朱瞻基撰

《洞簫記》一卷　明陸燦撰

《周顛仙人傳》一卷　明太祖朱元璋撰

《一瓢道士傳》一卷　明袁中道撰

《醉叟傳》一卷　明袁宏道撰

《拙效傳》一卷　明袁宏道撰

《李公子傳》一卷　明陳繼儒撰

《楊幽妍別傳》一卷　明陳繼儒撰

《阿寄傳》一卷　明田汝成撰

《義虎傳》一卷　明祝允明撰

《倉庚傳》一卷　明楊慎撰

《煮茶夢記》一卷　元楊維楨撰

《西玄青鳥記》一卷　明茅元儀撰

弓四十四

《女紅餘志》一卷　元龍輔撰

《燕都妓品》一卷　明曹大章撰

《蓮臺仙會品》一卷　明曹大章撰

《廣陵女士殿最》一卷　明曹大章撰

《秦淮士女表》一卷　明曹大章撰

《曲中志》一卷　明潘之恒撰

《金陵妓品》一卷　明潘之恒撰

《秦淮劇品》一卷　明潘之恒撰

《曲豔品》一卷　明潘之恒撰

《後豔品》一卷　明潘之恒撰

《續豔品》一卷　明潘之恒撰

《劇評》一卷　明潘之恒撰

弓四十五

《艾子後語》一卷　明陸灼撰

《雪濤小説》一卷　明江盈科撰

《應諧録》一卷　明劉元卿撰

《笑禪録》一卷　明潘游龍撰

《談言》一卷　明江盈科撰

《權子》一卷　明耿定向撰

《雜纂三續》一卷　明黃允交撰

弓四十六

《猥談》一卷　明祝允明撰

《異林》一卷　明徐禎卿撰

《語怪》一卷　明祝允明撰

《幽怪録》一卷　明田汝成撰

《説郛》一百二十弓，元陶宗儀編；《説郛續》四十六弓，明陶珽編。清順治宛委山堂刻本。一百六十册。《説郛》框高 19.3 厘米，寬 14.4 厘米；《説郛續》框高 19.1 厘米，寬 14.2 厘米。半葉九行二十字，左右雙邊，白口，單白魚尾。版心上鐫篇名。書名葉欄內題"陶九成輯""説郛""宛委山堂藏板"。

《説郛》首有順治四年（1647）王應昌《重校説郛序》、未署年楊維禎《説郛叙》、弘治九年（1496）郁文博《較正説郛序》、順治三年（1646）李際期《重較説郛小序》；次《讀説郛》；次《説郛目録》，各卷有分卷目録，均題"天台陶宗儀纂；姚安陶珽重輯”。《説郛續》首有《説郛續目録》，各卷有分卷目録。

陶宗儀（1316—？）字九成，號南村，元末黄巖（今屬浙江台州）人。早年習舉子業，初試不中，即專志古學，元末隱居松江，閉門著書，親躬農事，永樂元年（1403）時年八十八。學識廣博，長於詩書，著《南村輟耕録》《書史會要》等，編《説郛》《游志續編》《古刻叢抄》等。《明史》卷二百八十五有傳。陶珽（生卒年不詳）字紫闐，號不退，又號稺圭，寄籍姚安（今屬雲南）。萬曆三十八年（1610）進士，授刑部主事，歷大名府知府、隴右道副使，轉遼東兵備道，致仕歸。善詩文書法，與陶望齡、袁中郎、陳繼儒等名士交，著《閬園集》，纂《説郛續》。生平參《［光緒］姚州志》卷七。

是書爲陶宗儀纂輯漢魏至宋元之經史、傳記、諸子、雜説而成，每種略存大概，亦有原書已佚，從衆書抄得者。是書卷帙浩繁，包羅萬象，卷前楊維禎《説郛叙》云：“天台陶君九成取經史傳記，下迨百氏雜説之書二千餘家，纂成一百卷，凡數萬條，翦楊子語名之曰《説郛》。”書名取揚雄《揚子法言·問神》“天地之爲萬物郭，五經之爲衆説郛”之義。《四庫全書總目提要》評曰：“雖經竄亂，崖略終存。古書之不傳於今者，斷簡殘編，往往而在，佚文瑣事，時有徵焉，固亦考證之淵海也。”

是書原爲一百卷，僅有抄本傳世。然輾轉傳抄，難免訛闕，其編亦非定本。《四庫全書總目提要》引都卬《三餘贅筆》之説云：“《説郛》本七十卷，後三十卷乃松江人取《百川學海》諸書足之。”明成化、弘治年間，郁文博曾借抄是書，并删去與《百川學海》相重者三十六種，重加校勘，仍編爲一百卷。郁文博《較正説郛序》述校改事云：“成化辛丑（十七年，1481）予罷官歸鄉，於士人龔某家得借録之。遍閲其中所載，有足裨予考索之遺，廓予聞見之隘。然字多訛缺，兼有重出與當併者，未暇校正。……邇年以來，借録者頗簡，遂欲較正，復遍閲之，見其間編入《百川學海》中三十六事，《學海》近在錫山華會通先生家，翻刊銅板活字，盛行於世，不宜存此，徒煩人録。於是以其編入并重出者盡删去之，當併者併之，字之訛缺者亦取諸載籍，逐一比對，訛者正之，缺者補之，無載籍者以義釐正之。終歲手録，仍編爲一百号。猶恐有未盡善，留嗣後之君子重較而刊行焉。”

明陶珽亦重輯《説郛》，成一百二十号。據卷前王應昌序，是書在明代曾經刊刻，然板燬，順治初由李際期重梓。王序云：“首簡周南李君督學兩浙。兩浙文獻之地，校試之暇，訪求遺書，得華容孫氏《説郛》善本，因重授梓。蓋以板燬于辛酉（天啓元年，1621）武林大火，去今幾三十年。是書復開生面，雖功在典籍，而忠在朝廷，可謂盛舉矣。”李際期《重較説郛小序》亦述刊刻事

云："兵燹之後，煨燼殆盡，余因重定而付諸門人輩較梓之。"《說郛續》四十六
弓爲陶珽增輯明人說部而成。《四庫全書總目提要》謂："是編增輯陶宗儀《說
郛》，迄於元代，復雜抄明人說部五百二十七種以續之，其刪節一如宗儀之例。
然正、嘉以上，淳樸未漓，猶頗存宋元說部遺意。隆、萬以後，運趨末造，風氣
日偷。……著書既易，入競操觚，小品日增，厄言疊煽。求其卓然蟬蛻於流俗者，
十不二三。珽乃不別而漫收之，白葦黃茅，殊爲冗濫"，又謂其"明人餖飣之詞，
全書尚不足觀"。因書中有少量明末之書，學界對此書是否爲陶珽所編尚存疑議。

據昌彼得《說郛考》等研究，《說郛》不僅經重新編輯，亦與明代《廣漢魏
叢書》《百川學海》《藝游備覽》《熙朝樂事》《雪堂韻史》，以及清代《唐宋叢書》
《五朝小說》等叢書存在着複雜的版片互用情況。現存《說郛》皆爲重編本，曾
在明末和清初印行，其子目稍有不同。其中順治刻本爲李際期在浙江提學道上
整理舊版重印，最爲通行。《中國古籍善本書目》著錄是書爲順治三年刻本，而
此本存順治四年王應昌序，又有一些研究文章記爲順治五年。《說郛》版本仍需
進一步釐清，此處暫著錄爲清順治宛委山堂刻本。

此本《說郛》存順治李際期、王應昌序，爲順治時印。《說郛》存子目
一千二百五十四種一千三百四十五卷，較《中國叢書綜錄》《中國古籍善本書目》
新增一種，少十二種；《愧郯錄》一卷、《新城錄》一卷在弓五十二、五十四重出，
未計；弓一百十九《雲仙雜記》，《中國叢書綜錄》著錄爲十卷，此本目錄、正文
實爲九卷。此本《說郛續》存子目五百三十一種五百三十六卷，較《中國叢書綜錄》
《中國古籍善本書目》新增一種，少十種；另外，此本《說郛續》實缺第一弓，此
本第一弓目錄爲補抄，所收十三種皆見於此本其他卷帙，乃雜取另一部拼湊而成。

此本《說郛》《說郛續》較《中國叢書綜錄》《中國古籍善本書目》增缺之
子目如下：

《說郛》增補子目一種		
1	弓六十三	《約齋燕遊志》一卷	宋張鎡撰
《說郛》缺少子目十二種		
1	弓十八	《三水小牘》一卷	宋皇甫枚撰
2	弓十九	《西林日記》一卷	元姚燧撰
3	弓三十八	《避亂錄》一卷	宋王明清撰
4	弓四十九	《朝野遺記》一卷	宋□□撰
5	弓四十九	《朝野僉言》一卷	宋□□撰
6	弓四十九	《蜀道征討比事》一卷	宋袁申儒撰

7	弓五十	《燕北雜記》一卷	宋武珪撰
8	弓五十四	《晋史乘》一卷	
9	弓五十四	《楚史檮杌》一卷	
10	弓五十七	《英雄記鈔》一卷	三國魏王粲撰
11	弓六十八	《草堂三謡》一卷	唐白居易撰
12	弓一百四	《桂海花木志》一卷	宋范成大撰
《説郛》重出子目二種			
1	弓五十四 （已編入弓五十二）	《愧郯録》一卷	宋岳珂撰
2	弓五十四 （已編入弓五十二）	《新城録》一卷	唐沈亞之撰

《説郛續》增補子目一種			
1	弓四十一	《野菜譜》一卷	明滑浩撰
《説郛續》缺少子目十種			
1	弓三	《從政録》一卷	明薛瑄撰
2	弓五	《賢識録》一卷	明陸釴撰
3	弓五	《一統肇基録》一卷	明夏原吉撰
4	弓十	《北擄紀略》一卷	明汪道昆撰
5	弓十	《北征事蹟》一卷	明袁彬撰　明尹直録
6	弓二十八	《田家曆》一卷	明程羽文撰
7	弓二十八	《古今諺》一卷	明楊慎輯
8	弓三十七	《岕茶箋》一卷	明馮可賓撰
9	弓三十九	《牌經》一卷	明馮夢龍撰
10	弓四十一	《野蔌品》一卷	明高濂撰
此本缺一册十種			
1	弓一	《正學編》一卷	明陳琛撰
2	弓一	《聖學範圍圖説》一卷	明岳元聲撰
3	弓一	《元圖大衍》一卷	明馬一龍撰
4	弓一	《周易稽疑》一卷	明朱睦㮮撰
5	弓一	《周易會占》一卷	明程鴻烈撰
6	弓一	《戊申立春考》一卷	明邢雲路撰
7	弓一	《讀史訂疑》一卷	明王世懋撰

8	弓一	《書傳正誤》一卷	明郭孔太撰
9	弓一	《莊子闕誤》一卷	明楊慎撰
10	弓一	《廣莊》一卷	明袁宏道撰
此本雜取十三種成弓一			
1	原弓十九	《雨航雜録》一卷	明馮時可撰
2	原弓十九	《農田餘話》一卷	明長谷真逸撰
3	原弓十七	《水南翰記》一卷	明李如一撰
4	原弓二十七	《疊采清課》一卷	明費元禄撰
5	原弓二十二	《吳風録》一卷	明黄省曾撰
6	原弓二十六	《蓬櫳夜話》一卷	明李日華撰
7	原弓二十	《寶櫝記》一卷	明滑惟善撰
8	原弓二十	《脚氣集》一卷	宋車若水撰
9	原弓二	《續志林》一卷	明王禕撰
10	原弓十八	《寓圃雜記》一卷	明王錡撰
11	原弓十八	《青溪暇筆》一卷	明姚福撰
12	原弓十八	《近峯聞略》一卷	明皇甫庸撰
13	原弓十八	《近峯記略》一卷	明皇甫庸撰

此本册七《禮斗威儀》葉二、《五經通義》葉三，册七十五《齊民要術》葉一，册一百十八《冥祥記》葉一，册一百五十四《奕問》葉一鈐有紅藍條紋紙廠印記；册一百五十三《鄉射直節》葉四襯紙鈐"義然號定廠荆川太史紙"。

《四庫全書總目》子部雜家類著録《説郛》，子部雜家類存目著録《續説郛》。《中國古籍善本書目》著録三十四家收藏清順治三年李際期宛委山堂刻本《説郛》、二十八家收藏同版《説郛續》，中國國家圖書館、上海圖書館、南京圖書館、浙江圖書館等多家收藏二書。知美國哈佛大學哈佛燕京圖書館，日本静嘉堂文庫、東洋文庫、東京大學綜合圖書館、蓬左文庫等處收藏。

002

稗海四十八種二百八十八卷續二十二種一百六十一卷

T9100　2435

《稗海》四十八種二百八十八卷《續》二十二種一百六十一卷
　稗海
　　第一函
　　《博物志》十卷　晋張華撰　宋周日用注

《西京雜記》六卷　題晉葛洪撰

《王子年拾遺記》十卷　題前秦王嘉撰

《搜神記》八卷　題晉干寶撰

《述異記》二卷　題梁任昉撰

《續博物志》十卷　題宋李石撰

《摭言》一卷　五代王定保撰

《小名錄》二卷　唐陸龜蒙撰

《雲溪友議》十二卷　唐范攄撰

《獨異志》三卷　唐李冗撰

第二函

《杜陽雜編》三卷　唐蘇鶚撰

《東觀奏記》三卷　唐裴庭裕撰

《大唐新語》十三卷　唐劉肅撰

《因話錄》六卷　唐趙麟撰

《玉泉子》一卷　唐□□撰

《北夢瑣言》二十卷　宋孫光憲撰

第三函

《樂善錄》二卷　宋李昌齡撰

《蠹海集》一卷　明王逵撰

《過庭錄》一卷　宋范公稱撰

《泊宅編》三卷　宋方勺撰

《閑窗括異志》一卷　宋魯應龍撰

《搜采異聞錄》五卷　宋永亨撰

《東軒筆錄》十五卷　宋魏泰撰

《青箱雜記》十卷　宋吳處厚撰

《蒙齋筆談》二卷　宋葉夢得撰

《畫墁錄》一卷　宋張舜民撰

第四函

《游宦紀聞》十卷　宋張世南撰

《夢溪筆談》二十六卷《補筆談》一卷　宋沈括撰

《學齋佔畢纂》一卷　宋史繩祖撰

《儲華谷袪疑說纂》一卷　宋儲泳撰

《墨莊漫錄》十卷　宋張邦基撰

《侍兒小名録拾遺》一卷　宋張邦幾撰

《補侍兒小名録》一卷　宋王銍撰

《續補侍兒小名録》一卷　宋温豫撰

第五函

《嬾真子》五卷　宋馬永卿撰

《歸田録》二卷　宋歐陽修撰

《東坡先生志林》十二卷　宋蘇軾撰

《蘇黄門龍川別志》二卷　宋蘇轍撰

《澠水燕談録》十卷　宋王闢之撰

《冷齋夜話》十卷　宋釋惠洪撰

《老學庵筆記》十卷　宋陸游撰

第六函

《雲麓漫抄》四卷　宋趙彥衛撰

《石林燕語》十卷　宋葉夢得撰

《避暑録話》二卷　宋葉夢得撰

《清波雜志》三卷　宋周煇撰

《墨客揮犀》十卷　宋彭乘撰

《異聞總録》四卷　宋□□撰

《遂昌雜録》一卷　元鄭元祐撰

續

第七函

《酉陽雜俎》二十卷　唐段成式撰

《宣室志》十卷《補遺》一卷　唐張讀撰

《龍城録》二卷　題唐柳宗元撰

《鶴林玉露》十六卷《補遺》一卷　宋羅大經撰

第八函

《儒林公議》二卷　宋田況撰

《侯鯖録》八卷　宋趙令畤撰

《睽車志》六卷　宋郭彖撰

《江鄰幾雜志》一卷　宋江休復撰

《桯史》十五卷　宋岳珂撰

《隨隱漫録》五卷　宋陳世崇撰

《楓窗小牘》二卷　宋袁褧撰　宋袁頤續

《耕禄藁》一卷　宋李元綱撰

《厚德録》四卷　宋李元綱撰

第九函

《西溪叢語》二卷　宋姚寬撰

《野客叢書》三十卷《附録》一卷　宋王楙撰

《螢雪叢説》二卷　宋俞成撰

《孫公談圃》三卷　宋孫升述　宋劉廷世録

《許彦周詩話》一卷　宋許顗撰

《後山居士詩話》一卷　題宋陳師道撰

第十函

《齊東野語》二十卷　宋周密撰

《癸辛雜識前集》一卷《後集》一卷《續集》二卷《別集》二卷　宋周密撰

《山房隨筆》一卷　元蔣子正撰

明商濬編。明萬曆商濬刻清康熙振鷺堂重編補刻本。有抄補。一百一冊。框高21.1厘米，寬14.1厘米。半葉九行二十字，小字雙行同，四周單邊，白口，單黑魚尾間有單白魚尾。版心上鐫子集名，中鐫卷次。

卷端子集著者姓名後無撰著方式。書名葉爲補抄，欄內題"稗海"。書首有未署年商濬《原序》（首葉補抄）、《總論》；次《稗海全書總目》。

商濬（生卒年不詳）一名維濬，字初陽，明浙江會稽（今浙江紹興）人，主要活動於萬曆年間，著《古今評録》等。

是書彙集魏晉以來稗官野史、筆記雜著，商濬《序》述其編刻始末云："吾鄉黃門鈕石溪先生銳情稽古，廣構窮搜，藏書世學樓者積至數千函百萬卷。余爲先生長公館甥，故時得縱觀焉。每苦卷帙浩繁，又書皆收録，不無魯魚之訛，因于暇日撮其紀載有體、議論的確者，重加訂正，更旁收縉紳家遺書，校付剞劂，以永其傳，以終先生惓惓之夙心。凡若干卷，總而名之曰《稗海》。……合而數之，上下千百載，涉閱萬端，牢籠百態，從漢魏以下種種名筆罔不該載，謂之海也固宜。夫天壤間殺青搦管，充棟汗牛，詎敢云稗史盡是？然較之蹄涔行潦抑有間矣。"是書初由明萬曆商氏半埜堂刻爲《稗海》四十六種二百八十五卷《續稗海》二十四種一百四十一卷。清康熙蔣氏振鷺堂重編補刻爲《稗海》四十八種二百八十八卷《續》二十二種一百六十一卷。

清康熙振鷺堂蔣氏取用萬曆《稗海》舊版，但將萬曆刻本卷端著者姓名後之"撰"字，以及"商濬校"等校注人姓名剷去，故清刻本卷端著者處多有空行。此本《雲麓漫抄》卷一、三、四卷首存"明會稽商濬校"，卷二存"明會稽諸葛元聲校", 仍殘留明本文字。萬曆刻本原將子目分爲十"套", 康熙刻本改稱"函", 子目順序稍有調整, 内容亦略有增加。《稗海全書總目》各書題名下詳記增補内容:《搜神記》補序,《續博物志》補跋,《雲溪友議》補跋,《大唐新語》補序論,《夢溪筆談》補序跋,《酉陽雜俎》補序,《宣室志》補遺一卷,《鶴林玉露》補遺一卷、補序,《野客叢書》補編目,《齊東野語》補序、補闕,《癸辛雜識後集》增、《續集》增。與萬曆刻本子目相較, 除序目外, 此本實增《鶴林玉露補遺》一卷、《齊東野語》二十卷, 然後者部分爲明代舊版; 明刻原有《宣室志補遺》一卷, 此本《總目》仍云"補遺"或有誤; 明刻之《癸辛雜識》一卷《外集》一卷《新集》一卷《後集》一卷, 此本剜改卷首題名, 更爲《前集》一卷《後集》一卷《續集》二卷《別集》二卷, 其中部分用明代舊版, 而《後集》《續集》確如目録所言爲清代補版。

清康熙振鷺堂刻本目録後鐫"振鷺堂重編"一行, 此本無。此本版片蓋經多次修補,《龍城録》二卷, 亦爲清代補刻, 字體與明版、康熙版皆不同。清代補版部分"玄""曄"缺筆,"弘"字不避, 應仍爲康熙時刻。

《中國古籍善本書目》著録中國國家圖書館、天津圖書館、福建省圖書館、湖北省圖書館等十二家,《中國叢書綜録》著録二十家收藏清康熙振鷺堂重編補刻本。知中國臺北"國家圖書館"、臺北故宮博物院、香港大學馮平山圖書館、美國柏克萊加州大學圖書館、普林斯頓大學圖書館, 英國倫敦大學亞非學院, 日本京都大學大學院文學研究科圖書館、東京大學綜合圖書館、東京大學東洋文化研究所, 韓國奎章閣收藏清康熙振鷺堂重編補刻本。

《西溪叢語》鈐"許氏藏書"白文方印。

003

五朝小説四百八十種四百九十六卷（存四百六十四種四百七十六卷）

T5736　1490

《五朝小説》四百八十種四百九十六卷

　魏晋小説

　　傳奇家

　　《穆天子傳》一卷

　　《西王母傳》一卷　漢桓驎撰

　　《東方朔傳》一卷　漢郭憲撰

　　《漢武帝内傳》一卷　漢班固撰

　　《趙飛燕外傳》一卷　漢伶玄撰

《薛靈芸傳》一卷　前秦王嘉撰

《吳女紫玉傳》一卷　漢趙曄撰

《天上玉女記》一卷　宋賈善翔撰

《秦女賣枕記》一卷　晋干寶撰

《蘇娥訴冤記》一卷　晋干寶撰

《泰山生令記》一卷　晋司馬彪撰

《泰嶽府君記》一卷　晋庾翼撰

《度朔君別傳》一卷　晋干寶撰

《山陽死友傳》一卷　三國魏蔣濟撰

《縻生瘞岅記》一卷　前秦王嘉撰

《東越祭蛇記》一卷　晋干寶撰

《楚王鑄劍記》一卷　漢趙曄撰

《古墓斑狐記》一卷　晋郭頒撰

《太古鹽馬記》一卷　三國吳張儼撰

《烏衣鬼軍記》一卷　晋李胐撰

《夏侯鬼語記》一卷　晋孔曄撰

　志怪家

《續齊諧記》一卷　南朝梁吳均撰

《還冤記》一卷　北齊顏之推撰

《冥通記》一卷　南朝梁陶弘景撰

《搜神記》一卷　晋干寶撰

《搜神後記》二卷　晋陶潛撰

《幽明録》一卷　南朝宋劉義慶撰

《續幽明録》一卷　唐劉孝孫撰

《別國洞冥記》一卷　漢郭憲撰

《述異記》一卷　南朝梁任昉撰

《宣驗記》一卷　南朝宋劉義慶撰

《古鏡記》一卷　隋王度撰

《異苑》一卷　南朝宋劉敬叔撰

　偏録家

《大業雜記》一卷　南朝宋劉義慶（一題唐杜寶）撰

《西京雜記》一卷　漢劉歆（一題晋葛洪）撰

《漢雜事秘辛》一卷　漢闕名撰

《虞喜志林》一卷　晋虞喜撰

《東宮舊事》一卷　晋張敞撰

《鄴中記》一卷　晋陸翽撰

雜傳家

《群輔録》一卷　晋陶潛撰

《真靈位業圖》一卷　南朝梁陶弘景撰

《列仙傳》一卷　漢劉向撰

《續神仙傳》一卷　唐沈份撰

《神僧傳》一卷　晋釋法顯撰

《列女傳》一卷　晋皇甫謐撰

《麻姑傳》一卷　晋葛洪撰

《丁新婦傳》一卷　三國吳殷基撰

《襄陽耆舊傳》一卷　晋習鑿齒撰

《益都耆舊傳》一卷　晋陳壽撰

《汝南先賢傳》一卷　晋周斐撰

《楚國先賢傳》一卷　晋張方撰

《會稽先賢傳》一卷　三國吳謝承撰

《零陵先賢傳》一卷　晋司馬彪撰

《文士傳》一卷　晋張隱撰

《東林蓮社十八高賢傳》一卷　晋□□撰

外乘家

《水衡記》一卷

《西州後賢志》一卷　晋常璩撰

《漢中士女志》一卷　晋常璩撰

《梓潼士女志》一卷　晋常璩撰

《風土記》一卷　晋周處撰

《宜都記》一卷　晋袁崧撰

《湘中記》一卷　晋羅含撰

《荆州記》一卷　南朝宋盛弘之撰

《南越志》一卷　□沈懷遠撰

《廣州記》一卷　晋顧微撰

《海内十洲記》一卷　漢東方朔撰

《拾遺名山記》一卷　前秦王嘉撰

《洛陽伽藍記》一卷　北魏楊衒之撰

《佛國記》一卷　晋釋法顯撰

《梁京寺記》一卷

《三齊略記》一卷　晋伏琛撰

雜志家

《袖中記》一卷　南朝梁沈約撰

《輶軒絕代語》一卷　漢揚雄撰

《荆楚歲時記》一卷　南朝梁宗懍撰

《南方草木狀》三卷　晋嵇含撰

《刀劍録》一卷　南朝梁陶弘景撰

《神異經》一卷　漢東方朔撰　晋張華注

《金樓子》一卷　南朝梁元帝蕭繹撰

訓誡家

《顏氏家訓》一卷　北齊顏之推撰

《褚氏遺書》一卷　南齊褚澄撰

《齊民要術》一卷　北魏賈思勰撰

《裴啓語林》一卷　晋裴啓撰

《登涉符籙》一卷　晋葛洪撰

《三輔決録》一卷　漢趙岐撰

《三國典略》一卷　三國魏魚豢撰

《魏晋世語》一卷　晋郭頒撰

《陸機要覽》一卷　晋陸機撰

品藻家

《詩譜》一卷　元陳繹曾撰

《詩品》三卷　南朝梁鍾嶸撰

《書品》一卷　南朝梁庾肩吾撰

《四體書勢》一卷　晋衛恒撰

《書評》一卷　南朝梁武帝撰

《筆經》一卷　晋王羲之撰

《古畫品録》一卷　南齊謝赫撰

《後畫品録》一卷　南朝陳姚最撰

藝術家

《風后握奇經》一卷　漢公孫弘解；《握奇經續圖》一卷；《八陳總述》一

卷　晋馬隆撰

《相貝經》一卷　漢朱仲撰

《相手板經》一卷

《相兒經》一卷　晋嚴助撰

《相鶴經》一卷　□浮丘公撰

《相牛經》一卷　周甯戚撰

《禽經》一卷　周師曠撰　晋張華注

《龜經》一卷

《夢書》一卷

《鼎録》一卷　南朝梁虞荔撰

《尤射》一卷　三國魏繆襲撰

《儒棋格》一卷　三國魏□肇撰

紀載家

《籟記》一卷　南朝陳陳叔齊撰

《竹譜》一卷　晋戴凱之撰

《月令問答》一卷　漢蔡邕撰

唐人百家小説

偏録家

《尚書故實》一卷　唐李綽撰

《次柳氏舊聞》一卷　唐李德裕撰

《松窗雜記》一卷　唐杜荀鶴（一題李濬）撰

《金鑾密記》一卷　唐韓偓撰

《龍城録》一卷　唐柳宗元撰

《小説舊聞記》一卷　唐柳公權撰

紀載家

《卓異記》一卷　唐李翱撰

《摭異記》一卷　唐李濬撰

《朝野僉載》一卷　唐張鷟撰

《中朝故事》一卷　南唐尉遲偓撰

《南楚新聞》一卷　唐尉遲樞撰

《金華子雜編》一卷　南唐劉崇遠撰

《杜陽雜篇》三卷　唐蘇鶚

《幽閑鼓吹》一卷　唐張固撰

《劉賓客嘉話録》一卷　唐韋絢録

《隋唐嘉話》一卷　唐劉餗撰

《桂苑叢談》一卷　唐馮翊撰

《周秦行紀》一卷　唐牛僧孺撰

《三夢記》一卷　唐白行簡撰

《廣陵妖亂志》一卷　唐鄭廷誨（一題羅隱）撰

《常侍言旨》一卷　唐柳珵撰

《夢遊録》一卷　唐任蕃撰

《迷樓記》一卷　唐韓偓撰

《集異記》一卷　唐薛用弱撰

《博異志》一卷　唐鄭還古撰

《海山記》一卷　唐韓偓撰

《幽怪録》一卷　唐王惲撰

《續幽怪録》一卷　唐李復言撰

《耳目記》一卷　唐張鷟撰

《瀟湘録》一卷　唐李隱撰

《前定録》一卷　唐鍾輅撰

《開元天寶遺事》一卷　後周王仁裕撰

《明皇十七事》一卷　唐李德裕撰

《楊太真外傳》二卷　宋樂史撰

《長恨歌傳》一卷　唐陳鴻撰

《梅妃傳》一卷　唐曹鄴撰

《李林甫外傳》一卷　唐闕名撰

《東城老父傳》一卷　唐陳鴻撰

《高力士傳》一卷　唐郭湜撰

《鄴侯外傳》一卷　唐李繁撰

《開河記》一卷　唐韓偓撰

《劍俠傳》一卷　唐段成式撰

　瑣記家

《洛中九老會》一卷　唐白居易等撰

《黑心符》一卷　唐于義方撰

《大藏治病藥》一卷　唐釋靈澈撰

《平泉山居草木記》一卷　唐李德裕撰

《嶺表録異記》一卷　唐劉恂撰

《來南録》一卷　唐李翱撰

《北户録》一卷　唐段公路撰

《吳地記》一卷　唐陸廣微撰

《南部烟花記》一卷　唐馮贄撰

《粧樓記》一卷　南唐張泌撰

《教坊記》一卷　唐崔令欽撰

《北里志》一卷　唐孫棨撰

《本事詩》一卷　唐孟棨撰

《終南十志》一卷　唐盧鴻撰

《洞天福地記》一卷　前蜀杜光庭撰

《比紅兒詩》一卷　唐羅虬撰

《義山雜纂》一卷　唐李商隱撰

《嘯旨》一卷　唐孫廣撰

《茶經》三卷　唐陸羽撰

《十六湯品》一卷　唐蘇廙撰

《煎茶水記》一卷　唐張又新撰

《醉鄉日月》一卷　唐皇甫松撰

《食譜》一卷　唐韋巨源撰

《花九錫》一卷　唐羅虬撰

《二十四詩品》一卷　唐司空圖撰

《書法》一卷　唐歐陽詢撰　明王道焜注

《畫學秘訣》一卷　唐王維撰

《續畫品録》一卷　唐李嗣真撰

《申宗傳》一卷　唐孫頎撰

《小名録》一卷　唐陸龜蒙撰

《金縷裙記》一卷　唐陸龜蒙撰

《耒耜經》一卷　唐陸龜蒙撰

《五木經》一卷　唐李翱撰　唐元革注

《樂府雜録》一卷　唐段安節撰

《羯鼓録》一卷　唐南卓撰

《摭言》一卷　唐何晦（一題南漢王定保）撰

《衛公故物記》一卷　唐韋端符撰

《藥譜》一卷　唐侯寧極撰

《諧噱録》一卷　唐劉訥言撰

《肉攫部》一卷　唐段成式撰

《金剛經鳩異》一卷　唐段成式撰

《會真記》一卷　唐元稹撰

《記事珠》一卷　唐馮贄撰

《志怪録》一卷　唐陸勳撰

《聞奇録》一卷　五代于逖撰

《靈應録》一卷　唐傅亮撰

　傳奇家

《妙女傳》一卷　唐顧非熊撰

《稽神録》一卷　宋徐鉉撰

《揚州夢記》一卷　唐于鄴撰

《杜秋傳》一卷　唐杜牧撰

《龍女傳》一卷　唐薛瑩撰

《柳毅傳》一卷　唐李朝威撰

《蔣子文傳》一卷　唐羅鄴撰

《杜子春傳》一卷　唐鄭還古撰

《奇男子傳》一卷　唐許棠撰

《虬髯客傳》一卷　唐張説撰

《劉無雙傳》一卷　唐薛調撰

《霍小玉傳》一卷　唐蔣防撰

《墨崑崙傳》一卷　南唐馮延己撰

《牛應貞傳》一卷　唐宋若昭撰

《紅線傳》一卷　唐楊巨源撰

《章台柳傳》一卷　唐許堯佐撰

宋人百家小説

　偏録家

《錢氏私誌》一卷　宋錢愐撰

《家王故事》一卷　宋錢惟演撰

《家世舊聞》一卷　宋陸游撰

《玉堂逢辰録》一卷　宋錢惟演撰

《澠水燕談録》一卷　宋王闢之撰

《括異志》一卷　宋魯應龍撰

《紹熙行禮記》一卷　宋周密撰

《御寨行程》一卷　宋趙彥衛撰

《茅亭客話》一卷　宋黃休復撰

《幙府燕閒録》一卷　宋畢仲詢撰

《洛中紀異録》一卷　宋秦再思撰

《熙豐日曆》一卷　宋王明清撰

《上壽拜舞記》一卷　宋陳世崇撰

《太清樓侍宴記》一卷　宋蔡京撰

《高宗幸張府節次畧》一卷　宋周密撰

《從駕記》一卷　宋陳世崇撰

《東巡記》一卷　宋趙彥衛撰

《暌車志》一卷　元歐陽玄撰

《異聞記》一卷　宋何先撰

《白獺髓》一卷　宋張仲文撰

《清夜録》一卷　宋俞文豹撰

《梁溪漫志》一卷　宋費袞撰

《暘谷漫録》一卷　宋洪巽撰

《春渚紀聞》一卷　宋何薳撰

《曲洧舊聞》一卷　宋朱弁撰

《摭青雜説》一卷　宋王明清撰

《玉壺清話》一卷　宋釋文瑩撰

《儒林公議》一卷　宋田況撰

《友會談叢》一卷　宋上官融撰

《聞燕常談》一卷　宋董莽撰

《桯史》一卷　宋岳珂撰

《默記》一卷　宋王銍撰

《談藪》一卷　宋龐元英撰

《鐵圍山叢談》一卷　宋蔡條撰

《談淵》一卷　宋王陶撰

《話腴》一卷　宋陳郁撰

《貴耳録》一卷　宋張端義撰

《東軒筆録》一卷　宋魏泰撰

《陶朱新録》一卷　宋馬純撰

《倦游雜録》一卷　宋張師正撰

《東皋雜録》一卷　宋孫宗鑑撰

《行都紀事》一卷　宋陳晦撰

《彭蠡小龍記》一卷　元王惲撰

《虛谷閒抄》一卷　元方回撰

《蓼花洲聞録》一卷　宋高文虎撰

《傳載略》一卷　宋釋贊寧撰

《該聞録》一卷　宋李畋撰

《洞微志》一卷　宋錢易撰

《芝田録》一卷　宋丁用晦撰

《唁囈集》一卷　元宋無撰

《吹劍録》一卷　宋俞文豹撰

《碧雲騢》一卷　宋梅堯臣撰

《投轄録》一卷　宋王明清撰

《忘懷録》一卷　宋沈括撰

《對雨編》一卷　宋洪邁撰

《軒渠録》一卷　宋呂本中撰

《中山狼傳》一卷　宋謝良撰

《清尊録》一卷　宋廉布撰

《昨夢録》一卷　宋康與之撰

《拊掌録》一卷　元元懷撰

《調謔編》一卷　宋蘇軾撰

《艾子雜説》一卷　宋蘇軾撰

《仇池筆記》一卷　宋蘇軾撰

《暌車志》一卷　宋郭彖撰

《玉澗襍書》一卷　宋葉夢得撰

《石林燕語》一卷　宋葉夢得撰

《巖下放言》一卷　宋葉夢得撰

《避暑録話》一卷　宋葉夢得撰

《避暑漫抄》一卷　宋陸游撰

《席上腐談》一卷　宋俞琰撰

《游宦紀聞》一卷　宋張世南撰

《悦生隨抄》一卷　宋賈似道撰

《嬾真子録》一卷　宋馬永卿撰

《豹隱紀談》一卷　宋周遵道撰

《東谷所見》一卷　宋李之彦撰

《讀書隅見》一卷　宋□□撰

《齊東埜語》一卷　宋周密撰

《野人閒話》一卷　宋景焕撰

《西溪藂語》一卷　宋姚寬撰

《植杖閒譚》一卷　宋錢康功撰

《道山清話》一卷　宋王暐撰

《深雪偶談》一卷　宋方嶽撰

《船窗夜話》一卷　宋顧文薦撰

《葦航紀談》一卷　宋蔣津撰

《雲谷雜記》一卷　宋張淏撰

《東齋記事》一卷　宋許觀撰

《澹山雜識》一卷　宋錢功撰

《楊文公談苑》一卷　宋楊億撰　宋黃鑑録　宋宋庠重訂

《老學庵筆記》一卷　宋陸游撰

《三柳軒雜識》一卷　元程榮撰

《雞肋編》一卷　宋莊綽撰

《泊宅編》一卷　宋方勺撰

《暇日記》一卷　宋劉跂撰

《隱窟雜記》一卷　宋温革撰

《韋居聽輿》一卷　宋陳直撰

《雞林類事》一卷　宋孫穆撰

《坦齋通編》一卷　宋邢凱撰

《臆乘》一卷　宋楊伯嵒撰

《雞肋》一卷　宋趙崇絢撰

《鑑戒録》一卷　後蜀何光遠撰

《釋常談》三卷　宋□□撰

《續釋常談》一卷　宋龔熙正撰

瑣記家

《乾道庚寅奏事録》一卷　宋周必大撰

《艮嶽記》一卷　宋張淏撰

《登西臺慟哭記》一卷　宋謝翱撰

《于役志》一卷　宋歐陽修撰

《六朝事迹》一卷　宋張敦頤撰

《錢塘瑣記》一卷　宋于肇撰

《古杭夢遊録》一卷　宋耐得翁（趙□）撰

《汴都平康記》一卷　宋張邦基撰

《侍兒小名録》一卷　宋洪遂撰

《侍兒小名録》一卷　宋王銍撰

《侍兒小名録》一卷　宋温豫撰

《侍兒小名録》一卷　宋張邦幾撰

《思陵書畫記》一卷　宋周密撰

《琴曲譜録》一卷　宋釋居月撰

《本朝茶法》一卷　宋沈括撰

《宣和北苑貢茶録》一卷　宋熊蕃撰

《北苑別録》一卷　宋趙汝礪撰

《品茶要録》一卷　宋黄儒撰

《茶録》一卷　宋蔡襄撰

《酒名記》一卷　宋張能臣撰

《蔬食譜》一卷　宋陳達叟撰

《藥議》一卷　宋沈括撰

《花經》一卷　宋張翊撰

《禪本草》一卷　宋釋慧日撰

《耕禄藁》一卷　宋胡錡撰

《水族加恩簿》一卷　宋毛勝撰

《感應經》一卷　宋陳櫟撰

《土牛經》一卷　宋向孟撰

《物類相感志》一卷　宋蘇軾撰

《雜纂續》一卷　宋王君玉撰

《雜纂二續》一卷　宋蘇軾撰

　傳奇家

《遊仙夢記》一卷　宋蘇轍撰

《龍壽丹記》一卷　宋蔡襄撰

《惠民藥局記》一卷　宋沈括撰

《鬼國記》一卷　宋洪邁撰

《鬼國續記》一卷　宋洪邁撰

《海外怪洋記》一卷　宋洪芻撰

《閩海蠱毒記》一卷　宋楊胐撰

《福州猴王神記》一卷　宋洪邁撰

《鳴鶴山記》一卷　宋洪邁撰

《韓奉議鸚歌傳》一卷　宋何薳撰

明人百家小說

《皇朝盛事》一卷　明王世貞撰

《菽園雜記》一卷　明陸容撰

《客座新聞》一卷　明沈周撰

《枝山前聞》一卷　明祝允明撰

《莘野纂聞》一卷　明伍餘福撰

《駒陰冗記》一卷　明闕莊撰

《中洲野錄》一卷　明程文憲撰

《長安客話》一卷　明蔣一葵撰

《古穰雜錄》一卷　明李賢撰

《後渠漫記》一卷　明崔銑撰

《懸笥瑣探》一卷　明劉昌撰

《南翁夢錄》一卷　安南黎澄撰

《碧里雜存》一卷　明董穀撰

《田居乙記》一卷　明方大鎮撰

《西樵野記》一卷　明侯甸撰

《二酉委譚》一卷　明王世懋撰

《三餘贅筆》一卷　明都卬撰

《聽雨紀談》一卷　明都穆撰

《劉氏雜志》一卷　明劉定之撰

《推篷寤語》一卷　明李豫亨撰

《寒檠膚見》一卷　明毛元仁撰

《書肆說鈴》一卷　明葉秉敬撰

《語窺今古》一卷　明洪文科撰

《新知錄》一卷　明劉仕義撰

《識小編》一卷　明周賓所撰

《庚巳編》一卷　明陸粲撰

《續巳編》一卷　明郎瑛撰

《涉異志》一卷　明閔文振撰

《蘇談》一卷　明楊循吉撰

《意見》一卷　明陳于陛撰

《遇恩錄》一卷　明劉仲璟撰

《天順日錄》一卷　明李賢撰

《今言》一卷　明鄭曉撰

《彭公筆記》一卷　明彭時撰

《琅琊漫抄》一卷　明文林撰

《震澤紀聞》一卷　明王鏊撰

《震澤長語》一卷　明王鏊撰

《病逸漫記》一卷　明陸釴撰

《高坡異纂》一卷　明楊儀撰

《豫章漫抄》一卷　明陸深撰

《篷軒別記》一卷　明楊循吉撰

《蓬窗續錄》一卷　明馮時可撰

《青巖叢錄》一卷　明王褘撰

《東谷贅言》一卷　明敖英撰

《閩中古今錄》一卷　明黃溥撰

《春風堂隨筆》一卷　明陸深撰

《簪曝偶談》一卷　明顧元慶撰

《雨航雜錄》一卷　明馮時可撰

《農田餘話》一卷　明長谷真逸撰

《水南翰記》一卷　明李如一（一題張袞）撰

《黿采清課》一卷　明費元祿撰

《吳風錄》一卷　明黃省曾撰

《篷櫳夜話》一卷　明李日華撰

《寶檳記》一卷　明滑惟善撰

《腳氣集》一卷　明車若水撰

《續志林》一卷　明王褘撰

《寓圃雜記》一卷　明王錡撰

《青溪暇筆》一卷　明姚福撰

《近峰聞略》一卷　明皇甫庸撰

《近峰記略》一卷　明皇甫庸撰

《翦勝野聞》一卷　明徐禎卿撰

《觚不觚錄》一卷　明王世貞撰

《谿山餘話》一卷　明陸深撰

《吳中故語》一卷　明楊循吉撰

《清暑筆談》一卷　明陸樹聲撰

《甲乙剩言》一卷　明胡應麟撰

《百可漫志》一卷　明陳鼐撰

《見聞紀訓》一卷　明陳良謨撰

《先進遺風》一卷　明耿定向撰

《擁絮迂談》一卷　明朱鷺撰

《遼邸記聞》一卷　明錢希言撰

《女俠傳》一卷　明鄒之麟撰

《西征記》一卷　晉戴祚撰

《醫間漫記》一卷　明賀欽撰

《義虎傳》一卷　明祝允明撰

《琉球使略》一卷　明陳侃撰

《雲中事記》一卷　明蘇祐撰

《南巡日錄》一卷　明陸深撰

《朝鮮紀事》一卷　明倪謙撰

《平定交南錄》一卷　明丘濬撰

《雲林遺事》一卷　明顧元慶撰

《國寶新編》一卷　明顧璘撰

《仰山脞錄》一卷　明閔文振撰

《新倩籍》一卷　明徐禎卿撰

《吳中往哲記》一卷　明楊循吉撰

《綠雪亭雜言》一卷　明敖英撰

《雲夢藥溪談》一卷　明文翔鳳撰

《蒹葭堂雜抄》一卷　明陸楫撰

《快雪堂漫錄》一卷　明馮夢禎撰

《天爵堂筆餘》一卷　明薛崗撰

《逌徇編》一卷　明葉秉敬撰

《雪濤談叢》一卷　明江盈科撰

《委巷叢談》一卷　明田汝成撰

《前定録補》一卷　明朱佐撰

《譚輅》一卷　明張鳳翼撰

《戲瑕》一卷　明錢希言撰

《語怪》一卷　明祝允明撰

《異林》一卷　明徐禎卿撰

《西州合譜》一卷　明張鴻磐撰

《海味索隱》一卷　明屠本畯撰

《笑禪録》一卷　明潘遊龍撰

《雜纂三續》一卷　明黄允交撰

《洞簫記》一卷　明陸粲撰

《廣寒殿記》一卷　明宣宗朱瞻基撰

《周顛仙人傳》一卷　明太祖朱元璋撰

《李公子傳》一卷　明陳繼儒撰

《阿寄傳》一卷　明田汝成撰

明刻說郛、說郛續舊版清重編印本。存四百六十四種四百七十六卷。四十二册。《魏晋小說》框高 19 厘米，寬 14.2 厘米；《唐人百家小說》框高 19.2 厘米，寬 14.3 厘米；《宋人百家小說》框高 19.4 厘米，寬 14.1 厘米；《明人百家小說》框高 19 厘米，寬 14.2 厘米。半葉九行二十字，左右雙邊，白口，單白魚尾。版心上鐫篇名。

《魏晋小說》首有未署年茗上野客序；次目録，題"魏晋"。《唐人百家小說》首有未署年桃源居士序；次目録，題"唐人百家"。《宋人百家小說》首有壬申（崇禎五年，1632）桃源溪父序；次目録，題"宋人百家"。《明人百家小說》首有甲戌（崇禎七年，1634）序；次目録，題"明人百家"。

是書合魏晋小說、唐人百家小說、宋人百家小說、明人百家小說四部。所謂"五朝"，指魏、晋、唐、宋、明，但魏晋實際包括漢至南北朝、唐包括五代、宋包括元。書中雜收神仙、志怪、風土、傳記、見聞等，實爲歷代雜記總彙，所收子集多經節略。書中魏晋小說分"傳奇家""志怪家""偏録家""雜傳家""外乘家""雜志家""訓誡家""品藻家""藝術家"九門；唐人小說分"紀載家""瑣記家""傳奇家""偏録家"四門；宋人小說分"偏録家""瑣記家""傳奇家"三門；明人小說不分門類。其中，唐、宋、明三部，目録分帙，一帙一篇。

　　是書乃書坊輯刻，刻印之時即有增改，故現存諸本子目多寡不同、編次順序不同。是書魏晋、唐、宋、明四部前各有序言及目録，然皆有剜改痕迹，序題僅存“魏晋”“唐人”“宋人”“皇明”字樣，目録首題名僅存“魏晋”“唐人百家”“宋人百家”“明人百家”字樣。據學界研究，是書與明代刊刻的《説郛》《説郛續》，甚至《百川學海》《續百川學海》《漢魏叢書》等書使用相同的版片刷印，然而這幾部大型叢書的版片互用的情況較爲複雜，辨明先後尚需細緻研究。是書《明人小説》大部分篇章在著者前冠以里籍，其中《吳中故語》著者題“本郡楊循吉”，楊循吉爲明南直隸吳縣（今屬蘇州）人，據此推知書版最初刻於蘇州。

　　此本種數暫依《中國叢書綜録》著録爲四百八十種。《綜録》著録《魏晋小説》一百十種、《唐人小説》一百十三種（其中六種應屬魏晋，現據原書目録歸入相應位置）、《宋人小説》一百四十八種、《明人小説》一百九種。此本實收四百六十四種四百七十六卷，除較《綜録》少十八種之外，亦多出二種子目，詳見下表。又，此本《明人小説》第七十三帙《北使録》目録下注“缺”，實亦缺，《中國叢書綜録》未著録。另外，此本抄補六種，其中《魏晋小説》四種：《夏侯鬼語記》一卷、《宣驗記》一卷、《汝南先賢傳》一卷、《宜都記》一卷；補《唐人小説》二種：《黑心符》一卷、《杜秋傳》一卷。

增補子目二種			
1	漢魏小説　雜傳家	續神仙傳一卷	唐沈份撰
2	明人小説	近峰記略一卷	明皇甫庸撰
缺少子目十八種			
1	漢魏小説　偏録家	星經二卷	漢甘公、石申撰
2	漢魏小説　雜傳家	神仙傳一卷	晋葛洪撰
3		英雄記鈔一卷	三國魏王粲撰
4	漢魏小説　外乘家	豫章古今記一卷	南朝宋雷次宗撰
5	漢魏小説　訓誡家	探春曆記一卷	漢東方朔撰
6	漢魏小説　品藻家	法書苑一卷	宋周越撰
7	漢魏小説　藝術家	水經二卷	漢桑欽撰
8		商芸小説一卷	南朝梁殷芸撰
9	唐人小説　紀載家	樹萱録一卷	唐劉燾撰
10		葆化録一卷	唐陳京撰

11	宋人小説　偏録家	大中遺事一卷	唐令狐澄撰
12		江南野録一卷	宋龍袞撰
13		聞見雜録一卷	宋蘇舜欽撰
14		事原一卷	宋劉孝孫撰
15	宋人小説　瑣記家	麗情集一卷	宋張君房撰
16	明人小説	逐鹿記一卷	明王褘撰
17		遜國記一卷	明□□撰
18		秘録一卷	明李夢陽撰

《中國叢書綜録》所著録子目，彙自清《五朝小説》和民國十五年（1926）掃葉山房石印之《五朝小説大觀》。因《大觀》抽换《五朝小説》的某些子目，現存諸本子目往往與之有別。與《中國叢書綜録》所著録之《五朝小説》《五朝小説大觀》子目相較，此本漢魏小説部分與《大觀》本同，唐、宋部分與《五朝小説》本同，而明人小説部分則二者混雜。

第二十册《唐人小説》之《醉鄉日月》葉五鈐有紅藍條紋紙廠印記。第二十四册《宋人小説》目録葉十鈐紅色紙廠印記“荆川太史紙”。

《中國叢書綜録》著録上海圖書館、南京圖書館、南京大學圖書館、武漢大學圖書館四家收藏清據《説郛》《説郛續》舊版重編印本。知中國臺北“國家圖書館”、香港中文大學圖書館，美國哈佛大學哈佛燕京圖書館、柏克萊加州大學圖書館、普林斯頓大學圖書館、哥倫比亞大學圖書館、勞倫斯伯克利國家實驗室，日本國會圖書館、内閣文庫、静嘉堂文庫等處收藏明刻本。

此爲勞費爾購書。

004

五朝小説四百八十種四百九十六卷（存四百五十六種四百六十七卷）

T5736　1490B

《五朝小説》四百八十種四百九十六卷，子目見《五朝小説》（003，T5736 1490）。明刻説郛、説郛續舊版清重編印本。存四百五十六種四百六十七卷。八十一册。《魏晋小説》框高19.1厘米，寬14.3厘米；《唐人百家小説》框高19.2厘米，寬14.3厘米；《宋人百家小説》框高19.4厘米，寬14.3厘米；《皇明百家小説》框高19.1厘米，寬14.2厘米。半葉九行二十字，左右雙邊，白口，單白魚尾。版心上鐫篇名。

《魏晋小説》首有未署年苕上野客序；次目録，題“魏晋”。《唐人百家小説》

首有未署年桃源居士序；次目錄，題"唐人百家"。《宋人百家小説》首有壬申（崇禎五年，1632）桃源溪父序；次目錄，題"宋人百家"。《明人百家小説》首有甲戌（崇禎七年，1634）序；次目錄，題"明人百家"。

此本實收子目四百五十六種四百六十七卷。《魏晉小説》缺一册，共十種各一卷：《湘中記》《荆州記》《南越志》《廣州記》《水衡記》《海内十洲記》《拾遺名山記》《洛陽伽藍記》《佛國記》《梁京寺記》。其餘部分，此本較《叢書綜録》多出二種子目，少十六種子目，詳見表格。另外，《明人小説》第七十三帙《北使録》目録下注"缺"，實亦缺，《中國叢書綜録》未著録。

此本魏晉小説部分乃用他書配入。子目與《中國叢書綜録》相較，此本漢魏小説部分與《五朝小説》本同；唐、宋部分與《五朝小説大觀》本接近，其中《金縷裙記》此本題名作《記錦裾》；而明人小説部分則二者混雜。

增補子目二種			
1	宋人小説　偏録家	涑水紀聞一卷	宋司馬光撰
2	明人小説	近峰記略一卷	明皇甫庸撰
缺少子目十六種			
1	漢魏小説　偏録家	虞喜志林一卷	晉虞喜撰
2	漢魏小説　雜傳家	英雄記鈔一卷	三國魏王粲撰
3		文士傳一卷	晉張隱撰
4	漢魏小説　紀載家	月令問答一卷	漢蔡邕撰
5	唐人小説　紀載家	杜陽雜篇三卷	唐蘇鶚
6		劉賓客嘉話録一卷	唐韋絢録
7		隋唐嘉話一卷	唐劉餗撰
8	宋人小説　偏録家	括異志一卷	宋魯應龍撰
9		暌車志一卷	元歐陽玄撰
10		鐵圍山叢談一卷	宋蔡條撰
11		貴耳録一卷	宋張端義撰
12		釋常談三卷	宋□□撰
13	宋人小説　瑣記家	藥議一卷	宋沈括撰
14	明人小説	逐鹿記一卷	明王禕撰
15		遜國記一卷	明□□撰
16		秘録一卷	明李夢陽撰

缺一册十種			
1	漢魏小説　外乘家	水衡記一卷	
2		湘中記一卷	晋羅含撰
3		荆州記一卷	南朝宋盛弘之撰
4		南越志一卷	□沈懷遠撰
5		廣州記一卷	晋顧微撰
6		海内十洲記一卷	漢東方朔撰
7		拾遺名山記一卷	前秦王嘉撰
8		洛陽伽藍記一卷	北魏楊衒之撰
9		佛國記一卷	晋釋法顯撰
10		梁京寺記一卷	

005

五朝小説四百八十種四百九十六卷（存六種六卷）

T5736　1490C

《五朝小説》四百八十種四百九十六卷，子目見《五朝小説》（003，T5736
1490）。明刻説郛、説郛續舊版清重編印本。存六種六卷。二册。《前定録》
框高 19.2 厘米，寬 14.5 厘米；《開元天寶遺事》框高 19.5 厘米，寬 14.7 厘米；《桂
苑叢談》框高 19.4 厘米，寬 14.3 厘米；《周秦行紀》框高 19.9 厘米，寬 14.3 厘
米；《劉賓客嘉話録》框高 19.5 厘米，寬 14 厘米；《隋唐嘉話》框高 19.1 厘米，
寬 14.3 厘米。半葉九行二十字，行間鐫圈點，左右雙邊，白口，無魚尾，版心
上鐫篇名。

《前定録》卷端題“唐鍾輅纂；張遂辰校”；首有未署年鍾輅《前定録序》，
次《前定録目次》；卷末鐫“前定録終”。《開元天寶遺事》卷端題“唐王仁裕纂；
陶宗儀輯”；卷末鐫“開元天寶遺事終”。《桂苑叢談》卷端題“唐馮翊著；陶宗
儀輯”；卷末鐫“桂苑叢談終”。《周秦行紀》卷端題“唐牛僧孺撰；鍾人傑校”；
卷末鐫“紀終”。《劉賓客嘉話録》卷端題“唐韋絢録；陶宗儀輯”；首有大中十
年（856）韋絢《劉賓客嘉話録序》；卷末鐫“劉賓客嘉話録終”。《隋唐嘉話》
卷端題“唐劉餗撰；陶宗儀輯”；卷末鐫“隋唐嘉話終”。

此六種皆屬唐人百家小説部分之“紀載家”。其中《劉賓客嘉話録》《隋唐
嘉話》爲《五朝小説大觀》本所無，則此本所收當爲《五朝小説》系統之子目。

經與本館所藏三部《五朝小説》比對，書中斷版處皆同，知皆出同一版片；此本明顯字畫清晰、版面潔净，斷版痕迹輕微，刷印較早。此本與其他幾部《五朝小説》版片有三處不同：一是卷端著者，此本除唐代撰者外并有明代校輯者，而其他三部僅題唐代撰者，其下略見剜改痕迹；二是行間圈點，此本六種皆有圈點，而其他三部僅《周秦行紀》葉四"酒既至"字旁仍留一點；三是卷末篇名，此本六種卷末末行皆鐫某篇終字樣，而其他三部無。據以上幾點推知，《五朝小説》彙版再印時，將校輯者、行間圈點、卷末篇名剜去，改立名目印行。而此本很可能是彙印初期未及改版時刷印，或可爲《五朝小説》版片之來源提供綫索。

鈐"李宗侗藏書"朱文長方印，曾爲李宗侗收藏。

006

唐人百家小説一百四種一百九卷（缺《杜子春傳》一卷）

T5736.4　0813

《唐人百家小説》一百四種一百九卷，子目見《五朝小説》（003，T5736 1490）。明刻説郛、説郛續舊版清重編印本。存一百三種一百八卷（缺《杜子春傳》一卷）。二十册。框高19.1厘米，寬14.3厘米。半葉九行二十字，左右雙邊，白口，單白魚尾。版心上鐫篇名。

書首有未署年桃源居士序；次目録，題"唐人百家"，一卷一帙。

是書爲《五朝小説》中唐人小説部分。此本目録有一百四帙，但缺第九十六帙，即"傳奇家"部分之《杜子春傳》一卷。此本子目與《中國叢書綜録》所録《五朝小説大觀》本子目同。另，此本《金縷裙記》題名作《記錦裾》。

007

增訂漢魏叢書八十六種四百五十三卷

T9100　3235

《增訂漢魏叢書》八十六種四百五十三卷

經翼

《焦氏易林》四卷　漢焦贛撰

《易傳》三卷　漢京房撰　三國吳陸績注

《關氏易傳》一卷　北魏關朗撰

《周易略例》一卷　三國魏王弼撰　唐邢璹注

《古三墳》一卷　晋阮咸撰

《汲冢周書》十卷　晋孔晁注

《詩傳孔氏傳》一卷

《詩說》一卷　漢申培撰

《韓詩外傳》十卷　漢韓嬰撰

《毛詩草木鳥獸蟲魚疏》二卷　三國吳陸璣撰

《大戴禮記》十三卷　北周盧辯注

《春秋繁露》十七卷　漢董仲舒撰

《白虎通德論》四卷　漢班固撰

《獨斷》一卷　漢蔡邕撰

《忠經》一卷　漢馬融撰

《孝傳》一卷　晋陶潛撰

《小爾雅》一卷　漢孔鮒撰

《方言》十三卷　漢揚雄撰　晋郭璞注

《博雅》十卷　三國魏張揖撰　隋曹憲音釋

《釋名》四卷　漢劉熙撰

　　別史

《竹書紀年》二卷　南朝梁沈約注

《穆天子傳》六卷　晋郭璞注

《越絕書》十五卷　漢袁康撰

《吳越春秋》六卷　漢趙曄撰　宋徐天祜音注

《西京雜記》六卷　漢劉歆撰

《漢武帝內傳》一卷　漢班固撰

《飛燕外傳》一卷　漢伶玄撰

《雜事秘辛》一卷

《華陽國志》十四卷　晋常璩撰

《十六國春秋》十六卷　北魏崔鴻撰

《元經薛氏傳》十卷　隋王通撰　唐薛收傳　宋阮逸注

《群輔錄》一卷　晋陶潛撰

《英雄記鈔》一卷　三國魏王粲撰

《高士傳》三卷　晋皇甫謐撰

《蓮社高賢傳》一卷

《神仙傳》十卷　晋葛洪撰

子餘

《孔叢》二卷《詰墨》一卷　漢孔鮒撰

《新語》二卷　漢陸賈撰

《新書》十卷　漢賈誼撰

《新序》十卷　漢劉向撰

《説苑》二十卷　漢劉向撰

《淮南鴻烈解》二十一卷　漢劉安撰　漢高誘注

《鹽鐵論》十二卷　漢桓寬撰　明張之象注

《法言》十卷　漢揚雄撰

《申鑒》五卷　漢荀悦撰　明黄省曾注

《論衡》三十卷　漢王充撰

《潛夫論》十卷　漢王符撰

《中論》二卷　漢徐幹撰

《中説》二卷　隋王通撰

《風俗通義》十卷　漢應劭撰

《人物志》三卷　漢劉邵撰　北魏劉昞注

《新論》十卷　南朝梁劉勰撰

《顔氏家訓》二卷　北齊顔之推撰

《參同契》一卷　漢魏伯陽撰

《陰符經》一卷　漢張良等注

《握奇經》一卷　漢公孫弘解；《握奇經續圖》一卷；《八陣總述》一卷　晋馬隆述

《素書》一卷　漢黄石公撰　宋張商英注

《心書》一卷　三國蜀諸葛亮撰

載籍

《古今注》三卷　晋崔豹撰

《博物志》十卷　晋張華撰　宋周日用等注

《文心雕龍》十卷　南朝梁劉勰撰

《詩品》三卷　南朝梁鍾嶸撰

《書品》一卷　南朝梁庾肩吾撰

《尤射》一卷　三國魏繆襲撰

《拾遺記》十卷　前秦王嘉撰

《述異記》二卷　南朝梁任昉撰

《續齊諧記》一卷　南朝梁吳均撰

《搜神記》八卷　晉干寶撰

《搜神後記》二卷　晉陶潛撰

《還冤記》一卷　北齊顏之推撰

《神異經》一卷　漢東方朔撰　晉張華注

《海内十洲記》一卷　漢東方朔撰

《別國洞冥記》四卷　漢郭憲撰

《枕中書》一卷　晉葛洪撰

《佛國記》一卷　晉釋法顯撰

《伽藍記》五卷　北魏楊衒之撰

《三輔黃圖》六卷

《水經》二卷　漢桑欽撰

《星經》二卷　漢甘公、石申撰

《荆楚歲時記》一卷　南朝梁宗懍撰

《南方草木狀》三卷　晉嵇含撰

《竹譜》一卷　晉戴凱之撰

《禽經》一卷　晉張華注

《古今刀劍録》一卷　南朝梁陶弘景撰

《鼎録》一卷　南朝梁虞荔撰

《天禄閣外史》八卷　漢黃憲撰

清王謨輯。清乾隆五十六年（1791）金谿王氏刻寶田齋印本。六十四册。框高 18.9 厘米，寬 14.4 厘米。半葉九行二十字，小字雙行同，左右雙邊，白口，單白魚尾。版心上鐫子集名，中鐫卷次。

卷端題子集名及著者，如《焦氏易林》卷端題"漢焦贛著；南豐趙新校"。總書名葉分三欄，右題"乾隆辛亥重鐫"，中題"漢魏叢書"，左題"經翼二十種、別史十六種、子餘廿二種、載籍廿八種""本衙藏版"，辛亥爲乾隆五十六年；鈐"寶田齋發兑"朱文長方印。書首有乾隆壬子（五十七年，1792）陳蘭森《重刻漢魏叢書叙》、萬曆壬辰（二十年，1592）屠隆《漢魏叢書序》；次《增訂漢魏叢書凡例》；次《增訂漢魏叢書目次》，後附題記言此書目次之調整。此書末册爲王謨所作各集跋語。

王謨（生卒年不詳）字仁圃，一字汝上，清江西金溪（今屬撫州）人。乾隆四十三年（1778）進士，授建昌府學教授，嘉慶七年（1802）掌教濂山書院，年七十六卒。著《江西考古録》《豫章十代文獻略》等，輯《漢魏叢書》《漢唐地理書鈔》等。生平參《〔道光〕義寧州志》卷二十。

是書選輯先秦至六朝古經逸史、稗官雜著，如屠隆《序》所云："然漢以
耑間收秦，明漢有秦之遺風也，魏以後間收六朝，明魏爲六朝之濫觴也。"初，
明嘉靖何鐜輯漢魏著作百種，輯而未刻；萬曆二十年，程榮選刻其中三十餘
種，名爲《漢魏叢書》；後明何允中又據舊目，增益爲七十六種，成《廣漢魏
叢書》；清乾隆時，王謨翻刻何允中舊本，并從《唐宋叢書》中選十種漢魏人
著作增補爲八十六種。《凡例》亦詳述是書淵源云："《漢魏叢書》輯自括蒼
何鐜，舊目原有百種。新安程氏板行，僅梓三十七種，武林何氏允中又搜益
其半，合七十六種。……括蒼何氏初輯叢書百種本未板行，惟新安程氏、武
林何氏二本並行於世，而何本流傳較廣。……由原板久已漫漶，後又未有重
刻者，所以真本難得而可貴也。謨癖愛是書，因家藏真本頗爲完善，故謀鏤
板以公同好。"又云："何氏叢書原刻祇七十六種，此外二十四種未見書目，
無憑采補。而《唐宋叢書》中尚載有漢魏人書，書板字體俱相仿佛，因掇取
十種增入，一同編次。""此書祇就何氏原板翻刻，未另繕藁付梓，故不免有
沿謬承訛之病。"

是書雖據舊本，但重編目次，《凡例》及目錄後題記均言及此事。《凡例》云：
"何氏叢書因不列文集而別立載籍一門，以收羅稗官小說，於義例原有不安。茲
既未便更張、承用其目，但其中部分編次多有不倫，今悉從隋唐二志、《文獻通
考》門類分別訂正，另爲目次，仍存原書總目於前，以資參考。"但此本未見舊
目，新目及子集順序皆已經訂正。是書各集卷端列參校者姓氏乃補刻，當爲王
氏刊刻時之捐資者，《凡例》云："於是好古之士聞聲相應，願覯全書，各任一卷，
釀金襄事……惟開列參校名氏并述其緣起如此。"

是書有清乾隆五十六年（1791）金谿王氏刊本，後有多家書坊刷印或修版
重印。此本《凡例》末句"所有各書定價已諭書坊寶田齋開呈，茲不具列"，明
是書曾由寶田齋發兌。《販書偶記》卷三載乾隆丁酉（四十二年，1777）寶田齋
曾刊王謨撰《十三經策案》、道光己酉（五年，1825）曾刊王謨子王佶所撰《四
書參證》，寶田齋應爲乾隆至道光年間一直經營的一家書坊，且與王謨往來。此
本字迹較清晰、斷版不嚴重，此寶田齋印本仍爲較早印本，非一般書估反復轉
版刷印所爲。

"玄"易爲"元"或缺筆，"炫"等字缺筆；"弘"易爲"宏"，"泓"字缺筆。
《中國叢書綜録》著録中國國家圖書館、上海圖書館、山東省圖書館、浙江
圖書館等十四家收藏清乾隆五十六年金谿王氏刻本。知香港大學馮平山圖書館，
美國普林斯頓大學圖書館、哥倫比亞大學圖書館、紐約公立圖書館，加拿大多

倫多大學圖書館，日本國會圖書館、内閣文庫、東京大學東洋文化研究所，韓
國高麗大學圖書館收藏。

鈐"藝臣"朱文方印。

008
亦政堂鎸陳眉公普秘笈一集五十種八十八卷（存二種五卷）

T9100　3092B

《亦政堂鎸陳眉公普秘笈一集》五十種八十八卷，明陳繼儒編。明刻本。存
二種五卷。一册。框高 20 厘米，寬 12.8 厘米。半葉八行十八字，小字雙行同，
四周單邊，白口，無魚尾。版心上鎸子集名，中鎸卷次。

《麟書》卷端題"陳眉公訂正麟書""宋汪若海東叟著；明沈元禎開生、顧
雲鵬天池校"。《曲洧舊聞》卷端題"陳眉公訂正曲洧舊聞"，"宋朱弁少張撰；
明郁嘉慶伯承、沈元熙廣生校"。

陳繼儒（1558—1639）字仲醇，號眉公，又號麋公、空青先生等，明松江
華亭（今屬上海）人。少以文鳴，與董其昌齊名，爲三吳名士所重，萬曆中曾
館於王錫爵，屢試不中，絕意仕進，隱居小崑山，後移居佘山，杜門著述，朝
廷屢徵，皆以疾辭。博學多聞，通經史諸子，著《陳先生眉公集》《晚香堂小品》
《古今詩話》等，輯《寶顏堂秘笈》《國朝名公詩選》等。《明史》卷二百九十八
有傳。

陳繼儒《寶顏堂秘笈》收漢晉以來筆記、瑣聞之類，其中多有不見經傳之
雜著，惜經删削，爲後人所詆。全書分爲六集，《訂正秘笈》二十一種、《續秘笈》
五十種、《廣秘笈》五十四種、《普秘笈》五十種、《彙秘笈》四十二種、《秘笈》
十七種。據陳繼儒自序，是書多爲其手抄校刻："余得古書，校過付抄，抄過復
校，校過付刻，刻過復校，校過即印，印後復校。"清乾隆間，因書中《剿奴議
撮》《女直考》《燕市雜詩》等書有違礙字句，被列入禁燬書目。

《普秘笈》全本爲五十種八十八卷。此本僅爲明刻零本，存宋汪若海撰《麟
書》一卷、宋朱弁撰《曲洧舊聞》四卷。

《中國古籍善本書目》叢部著録中國科學院文獻情報中心、故宮博物院、復
旦大學圖書館等六家收藏明刻本《普秘笈》。《中國叢書綜録》著録中國國家圖
書館、陝西省圖書館、南京圖書館、安徽省圖書館等十五家收藏《寶顏堂秘笈》。
知美國哈佛大學哈佛燕京圖書館，日本國會圖書館、内閣文庫、東洋文庫、二
松學舍、京都大學人文科學研究所收藏明刻本《普秘笈》。

009

津逮秘書十五集一百四十一種七百四十八卷（存三種三卷）

T4160　4221

《津逮秘書》十五集一百四十一種七百四十八卷（存三種三卷）

《錦帶書》一卷　梁蕭統撰

《漢雜事秘辛》一卷

《焚椒録》一卷　遼王鼎撰

明毛晉輯。明崇禎至順治間常熟毛氏汲古閣刻本。存三種三卷。一册。

《錦帶書》卷端題“梁蕭統撰，明毛晉訂”。框高 18.8 厘米，寬 13.3 厘米。半葉八行十九字，白口，左右雙邊，無魚尾。版心上鎸書名，下鎸“汲古閣”。末己丑（順治六年，1649）毛晉題識。

《漢雜事秘辛》首明楊慎《漢雜事秘辛題辭》，附癸卯（萬曆三十一年，1603）胡震亨題識。末未署年包衡、姚士粦、沈士龍三跋。卷端題“明胡震亨、毛晉同訂”。是書不著撰人名氏，楊慎《題辭》稱得於安寧土知州董氏，《四庫全書總目》引沈德符《敝帚軒剩語》謂爲楊慎僞作。框高 19 厘米，寬 13.9 厘米。半葉九行十八字，白口，左右雙邊，無魚尾。版心中鎸書名。

《焚椒録》首遼大安五年（1079）王鼎序。卷端題“大遼觀書殿學士臣王鼎謹述”。末未署年西園歸老、吳寬、姚士粦三跋及毛晉題識。框高 18.8 厘米，寬 14.2 厘米。半葉九行十九字，白口，左右雙邊，無魚尾。版心上鎸書名，下鎸“汲古閣”。

毛晉（1599—1659）原名鳳苞，字子久，後改名晉，號潛在，又稱汲古主人。常熟（今屬江蘇）人。明末清初藏書家、出版家。家富藏書，多宋、元舊刻，建汲古閣、自耕樓庋之。校刻《十三經》《十七史》《六十種曲》等書，流布甚广，爲歷代私家刻書之冠。又好抄録罕見秘籍，繕寫精良，世稱“毛鈔”。錢謙益《牧齋有學集》卷三十一有《隱湖毛君墓誌銘》。

《津逮秘書》全本爲十五集一百四十一種，毛晉有《序》云：“得一秘本，輒嚴訂而梓之，以當授粲。而四方同志亦各各不吝見投，數年來有若干卷矣。邇鹽官胡孝轅氏復以秘册二十餘函相屬，惜半燼於玉林辛酉之火，予爲之補亡，并合予舊刻，不啻百有餘種，皆玉珧紫紘，非尋常菽粟也。”“胡孝轅氏”即胡震亨（1569—1645），字孝轅，浙江海鹽人，明末藏書家。毛晉得到胡氏《秘册彙函》殘餘版片，又自刻若干種，彙爲《津逮秘書》。凡署“明胡震亨、毛晉同訂”者，如《漢雜事秘辛》，皆修補胡氏舊版而成。毛晉《序》署“崇禎庚午（三年，1630）”，諸家書目多據此著録爲“明崇禎毛氏汲古閣刻本”，而《錦帶書》已是順治六年刻。《津逮秘書》中毛晉各跋大多不署時間，《錦帶書》外，僅《甘澤謠》署"庚午"，《五色線》署"己巳"，入清後曾刻幾種已不可考。

茲所存三種，《錦帶書》又名《十二月啓》，傳爲昭明太子蕭統九歲時所作，以駢儷文詠十二月節令氣候，傳世刻本以《津逮秘書》本最早；《焚椒錄》記道宗懿德皇后蕭氏爲宮婢單登構陷事，又有明吳永輯《續百川學海》本，與此同出自姚士粦校訂本；《漢雜事秘辛》叙漢桓帝懿德皇后被選及册立之事，亦以此刻爲最早。

《津逮秘書》多選宋元以前著作而不爲世人所知者，又必得首尾完全、訛誤較少者，刊而行之。所收頗爲龐雜，統及四部，而以雜史、筆記最多。刊刻精良，爲人稱道，故存世亦多。《中國叢書綜錄》著錄中國國家圖書館、北京大學圖書館等二十餘家圖書館有收藏；日本京都大學人文科學研究所、國立公文書館等處亦有藏本。民國十一年（1922）上海博古齋曾據崇禎本影印。

010
秘書廿一種九十四卷

T9100　2356

《秘書》廿一種九十四卷

　　《汲冢周書》十卷　晉孔晁注
　　《吳越春秋》六卷　漢趙曄撰　元徐天祐音注
　　《拾遺記》十卷　題前秦王嘉撰
　　《白虎通》二卷　漢班固撰
　　《山海經》十八卷　晉郭璞傳
　　《博物志》十卷　題晉張華撰　宋周日用等注
　　《桂海虞衡志》一卷　宋范成大撰
　　《續博物志》十卷　題宋李石撰
　　《博異記》一卷　唐鄭還古撰
　　《高士傳》三卷　晉皇甫謐撰
　　《劍俠傳》四卷
　　《楚史檮杌》一卷
　　《晉史乘》一卷
　　《竹書紀年》二卷　題梁沈約注
　　《中華古今注》三卷　後唐馬縞撰

《古今注》三卷　晋崔豹撰

《三墳》一卷

《風俗通義》四卷　漢應劭撰

《列仙傳》二卷　題漢劉向撰

《集異記》一卷　唐薛用弱撰

《續齊諧記》一卷　南朝梁吳均撰

清汪士漢編。清康熙七年至八年（1668—1669）汪士漢據明刻增定古今逸史版重編本。有朱筆批點。十二册。框高 20.5 厘米，寬 13.9 厘米。半葉十行二十字，小字雙行同，左右雙邊，白口，單魚尾。版心上鐫子集名，中鐫卷次。總書名葉分三欄，右題"新安汪士漢校"，中題"秘書廿一種"，左題"汲冢周書、吳越春秋、拾遺記、白虎通、山海經、博物志、桂海虞衡志、續博物志、博異記、高士傳、劍俠傳、楚史檮杌、晋史乘、竹書紀年、中華古今注、古今注、三墳、風俗通、列仙傳、集異記、續齊諧記""本衙藏板"。鈐"□□堂藏板"白文方印，又鈐"汝南馮氏藏書"朱文方印。

《汲冢周書》卷端題"晋孔晁注"。首有李燾《汲冢周書序》、康熙己酉（八年）汪士漢《汲冢周書題辭》。

《吳越春秋》卷端題"漢趙曄撰；新安汪士漢考校"。首有康熙七年汪士漢《吳越春秋考》；次《吳越春秋目録》。

《拾遺記》卷端題"晋王嘉撰；梁蕭綺録"。首有未署年蕭綺《拾遺記序》，後有汪士漢按語；次《王子年拾遺記目録》。

《白虎通》卷端題"漢班固纂；後學新安汪士漢校"。首有大德乙巳（九年，1305）嚴度《白虎通德論》，後有汪士漢按語。

《山海經》卷端題"晋郭璞傳；明吳中珩校"。首有郭璞《山海經序》、西漢劉秀（按：即劉歆）進書表；次《山海經目録》。卷端有朱筆題識云："嘉慶甲子（九年，1804）夏日船山重讀于萱草書堂"。

《博物志》卷端題"晋張華撰；後學新安汪士漢校"。首有康熙戊申（七年）汪士漢《博物志序》；次《博物志目録》。

《桂海虞衡志》卷端題"宋吳郡范成大紀"。首有淳熙二年（1175）范成大《桂海虞衡志序》；次《桂海虞衡志目録》。

《續博物志》卷端題"晋李石撰；後學新安汪士漢校"。首有康熙戊申（七年）汪士漢《續博物志序》。

《博異記》卷端題"唐谷神子纂"。首有谷神子《博異記序》，後有新安汪士漢按語；次《博異記目録》。

《高士傳》卷端題"晋皇甫謐撰；新安汪士漢校"。首有未署年皇甫謐《高士傳序》；次康熙戊申（七年）汪士漢《附録》；次《高士傳目録》。

《劍俠傳》卷端題"闕名；新安汪士漢校"。首有康熙戊申（七年）汪士漢《劍俠傳序》；次《劍俠傳目録》。

《楚史檮杌》卷端題"新安汪士漢考校"。首有未署名《楚史考》，後有康熙七年汪士漢按語；次《楚史檮杌目録》。

《晋史乘》卷端題"新安汪士漢考校"。首有《晋史考》，後有康熙七年汪士漢按語；次元大德十年（1306）吾衍《晋史乘題辭》；次《晋史乘目録》。

《竹書紀年》卷端題"梁沈約附註；明吳琯校"。

《中華古今注》卷端題"太學博士馬縞集"。首有馬縞《中華古今注序》；次《中華古今注目録》。

《古今注》卷端題"晋崔豹著；明吳中珩校"。首有《古今注目録》。

《三墳》卷端題"明吳琯校"。

《風俗通義》卷端題"漢應劭著；後學新安汪士漢校"。首有應劭《風俗通義序》，後有未署年汪士漢按語；次《風俗通義目録》。

《列仙傳》卷端題"漢劉向撰；新安汪士漢校"。首有未署名《列仙傳序》，後有康熙戊申（七年）汪士漢按語；次《列仙傳目録》，目録後有墨筆題識一則。

《集異記》卷端題"唐河東薛用弱撰"。首有未署名《集異記引》；次《集異記目録》。

《續齊諧記》卷端題"梁吳均撰"。

汪士漢（生卒年不詳）字闇然，清康熙初婺源（今屬江西上饒）人。貢生，授州司馬，晚年僑寓秣陵，以著述爲務，著《四書傳旨》《易經集解》《古今記林》等，輯刻《秘書廿一種》。生平參《［康熙］徽州府志》卷十五、《［民國］安徽通志稿·藝文考》。

是書取用明刻《增定古今逸史》舊版，重加編次，更名《秘書廿一種》。明萬曆間吳琯彙集宋以前志怪、筆記成《古今逸史》一書，初刻爲二十六種，後增刻爲四十種、四十二種。後吳中珩增定爲五十五種，并將若干子集卷端"吳琯"之名剜改爲"吳中珩"。《秘書廿一種》乃用明刻舊版，書中所收《拾遺記》《汲冢周書》《中華古今注》未見於《古今逸史》四十二種，而收於《增定古今逸史》五十五種，故其所用乃《增定古今逸史》之舊版。經校核，與明刻《增定古今逸史》同版。此本《博異記》卷前谷神子《博異記序》重收，其一爲明刻，另一爲清重刻并加汪士漢按語，此乃刷印、裝訂之誤，然明其徑用舊版而印製粗疏。

《秘書廿一種》新印之時，卷端著者多經剜改。《增定古今逸史》舊版著者第二行多爲"新安吳琯校"或"明吳中珩校"，《秘書》則易以汪士漢之名。如《白虎通》著者原爲兩行"漢扶風班固纂；明新安吳中珩校"，《秘書》本在第一行增"後學新安汪士漢校"字樣，又將第二行易爲卷名"德論上"三字；至於如《桂海虞衡志》《集異記》《續齊諧記》等一卷本，卷端著者第二行皆留空，蓋因無法於此行加增卷名。《秘書》又有未完全剜改之處，如《山海經》《古今注》仍爲"明吳中珩校"，而《竹書紀年》《三墳》仍留"明吳琯校"字樣。

《吳越春秋》卷一葉十二鈐有紅藍條紋紙廠印記。

《四庫全書總目》子部雜家類存目。《中國古籍善本書目》著録南京圖書館收藏名家校跋本。《中國叢書綜録》彙編雜纂類著録中國國家圖書館、南京圖書館、河南省圖書館、四川省圖書館等十六家收藏。知中國臺北故宮博物院、香港大學馮平山圖書館，美國國會圖書館、哈佛大學哈佛燕京圖書館、哥倫比亞大學圖書館、賓夕法尼亞大學圖書館、布林摩爾學院，日本國會圖書館、東京大學綜合圖書館、東洋文庫、東京大學東洋文化研究所等，以及韓國藏書閣收藏清康熙刻本。

鈐"俞堂馮喜廣印""澹遠□風""㫄□"等朱文方印，"船山""船山小門人"二白文方印，"辛園堂"朱文橢圓印。

011

古文選四種十六卷

T2527　2628

《古文選》四種十六卷

　　《戰國策選》四卷

　　《國語選》八卷

　　《公羊傳選》二卷

　　《穀梁傳選》二卷

清儲欣輯。清乾隆三十八年（1773）同文堂刻本。三册。框高19.5厘米，寬11.1厘米。半葉九行二十五字，白口，四周單邊，無直欄、魚尾。版心上分別鎸"戰國策選""國語選""公羊傳選""穀梁傳選"，中鎸卷次。行間鎸圈點、批語，每篇末有短評。

《戰國策選》書名葉框上鎸"乾隆癸巳新鎸"，癸巳爲乾隆三十八年；中分三欄，右題"宜興儲同人先生評"，中題各子目名，左下題"同文堂梓行"。首雍正元年（1723）儲在文序，次目録。目録及卷端題"宜興儲欣同人評""男芝五采參述""門下後學吳振乾文巖、徐永勳公遜、董南紀宗少，孫男掌文曰虞校訂"。次《例言》六則，末署"癸卯（雍正元年）秋日後學吳振乾、徐永勳、董南紀謹識"。

《國語選》書名葉中題"國語選"，其餘與《戰國策選》同。首雍正戊申（六年，1728）徐銘硯、吳景熹二序，次目録。目録及卷端題"宜興儲欣同人評""男芝五采參述""門下後學任環篛紈、徐銘硯書田、史章期荊少、吳景熹敦安，孫男掌文曰虞校訂"。

《公羊傳選》《穀梁傳選》，書名葉中題"公穀選"，其餘與《戰國策選》同。首雍正戊申史章期序。次目録。目録及卷端題"宜興儲欣同人評""男芝五采參述""門下後學史章期荊少、徐永公遜、徐銘硯書田、任環篛紈，孫男掌文曰虞校訂"。《穀梁傳選》撰者中"銘硯"作"遇仙"。

儲欣（1631—1706）字同人，清江南宜興（今屬江蘇）人。少孤，率兩弟苦讀，博覽經史，康熙二十九年（1690）花甲之時始中舉，歸鄉教授以終。以制藝聞名，古文亦有唐宋家法，輯《唐宋十大家全集》《唐宋八大家類選》，著《春秋指掌》等。《清史列傳》卷七十一有傳。

儲在文《戰國策選序》謂儲欣極稱《春秋》内、外傳（《左傳》《國語》）之文辭閎雅、《戰國策》之文"凌厲揮霍"，三書"爲文字之祖"，故反復盡心玩味五十餘年。其弟子徐永勳等謀刊三書選本。《凡例》第六則云："先生幼習《麟經》，故於《左氏》内外傳嗜好尤篤，然觀其遺本，往往丹黄並下，評點議論多所異同。目今分校'唐宋八大家'，未暇訂正。俟'唐宋文'訖工後，即當次第開雕，以公同好。"知雍正元年先刻《戰國策選》。又據史章期《公穀選序》云，徐永勳輯刊"草堂遺選"，先《史》《漢》，次《唐宋八大家》，最後乃刻《左傳》，而《國語》及《公》《穀》不及付梓，史氏遂與二三同學鳩工鏤板，"而後'草堂遺選'始得覩其大全"，時爲雍正六年（1728）。自《左傳》至《漢書》共刊七種選本。

是書所存四種，計《戰國策選》一百十四篇，《國語選》八十三篇，《公羊傳選》五十八篇，《穀梁傳選》六十一篇。此本當係據雍正間刻本翻雕者。

《古文選》七種存世最早爲雍正元年受祉堂刻本，書名葉鐫"雍正癸卯新鐫""受祉堂藏板""飜刻必究"。當爲此四種所自出，唯受祉堂本半葉八行，與此不同。乾隆十年翻刻受祉堂本，將書名葉"雍正癸卯新鐫"易爲"乾隆乙丑新鐫"，又將《戰國策選·例言》後之"癸卯"二字易爲"乙丑"，冒充初刻。此外又有乾隆四十五年武林三餘堂、五十年二南堂翻刻本，可見儲選古文流播之廣。

"玄"字不諱。

此版本存世不多，僅知北京師範大學及香港中文大學有收藏。

012

檀几叢書五十種五十卷二集五十種五十卷餘集二卷附政一卷

《檀几叢書》五十種五十卷《二集》五十種五十卷《餘集》二卷《附政》
一卷

　檀几叢書

　　第一帙　東

　　《三百篇鳥獸草木記》一卷　清徐士俊撰

　　《月令演》一卷　清徐士俊撰

　　《歷代甲子考》一卷　清黃宗羲撰

　　《二十一史徵》一卷　清徐汾撰

　　《黜朱梁紀年論》一卷　清宋實穎撰

　　《韻史》一卷　清金諾撰

　　《釋奠考》一卷　清洪若皋撰

　　《臚傳紀事》一卷　清繆彤撰

　　第二帙　壁

　　《喪禮雜説》一卷附《常禮雜説》　清毛先舒撰

　　《喪服或問》一卷　清汪琬撰

　　《錦帶連珠》一卷　清王嗣槐撰

　　《操觚十六觀》一卷　清陳鑑撰

　　《十七帖述》一卷　清王弘撰撰

　　《龜台琬琰》一卷　清張正茂撰

　　《稚黃子》一卷　清毛先舒撰

　　《東江子》一卷　清沈謙撰

　　第三帙　圖

　　《續證人社約誡》一卷　清惲日初撰

　　《家訓》一卷　清張習孔撰

　　《高氏塾鐸》一卷　清高拱京撰

　　《餘慶堂十二戒》一卷　清劉德新撰

　　《猶見篇》一卷　清傅麟昭撰

　　《七勸口號》一卷　清張習孔撰

　　《元寶公案》一卷　清謝開寵撰

　　《聯莊》一卷附《聯騷》　清張潮撰

《教孝編》一卷　清姚廷傑撰

《仕的》一卷　清吳儀一撰

《古觀人法》一卷　清宋瑾撰

《古人居家居鄉法》一卷　清丁雄飛撰

　第二帙　園

《幼訓》一卷　清崔學古撰

《少學》一卷　清崔學古撰

《俗砭》一卷　清方象瑛撰

《燕翼篇》一卷　清李淦撰

《艾言》一卷　清徐元美撰

《訓蒙條例》一卷　清陳芳生撰

《拙翁庸語》一卷　清劉芳喆撰

《醉筆堂三十六善》一卷　清李日景撰

《七怪》一卷　清黃宗羲撰

　第三帙　翰

《華山經》一卷　清東蔭商撰

《長白山録》一卷　清王士禛撰

《水月令》一卷　清王士禛撰

《三江考》一卷　清毛奇齡撰

《黔中雜記》一卷　清黃元治撰

《苗俗紀聞》一卷　清方亨咸撰

《念佛三昧》一卷　清金人瑞撰

《佛解六篇》一卷　清畢熙暘撰

　第四帙　墨

《漁洋詩話》一卷　清王士禛撰

《文房約》一卷　清江之蘭撰

《蕈溪自課》一卷　明馮京第撰

《讀書燈》一卷　明馮京第撰

《學畫淺説》一卷　清王槩撰

《廣惜字説》一卷　清張允祥撰

《古歡社約》一卷　清丁雄飛撰

《彷園清語》一卷　清張蓋撰

《鴛鴦牒》一卷　明程羽文撰

《祴菴黛史》一卷　清張芳撰

《小星志》一卷　清丁雄飛撰

《豔體聯珠》一卷　明葉小鸞撰

《戒殺文》一卷　明黎遂球撰

《九喜榻記》一卷　清丁雄飛撰

《行醫八事圖》一卷　清丁雄飛撰

　第五帙　林

《雪堂墨品》一卷　清張仁熙撰

《漫堂墨品》一卷　清宋犖撰

《水坑石記》一卷　清錢朝鼎撰

《琴學八則》一卷　清程雄撰

《觀石録》一卷　清高兆撰

《紅術軒紫泥法定本》一卷　清汪鎬京撰

《陽羨茗壺系》一卷　明周高起撰

《洞山岕茶系》一卷　明周高起撰

《桐堦副墨》一卷　明黎遂球撰

《南村觴政》一卷　清張惣撰

《鴿經》一卷　清張萬鍾撰

餘集

　卷上

《山林經濟策》　清陸次雲撰

《讀書法》　清魏際瑞撰

《根心堂學規》　清宋瑾撰

《家塾座右銘》　清宋起鳳撰

《洗塵法》　清馬文燦撰

《香雪齋樂事》　清江之蘭撰

《客齋使令反》　明程羽文撰

《一歲芳華》　明程羽文撰

《芸窗雅事》　清施清撰

《菊社約》　清狄億撰

《豆腐戒》　清尤侗撰

《清戒》　清石崇階撰

《友約》　清顧有孝撰

《灌園十二師》 清徐沁撰

《約言》 清張適撰

《詩本事》 明程羽文撰

《劍氣》 明程羽文撰

《石交》 明程羽文撰

《燈謎》 清毛際可撰

《宦海慈航》 清蔣埴撰

《病約三章》 清尤侗撰

《艮堂十戒》 清方象瑛撰

《婦德四箴》 清徐士俊撰

《半庵笑政》 清陳皋謨撰

《書齋快事》 清沈元琨撰

《負卦》 清尤侗撰

《古今外國名考》 清孫蘭撰

《廣東月令》 清鈕琇撰

《黔西古跡考》 清錢霏撰

《明制女官考》 清黃百家撰

卷下

《五嶽約》 清韓則愈撰

《攬勝圖》 清吳陳琰撰

《南極諸星考》 清梅文鼎撰

《引勝小約》 明張陛撰

《酒警》 清程弘毅撰

《酒政六則》 清吳彬撰

《酒約》 清吳肅公撰

《彷園酒評》 清張蓋撰

《簋貳約》 清尤侗撰

《小半斤謠》 清黃周星撰

《四十張紙牌說》 清李式玉撰

《選石記》 清成性撰

《美人揉碎梅花迴文圖》 清沈士瑛撰

《西湖六橋桃評》 清曹之璜撰

《竹連珠》 清鈕琇撰

《征南射法》 清黄百家撰

《黄熟香考》 清萬泰撰

附政

《紀草堂十六宜》 清王晫撰

《課婢約》 清王晫撰

《報謁例言》 清王晫撰

《韜卦》 清王晫撰

《書本草》 清張潮撰

《貧卦》 清張潮撰

《花鳥春秋》 清張潮撰

《補花底拾遺》 清張潮撰

《玩月約》 清張潮撰

《飲中八仙令》 清張潮撰

清王晫、張潮輯。清康熙張氏霞舉堂刻本。十六册。《三百篇鳥獸草木記》框高 17.5 厘米，寬 13.7 厘米。半葉九行二十字，四周單邊，白口，無魚尾。版心鐫書名、篇名、卷次，下鐫"霞舉堂"；《二集》版心下鐫"二集"；《餘集》版心下鐫"餘集"。

《檀几叢書》卷端題"武林王晫丹麓輯；天都張潮山來校"。書名葉分三欄，中題"檀几叢書"，并鈐"蘇州掃葉山房永記精造書籍"朱文長方印；書名葉背面鐫牌記"吳門掃葉山房藏版"。書首有未署年吳肅公《檀几叢書序》、未署年王晫《序》、康熙乙亥（三十四年，1695）張潮《檀几叢書序》；次王晫《檀几叢書凡例》；次《檀几叢書目録》。

《檀几叢書二集》卷端題"武林王晫丹麓、天都張潮山來同輯"。首有未署年王晫《序》、張潮《檀几叢書二集序》；次《檀几叢書二集凡例》，末鐫"丁丑九日王晫、張潮同識"；次《檀几叢書二集目録》。

《餘集》卷端題"武林王晫丹麓、天都張潮山來同輯"。首有王晫《檀几叢書餘集序》、張潮《檀几叢書餘集序》；上下二卷各有目録。

王晫（1633—？）初名棐，字丹麓，號木庵，又號松溪子，浙江仁和（今屬杭州）人。諸生，好讀書藏書，聚書萬卷於霞舉堂，喜與名士宴集，然性如山林中人。著《遂生堂集》《霞舉堂集》《牆東草堂詞》《今世説》等，刻《檀几叢書》。《清史列傳》卷七十有傳。張潮（1650—1709）字山來，號心齋居士，江南歙縣（今屬安徽黄山）人。年十五補諸生，後僑居揚州，康熙初以歲貢授翰林院孔目。平生好學，著《心齋聊復集》《花影詞》《幽夢影》等，輯《虞初新志》《昭代叢書》《檀几叢書》等。生平參見《［道光］歙縣志》卷八。

是編專收小品，且不録單行或多卷之書。《檀几叢書》初爲王晫搜輯，張潮增益且刻之；後二人又共輯《二集》《餘集》。《檀几叢書凡例》云："甲戌（康熙三十三年，1694）初夏，與天都張子山來晤於湖上，雅有同志，力任校訂，共成勝舉，先以五十種付之剞劂。"《二集》王晫《序》云："予曩有《檀几叢書》之輯，歲在乙亥（康熙三十四年），張子山來刻而傳之。……于是予與張子復謀《檀几二集》，搜羅校訂，互相商榷，郵筒往復，月必二三。……期月刻乃竣事。"《餘集》所收爲篇幅短小者，王晫《序》云："予曩與張子有叢書之役，《初集》《二集》各五十種，其間搜奇剔異如岨嶧起伏，濤浪奔騰，競秀爭流，往往應接不暇，而又以其短篇輯爲《餘集》。"

是編《初集》舉事於康熙三十三年，次年刻成。《二集》之刊刻時間，因《二集凡例》末鎸"丁丑九日王晫、張潮同識"，故多家著録《二集》爲康熙丁丑年（三十六年，1697）刊刻。然此處"丁丑"恐指月而非年。"丁丑"月爲天干甲年或己年小寒到立春，以王晫、張潮二人生卒年推斷，《檀几叢書二集》刊刻當在己卯年（康熙三十八年，1699）或甲申年（康熙四十三年，1704）、己丑年（康熙四十八年，1709）、甲午年（康熙五十三年，1714）；揣《二集》序言所述，《二集》之刊刻又當距《初集》不至太久，以康熙三十八年、四十三年可能性較大。《餘集》之刻亦應未隔太久，因其在《二集》付梓時已擬刻，《二集凡例》云："此書之後尚有《檀几叢書餘集》之輯，緣良朋投贈，輒有短篇，字不盈千，楮僅踰尺，然粒珠寸錦，皆可寶貴，自當別梓以奏餘音。"另外，書中僅避康熙帝諱，則是編三集皆刻於康熙年間。此本與《四庫全書存目叢書》影印之底本同版。

"玄"字缺筆。

《四庫全書總目》子部雜家類存目。《四庫全書存目叢書》影印《雪堂墨品》《漫堂墨品》《怪石贊》《新婦譜》四種子集。《中國叢書綜録》著録中國國家圖書館、上海圖書館、南京圖書館、福建省圖書館等三十六家收藏清康熙三十四年新安張氏霞舉堂刻本（康熙三十四年乃《初集》之刊刻時間）。知香港大學馮平山圖書館，美國國會圖書館、哈佛大學哈佛燕京圖書館、柏克萊加州大學圖書館、普林斯頓大學圖書館、耶魯大學圖書館、華盛頓大學圖書館、康奈爾大學圖書館，加拿大多倫多大學圖書館，英國劍橋大學圖書館，日本國會圖書館、東京大學東洋文化研究所、京都大學人文科學研究所、內閣文庫、静嘉堂文庫等處，韓國成均館大學圖書館、藏書閣收藏。

013
正誼堂全書□□種□□□卷（存五十二種四百六十九卷）

T9100　1101B

《正誼堂全書》□□種□□□卷
　　《周濂溪先生全集》十三卷　宋周敦頤撰
　　《方正學先生文集》七卷　明方孝孺撰
　　《道南源委》六卷　明朱衡撰
　　《張橫渠先生文集》十二卷　宋張載撰
　　《二程語録》十八卷　清張伯行輯
　　《二程粹言》二卷　宋楊時編
　　《許魯齋先生集》六卷　元許衡撰
　　《羅豫章先生文集》十卷　宋羅從彥撰
　　《楊龜山先生集》六卷　宋楊時撰
　　《朱子學的》二卷　明丘濬輯
　　《朱子文集》十八卷　宋朱熹撰
　　《濂洛風雅》九卷　清張伯行輯
　　《朱子語類》八卷　清張伯行輯
　　《黃勉齋先生文集》八卷　宋黃幹撰
　　《呂東萊先生文集》四卷　宋呂祖謙撰
　　《陸桴亭思辨録輯要》三十五卷　清陸世儀撰
　　《聞過齋集》四卷　元吳海撰
　　《胡敬齋先生居業録》八卷　明胡居仁撰
　　《伊洛淵源續録》二十卷　清張伯行輯
　　《古文載道編》十八卷　清張伯行輯
　　《魏莊渠先生集》二卷　明魏校撰
　　《家規類編》八卷《家規輯畧》一卷　清張伯行輯
　　《學規類編》二十八卷　清張伯行撰
　　《湯潛庵先生集》二卷　清湯斌撰
　　《真西山先生集》八卷　宋真德秀撰
　　《陳克齋先生集》五卷　宋陳文蔚撰
　　《韓魏公集》二十卷　宋韓琦撰
　　《羅整菴先生困知記》四卷　明羅欽順撰
　　《熊愚齋先生文集》八卷　清熊賜履撰

《養正類編》二十二卷　清張伯行撰

《羅整庵先生存稿》二卷　明羅欽順撰

《謝疊山先生集》二卷　宋謝枋得撰

《濂洛關閩書》十九卷　清張伯行集解

《上蔡先生語録》三卷　宋謝良佐撰

《陸稼書先生問學録》四卷　清陸隴其撰

《陸稼書先生松陽鈔存》一卷　清陸隴其撰

《廣近思録》十四卷　清張伯行輯

《續近思録》十四卷　清張伯行集解

《尹和靖先生集》一卷　宋尹焞撰

《薛文清公讀書録》八卷　明薛瑄撰

《薛敬軒先生文集》十卷　明薛瑄撰

《二程文集》十二卷　宋程顥、程頤撰

《張南軒先生文集》七卷　宋張栻撰

《陸稼書先生文集》二卷　清陸隴其撰

《胡敬齋先生文集》三卷　明胡居仁撰

《李延平先生文集》四卷　宋李侗撰

《閑闢録》十卷　明程瞳輯

《讀禮志疑》六卷　清陸隴其撰

《陳剩夫先生集》四卷　明陳真晟撰

《讀朱隨筆》四卷　清陸隴其撰

《伊洛淵源録》十四卷　宋朱熹撰

《道統録》二卷《附録》一卷　清張伯行撰

　　清張伯行輯。清康熙四十六年至五十年（1707—1711）刻本。存五十二種四百六十九卷。一百四十八册。框高19.6厘米，寬13.6厘米。半葉十行二十二字，小字雙行同，四周單邊，白口，單魚尾。版心上鑴子集書名，中鑴卷次，下鑴“正誼堂”。《胡敬齋先生文集》半葉十行二十四字；《濂洛關閩書》《廣近思録》《續近思録》半葉九行十七字；《胡敬齋先生居業録》半葉九行二十字，左右雙邊，僅序及目録版心下鑴“正誼堂”；《濂洛風雅》半葉十一行二十一字，版心下無“正誼堂”，軟體字；《吕東萊先生文集》《伊洛淵源續録》《古文載道編》《魏莊渠先生集》《熊愚齋先生文集》《廣近思録》《續近思録》爲左右雙邊；《周濂溪先生全集》《張横渠先生集》《朱子文集》《朱子語類輯略》四種行間鑴圈點。

　　《周濂溪先生全集》卷端題“儀封張伯行孝先甫編輯；受業諸子參校”。書名葉分三欄，右題"儀封張大中丞編輯"，中題"周濂溪先生全集"，左題"正誼堂藏版"。鈐"讀書種子不堪"朱文橢圓印，"正誼堂藏板"白文方印，"性學真傳"朱文圓印，"本衙纂輯儒書，前後付梓，爰公同好，近聞坊間翻板射利，殊屬可恨，一經察出，必不姑貸"朱文長方印。首有康熙四十七年（1708）張伯行《周子全書序》；次《周濂溪先生全集目錄》。《序》云："予總角時初就塾師，先君子爲予言曰：'周、程、張、朱，孔孟之正傳也，子其勉旃。'予已心焉識之。……丁亥（康熙四十六年，1707）春，恭膺簡命，叨撫九閩，閩故朱夫子之鄉也。公餘與多士講求身心性命之學，搜羅前賢遺書以及先儒文集，凡足以發明孔孟之理者，悉取而重訂之。……今者，《性理》《近思錄》二書以先生開其先，當已家傳而人誦矣。第先生全書不敢私之，什襲且恐其歷久而或至湮沒，急爲訂訛編次，付之剞劂，以公同好。"

《方正學先生集》卷端題"儀封張伯行孝先甫訂；受業羅源陳紹濂尚友、平和汪奇猷嘉仲仝校"，卷八校者汪奇猷易爲"尤溪劉鴻略渭三"。書名葉分三欄，右題"儀封張大中丞訂"，中題"方正學集"，左題"正誼堂藏板"；鈐印同前。首有康熙四十八年（1709）張伯行《方正學先生集序》。

《道南源委》卷端題"儀封張伯行孝先甫重訂；受業漳浦蔡衍錕校"；卷五校者同；卷四校者題爲"受業羅源陳紹濂校"；卷二、三、六無校者。書名葉分三欄，右題"儀封張大中丞訂"，中題"道南源委"，左題"正誼堂藏本"；鈐印同前。首有康熙四十八年張伯行《道南源委序》："余在戊子（康熙四十七年）春，業成《道統錄》一書。故於茲編，雖溯厥統系，而惟是檠舉大凡，取循源竟委之意。未備者補之，涉於異學者刪之，且以二程冠其首，爲道南之發端。名固仍舊，義亦有合焉。"次《凡例》。《凡例》云："是編名《道南源委》者，取程夫子送龜山言'吾道南矣'之義。先輩有其書矣，板久湮沒，今爲重訂，涉於異端者去之，昔所未備者補之，名雖因舊，實出新裁。"又謂"凡所載諸儒，皆自楊游以下"。

《張橫渠先生集》卷端題"儀封張伯行孝先甫編釋；受業諸子參校"。書名葉分三欄，右題"儀封張大中丞編輯"，中題"張橫渠先生全集"，左題"正誼書院藏版"；鈐印同前。首有康熙四十七年張伯行《張橫渠先生集序》；次《張橫渠先生全集目錄》。《序》云："故編輯是集以破庸淺之見，以袪習俗之陋，俾學者有所操持存養，以趨向於本原之地，而因以自盡其心焉。"

《二程語錄》卷端題"儀封張伯行孝先甫訂；受業諸子仝校"。書名葉分三欄，右題"儀封張大中丞訂"，中題"二程語錄"，左題"正誼堂藏版"；鈐印同前。首有康熙四十八年張伯行《二程語錄序》；次葉向高《二程全書原叙》；次朱熹《朱子編輯遺書目錄題後》《朱子編輯外書目錄題後》《朱子編輯附錄題後》；次《二程語錄目錄》。《序》云："今篇目次第悉依朱子而稍加删訂，凡《遺書》十五卷《外書》二卷《附錄》一卷云。"《遺書題後》云："右《程氏遺書》二十五篇，二先生門人記其所見聞答問之書也。"

《二程粹言》卷端題"將樂楊時中立編輯；儀封後學張伯行孝先重訂"。書名葉欄內題"張大中丞訂""二程粹言""正誼堂藏板"；鈐印同前。首有康熙四十七年張伯行《二程粹言序》；次《二程粹言目錄》。《序》云："《二程粹言》者，河南二先生與其徒平居講論之詞，而門人記之者也。"

《許魯齋先生集》卷端題"儀封張伯行孝先甫輯訂；受業諸子仝校"。書名葉欄內題"張大中丞訂""許魯齋先生集""正誼堂藏板"；鈐印同前。首有康熙四十七年張伯行《許魯齋先生集序》、未署年陳正朔《序》；次《許魯齋先生集目錄》。張伯行《序》以爲許衡"善學孔孟又自私淑朱子"。

《羅豫章先生文集》卷端題"儀封後學張伯行孝先重訂""受業漳浦蔡衍鍠、南平康濟海、羅源陳紹濂仝校"；各卷校者不同。書名葉分三欄，右題"張大中丞手訂"，中題"羅豫章集"，左題"正誼堂藏版"；鈐印同前。首有康熙四十八年張伯行《羅豫章先生集序》；次《年譜》；次成化七年（1471）柯潛《羅先生文集重刊序》、隆慶五年（1571）歐陽佑《重刊羅先生文集序》；次《宋史羅豫章先生本傳》；次《羅豫章先生文集目錄》，題"儀封後學張伯行孝先重訂""受業福安吳瑞焉、南平康濟海、漳浦蔡衍鍠仝校"。

《楊龜山先生文集》卷端題"儀封後學張伯行孝先甫重訂；受業諸子仝校"。書名葉分二欄，右題"張大中丞訂"，左題"楊龜山先生文集""正誼堂藏版"；鈐印同前。首有康熙四十八年張伯行《楊先生文集序》、順治十一年（1654）孔與訓《龜山先生文集序》、未署年王孫蕃《龜山先生文集序》；次《龜山先生集目錄》。

《朱子學的》卷端題"瓊臺丘濬仲深編輯；儀封張伯行孝先重訂"。書名葉分三欄，右題"儀封張大中丞重訂"，中題"朱子學的"，左題"正誼堂藏板"；鈐印同前。首有康熙四十八年張伯行《朱子學的序》、康熙己丑（四十八年）蔡衍鍠《朱子學的序》、萬曆丙午（三十四年，1606）朱吾弼《重鋟學的原叙》；次《朱子學的目錄》。張伯行《序》云："學者誠由《學的》以求周、張、二程，從《近思錄》以求孔、魯、思、孟，而由是以造乎聖人之道。"

《朱子文集》卷端題"儀封張伯行孝先甫編訂；受業諸子參校"。書名葉分三欄，右題"儀封張大中丞編輯"，中題"朱子文集"，左題"正誼書院藏版"；鈐印同前。首有康熙四十七年張伯行《朱子文集序》；次《朱子文集目錄》。《序》

云："集羣聖之大成者孔子，而集諸儒之大成者朱子也。"

《濂洛風雅》卷端未題著者。書名葉分三欄，右題"大中丞儀封張公手定"，中題"濂洛風雅"，左題"正誼堂藏板"；鈐印同前。首有康熙戊子（四十七年）張伯行《序》、戊子（康熙四十七年）蔡世遠序、戊子（康熙四十七年）張文炳序；次張伯行《凡例》；次《濂洛風雅總目》，題"儀封張伯行孝先甫訂；溧陽魏廖徵劍絳校"，各卷又有分卷目錄。張伯行《序》云："今之所謂儒先禮義之書，無過濂洛關閩元明諸子，然幸能詩，詩具在，其體制不一，工拙亦殊，而卒歸於雅正。……公餘之暇，乃輯諸儒之詩，自濂溪周子訖羅整菴先生，都爲一集。"

《朱子語類》卷端題"儀封張伯行孝先甫輯訂；受業諸子參校"。書名葉分三欄，右題"儀封張大中丞編輯"，中題"朱子語類"，左題"正誼書院藏版"；鈐印同前。首有康熙四十七年張伯行《朱子語類輯畧序》；次《朱子語類輯畧卷目》。《序》云："余慕古志，既編輯《朱子文集》而復重訂《語類》以公同好。"

《黃勉齋先生文集》卷端題"儀封張伯行孝先甫編訂；受業羅源陳紹濂尚友、平和汪奇猷嘉仲仝校"。書名葉分三欄，右題"儀封張大中丞訂"，中題"黃勉齋集"，左題"正誼堂藏板"；鈐印同前。首有康熙四十八年張伯行《黃勉齋先生文集序》。《序》云："晦翁朱夫子倡道東南，士之游其門者無慮數百人，獨勉齋先生從游最久。……先生文集若干卷，余選而刻之。"

《呂東萊先生文集》卷端題"儀封張伯行孝先甫訂；受業羅源陳紹濂尚友校"。書名葉分三欄，右題"張大中丞訂"，中題"呂東萊先生文集"，左題"正誼堂藏板"，欄上題"康熙五十年鐫"；鈐印同前。首有《呂東萊先生文集目錄》。

《陸桴亭思辨錄輯要》卷端題"儀封張伯行孝先重訂；受業諸子仝校"。書名葉分三欄，右題"張大中丞重訂"，中題"思辨錄輯要"，左題"正誼堂藏板"；鈐印同前。首有康熙四十八年張伯行《思辨錄序》、未署年馬負圖《思辨錄輯要序》。張伯行《序》云："余既編輯濂洛關閩之書以示學者，而於古今著述之家有一言之幾於道者，皆欲表而出之，以爲羽翼。爰得桴亭陸子《思辨錄》一編，愛翫不釋手，乃重訂以行於世。"

《聞過齋集》卷端題"儀封張伯行孝先甫訂；受業諸子仝校"。書名葉分三欄，右題"張大中丞重訂"，中題"聞過齋集"，左題"正誼堂藏板"；鈐印同前。首有康熙四十七年張伯行《聞過齋集序》、未署年張惟康《原序》、成化三年（1467）邵銅《原序》、蔡衍鎤《吳朝宗先生聞過齋集後序》；次《吳朝宗先生聞過齋集目錄》。

《胡敬齋先生居業錄》卷端題"儀封張伯行孝先甫訂；受業諸子仝校"。書名葉分二欄，右題"張大中丞訂"，左題"胡敬齋居業錄""正誼堂藏版"；鈐印同前。首有康熙戊子（四十七年）張伯行《胡敬齋先生居業録序》、蔡世遠《序》、弘治甲子（十七年，1504）余祐《原刻居業録序》、正德丁卯（二年，1507）張吉《原刻居業録要語序》、未署年楊廉《原刻居業録序》、萬曆壬辰（二十年，1592）陳文衡《原刻居業録跋》；次《胡敬齋先生居業録目録》。張伯行《序》云："吾故因梓是書，畧爲删訂，以先生爲明儒之最醇而且信。"

《伊洛淵源續録》卷端題"儀封張伯行孝先甫訂；受業閩中陳紹濂尚友校"。書名葉分三欄，右題"張大中丞訂"，中題"伊洛淵源續録"，左題"正誼堂藏板"，欄上題"康熙五十年鐫"；鈐印同前。首有康熙五十年（1711）《伊洛淵源續録序》；次《伊洛淵源續録目次》。《序》云："《續録》舊本自有。明成化謝方石先生已彙輯成帙，分爲六卷，然採取未備。至隆慶時薛公方山復因莆陽宋公初藥而重編之，名曰《考亭淵源録》。……余不揣固陋，參互考訂爲卷二十，折衷於方石、莆陽二者之間，命陳生紹濂編較授梓。"

《古文載道編》卷端題"儀封張伯行孝先甫選評；受業閩中柳琇荆石、陳紹濂尚友仝校"。書名葉分三欄，右題"張大中丞訂"，中題"古文載道編"，左題"正誼堂藏板"，欄上題"康熙四十九年鐫"；鈐印同前。首有康熙四十九年（1710）張伯行《古文載道編序》；次《古文載道編目録》。《序》云："因是不揣固陋，有《載道編》之選。始自宋世，以迄我朝，代若而人，人若而篇，總以與吾道發明爲斷，非是者槩不入焉。"

《魏莊渠先生集》卷端題"儀封張伯行孝先甫訂；受業閩中柳琇荆石、陳紹濂尚友仝校"。書名葉分三欄，右題"張大中丞訂"，中題"魏莊渠集"，左題"正誼堂藏板"，欄上題"康熙四十九年鐫"；鈐印同前。首有康熙四十九年張伯行《魏莊渠先生集序》；次《魏莊渠先生集目録》。

《家規類編》卷端題"儀封張伯行孝先甫纂；受業漳浦蔡衍鍠宮聞、臨清徐恕近齋、福安吳瑞焉象真、福清薛士璣仲箕仝校"，各卷校者不同。《家規輯畧》卷端題"遂寧張鵬翮運青甫纂、儀封受業張伯行編梓""閩後學鄒祖琦、鄭郊、陳正荄、張文炅、史大範、蔡世遠仝校"；書名葉分三欄，右題"張大中丞手訂"，中題"家規類編"，左題"正誼堂藏板"，欄上題"康熙四十六年鐫"；鈐印同前。首有康熙壬午（四十一年，1702）張鵬翮《序》、康熙戊子（四十七年）《家規類編序》。是書之《家規輯畧》乃張鵬翮據前人之書删改編刊，張伯行又輯《家規類編》八卷，原附於《輯畧》之後，實爲一書主體。卷前張伯行《序》述是書二種之編刊云："近代浦江義門鄭氏著有《家規》，流傳後世，其説爲至詳矣。月川曹氏因其成書，復輯諸家之説，折衷以己意，名曰《家規輯畧》。遂寧張夫子爲之芟繁就簡，序而行之。今刻之閩中，以廣其傳。余於公餘之暇，更約取前哲訓言易知易行、可以觸目警心，隆污常因乎時之所宜，寬猛常適乎人之所安，編成□（按：原空一字）卷以附其後。"

《學規類編》卷端題"儀封張伯行孝先甫纂""後學古田施松齡青侯、南平余祖訓田生、福安吳瑞焉象真、漳浦蔡世遠聞之仝校"，各卷校者不同。書名葉分三欄，右題"張大中丞手訂"，中題"學規類編"，左題"正誼堂藏板"，欄上題"康熙四十六年鑴"；鈐印同前。首有《仰遵聖訓振興文教同事諸公爵里姓字》《參訂姓氏》；次康熙四十六年梁鼐《學規類編序》、康熙四十六年張伯行《學規類編序》、未署年楊篤生《學規類編序》、未署年余祖訓序、未署年蔡世遠《序》、未署年吳瑞焉《序》；次《學規類編目録》。張伯行《序》云："余謬膺簡命叨撫九閩，私心自念以爲昔承庭訓，幸生長乎伊洛之鄉，今溯道南且接迹乎海濱之地，流風餘澤，曠代猶新，行將彙集楊、羅、李、朱遺書，以及淵源一脉之相授受者，次第刊布之。"又云："采撫先正羣言，相與折衷，其所以爲學之目與夫從人之途、用功之要，纂輯成帙，以示學者，名曰《學規類編》。"

《湯潛菴先生集》卷端題"儀封張伯行孝先甫訂""受業莆田黃滄庭聞、羅源陳紹濂尚友、晉江史大範子疇、平和汪奇猷嘉仲仝校"。書名葉分三欄，右題"儀封張大中丞訂"，中題"湯潛菴集"，左題"正誼堂藏板"；無鈐印。首有康熙四十九年張伯行《湯潛庵先生集序》。

《真西山先生集》卷端題"儀封張伯行孝先甫重訂；受業陳石鍾校"，第二至八卷校者題"受業諸子仝校"。書名葉分三欄，右題"張大中丞手訂"，中題"真西山文集"，左題"正誼堂藏板"；鈐印同前。康熙四十八年張伯行《真西山先生文集序》；次《真西山先生集目録》。

《陳克齋先生集》卷端題"儀封張伯行孝先甫重訂；受業陳石鍾校"。書名葉分三欄，右題"張大中丞手訂"，中題"陳克齋集"，左題"正誼堂藏板"；鈐印同前。首有康熙四十八年張伯行《陳克齋集序》；次未署年張時雨《陳克齋先生紀述》。

《韓魏公集》卷端題"儀封張伯行孝先甫重訂；受業諸子仝校"。書名葉分三欄，右題"儀封張大中丞訂"，中題"韓魏公集"，左題"正誼堂藏版"；鈐印同前。首有康熙四十八年張伯行《韓魏公文集序》、未署年《韓魏公集原序》；次《韓魏公集目録》。

《羅整菴先生困知記》卷端題"儀封張伯行孝先甫訂；受業諸子仝校"。書名葉分二欄，右題"張大中丞訂"，左題"羅整菴困知記""正誼堂藏版"；鈐印同前。首有康熙四十七年張伯行《羅整菴先生困知記序》、嘉靖七年（1528）羅欽順《自序》。張伯行《序》云："兹記原分六卷，署爲删其重複，擇其精醇，得卷有四。"

《熊愚齋先生文集》卷端題"儀封張伯行孝先甫訂；受業羅源陳紹濂尚友校"。書名葉分三欄，右題"張大中丞訂"，中題"熊愚齋先生文集"，左題"正誼堂藏板"，欄上題"康熙五十年鐫"；鈐印同前。首有康熙五十年張伯行《熊愚齋先生文集序》；次《熊愚齋先生文集目錄》；次康熙丁亥（四十六年）劉然《原序》、康熙庚午（二十九年，1690）錢肅潤《題辭》。

《養正類編》卷端題"儀封張伯行孝先甫纂""後學閩縣林縉子紳、海澄鄭亦鄒居仲、福清翁葉峻維幾、閩清鄭郯官五仝校"；卷八至十、十八、十九撰著者除張伯行外又另加一人，各卷校者不同。書名葉分三欄，右題"張大中丞手訂"，中題"養正類編"，左題"正誼堂藏板"，欄上題"康熙四十六年鐫"；鈐印同前。首有未署年張伯行《養正類編序》《讀養正編要言》、天啓壬戌（二年，1622）梁桂茂《教子良規序》、《本朝卧碑》；次《養正類編目錄》。張伯行《序》云："因輯古昔嘉言得若干卷，具訓蒙士，名曰《養正類編》。"

《羅整菴先生存藁》卷端題"儀封張伯行孝先甫訂；受業諸子仝校"。書名葉分二欄，右題"張大中丞訂"，左題"羅整菴存稿""正誼堂藏版"；鈐印同前。首有康熙四十七年張伯行《羅整菴先生存藁序》、天啓三年（1623）董其昌《原序》、嘉靖十三年（1534）羅欽順《存藁題辭》；次張伯行《羅整菴先生傳》；次《羅整菴先生存藁目錄》。張伯行《序》云："檢選藁中舉其精要者，授之梓人。"

《謝疊山先生集》卷端題"儀封張伯行孝先甫訂""受業羅源陳紹濂尚友、平和汪奇猷嘉仲仝校"。書名葉分二欄，右題"儀封張大中丞訂"，左題"謝文節公集""正誼堂藏板"；鈐印同前。首有康熙四十八年張伯行《謝疊山先生文集序》；次《宋史列傳》。

《濂洛關閩書》卷端題"張伯行集解"；書名據書名葉及序。書名葉分三欄，右題"儀封張大中丞集解"，中題"濂洛關閩書"，左題"正誼堂藏版"；鈐印同前。首有康熙四十八年張伯行《濂洛關閩書序》。是書包括《周子》一卷、《張子》一卷、《程子》十卷、《朱子》七卷，共十九卷。《序》云："兹叨撫九閩，承流宣化，實有未逮。惟是先儒遺書服膺已久，爰出平日所詮解者，令書院諸生互相參酌，仍付柳生璔、陳生紹濂彙訂。"

《上蔡先生語錄》卷端題"儀封張伯行孝先重訂；受業諸子仝校"。書名葉分二欄，右題"儀封張大中丞重訂"，左題"謝上蔡先生語錄""正誼堂藏版"；鈐印同前。首有康熙四十八年張伯行《謝上蔡先生語錄序》、嘉靖壬戌（四十一年，1562）許河《重刻上蔡語錄序》、正德癸酉（八年，1513）汪正《上蔡先生語錄序》。

　　《陸稼書先生問學錄》卷端題"儀封張伯行孝先甫訂；受業諸子仝校"。書名葉分三欄，右題"當湖陸稼書先生輯"，中題"問學錄"，左題"正誼堂藏板"，欄上題"張大中丞手訂"；鈐印同前。首有康熙四十七年張伯行《序》、未署年蔡衍鍠《陸稼書先生問學錄後序》。

　　《陸稼書先生松陽鈔存》附於《陸稼書先生問學錄》之後。卷端題"儀封張伯行孝先甫訂；受業諸子仝校"。無書名葉。

　　《廣近思錄》卷端題"儀封張伯行孝先甫輯""閩中受業柳璿荊石、陳紹濂尚友仝校"。書名葉分三欄，右題"張大中丞訂"，中題"廣近思錄"，左題"正誼堂藏板"，欄上題"康熙五十年鐫"；鈐印同前。首有康熙五十年張伯行《廣近思錄序》；次《廣近思錄羣書姓氏》。《序》云："朱子《近思錄》十四卷採輯四子之言，體用兼該，義理條貫，余服膺既久而詮釋之，詮釋之不已而又續之，續之不已而又廣之。……是編自南軒、東萊、勉齋，迄許、薛、胡、羅，彙集七家言，皆粹然無疵。"

　　《續近思錄》卷端題"張伯行集解"。書名葉分二欄，右題"張大中丞訂"，中題"續近思錄集解"，左題"正誼堂藏板"，欄上題"康熙四十九年鐫"；鈐印同前。首有康熙四十九年張伯行《續近思錄序》；次《續近思錄目次》。

　　《尹和靖先生集》卷端題"儀封張伯行孝先重訂；受業諸子仝校"。書名葉分二欄，右題"張大中丞重訂"，左題"尹和靖先生集""正誼堂藏版"；鈐印同前。首有康熙戊子（四十七年）張伯行《尹和靖全集序》。

　　《薛文清公讀書錄》卷端題"儀封張伯行孝先甫訂；受業諸子仝校"。書名葉分三欄，右題"張大中丞手訂"，中題"薛文清公讀書錄"，左題"正誼堂藏板"，欄上題"康熙四十七年鐫"；鈐印同前。首有康熙戊子（四十七年）張伯行《序》、未署年張福昶《序》；次《薛文清公讀書錄目錄》。張伯行《序》云："余故取先生前後兩錄，稍節其重複梓焉。"

　　《薛敬軒先生文集》卷端題"儀封張伯行孝先甫訂；受業諸子仝校"。書名葉分二欄，右題"張大中丞訂"，左題"薛文清公文集""正誼堂藏版"；鈐印同前。首有康熙四十七年張伯行《薛敬軒先生文集序》、弘治己酉（二年，1489）張鼐《原序》、未署年蔡衍鍠《薛敬軒先生文集後序》；次《薛敬軒先生文集目錄》《薛敬軒先生傳》。張伯行《序》云："取其文集採輯成編，與《讀書錄》并梓之，以廣其傳。"

　　《二程文集》卷端題"儀封張伯行孝先甫訂；受業諸子仝校"。書名葉欄內題"張大中丞訂""二程文集""正誼堂藏板"；鈐印同前。首有康熙戊子（四十七年）張伯行《二程文集序》；次《二程文集目錄》。

《張南軒先生文集》卷端題"儀封後學張伯行重訂"。書名葉分三欄，右題"張大中丞重訂"，中題"張南軒先生集"，左題"正誼堂藏板"，欄上題"康熙四十八年新鑴"；鈐印同前。首有康熙四十八年張伯行《張南軒先生文集序》、淳熙甲辰（十一年，1184）朱熹《張南軒文集原序》；次《張南軒先生文集目錄》。

《陸稼書先生文集》卷端題"儀封張伯行孝先甫訂；受業羅源陳紹濂尚友、平和汪奇猷嘉仲仝校"。書名葉分三欄，右題"儀封張大中丞手訂"，中題"陸稼書文集"，左題"正誼堂藏板"；無鈐印。首有康熙四十八年張伯行《三魚堂文集序》；次《陸稼書先生文集目錄》。《序》云："余素景慕先生，既從其家得《問學錄》《讀禮志疑》《讀朱隨筆》等書刻于鰲峰書院。此集三魚堂舊有刻本，余特選而重梓之，以見先生之學即朱子之學。"

《胡敬齋先生文集》卷端題"明胡敬齋先生文集""儀封張伯行孝先甫重訂""後學侯官張文炅峴玉、南平余祖訓田生、漳浦蔡世遠聞之、古田楊振綱明憲仝校"，各卷校者不同。書名葉分二欄，右題"張大中丞訂"，左題"胡敬齋先生集""正誼堂藏板"；鈐印缺"本衙纂輯……"一方。首有康熙戊子（四十七年）張伯行《胡敬齋先生文集序》、弘治甲子（十七年）余祐《胡文敬公集原序》；次張伯行《胡敬齋先生傳》；次《文敬胡先生集目錄》。

《李延平先生文集》卷端題"宋門人元晦朱熹編；儀封後學張伯行孝先甫重訂；受業漳浦蔡衍鋗校"。書名葉分三欄，右題"張大中丞手訂"，中題"李延平集"，左題"正誼堂藏板"；鈐印同前。首有康熙四十八年張伯行《李延平先生文集序》；次《宋史李延平先生傳》《年譜》；次《李延平先生文集目錄》。

《閑闢錄》卷端題"鄉後學練江程瞳輯"。書名葉分三欄，右題"張大中丞訂"，中題"閑闢錄"，左題"正誼堂藏板"；鈐印同前。首有正德乙亥（十年，1515）程瞳《閑闢錄序》；次《閑闢錄目錄》；末有嘉靖甲子（四十三年，1564）程繼洛《刻閑闢錄後》。

《讀禮志疑》卷端題"當湖陸隴其稼書甫輯""儀封張伯行孝先甫訂""後學鄞縣陳汝咸莘學、宜興蔣運昌敬亭、海寧陳世儀廉齋仝校"。書名葉分三欄，右題"當湖陸稼書先生輯"，中題"讀禮志疑"，左題"正誼堂藏板"，欄上題"張大中丞手訂"；鈐印同前。首有康熙四十七年張伯行《序》。

《陳剩夫先生集》卷端題"儀封張伯行孝先甫訂；受業漳浦蔡衍鋗校"。書名葉分三欄，右題"儀封張大中丞訂"，中題"陳剩夫集"，左題"正誼堂藏版"；鈐印同前。首有康熙四十八年張伯行《陳布衣先生遺稿序》；次《陳剩夫先生集目錄》；末有康熙己丑（四十八年）蔡衍鋗《題陳布衣先生集》。《序》云："予嘗考先生志而悲之，因爲輯其遺文以行於世。"

《讀朱隨筆》卷端題"當湖陸隴其稼書甫輯""儀封張伯行孝先甫訂""後學鄞縣陳汝咸莘學、宜興蔣運昌敬亭、海寧陳世儀廉齋仝校"。書名葉分三欄，右題"當湖陸稼書先生輯"，中題"讀朱隨筆"，左題"正誼堂藏板"，欄上題"張大中丞手訂"；鈐印同前。首有康熙四十七年張伯行《序》、曹宗柱并曹煥謀序。《序》云："丁亥（康熙四十六年）之夏，奉命撫閩，道過嘉禾，囑別駕項君求先生未刻書。項君從先生之壻曹君名宗柱者，盡搜其家藏，乃得是編及《讀禮志疑》《文學録》《松陽抄存》四種，然後先生之書悉出。因亟刊而傳之。"

《伊洛淵源録》卷端題"儀封張伯行孝先甫訂""受業莆田黃漈庭聞、羅源陳紹濂尚友、晋江史大範子疇、平和汪奇猷嘉仲仝校"。書名葉分三欄，右題"儀封張大中丞訂"，中題"伊洛淵源録"，左題"正誼堂藏板"；鈐印同前。首有康熙四十八年張伯行《伊洛淵源録序》；次《伊洛淵源録目録》。《序》云："余懼先儒遺徽歷久湮没，爰因考亭舊本重訂付梓，不敢妄有增删。"

《道統録》卷端題"儀封張伯行孝先甫著；受業諸子仝校"。書名葉分二欄，右題"張大中丞手編"，左題"道統録""正誼堂藏板"；鈐印同前。首有康熙四十七年張伯行《道統録序》《古今聖賢諸儒總論道統之傳》；次《道統録上卷目次》。是書乃張伯行所輯，《序》云："頃以簡命撫八閩，公餘之暇，用爲采輯《易傳》《尚書》及諸家紀傳，上自伏羲、神農、黃帝，下仍訖於周、程、張、朱，增定成書，使學者得觀其備焉。"

張伯行（1652—1725）字孝先，號敬庵、恕齋，清河南儀封（今屬蘭考）人。生於書香世家，康熙二十四年（1685）進士，官内閣中書，四十六年（1707）官福建巡撫，四十八年（1709）調江蘇巡撫，官至禮部尚書，卒贈太子太保，謚清恪。學宗程朱，建鼇峰書院，輯刊宋以來理學著述爲《正誼堂全書》，著《正誼堂文集》等。《清史稿》卷二百六十五、《清史列傳》卷十二有傳。

張伯行於康熙四十六年出任福建巡撫，創辦鼇峰書院，與書院諸生搜羅先儒遺著，重加編校，又合己著若干種，刊爲《正誼堂全書》。《全書》以程朱理學爲宗，講求身心性命之學，所收諸書起自宋儒周敦頤、程顥、程頤、張載、朱熹，下至清儒湯斌、陸隴其等人著作，自宋至清理學大備於此。《全書》原本編次爲立德、立功、立言、氣節、名儒粹語、名儒文集六部，但未存總目。同治再刻是書時楊浚《正誼堂全書跋》述是書編輯及兩次刊刻始末云："張清恪公撫閩三載，甫下車即以表章道學、造就人才爲先務。刱建鼇峯書院於九仙山之麓，顔其堂曰'正誼'，集諸生而講授之，搜求先儒遺書，手自校刊，合理學、經濟、氣節各集共五十餘種，所自纂輯尚若干種，此《正誼堂全書》之緣起也。案《鼇峯書院志·雜述》云公與諸子修宋儒書及閩前哲諸文集，進刊布之，凡五十五種；《蔡文勤與滿臮山中丞論書院事宜書》亦云五十五種，則是書以五十五種爲準。藏書目以各種分隸經、子、集中，未嘗別爲釐載，旁注‘正誼堂版’等字復多脫略，無從鉤稽。據公《文集》，存序曰立德部、曰立功部、曰立言部、曰氣節部、曰名儒粹語、曰名儒文集，分以爲六，而其所纂輯、集解者別在各部外。立德、立功、立言、氣節四部人數尚可，按索名儒粹語、文集二部未經臚列，即自著者亦無總目。公集所錄各序復經刪選，非盡其序而存之，閒有數種又非閩刻，更難證據。”上述所言“五十五種”“五十餘種”皆指《正誼堂全書》中的先儒著作，而張伯行著作若干種尚未包括在内。同治五年（1866），閩浙總督左宗棠訪得《正誼堂全書》原刻之諸儒著作四十九種、張伯行著作十四種，設正誼書局重刻之。楊浚跋云：“宮保左公班師旋閩，重振文教，便覓各集得四十九種，得公著一十四種，設正誼書局釐定重刊，命浚總司其事。”同治八年又增刻五種，成六十八種。同治本雖版心下亦鐫“正誼堂”，且行字相同，然與此本字體完全不同，書名葉僅題子集書名，版式爲左右雙邊、行間無圈點。

　　此爲康熙年間刻本，各集冠以張伯行序言，叙其書其人於理學發展之貢獻，闡明刊刻緣起。各集張伯行作序時間自康熙四十六年至五十年，其書亦爲五年内先後刊刻，故書名葉不盡相同，行款亦間有不同。考張伯行仕履，康熙四十六年至四十八年任福建巡撫，四十九年至五十年時任江蘇巡撫。故張氏序言凡書於“三山之正誼堂”或“榕城之正誼堂”者，作序時間皆在其福建任上，三山、榕城今皆屬福州；其中《閩過齋集》《家規類編》《學規類編》《養正類編》《道統錄》五種詳列張伯行銜名爲“賜同進士出身中憲大夫巡撫福建等處地方提督軍務都察院右僉都御史”。而《魏莊渠先生集》《廣近思録》《續近思録》《伊洛淵源續録》《古文載道編》《熊愚齋先生文集》六種之張伯行序書於“姑蘇”，《湯潛菴先生集》序言書於“金閶”，姑蘇、金閶今皆屬蘇州，此當即楊浚所謂“閒有數種又非閩刻”；其作序時間皆在康熙四十九年至五十年，張伯行在江蘇任上時，但參校者仍爲福建諸生。此本又有十一種子集之書名葉標明刊刻年，其中題“康熙四十六年鐫”者三種：《家規類編》《學規類編》《養正類編》；題“康熙四十七年鐫”者一種：《薛文清公讀書録》；題“康熙四十九年鐫”者三種：《魏莊渠先生集》《續近思録》《古文載道編》；題“康熙五十年鐫”者四種：《廣近思録》《吕東萊先生文集》《伊洛淵源續録》《熊愚齋先生文集》，據此亦可知張伯行刊刻《全書》在康熙四十六年至五十年。

　　康熙刻本《正誼堂全書》存世不多，且多非完本。此本今存五十二種，與日本内閣文庫所藏之五十四種本相比，較之少十一種、多出九種。所缺十一種爲：蜀諸葛亮《諸葛武侯文集》四卷、宋范仲淹《范文正公文集》九卷、宋司馬光《司馬溫公文集》十四卷、宋石介《石守道先生集》二卷、宋文天祥《文山先生文集》二卷、宋熊禾《熊勿軒先生文集》六卷、明曹端《曹月川先生集》一卷、明陳建《陳清瀾先生學蔀通辯》十二卷、明楊繼盛《楊椒山先生文集》二卷、明楊漣《楊大洪先生集》三卷、明海瑞《海剛峰先生文集》二卷。多出的九種爲：宋謝枋得《謝疊山先生文集》二卷、明羅欽順《羅整菴先生困知記》四卷、明朱衡《道南源委》六卷、明程瞳《閑闢錄》十卷、清陸隴其《陸稼書先生文集》二卷、清陸隴其《陸稼書先生問學錄》四卷、清陸隴其《陸稼書先生松陽鈔存》一卷、清陸隴其《讀朱隨筆》四卷、清熊賜履《熊愚齋先生文集》八卷。另外，此本之《李延平先生文集》有相同的兩本，重出。

此本諸集多存書名葉，且基本都鈐有"正誼堂藏板"等四枚印章，當爲刷印後統一鈐蓋。此本《尹和靖先生集》書名葉用公文舊紙刷印，上書"康熙五十二年正月拾壹日縣丞金鏞呈"，則此本刷印晚於康熙五十二年（1713），然亦應距之不遠。

此本"弦"字缺筆；"弘""曆"未避。

《中國叢書綜錄》彙編雜纂類著錄中國國家圖書館、上海圖書館、遼寧省圖書館、南京圖書館等三十八家收藏清同治五年福州正誼書院刻八年至九年續刻本。知浙江大學圖書館藏康熙刻是書零本《羅整菴先生困知記》；日本內閣文庫、蓬左文庫分別收藏康熙刻本五十四種、四十種，美國柏克萊加州大學圖書館收藏康熙刻零本《濂洛關閩書》《學蔀通辯》。又知中國臺北"國家圖書館"、政治大學圖書館，美國普林斯頓大學圖書館、康奈爾大學圖書館收藏同治重刻本。

014
雅雨堂叢書十三種一百三十六卷

T9100　　1119

《雅雨堂叢書》十三種一百三十六卷

《易傳》十七卷　唐李鼎祚集解

《鄭氏周易》三卷《圖》一卷　漢鄭玄注　宋王應麟輯　清惠棟增補

《周易音義》一卷　唐陸德明撰

《周易乾鑿度》二卷　漢鄭玄撰

《尚書大傳》四卷《補遺》一卷　漢鄭玄注

《鄭司農集》一卷　漢鄭玄撰

《大戴禮記》十三卷　漢戴德撰　北周盧辯注

《戰國策》三十三卷　漢高誘注

《匡謬正俗》八卷　唐顏師古撰

《封氏聞見記》十卷　唐封演撰

《唐摭言》十五卷　唐王定保撰

《北夢瑣言》二十卷　宋孫光憲輯

《文昌雜錄》六卷《補遺》一卷　宋龐元英撰

清盧見曾輯。清乾隆二十一年至二十五年（1756—1760）盧氏雅雨堂刻本（《大戴禮記》配清刻本）。三十冊。框高 18.5 厘米，寬 14.4 厘米。半葉十行二十一字，小字雙行同，四周單邊，白口，單魚尾。版心上鐫子集名，中鐫卷次，下鐫“雅雨堂”。各集皆有書名葉，分三欄，右題“乾隆丙子鐫”，中題子集名，左題“雅雨堂藏板”（如無特殊情況，各集僅録書名葉中欄文字）；《大戴禮記》版心下無“雅雨堂”。

《易傳》卷端題“唐資州李鼎祚集解”。書名葉右題“乾隆丙子鐫”“宋本校刊”，中題“李氏易傳”，左題“附鄭氏周易”“易釋文”“雅雨堂藏板”。首有乾隆丙子（二十一年，1756）盧見曾《李氏易傳序》、未署年李鼎祚《周易集解序》；末有慶曆甲申（四年，1044）計用章《李氏易傳後序》。盧見曾《序》云：“今幸《李氏易傳》尚存，前明朱氏、胡氏、毛氏刊本流傳，然板皆迷失，又多訛字。余學《易》數十年，於唐宋元明四代之《易》無不博綜元覽，而求其得聖人之遺意者，推漢學爲長，以其去古未遠、家法猶存故也。爲校正謬誤，刊以行世，并附宋王伯厚所采《鄭氏易》於後，以存古義。”

《鄭氏周易》卷端題“浚儀王應麟撰集；東吳惠棟增補”。書名葉中欄題“鄭氏周易”。首有乾隆丙子盧見曾《鄭氏周易序》、未署年鄭玄《易贊》。盧見曾《序》云：“浚儀王厚齋應麟始裒輯籍爲《鄭氏易》一卷，前明胡孝轅震亨刊其書附《李氏易傳》之後。……吾友元和惠子定宇世通古義，重加增輯，并益以漢上嵩山之説，釐爲三卷，今依孝轅之例仍附於李《傳》之後，用廣其傳於世。”《周易爻辰圖》爲卦爻與十二時辰配伍圖，并有文字釋義。

《周易音義》卷端題“經典釋文”“周易音義”“唐國子博士兼太子中允贈齊州刺史吳縣開國男陸德明撰”。書名葉中欄題“易釋文”。

《周易乾鑿度》卷端題“鄭氏注”。書名葉中欄題“周易乾鑿度”。首有乾隆丙子盧見曾《周易乾鑿度序》。盧見曾《序》云：“此書前明刊本流傳，而多闕誤。茲得之嘉靖中吳郡錢君叔寶藏本，不失舊觀，爲梓而行之，以備漢學。”

《尚書大傳》卷端題“鄭氏注”。書名葉中欄題“尚書大傳”。首有乾隆丙子盧見曾《尚書大傳序》。末附《鄭司農集》一卷。盧見曾《序》云：“此書元時尚存，前明未聞著録。嘗嘆山東大師伏生冠于漢初、康成殿于漢末，而《大傳》一書出自兩大儒，此吾鄉第一文獻也。曩留心訪求，近始得之吳中藏書家，雖已殘闕，然《五行傳》一篇首尾完具，乃二十一史史志先河也。三家章句雖亡，而今文之學存此，猶見一斑，爲刊而行之，并附康成集于卷末，俾後之求漢學者知所考焉。"

《大戴禮記》卷端題"周尚書右僕射范陽公盧辯注"。書名葉左右二欄無字，中欄題"大戴禮"。首有乾隆戊寅（二十三年，1758）盧見曾序、淳熙乙未（二年，1175）韓元吉序、至正甲午（十四年，1354）鄭元祐序、乾隆丁丑（二十二年，1757）戴震序；次《大戴禮記目録》；次《戴校大戴禮記目録後語》《校定大戴禮記凡例》。盧見曾序云："余家召弓太史於北平黃夫子家借得元時刻本，以校今本之失，十得二三，注之爲後人刊削者亦得据以補焉。又與其友休寧戴東原震泛濫羣書，參互考訂既定，而以貽余。"

《戰國策》卷端題"東周高誘注"。書名葉中欄題"高氏戰國策"。首有乾隆丙子盧見曾序、未署年曾鞏《重校戰國策叙録》；次《新雕重校戰國策目録》；末附《序後》七篇，爲舊本孫元忠、錢謙益、陸貽典等人題跋。盧見曾序云："高氏又嘗注《戰國策》三十三篇，世無其書。前明天啓中，虞山錢宗伯以二十千購之梁溪安氏，乃南宋剡川姚伯聲校正本，後又得梁溪高氏本互相契勘，遂稱完善。……而此書於絳雲一炬之後，幸而得存，爲刊板行世。好古之士審擇于高、鮑二家，孰得孰失，必有能辨之者。"

《匡謬正俗》卷端題"故秘書監琅琊縣開國子顏師古撰"。書名葉中欄題"匡謬正俗"。首有乾隆丙子盧見曾《匡謬正俗序》；次《匡謬正俗總目》；次紹興十三年（1143）汪應辰識語、未署名甲戌識語；次永徽三年（652）來濟宣《上匡謬正俗表》。盧見曾《序》云："宋時雕板避諱作《刊謬正俗》，元明以後未見刻本，爲梓而行之，以廣其傳，改'刊'爲'匡'，存本書之舊。"

《封氏聞見記》卷端題"唐朝散大夫檢校尚書吏部郎中兼御史中丞封演"。書名葉中欄題"封氏聞見記"。首有乾隆丙子盧見曾《封氏聞見記序》；次《封氏聞見記目録》，後鐫"并目録與跋共計六十四番，内七卷空五葉，未審能得全本補其闕略否也？青歸樹藏本。"又鐫"原本正德戊辰（三年，1508）歲秋八月十一日録"。卷十末附未署年孫伏生跋、崇禎辛巳（十四年，1641）陸貽典跋。盧見曾《序》云："然流傳絕少，故《稗海》《秘笈》諸刻罕津逮焉。前明東吳吳方山家藏是本，虞山孫岷自得之，秦西巖同里陸勅先又從孫氏假録，于是吳中間有藏者。余倩友人訪而得之，與《唐摭言》校刊行世。尋《唐書·藝文志》、晁氏《讀書志》并云五卷，今所傳乃十卷，翻有闕佚，則似展轉相録而失其本真耳。"

《唐摭言》卷端題"唐光化進士琅琊王定保撰"。書名葉中欄題"唐摭言"。首有乾隆丙子盧見曾序；次《唐摭言目錄》。盧見曾序云："此書行世絕少。吾鄉漁洋山人謂與《封氏聞見記》皆秘本可貴重者，特刊布以廣其傳。"

《北夢瑣言》卷端題"富春孫光憲纂集"。書名葉中欄題"北夢瑣言"。首有未署名《北夢瑣言序》、乾隆丙子盧見曾《北夢瑣言序》；次《北夢瑣言目錄》；卷二十末附未署年葉石君識。盧見曾《序》云："前明商氏刻《稗海》亦有是書，殊失本真。茲得林屋葉石君萬收藏本，石君又得之吳方山岫，於是孫氏之書犂然完具。余恐其日久散佚，特爲刊布，用廣舊聞。"

《文昌雜錄》卷端題"南安龐元英懋賢"。書名葉中欄題"文昌雜錄"。首有乾隆丙子盧見曾《文昌雜錄序》、未署年衛傳序。書末附《補遺》。盧見曾《序》云："此書刻本無多，爲梓以行世。"

盧見曾（1690—1768）字抱孫，號澹園，一號雅雨，清山東德州人。康熙六十年（1721）進士，歷官洪雅、蒙城知縣，遷六安、亳州知州，江寧、穎州知府，及饒九南道、兩淮鹽運使，以高宗追查歷任鹽政提引徵銀事，伏法死。廣與名士交游，詩文輯爲《雅雨堂詩文集》，又作傳奇《旗亭記》《玉尺樓》，輯刻《國朝山左詩鈔》《雅雨堂叢書》《金石三例》等。《清史列傳》卷七十一有傳。

是編所彙皆爲罕傳之書。各集前有盧見曾序，叙其所據版本，其中有宋元舊刊及錢謙益、葉萬等家藏本，又有多種經惠棟、戴震等名儒校正。各集書末多附舊本原有之題跋，頗有助於追溯版本。

是編於乾隆二十一年至二十五年陸續刊刻，除《大戴禮記》之外的子集書名葉皆題"乾隆丙子鐫"，爲乾隆二十一年刊刻；《大戴禮記》原刻書名葉右欄題"乾隆庚辰鐫"，庚辰爲乾隆二十五年（1760）。是書刊刻精良，又精益求精，曾修版改正文字訛誤，抽換之版片字體、版式與原版一致，僅文字略有差別。蔣光煦《斠補隅錄》曾據朱彝尊藏本校正雅雨堂原版，而葉德輝《郎園讀書志》又據雅雨堂改版本指出蔣校未盡之處。據其文字異同，知此本（除《大戴禮記》）爲《雅雨堂藏書》之原版，哈佛燕京圖書館藏本與此本同版。而此本之《大戴禮記》爲翻刻雅雨堂本，卷前仍存盧見曾序，但書名葉及版心皆無"雅雨堂"字樣。此本較《中國古籍善本書目》著錄子目多出《文昌雜錄補遺》一卷；而較《中國叢書綜錄》著錄子目少《尚書大傳續補遺》一卷、《考異》一卷。《善本書目》與《叢書綜錄》子目及附錄分合不同，此處大略依前者著錄，《鄭司農集》依序言列於《尚書大傳》之後。

"玄""弦"等字缺筆，"曆"易爲"歷"。

《中國古籍善本書目》著錄中國國家圖書館藏清乾隆二十一年至二十五年刻

本。《中國叢書綜録》彙編雜纂類著録中國國家圖書館、北京大學圖書館、上海圖書館、遼寧省圖書館、南京圖書館等三十六家收藏清乾隆二十一年刻本。知中國臺北故宮博物院、香港大學圖書館，美國國會圖書館、哈佛大學哈佛燕京圖書館、柏克萊加州大學圖書館，德國巴伐利亞邦立圖書館收藏，澳大利亞圖書館聯盟著録，日本國會圖書館、東洋文庫、東京大學東洋文化研究所等處，以及韓國藏書閣、延世大學圖書館收藏。

鈐"浦江周氏"朱文方印，曾爲清道光時周心如收藏。周心如（生卒年不詳）字又海，清浦江（今屬浙江金華）人，道光時曾輯刊《紛欣閣叢書》。

015
微波榭叢書□□種□□□卷（存二十四種一百三卷）

T9117　4513

《微波榭叢書》□□種□□□卷

　戴氏遺書

　　《文集》十卷

　　《毛鄭詩考正》四卷《首》一卷

　　《杲溪詩經補註》二卷

　　《考工記圖》二卷

　　《孟子字義疏證》三卷

　　《聲韻考》四卷

　　《聲類表》九卷《首》一卷

　　《原善》三卷

　　《原象》一卷

　　《續天文畧》二卷

　　《水地記》一卷

　　《方言疏證》十三卷

　　《水經注》不分卷

　　《策算》一卷

　　《句股割圜記》三卷　清戴震撰　清吳思孝注

　算經十書

　　《周髀算經》二卷　漢趙爽注　北周甄鸞重述;《音義》一卷　宋李籍撰

　　《九章算術》九卷　三國魏劉徽注　唐李淳風等釋;《音義》一卷　宋李籍撰

　　《海島算經》一卷　三國魏劉徽撰　唐李淳風等注

《孫子算經》三卷　唐李淳風等注

《五曹算經》五卷　唐李淳風等注

《夏侯陽算經》三卷　□夏侯陽撰

《張邱建算經》三卷　□張邱建撰　北周甄鸞注　唐李淳風等釋

《五經算術》二卷　北周甄鸞撰　唐李淳風等注;《考證》一卷　清戴震撰

《緝古算經》一卷　唐王孝通撰并注

《數術記遺》一卷　漢徐岳撰　北周甄鸞注

《春秋地名》一卷　晋杜預撰

《春秋長曆》一卷　晋杜預撰

《春秋金鎖匙》一卷　元趙汸撰

《國語補音》三卷　宋宋庠撰

《孟子》十四卷　漢趙岐注;《音義》二卷　宋孫奭音義

《五經文字》三卷　唐張參撰;《五經文字疑》一卷　清孔繼涵撰

《新加九經字樣》一卷　唐唐玄度撰

《水經釋地》八卷　清孔繼涵撰

《雜體文稿》七卷　清孔繼涵撰

《同度記》七卷　清孔繼涵撰

《長行經》一卷　清孔繼涵撰

《紅閜書屋詩集》四卷　清孔繼涵撰

《斲冰詞》三卷　清孔繼涵撰

　　清孔繼涵輯。清乾隆曲阜孔氏刻本。存二十四種一百三卷(《戴氏遺書》存十一種四十九卷:《文集》十卷、《聲韻考》四卷、《聲類表》九卷《首》一卷、《原善》三卷、《原象》一卷、《續天文畧》二卷、《水地記》一卷、《方言疏證》十三卷、《水經注》不分卷、《策算》一卷、《句股割圜記》三卷;《算經十書》十種三十三卷全;明前經學著述存三種二十一卷:《孟子》十四卷《音義》二卷、《五經文字》三卷《五經文字疑》一卷、《新加九經字樣》一卷)。六十六册。《文集》框高 18.4 厘米,寬 13.8 厘米。半葉十行二十一字(或半葉十一行二十一字、九行十八字、九行二十字),四周雙邊,白口,單魚尾。版心上鐫子集名,中鐫卷次或"戴氏遺書"及其次第,下鐫"微波榭刻";《算經十書》版心下均鐫"微波榭",《五經文字》鐫"紅榭書屋"。

　　書首補抄《戴氏遺書總目》;次乾隆四十三年(1778)盧文弨《戴氏遺書序》。

　　《文集》卷端未題著者,書名下又題"戴氏遺書之二十三"。卷一末鐫"興化任大椿校字",卷二至十校字者分別爲婺源王廷相、歙縣王晋、錢塘孫同珍、長洲汪元亮、益都李文藻，歙縣程瑤田、弟霖、祖啓、男中立。

《聲韻考》半葉十一行二十一字。卷端題"聲韻攷""休寧戴震撰"。首有《聲韻攷目録》；卷四末鐫"乾隆己亥小除夕前重刊"，己亥爲乾隆四十四年（1779）。

《聲類表》卷端書名下又題"戴氏遺書之十四"，題"休寧戴震"。卷二末鐫"乾隆四十二年夏六月葜於京師之壽雲簃"、卷九末鐫"乾隆丁卯夏六月刊"。卷首末鐫"吳縣周夢棠校字"，其他卷次校字者爲泰州侍朝、浙江丁錦鴻、受業高郵王念孫、歙縣洪樸、長洲胡士震、德州梁耆鴻、錢塘汪吳泰、受業高郵王念孫、曲阜孔廣栻。是書卷九末"丁卯"爲乾隆十二年（1747），卷二末鐫乾隆四十二年（1777），蓋經補刊。

《原善》卷端未題著者，卷端書名下又題"戴氏遺書之九"。卷三末鐫"福建李威校字"，又鐫"乾隆丁酉八月刊"，丁酉爲乾隆四十二年。正文首爲戴震識語，云："余始爲《原善》之書三章，懼學者蔽之以異趣也，復援據經言疏通證明之。"

《原象》卷端題"休寧戴震"，書名下又題"戴氏遺書之十五"。卷末鐫"婺源董玠校字"，又鐫"乾隆丁酉六月刻"。

《續天文畧》半葉十一行二十一字。卷端未題著者，書名下又題"戴氏遺書之一"。分上、中二卷。正文首爲戴震案語，云是書"或補前書闕漏，或廣所未及，凡占變推步不與焉。考自唐虞已來，下迄元明見於六經史籍有關運行之體者，約而論之，著於篇。"

《水地記》半葉十一行二十一字。卷端題"休寧戴震"，書名下又題"戴氏遺書之"，未標明其於《戴氏遺書》之次第。

《方言疏證》卷端題"輶軒使者絕代語釋別國方言""戴震疏證"。

《水經注》卷端題"水經酈道元注"，未題著者。首有未署年孔繼涵序；次《目録》（據書口），前有戴震識語述分卷次第。卷首孔繼涵序云："東原氏之治《水經注》也，始於乾隆乙酉（三十年，1765）夏，越八年壬辰（乾隆三十七年，1772）刊於浙東，未及四之一而奉召入京師。與修《四庫全書》，又得《永樂大典》內之本兼有酈道元自序，乃仍其四十卷，而以平日所得詳加訂正，進之於朝。聖天子俞其書，命刊行。……前數年，東原氏爲予言曰：'是書經注相淆，自宇文、歐陽二子發之，而未之是正，至於字句訛舛，非檢閱之勤不易得也，子盍與我共治之。'予因夙搜群籍，積至數十事，東原氏蓋有取焉。"書首《戴氏遺書總目》記是書爲三十五卷，實未分卷，而以河流各自爲篇，戴震識語云："至若四十卷之爲三十五，合其所分，無復據證，今以某水各自爲篇。"

《策算》半葉十行二十一字。卷端未題著者。正文首爲乾隆甲子（九年，1744）戴震叙。戴震叙云："故策算專爲乘除開平方，舉其例畧，取經史中資於算者次成一卷，俾治《九章算術》者首從事焉。"

《句股割圜記》卷端題名下又題"戴氏七經小記四"，卷中、下題"新安戴震撰"。首有乾隆二十三年（1758）吳思孝序。吳思孝序云："句股割圜之書三卷，余友戴君東原所撰。……余獨慮習今者未能驟通古，乃附註今之平三角弧、三角法於下，又以治經之士能就斯記卒業，則凡疇人子弟所守以及西國測量之長胥貫徹靡遺焉。"

《算經十書》均爲半葉九行十八字。首有未署年孔繼涵《算經十書序》、未署年趙均卿《算經十書序》。孔繼涵《序》述是書之刊刻云："今得毛氏汲古閣所藏宋元豐京監本七種，又假戴東原先生所輯《永樂大典》中《海島算》《五經算》，而十書備其九，舊附一，今附三，而併梓之。"

《周髀算經》卷端題"趙均卿注；甄鸞重述"；卷下末卷"孔廣栻校字"，并有原宋本校定官銜名。《周髀算經音義》卷端題"假承務郎秘書省鉤考算經文字臣李籍撰"。

《九章算術》卷端題"魏劉徽注；唐朝議大夫行太史令上輕車都尉臣李淳風等奉敕注釋"。首有《劉徽九章算術注原序》；次附《目録》；書末有乾隆癸巳（三十八年，1773）孔繼涵識；各卷末附戴震《訂訛補圖》。《九章算經音義》卷端題"假承務郎秘書省鉤考算經文字臣李籍撰"。

《海島算經》卷端題"魏劉徽撰；唐朝議大夫行太史令上輕車都尉臣李淳風等奉敕注釋"。末有乾隆乙未（四十年，1775）戴震跋、未署年孔繼涵跋。是書又名《九章重差》。是書底本爲戴震藏本，孔繼涵跋云："余既假戴君東原本歸於《算經十書》中，乃記之。"

《孫子算經》卷端題"唐朝議大夫行太史令上輕車都尉臣李淳風等奉敕注釋"。首有未署年未署名《孫子算經序》；末鐫"大清乾隆三十八年（1773）癸巳秋闕里孔氏依汲古閣影宋刻本重雕"，又有原宋本校定官銜名。

《五曹算經》卷端題"唐朝議大夫行太史令上輕車都尉臣李淳風等奉敕注釋"。末有原宋本校定官銜名。

《夏侯陽算經》卷端未題著者。首有未署年未署名《夏侯陽算經序》；末有未署年戴震跋；各卷正文前有目録，葉碼連屬。是書底本爲戴震藏本，戴震跋云："今此本即韓延所傳無注本，宋元豐京監所刊者也。昔毛氏斧季得之太倉王氏，余今假之孔君體生。"

《張邱建算經》卷端題"漢中郡守前司隸臣甄鸞注經；唐朝議大夫行太史令

上輕車都尉臣李淳風等奉敕注釋"。首有未署年張邱建《張邱建算經序》。

《五經算術》卷端題"周漢中郡守前司隸臣甄鸞撰；唐朝議大夫行太史令上輕車都尉臣李淳風等奉敕注釋"。卷下末鐫"孔廣根校字"。《考證》卷端題"休寧戴震東原"。

《緝古算經》卷端題"通直郎太史丞臣王孝通撰并注"。首有王孝通《上緝古算經表》；卷末有原宋本校定官銜名；末有康熙甲子（二十三年，1684）毛扆識。毛扆題識述其得書云："竊惟數學爲六藝之一，唐以取士，共十經。《周髀》家塾曾刊行，餘則世有不能舉其名者。扆半生求之，從太倉王氏得《孫子》《五曹》《張邱建》《夏侯陽》四種，從章邱李氏得《周髀》《緝古》二種，後從黃俞邰又得《九章》，皆元豐七年（1084）秘書省刊板，字畫端楷，雕鏤精工，真希世之寶也。"

《數術記遺》卷端題"漢徐岳撰；北周漢中郡守前司隸臣甄鸞注經"。首有嘉定五年（1212）鮑澣之《數術記遺叙》；末附《沈括隙積會圓二術》。

《孟子》半葉十一行二十一字。卷端未題書名，題"趙氏注"。首有未署年趙岐《孟子篇叙》《孟子題辭》；卷六末鐫"乾隆壬辰夏，休寧戴氏校本，曲阜孔繼涵重校刊"，卷八末鐫"乾隆壬辰福持精舍刊"。《孟子音義》卷端未題著者；首有孫奭《孟子音義序》，葉碼與正文連屬；末有乾隆壬辰（三十七年，1772）戴震識、乾隆癸巳（三十八年）孔繼涵識。書末戴震題識述是書之校勘云："吾友朱君文游出所藏校本二示余，一有虞山毛扆手校印記。……二校本各有詳署，得以互訂。外又章邱李氏所藏北宋蜀大字章句本毛斧季影鈔者，併得趙岐《孟子》篇序，於是臺卿之學殘失之餘，合之復完。"孔繼涵題識述校刊事云："迨癸巳之秋，東原徵赴京師，予走謁諸寓，即出是本與宋刻《國語》及補音本見付，余喜劇，遂重校授梓。"

《五經文字》及所附二種半葉九行二十字；版心下鐫"紅榈書屋"。卷端未題書名、著者。首有未署年戴震序、未署年張塤序。正文首爲《五經文字序例》，葉碼與正文連屬；末有乾隆三十三年（1768）孔繼涵跋。戴震序、孔繼涵跋均言及是書之刊刻，戴序云："乾隆戊子（三十三年）冬，曲阜孔君體生謂拓本不能家有其書，遂雕印成帙，又詳加考正，別自爲卷附焉。"

《新加九經字樣》半葉九行二十字；版心下鐫"紅榈書屋"。卷端未題著者。首有開成二年（837）進書牒文，次開成丁巳（二年）唐玄度《新加九經字樣序》。

戴震（1723—1777）字東原，一字慎修，安徽休寧（今屬黃山）人。乾隆二十七年（1762）舉人，三十八年以總裁薦充《四庫全書》纂修官，四十年（1775）賜同進士出身，卒於官。學於江永，與王鳴盛、錢大昕、盧文弨、紀昀、朱筠等交。學問淵博，通天文、數學、水文、地理、歷史，又長於考據、精於聲韻，爲乾嘉時期“皖派”之宗，王念孫、段玉裁皆爲其弟子。《清史稿》卷四百八十一、《清史列傳》卷六十八有傳，又見段玉裁《戴東原先生年譜》。孔繼涵（1739—1783）字體生，又字誧孟，號葒谷，山東曲阜人。乾隆三十六年（1771）進士，官户部主事，充《日下舊聞》纂修官，以養母乞歸。深於《三禮》，博通天文算數，喜刻書抄書，藏書處名微波榭、紅櫚書屋。著《紅櫚書屋集》《春秋氏族譜》等。《清史列傳》卷六十八有傳。

《微波榭叢書》所收以戴震、孔繼涵二人著述爲主，二人爲姻親，其學亦相似。戴震歿，孔繼涵輯戴震著述若干種爲《戴氏遺書》，復收漢晋唐宋元人與戴、孔二氏學術有關的著述七種，合《算學十書》、孔繼涵著述六種，統爲《微波榭叢書》。《中國叢書綜録》著録《戴氏遺書》十二種，但此本《文集》卷端書名下題有“戴氏遺書之二十三”，未詳究竟，故暫不計是書總種數卷數。《綜録》將戴震所撰《策算》《句股割圜記》附於《算學十書》，但二者版式與《算學十書》不同，且《句股割圜記》卷端題名下又題“戴氏七經小記四”，應歸入《戴氏遺書》部分。

此本存《戴氏遺書》中之著述十一種：其中《水經注》一種未見於《中國叢書綜録》；見於書首《總目》及《中國叢書綜録》而此本實缺之四種爲《毛鄭詩考正》四卷《首》一卷、《杲溪詩經補註》二卷、《考工記圖》二卷、《孟子字義疏證》三卷。明代以前七種著述所缺四種爲《春秋地名》一卷、《春秋長曆》一卷、《春秋金鎖匙》一卷、《國語補音》三卷。未收孔繼涵著述六種。此本書首《戴氏遺書總目》録《戴氏遺書》十四種（遺漏《原象》一種），録“算學十書”，但未録此本實有之《孟子》等前人著述，子目暫據此本《總目》及《中國叢書綜録》彙總列出。此本書序稍有混亂，原爲《文集》《孟子》《五經文字》《聲韻考》《聲類表》《原善》《原象》《續天文畧》《水地記》《方言疏證》《水經注》《策算》《算經十書》《句股割圜記》。

是編中之若干種曾經刊行，孔繼涵重新刊刻，輯爲是書。書首盧文弨《戴氏遺書序》云：“東原在館校定《水經注》《五經算術》《孫子算經》等書既已官爲版行，而其遺書尚夥，或不免有零墜之患，意獨竊竊然慮之。今年春得曲阜孔君葒谷書，則已爲之開雕，以其先成若干種寄余。”盧序作於乾隆四十三年，是時全編尚未刊畢。檢各集刊刻牌記以及戴震、孔繼涵序跋時間，始於乾隆三十三年，迄於乾隆四十四年，此亦應爲孔繼涵刊刻叢編之刊刻時間起訖。

“玄”“弦”等字缺筆，“曆”易爲“歷”。

《中國叢書綜録》著録中國國家圖書館、上海圖書館、遼寧省圖書館、山東省圖書館、四川省圖書館等十五家收藏。知中國臺北“國家圖書館”、臺北故宮博物院，美國哈佛大學哈佛燕京圖書館、柏克萊加州大學圖書館，日本内閣文庫、東洋文庫、京都大學人文科學研究所、東京大學文學研究所、立命館大學、大阪府立圖書館收藏。

016
知不足齋叢書三十集二百十九種八百二十八卷

《知不足齋叢書》三十集二百十九種八百二十八卷

第一集

《御覽闕史》二卷　唐高彦休撰

《古文孝經孔氏傳》一卷　漢孔安國撰　日本太宰純音

《寓簡》十卷《附録》一卷　宋沈作喆撰

《兩漢刊誤補遺》十卷《附録》一卷　宋吳仁傑撰

《涉史隨筆》一卷《附録》一卷　宋葛洪撰

《客杭日記》一卷　元郭畀撰

《韻石齋筆談》二卷　清姜紹書撰

《七頌堂識小録》一卷　清劉體仁撰

第二集

《公是先生弟子記》一卷　宋劉敞撰

《經筵玉音問答》一卷　宋胡銓撰

《碧溪詩話》十卷　宋黄徹撰

《獨醒雜志》十卷《附録》一卷　宋曾敏行撰

《梁溪漫志》十卷《附録》一卷　宋費袞撰

《赤雅》三卷　明鄺露撰

《諸史然疑》一卷　清杭世駿撰

《榕城詩話》三卷　清杭世駿撰

第三集

《入蜀記》六卷　宋陸游撰

《猗覺寮雜記》二卷　宋朱翌撰

《對牀夜語》五卷　宋范晞文撰

《歸田詩話》三卷　明瞿佑撰

《南濠詩話》一卷　明都穆撰

《麓堂詩話》一卷　明李東陽撰

《石墨鐫華》八卷　明趙崡撰

第四集

《孫子算經》三卷　唐李淳風等注

《五曹算經》五卷　唐李淳風等注

《釣磯立談》一卷《附錄》一卷　宋史□撰

《洛陽縉紳舊聞記》五卷　宋張齊賢撰

《四朝聞見錄》五卷《附錄》一卷　宋葉紹翁撰

《金石史》二卷　清郭宗昌撰

《閒者軒帖考》一卷　清孫承澤撰

第五集

《清虛雜著》三卷《補闕》一卷　宋王鞏撰

　　《聞見近錄》一卷

　　《甲申雜記》一卷

　　《隨手雜錄》一卷

《補漢兵志》一卷　宋白石先生撰

《臨漢隱居詩話》一卷　宋魏泰撰

《滹南詩話》三卷　金王若虛撰

《歸潛志》十四卷《附錄》一卷　元劉祁撰

《黃孝子紀程》二卷《附錄》一卷　清黃向堅撰

　　《尋親紀程》一卷

　　《滇還日記》一卷

《虎口餘生記》一卷《附》一卷　明邊大綬撰

《澹生堂藏書約》一卷　明祁承㸁撰

　　附《流通古書約》一卷　清曹溶撰

《苦瓜和尚畫語錄》一卷　清釋道濟撰

第六集

《玉壺清話》十卷　宋釋文瑩撰

《愧郯錄》十五卷　宋岳珂撰

《碧雞漫志》五卷　宋王灼撰

《樂府補題》一卷　宋陳恕可輯

《蛻巖詞》二卷　元張翥撰

第七集

《論語集解義疏》十卷　三國魏何晏集解　南朝梁皇侃義疏

《離騷草木疏》四卷　宋吳仁傑撰

《遊宦紀聞》十卷　宋張世南撰

第八集

《張丘建算經》三卷　北魏張丘建撰　北周甄鸞注　唐李淳風等注

《緝古算經》一卷　唐王孝通撰并注

《默記》一卷　宋王銍撰

《南湖集》十卷《附録》三卷　宋張鎡撰

《蘋州漁笛譜》二卷《附録》一卷　宋周密撰

第九集

《金樓子》六卷　南朝梁元帝蕭繹撰

《鐵圍山叢談》六卷　宋蔡絛撰

《農書》三卷　宋陳旉撰

《蠶書》一卷　宋秦觀撰

《於潛令樓公進耕織二圖詩》一卷《附録》一卷　宋樓璹撰

《湛淵靜語》二卷　元白珽撰

《責備餘談》二卷《附録》一卷　明方鵬撰

第十集

《續孟子》二卷　唐林慎思撰

《伸蒙子》三卷《家傳》一卷　唐林慎思撰

《麟角集》一卷《附録》一卷　唐王棨撰

《蘭亭考》十二卷《群公帖跋》一卷　宋桑世昌撰

《蘭亭續考》二卷　宋俞松撰

《石刻鋪叙》二卷《附録》一卷　宋曾宏父撰

《江西詩社宗派圖録》一卷　清張泰來撰

　　附《江西詩派小序》一卷　宋劉克莊撰

《萬柳溪邊舊話》一卷　元尤玘撰

第十一集

《詩傳注疏》三卷　宋謝枋得撰

《顏氏家訓》七卷《考證》一卷　北齊顏之推撰

《江南餘載》二卷　宋鄭文寶撰

《五國故事》二卷　宋佚名撰

《故宮遺録》一卷　明蕭洵撰

《伯牙琴》一卷《續補》一卷　宋鄧牧撰

《洞霄詩集》十四卷　元孟宗寶撰

《石湖詞》一卷《補遺》一卷　宋范成大撰

《和石湖詞》一卷　宋陳三聘撰

《花外集》一卷　宋王沂孫撰

　第十二集

《昌武段氏詩義指南》一卷　宋段昌武撰

《離騷》一卷　宋錢杲之集傳

《江淮異人錄》一卷　宋吳淑撰

《慶元黨禁》一卷　宋樵川樵叟撰

《酒經》三卷　宋朱肱撰

《山居新話》一卷　元楊瑀撰

《鬼董》五卷　宋沈□撰

《墨史》三卷《附錄》一卷　元陸友撰

《龔安節先生畫訣》一卷　清龔賢撰

《畫荃》一卷　清笪重光撰　清王翬、惲格評

《今水經》一卷《表》一卷　清黄宗羲撰

《佐治藥言》一卷《續》一卷　清汪輝祖撰

　第十三集

《相臺書塾刊正九經三傳沿革例》一卷　宋岳珂撰

《元真子》三卷　唐張志和撰

《翰苑群書》二卷十二種

　　卷上

　　《翰林志》　唐李肇撰

　　《承旨學士院記》　唐元稹撰

　　《翰林學士記》　唐韋處厚撰

　　《翰林院故事》　唐韋執誼撰

　　《翰林學士院舊規》　唐楊鉅撰

　　《重修承旨學士壁記》　唐丁居晦撰

　　《禁林讌會集》　宋李昉等撰

　　卷下

　　《續翰林志》　宋蘇易簡撰

　　《次續翰林志》　宋蘇耆撰

　　《學士年表》　宋佚名撰

《翰苑題名》 宋佚名撰

《翰苑遺事》 宋洪遵輯

《朝野類要》五卷 宋趙升撰

《碧血錄》二卷 明黃煜撰

　　附《周端孝先生血疏貼黃册》一卷 明周茂蘭撰

《逍遙集》一卷 宋潘閬撰

《百正集》三卷 宋連文鳳撰

《張子野詞》二卷《補遺》二卷 宋張先撰

《貞居詞》一卷《補遺》一卷 元張天雨撰

第十四集

《籟紀》一卷 南朝陳陳叔齊撰

《潛虛》一卷 宋司馬光撰

　　附《潛虛發微論》一卷 宋張敦實撰

《袁氏世範》三卷 宋袁采撰

　　附《集事詩鑒》一卷 宋方昕撰

《天水冰山錄》一卷《附錄》一卷 明佚名撰

　　附《鈐山堂書畫記》一卷 明文嘉撰

第十五集

《新唐書糾繆》二十卷《補遺》一卷《附錄》一卷 宋吳縝撰 清錢大昕校

　　附《修唐書史臣表》一卷 清錢大昕撰

《洞霄圖志》六卷 宋鄧牧撰 宋孟宗寶集

《聱隅子歔欷瑣微論》二卷 宋黃晞撰

《世緯》二卷《附錄》一卷 明袁裒撰

第十六集

《皇宋書錄》三卷 宋董史撰

《宣和奉使高麗圖經》四十卷《附錄》一卷 宋徐競撰

《武林舊事》十卷《附錄》一卷 宋四水潛夫（周密）撰

《錢塘先賢傳贊》一卷《附錄》一卷 宋袁韶撰

第十七集

《五代史纂誤》三卷 宋吳縝撰

《嶺外代答》十卷 宋周去非撰

《南窗紀談》一卷 宋佚名撰

《蘇沈內翰良方》十卷 宋蘇軾、沈括撰

《浦陽人物記》二卷　明宋濂撰

第十八集

《宜州乙酉家乘》一卷　宋黃庭堅撰

《吳船録》二卷　宋范成大撰

《清波雜志》十二卷《別志》二卷　宋周煇撰

《蜀難叙略》一卷　清沈荀蔚撰

《灊山集》三卷《補遺》一卷《附録》一卷　宋朱翌撰

《頤庵居士集》二卷　宋劉應時撰

第十九集

《文苑英華辨證》十卷　宋彭叔夏撰

《馮汝言詩紀匡謬》一卷　清馮舒撰

《西塘集耆舊續聞》十卷　宋陳鵠撰

《山房隨筆》一卷　元蔣正子撰

《勿庵曆算書目》一卷　清梅文鼎撰

《黃山領要録》二卷　清汪洪度撰

《世善堂藏書目録》二卷　明陳第撰

第二十集

《測圓海鏡細草》十二卷　元李冶撰

《蘆浦筆記》十卷　宋劉昌詩撰

《五代史記纂誤補》四卷　清吳蘭庭撰

《山静居畫論》二卷　清方薰撰

《茗香詩論》一卷　清宋大樽撰

第二十一集

《孝經鄭注》一卷　漢鄭玄撰

《孝經鄭氏補證》一卷　漢鄭玄撰　清洪頤煊補證

《孝經鄭氏解輯》一卷　漢鄭玄撰　清臧庸輯

《益古演段》三卷　元李冶撰

《弧矢算術細草》一卷　清李鋭撰

《五總志》一卷　宋吳炯撰

《黃氏日抄古今紀要逸編》一卷　宋黃震撰

《丙寅北行日譜》一卷　明朱祖文撰

《粵行紀事》三卷　清瞿昌文撰

《滇黔土司婚禮記》一卷　清陳鼎撰

《三山鄭菊山先生清雋集》一卷　宋鄭起撰　元仇遠選

《所南翁一百二十圖詩集》一卷《錦錢餘笑》一卷　宋鄭思肖撰

《鄭所南先生文集》一卷　宋鄭思肖撰

第二十二集

《重雕足本鑒誡録》十卷　五代何光遠撰

《侯鯖録》八卷　宋趙令畤撰

《松窗百説》一卷　宋李季可撰

《北軒筆記》一卷　元陳世隆撰

《藏海詩話》一卷　宋吳可撰

《吳禮部詩話》一卷　元吳師道撰

《畫墁集》八卷《補遺》一卷　宋張舜民撰　清鮑廷博補輯

第二十三集

《讀易別録》三卷　清全祖望撰

《古今僞書考》一卷　清姚際恒撰

《澠水燕談録》十卷　宋王闢之撰

《石湖紀行三録》三卷　宋范成大撰

　　《攬轡録》一卷

　　《驂鸞録》一卷

　　《桂海虞衡志》一卷

《北行日録》二卷　宋樓鑰撰

《放翁家訓》一卷　宋陸游撰

《庶齋老學叢談》三卷　元盛如梓撰

《湛淵遺稿》三卷《補》一卷　元白珽撰

《趙待制遺稿》一卷　元趙雍撰

　　附《王國器詞》一卷　元王國器撰

《灤京雜詠》二卷　元楊允孚撰

《陽春集》一卷　宋米友仁撰

《草窗詞》二卷《補》二卷　宋周密撰

第二十四集

《吹劍録外集》一卷　宋俞文豹撰

《宋遺民録》十五卷　明程敏政輯

《天地間集》一卷　宋謝翱輯

《宋舊宮人詩詞》一卷　宋汪元量輯

《竹譜詳録》七卷　元李衎撰

《書學捷要》二卷　清朱履貞撰

第二十五集

《履齋示兒編》二十三卷《覆校》一卷《履齋示兒編辛巳年重校補》一卷

宋孫奕撰　清顧廣圻校

《霽山先生集》五卷《首》一卷《拾遺》一卷　宋林景熙撰　元章祖程注

清鮑廷博輯補

第二十六集

《五行大義》五卷　隋蕭吉撰

《負暄野録》二卷　宋陳槱撰

《古刻叢鈔》一卷　元陶宗儀撰

《梅花喜神譜》二卷　宋宋伯仁撰

《斜川集》六卷《附録》二卷《訂誤》一卷　宋蘇過撰

第二十七集

《道命録》十卷　宋李心傳輯

《曲洧舊聞》十卷　宋朱弁撰

《字通》一卷　宋李從周撰

《透簾細草》一卷　佚名撰

《續古摘奇算法》一卷　宋楊輝撰

《丁巨算法》一卷　元丁巨撰

《緝古算經細草》三卷　清張敦仁撰

第二十八集

《雲林石譜》三卷　宋杜綰撰

《夢粱録》二十卷　宋吳自牧撰

《靜春堂詩集》四卷《附録》三卷《遺翰跋》一卷　元袁易撰

　　附《紅蕙山房吟稿》一卷《附録》一卷　清袁廷檮撰

第二十九集

《梧溪集》七卷《補遺》一卷　元王逢撰

《困學齋雜録》一卷　元鮮于樞撰

第三十集

《克庵先生尊德性齋小集》三卷《補遺》一卷　宋程洵撰

《麈史》三卷　宋王得臣撰

《全唐詩逸》三卷　日本河世寧輯

《中吳紀聞》六卷　宋龔明之撰

《廣釋名》二卷　清張金吾撰

《餘姚兩孝子萬里尋親記》一卷　清翁廣平撰

《畫梅題記》一卷　清朱方藹撰

清鮑廷博輯、鮑志祖續輯。清乾隆道光間長塘鮑氏刻本。二百四十册。《御覽闕史》框高 12.7 厘米，寬 9.8 厘米。半葉九行二十一字（偶有不同），小字雙行同，左右雙邊，黑口，無魚尾。版心中鐫子集名、卷次，下鐫"知不足齋叢書"。

總書名葉三欄，中題"御覽知不足齋叢書"。三十集首均有三欄書名葉，右題"第幾集"，中題"知不足齋叢書"，左題"長塘鮑氏開雕"；子集前亦各有書名葉題書名。首有朱印《御製內廷知不足齋詩》；次乾隆三十七年（1772）盧文弨《鮑氏知不足齋叢書序》、乾隆四十一年（1776）朱文藻《知不足齋叢書序》、乾隆丙申（四十一年）單炤《知不足齋叢書序》、乾隆丙申鮑廷博《知不足齋叢書序》；次鮑廷博《知不足齋叢書凡例》；第六集首有乾隆己亥（四十四年，1779）王鳴盛《知不足齋叢書序》、第十一集首有乾隆丙午（五十一年，1786）趙懷玉《知不足齋叢書序》、第十二集首有乾隆五十二年（1787）趙學敏《知不足齋叢書序》、第二十五集首有嘉慶十五年（1810）顧廣圻《知不足齋叢書序》、第二十六集首有嘉慶十八年（1813）上諭。是書分三十集，各集有目錄。各子集末或計字數。因是書子目繁多，各條所附之書與其子目計爲一種，共計二百十九種八百二十八卷。

《御覽闕史》卷端未題著者。書名葉三欄，中題"御題唐闕史"。首有朱印乾隆甲子（九年，1744）御筆《題唐闕史》、甲辰（廣德二年，764）參寥子《闕史序》；末有政和四年（1114）黃伯思跋、未署年祝允明跋；各卷前有目錄，與正文連署。有補刊葉，版心鐫"癸酉刊"（嘉慶十八年，1813）、"嘉慶己卯重刊"（二十四年，1819）、"道光辛巳重刊"（元年，1821）、"道光壬午重刊"（二年，1822）。

《古文孝經孔氏傳》卷端題"漢魯人孔安國傳；日本信陽太宰純音"。書名葉三欄，右題"漢孔安國傳"，中題"古文孝經"。首有乾隆四十一年盧文弨《新刻古文孝經孔氏傳序》、乾隆四十一年吳騫《新雕古文孝經序》、乾隆四十一年鄭辰《古文孝經序》、未署年孔安國《古文孝經序》、日本享保十六年（雍正九年，1731）太宰純《重刻古文孝經序》；末有乾隆丙申（四十一年）鮑廷博《跋》。鮑廷博《跋》云："汪君所至爲長崎嶅，距其東都尚三千餘里。此書購訪數年，得之甚艱，其功不可沒云。"太宰純《序》末鐫"大清乾隆丙申春正月上浣歙縣長塘鮑氏家塾重雕"，則此集刊於乾隆四十一年。

《寓簡》卷端題"寓山沈作喆明遠纂"。書名葉三欄，中題"寓簡"。首有甲午（乾隆三十九年，1774）沈作喆《寓簡序》；末有乾隆乙未（四十年，1775）鮑廷博識語；書末又附《清波別志》二篇。

《兩漢刊誤補遺》卷端題"河南吳仁傑撰"。書名葉分三欄，中題"兩漢刊誤補遺"。首有淳熙己酉（十六年，1189）曾絳引；次《兩漢刊誤補遺目録》；末有己未林瀛跋、未署年朱彝尊跋、乾隆三十九年盧文弨識語、乾隆丙申鮑廷博跋；書末又附《附録》二則。

《涉史隨筆》卷端題"宋葛洪著"。書名葉分三欄，中題"涉史隨筆"。首有未署年葛洪《涉史隨筆序》；次《涉史隨筆目録》；末鐫"乾隆乙未仲夏上澣歙西長塘鮑氏校刊于家塾"；書末《附録》爲《宋史傳略》一葉。

《客杭日記》卷端題"元京口郭畀天錫"。書名葉分三欄，中題"客杭日記"。首有未署年厲鶚序；末有《客杭日記刻成小詩代跋》，其中鮑廷博詩署"乾隆壬辰（三十七年，1772）"。

《韻石齋筆談》卷端題"延陵姜紹書二酉著"。書名葉分三欄，中題"韻石齋筆談"。首有屠維赤奮若（己丑，乾隆三十四年，1769）蔣清《韻石齋筆談序》；次《韻石齋筆談目録》。

《七頌堂識小録》卷端題"潁川劉體仁公勇氏"。書名葉欄内題"七頌堂識小録"。首有未署年汪琬序；末有庚子（康熙五十九年，1720）劉體仁子凡重校付梓識語。

《公是先生弟子記》卷端未題著者。書名葉欄内題"公是先生弟子記"。末有乾隆乙未（四十年）鮑廷博識語；書末《附録》爲歷代書志著録二則。

《經筵玉音問答》半葉九行二十字。卷端題"廬陵胡銓邦衡"。書名葉分三欄，中題"經筵玉音問答"。

《碧溪詩話》卷端題"莆田黃徹常明撰"。書名葉分三欄，中題"碧溪詩話"。首有乾道四年（1168）陳俊卿《碧溪詩話序》、未署年黃徹《碧溪詩話自序》；末有嘉泰三年（1203）黃壽跋、咸淳己巳（五年，1269）聶棠識語、康熙戊子（四十七年，1708）朱彝尊識語、乾隆丙申（四十一年）黃模跋；卷十末鐫"乾隆癸卯仲春重校一過知不足齋記"，癸卯爲乾隆四十八年（1783）。

《獨醒雜志》卷端題"廬陵曾敏行達臣"。書名葉分三欄，中題"獨醒雜志"。首有淳熙乙巳（十二年，1185）楊萬里《獨醒雜志序》；末有慶元丁巳（三年，1197）周充《獨醒雜志跋》、紹興六年（1136）謝諤跋、紹興三年（1133）樓鑰跋、未署年趙汝愚跋、未署年陳傅良跋、紹熙壬子（三年，1192）尤袤跋、淳熙丙午（十三年，1186）曾三聘跋、乾隆乙未（四十年）鮑廷博識語。

《梁溪漫志》卷端題"費袞補之"。書名葉分三欄，中題"梁溪漫志"。首有紹熙三年費袞《梁溪漫志序》；次《國史實録院牒》；次《梁溪漫志目録》；書末《梁溪漫志附録》爲跋二則；末有乾隆丙申（四十一年）鮑廷博識語。

《赤雅》卷端題"南海鄺露湛若纂"。書名葉分三欄，右題"東海鄺湛若著"，中題"赤雅"，左題"知不足齋校刻"。首有崇禎乙亥（八年，1635）薛寀序、未署年張沆序；次《赤雅目録》；末有乾隆己丑（三十四年）鮑廷博識語。

《諸史然疑》卷端未題著者。書名葉分三欄，中題"諸史然疑"。卷末鎸"乾隆庚子季秋校正重刊"，庚子爲乾隆四十五年（1780）。

《榕城詩話》卷端題"仁和杭世駿大宗撰"。書名葉分三欄，中題"榕城詩話"。首有乾隆元年（1736）汪沆《榕城詩話序》、壬子（雍正十年，1732）杭世駿《榕城詩話自序》、全祖望《榕城詩話題詞》；末有乾隆乙未（四十年）朱文藻跋。

《入蜀記》卷端題"山陰陸游務觀"。書名葉分三欄，中題"入蜀記"。

《猗覺寮雜記》卷端題"桐鄉朱翌新仲"。書名葉分三欄，中題"猗覺寮雜記"。首有慶元三年（1197）洪邁序；卷末鎸"乾隆丙申九月鮑氏知不足齋校刊"；書末《附録》爲書札一通；末有丙申（乾隆四十一年）鮑廷博識語。

《對牀夜語》卷端題"孤山人范晞文景文"。書名葉分三欄，中題"對牀夜語"。首有未署年馮去非序二則；末有正德十六年（1521）陳沐新識語、乾隆壬辰鮑廷博識語。

《歸田詩話》卷端題"錢塘瞿佑宗吉著"。書名葉分三欄，中題"歸田詩話"。首有成化二年（1466）木訥《歸田詩話序》、成化三年（1467）柯潛《歸田詩話序》、弘治庚申（十三年，1500）胡道《存齋詩話小序》、洪熙乙巳（元年，1425）瞿佑《歸田詩話自序》；末有乾隆乙未朱文藻跋。

《南濠詩話》卷端題"吳都都穆撰"。書名葉分三欄，中題"南濠詩話"。首有正德癸酉（八年，1513）黃桓《都南濠先生詩話序》、壬辰（嘉靖十一年，1532）文璧《南濠居士詩話序》；末有乾隆癸巳（三十八年，1773）鮑廷博識語。

《麓堂詩話》卷端題"長沙李東陽賓之撰"。書名葉分三欄，中題"麓堂詩話"。首有未署年王鐸序；末有乾隆乙未鮑廷博識語。

《石墨鐫華》卷端題"盩厔趙崡子函著"。書名葉分三欄，中題"石墨鐫華"。首有萬曆戊午（四十六年，1618）康萬民《石墨鐫華序》、萬曆戊午趙崡《石墨鐫華自叙》；次《石墨鐫華目録》；末有乾隆己巳（十四年，1749）何琪跋、乾隆甲午（三十九年）趙衡陽跋。

《孫子算經》卷端題"唐朝議大夫行太史令上輕車都尉臣李淳風等奉敕注

釋"。書名葉分三欄，中題"孫子算經"，左題"仿宋雕本"。首有未署年未署名
《孫子算經序》；末鐫"大清乾隆四十二年（1777）二月倣汲古閣影宋鈔本重雕"。

《五曹算經》卷端題"唐朝議大夫行太史令上輕車都尉臣李淳風等奉敕注
釋"。書名葉分三欄，中題"五曹算經"，左題"仿宋雕本"。末鐫"乾隆癸卯仲
春重校一過知不足齋記"，又鐫"大清乾隆四十二年正月倣汲古閣影宋鈔本重
雕"，癸卯爲乾隆四十八年。

《釣磯立談》卷端未題著者。書名葉分三欄，中題"釣磯立談"。首有著者《釣
磯立談序》。

《洛陽縉紳舊聞記》卷端未題著者。書名葉闌內題"洛陽縉紳舊聞記"。首
有張齊賢《洛陽縉紳舊聞記并序》；末鐫"乾隆丙申孟春借吳氏池北草堂校本開
雕"，丙申爲乾隆四十一年。

《四朝聞見錄》卷端題"龍泉葉紹翁撰"。書名葉分三欄，中題"四朝聞見
錄"。首有《四朝聞見錄目錄》。是書分五集。

《金石史》卷端題"關中郭宗昌嗣伯著"。書名葉分三欄，中題"金石史"。
首有康熙癸卯（二年，1663）王宏《金石史序》、未署年劉澤溥《金石史序》；
次《金石史目錄》。

《閒者軒帖考》卷端題"燕邱孫承澤述"。書名葉分三欄，中題"閒者軒帖
考"。末有丁亥未署名識語。

《清虛雜著》之三種均未題著者。《聞見近錄》卷端題下注"宋本重雕"；書
名葉分三欄，中題"聞見近錄"。《甲申雜記》卷端題下注"宋本重雕"；書名葉
分三欄，中題"甲申雜記"。《隨手雜錄》卷端題下注"曝書亭校本開雕"；書名
葉分三欄，中題"隨手雜錄"。《補闕》末有甲寅（紹興四年，1134）張邦基跋、
甲戌王從識語、乾隆己亥（四十四年）鮑廷博識語。

《補漢兵志》卷端題"白石先生錢氏撰"。書名葉分三欄，中題"補漢兵志"。
首有嘉定甲戌（七年，1214）陳元□《補漢兵志序》；次《補漢兵志綱目》；末有
未署年朱彝尊《補漢兵志跋》、乾隆己亥鮑廷博識語。

《臨漢隱居詩話》卷端題"魏泰道輔"。書名葉分三欄，中題"臨漢隱居詩
話"。末有乾隆己亥鮑廷博識語。

《滹南詩話》卷端題"槀城王若虛從之著"。書名葉分三欄，中題"滹南
詩話"。

《歸潛志》卷端未題著者。書名葉分三欄，中題"歸潛志"。首有乙未（端
平二年，1235）劉祁《歸潛志序》；末有未署年宋定國跋、己酉（雍正二年，
1729）李北苑跋、乾隆四十一年盧文弨跋、乾隆己亥鮑廷博識語。

《黃孝子紀程》卷端題"古吳黃向堅端木父識"。書名葉分三欄，中題"黃孝子紀程"。首有順治乙未（十二年，1655）胡周鼒《黃孝子紀程序》、未署年李楷叔《黃孝子紀程序》；末有愚古道人《書黃孝子尋親紀程後》、陸世儀《跋》。

《虎口餘生記》卷端未題著者。書名葉分三欄，中題"虎口餘生記"。首有甲午（崇禎十五年，1642）黃自起《序》、程正揆序、順治乙酉（二年，1645）路坦然序；末附《塘報稿》。

《澹生堂藏書約》卷端題"山陰密士祁承爜著"。書名葉分三欄，中題"澹生堂藏書約"。

《苦瓜和尚畫語錄》卷端未題著者。書名葉分三欄，中題"畫語錄"。

《玉壺清話》卷端未題著者。書名葉分三欄，中題"玉壺清話"。首有釋文瑩《玉壺清話序》；末有丁酉（乾隆四十二年，1777）吳翌鳳跋、乾隆庚子（四十五年）鮑廷博識。

《愧郯錄》卷端題"相臺岳珂"，題下注"宋本重雕"。書名葉分三欄，中題"愧郯錄"。首有焉逢閹茂（甲戌，嘉定七年，1214）岳珂《愧郯錄序》；次《愧郯錄目錄》；末鐫"乾隆癸卯仲春重校一過知不足齋記"，癸卯爲乾隆四十八年。

《碧雞漫志》卷端未題著者，題下注"述古堂主人手校本"。書名葉分三欄，中題"碧雞漫志"。首有己巳（紹興十九年，1149）王晦叔《碧雞漫志序》；末有鮑廷博識語（未署名）。

《樂府補題》卷端題"玉笥王沂孫聖與"。書名葉分三欄，中題"樂府補題"。

《蛻巖詞》卷端題"河東張翥仲舉著"。書名葉分三欄，中題"蛻巖詞"。

《論語集解義疏》半葉九行二十字。卷端題"魏何晏集解""梁皇侃義疏"。書名葉分三欄，中題"論語集解義疏"。首有乾隆五十三年（1788）盧文弨《皇侃論語義疏序》、未署年皇侃《論語義疏敘》《論語集解敘》；末有日本寬延庚午（二年，乾隆十五年，1750）服元喬《皇侃論語義疏新刻序》。

《離騷草木疏》卷端題"通直郎行國子錄河南吳仁傑撰"，題下注"宋本校雕"。書名葉分三欄，中題"離騷草木疏"。首有《離騷草木疏目錄》；末鐫"乾隆庚子季秋歙西長塘鮑氏知不足齋校正重雕"；末有乾隆庚子（四十五年）鮑廷博識語。

《遊宦紀聞》卷端題"鄱陽張世南"，題下注"抱經堂主人手校本"。書名葉分三欄，中題"遊宦紀聞"。首有張世南《遊宦紀聞序》；末鐫"乾隆癸卯仲春重校一過知不足齋記"，癸卯为乾隆四十八年；又有紹定壬辰（五年，1232）李發先跋、乾隆己亥（四十四年）盧文弨跋。

《張丘建算經》半葉卷端題"漢中郡守前司隸臣甄鸞注經；唐朝議大夫行太

史令上輕車都尉臣李淳風等奉敕注釋；唐算學博士臣劉孝孫撰細草”。書名葉分三欄，中題“張丘建算經”。首有張丘建《張丘建算經序》；末鐫“乾隆癸卯仲春重校一過知不足齋記”，又鐫“大清乾隆四十五年十二月倣汲古閣影宋鈔本重雕”，癸卯为乾隆四十八年。

《緝古算經》卷端題“唐通直郎太史丞臣王孝通撰并注”。書名葉分三欄，中題“緝古算經”。首有《上緝古算經表》；末鐫“大清乾隆四十五年十二月仿汲古閣影宋鈔本重彫”；末有康熙甲子（二十三年，1684）毛扆識語。

《默記》卷端題“潁人王銍性之”。書名葉欄内題“默記”。末鐫“乾隆癸卯仲春重校一過知不足齋記”，癸卯为乾隆四十八年。

《南湖集》卷端題“秦川張鎡功甫”。書名葉分三欄，中題“南湖集”。首有淳熙己酉（十六年，1189）楊萬里《約齋南湖集序》、乾隆四十六年（1781）鮑廷博《刻南湖集緣起》；次方回《題詞》

《蘋州漁笛譜》卷端題“齊人周密公謹父”，題下注“汲古主人摹本開雕”。書名葉分三欄，中題“蘋州漁笛譜”。

《金樓子》卷端題“梁孝元皇帝撰”。書名葉分三欄，中題“金樓子”。首有至正三年（1343）葉森《金樓子序》；次《重編金樓子篇目》；末鐫“乾隆癸卯仲春重校一過知不足齋記”，癸卯为乾隆四十八年；書末有乾隆四十六年汪輝祖《書金樓子後》。

《鐵圍山叢談》卷端題“百衲居士蔡絛”，題下注“雁里草堂鈔本開雕，璜川吳氏、涉園張氏鈔本參校”。書名葉分三欄，中題“鐵圍山叢談”。末有乾隆四十六年鮑廷博識語。此本有道光修版，版心下鐫“道光辛巳重刊”（卷六葉二十三）、“道光甲申修刊”（卷五葉十五）等，辛巳、甲申分別为道光元年（1821）、四年（1824）。

《農書》卷端未題著者，題下注“仁和趙氏小山堂鈔本開雕”。書名葉分三欄，中題“農書”。首有未署年陳旉序；次《農書目録》；末有未署年洪真州《後序》、甲戌（嘉定七年，1214）汪綱跋。

《蠶書》卷端題“秦觀少游”。書名葉分三欄，中題“蠶書”。末有乾隆三年（1738）萬作霖跋二則。

《於潛令樓公進耕織二圖詩》卷端未題著者。書名葉分三欄，中題“耕織圖詩”。首爲《附録》。

《湛淵靜語》卷端題“錢唐白珽廷玉撰；海陵周暶伯暘編”。書名葉分三欄，中題“湛淵靜語”。首有未署年白珽自序、至大庚戌（三年，1310）周暶序；末鐫“乾隆癸卯仲春重校一過知不足齋記”，癸卯爲乾隆四十八年。

《責備餘談》卷端題"崑山方鵬著"。書名葉分三欄，中題"責備餘談"。首有嘉靖丙戌（五年，1526）方鵬《責備餘談引》；次《附錄》；次《責備餘談目錄》；末鎸"乾隆癸卯仲春重校一過知不足齋記"，癸卯爲乾隆四十八年。

《續孟子》卷端未題著者，題下注"枚菴漫士古歡堂祕册"。首有未署年林慎思《續孟子序》，次彙劉希仁、程鉅夫、陳英觀、黃堯臣《續孟子序》。

《伸蒙子》卷端題"唐尚書水部郎中長樂林慎思虔中"。首有篇目；末有萬曆辛丑（二十九年，1601）徐㷸跋二則、乾隆庚子（四十五年）吳翌鳳識語。

《麟角集》卷端題"唐水部郎中福清王棨輔之著"。首有黃璞《王郎中傳》；次《麟角集目錄》；《附錄》首有《目錄》；末鎸"乾隆癸卯仲春重校一過知不足齋記"，癸卯为乾隆四十八年；又鎸鮑廷博識語"甲寅仲夏覆校改正十九字"，甲寅爲乾隆五十九年（1794）。

《蘭亭考》卷端題"桑世昌集"，題下注"書竹青氈堂摹宋本"。首有嘉定元年（1208）高文虎序、嘉定十七年（1224）高似孫序；次《蘭亭考目錄》；末鎸"乾隆甲辰季春重校一過知不足齋記"，甲辰爲乾隆四十九年（1784）。

《蘭亭續考》卷端題"吳山俞松集"，題下注"柳氏書竹青氈堂摹宋本"。首有淳祐壬寅（二年，1242）李心傳序；末有嘉靖乙卯（三十四年，1555）姚咨識語。

《石刻鋪敘》卷端題"鳳墅逸客曾宏父纂述"，題下注"義門書塾評本"。首有《石刻鋪敘目錄》；卷末有未署年朱彝尊跋、康熙辛卯（五十年，1711）何焯題記、乾隆己丑（十年，1745）錢大昕跋；末鎸"乾隆甲辰季春重校一過知不足齋記"，甲辰爲乾隆四十九年。

《江西詩社宗派圖錄》卷端題"南州張泰來扶長述"。末鎸"乾隆甲辰季春重校"，甲辰爲乾隆四十九年。

《萬柳溪邊舊話》卷端題"知非子尤玘君玉撰；門人張雨書諱"。末有乾隆甲午朱文藻跋；末鎸"乾隆甲辰季春重校一過知不足齋記"，甲辰爲乾隆四十九年。

《詩傳注疏》卷端題"弋陽謝枋得君直著"。首有乾隆辛丑（四十六年）吳長元《弁言》。

《顏氏家訓》卷端題"北齊黃門侍郎顏之推撰"，題下注"述古堂影宋本重雕"。首有《顏氏家訓目錄》。

《江南餘載》卷端未題著者。首有該書四庫提要。

《五國故事》卷端未題著者，題下注"劍光閣鈔本開雕"。末有乾隆癸巳（三十八年）吳長元跋。

《故宮遺錄》卷端題"廬陵虎溪蕭洵編"。末有萬曆四十四年（1616）趙琦

143

美跋。

《伯牙琴》卷端題"錢唐鄧牧牧心著"。首有該書四庫提要；次《伯牙琴目錄》；末有乾隆丙午（五十一年）鮑廷博識語。

《洞霄詩集》卷端題"本山道人孟宗寶集虛編"。末有乾隆四十九年□□（此本闕字）《洞霄詩集書後》、乾隆甲辰（四十九年）鮑廷博詩。

《石湖詞》卷端題"吳郡范成大致能著"。末有嘉慶乙丑（十年，1805）鮑廷博識語。

《和石湖詞》卷端題"東吳陳三聘夢弨"。

《花外集》卷端題"玉笥山人王沂孫"。

《昌武段氏詩義指南》卷端未題著者。末有未署年朱彝尊識語。

《離騷》卷端題"晋陵錢杲之集傳"，題下注"宋本重雕"。

《江淮異人錄》卷端題"丹陽吳淑纂"。末有乾隆丁未（五十二年）鮑廷博識語。

《慶元黨禁》卷端未題著者。

《酒經》卷端題"大隱翁譔"，題下注"枚菴漫士古歡堂秘冊"。末有戊戌（乾隆四十三年，1778）吳翌鳳識語、乾隆乙巳（五十年，1785）鮑廷博識語。

《山居新話》卷端題"太史楊瑀元誠"。首有至正庚子（二十年，1360）楊維楨《山居新話序》；末有至正庚子楊瑀《山居新話後序》。

《鬼董》卷端未題著者。末有乾隆丙午（五十一年）鮑廷博識語。

《墨史》卷端題"平原陸友纂"。首有《墨史目錄》。

《龔安節先生畫訣》卷端題"金陵龔賢半千"。版心下鎸"桐華館訂正本"。

《畫荃》卷端題"江上外史笪重光著；虞山王翬石谷、毘陵惲格正叔評"。版心下鎸"桐華館訂正本"。

《今水經》卷端題"黃宗羲學"，題下注"黃氏續鈔原本"。末有乾隆癸巳（三十八年）黃璋跋。

《佐治藥言》卷端題"蕭山汪輝祖煥曾纂"。首有乾隆五十二年魯仕驥《佐治藥言序》、乾隆五十年汪輝祖《自序》；次《續佐治藥言目錄》《佐治藥言目錄》；末有乾隆五十一年鮑廷博跋、乾隆丙午（五十一年）王宗琰跋。

《相臺書塾刊正九經三傳沿革例》卷端未題著者。

《元真子》卷端題"唐張志和撰"。末有乾隆癸卯（四十八年）盧文弨識語。

《翰苑群書》各子集卷端題著者。首有乾隆三十九年盧文弨《序》。

《朝野類要》卷端題"文昌趙升向辰撰"。首有《朝野類要目錄》，題"武英殿聚珍版原本"。

《碧血録》卷端未題著者。首有未署年趙懷玉《碧血録序》、乾隆四十一年盧文弨《題辭》；次《碧血録目》。

《逍遥集》卷端題"大名潘閬著"，題下注"四庫全書館纂脩本"。首有該書四庫提要。

《百正集》卷端題"三山連文鳳撰"。首有該書四庫提要。

《張子野詞》卷端題"吳興張先子野"。

《貞居詞》卷端題"句曲張天雨伯雨"。末有乾隆丁巳（二年，1737）厲鶚題記。

《籟紀》卷端未題著者。

《潛虛》卷端題"宋太師温國公司馬光撰"，題下注"宋本重雕"。

《袁氏世範》卷端未題著者，題下注"吳郡袁氏傳經堂家乘本"。首有該書四庫提要；次乾隆五十三年楊復吉《重刊袁氏世範序》；末有乾隆庚戌（五十五年，1790）袁廷檮跋。《集事詩鑒》卷端未題著者。首有《總目》。

《天水冰山録》卷端未題著者。首有乾隆丙午（五十一年）趙懷玉《天水冰山録序》；末有乾隆丙午汪輝祖跋。《鈐山堂書畫記》卷端題"茂苑文嘉定"。

《新唐書糾繆》卷端題"咸林吳縝纂"，題下注"嘉定錢大昕校本"。首有《新唐書糾繆二十門目録》；末附錢大昕《修唐書史臣表》。

《洞霄圖志》卷端題"本山隱士鄧牧牧心編；本山道士孟宗寶集虛集"。首有《洞霄圖志目録》；次該書四庫提要。

《聱隅子歔欷瑣微論》卷端題"蜀人黃晞撰"，題下注"宋本重雕"。

《世緯》卷端題"廣西提學僉事袁裒撰"，題下注"四庫全書本開雕"。首有該書四庫提要；次乾隆壬子（五十七年，1792）錢大昕序；次《世緯目録》；末有乾隆五十七年袁廷檮跋。

《皇宋書録》卷端題"董史"。末有乾隆甲寅（五十九年）鮑廷博識語。

《宣和奉使高麗圖經》卷端未題著者。首有《宣和奉使高麗圖經目録》；末有乾隆癸丑（五十八年）鮑廷博識語。

《武林舊事》卷端題"四水潛夫輯"，題下注"明宋延佐刻本參校"。首有《武林舊事目録》；末有乾隆癸丑（五十八年）鮑廷博識語。

《錢塘先賢傳贊》卷端題"宋袁韶撰"。首有該書四庫提要。

《五代史纂誤》卷端題"宋吳縝撰"。首有《五代史纂誤目録》，題"武英殿聚珍版本"；次該書四庫提要。

《嶺外代答》卷端題"宋周去非撰"。首有《嶺外代答目録》；次該書四庫提要。

《南窗紀談》卷端題"宋無名氏撰"。首有該書四庫提要。

《蘇沈内翰良方》卷端未題著者。首有該書四庫提要；次《蘇沈内翰良方目錄》；末有乾隆癸丑（五十八年）鮑廷博識語。

《浦陽人物記》卷端未題著者。首有《凡例》；次《浦陽人物記標目》；末有乾隆壬子（五十七年）戴殿泗《重刻浦陽人物記後序》。

《宜州乙酉家乘》卷端未題著者。末有乾隆甲寅（五十九年）鮑廷博識語。

《吳船録》卷端題"吳郡范成大撰"。

《清波雜志》首有該書四庫提要；《別志》末有乾隆甲申（二十九年，1764）鮑廷博識語、乾隆乙巳（五十年）鮑廷博識語。

《蜀難叙略》卷端題"婁東沈荀蔚述"。

《灙山集》卷端題"宋朱翌撰"。首有該書四庫提要。

《頤庵居士集》卷端題"四明劉應時良佐"。

《文苑英華辨證》卷端未題著者。首有《文苑英華辨證目録》；末有乾隆癸丑（五十八年）顧廣圻跋、乾隆乙卯（六十年，1795）鮑廷博識語。

《馮汝言詩紀匡謬》卷端未題著者。

《西塘集耆舊續聞》卷端題"南陽陳鵠録正"。首有該書四庫提要；末有乾隆癸丑（五十八年）鮑廷博識語。

《山房隨筆》卷端題"全愚蔣正子平仲"。末有乾隆戊申（五十三年）鮑廷博識語。

《勿庵曆算書目》卷端題"勿菴曆算書目"，"宣城梅文鼎定九撰；孫瑴成玉汝校正"。

《黃山領要録》卷端題"歙汪洪度于鼎"。首有《黃山領要録目次》；末有乾隆乙未（四十年）汪詥德跋。

《世善堂藏書目録》卷端未題著者。首有目録；末有乾隆六十年鮑廷博識語。

《測圓海鏡細草》卷端題"翰林學士知制誥同修國史欒城李冶撰"。首有《測圓海鏡目録》；末有嘉慶二年（1797）李鋭跋。

《蘆浦筆記》卷端未題著者。首有該書四庫提要；末有乾隆壬午（二十七年，1762）鮑廷博識語，以及吳騫、陳鱣、厲鶚、祝堃、丁杰、徐鯤校閲題記，又有嘉慶戊午（三年，1798）鮑廷博識語。

《五代史記纂誤補》卷端題"歸安吳蘭庭"。首有乾隆四十三年吳蘭庭序；末有乾隆四十八年吳蘭史跋。

《山静居畫論》卷端題"石門方薰撰"。

《茗香詩論》卷端題"仁和宋大樽左彝著"。首有嘉慶三年《茗香詩論序》。

《孝經鄭注》卷端未題著者。首有嘉慶七年（1802）錢侗《重刊鄭注孝經序》；末有日本寬政癸丑（五年，乾隆五十八年）尾張岡田識語；末鐫"大清嘉慶辛酉八月歙縣鮑氏知不足齋重雕"；末有嘉慶辛酉（六年，1801）鮑廷博識語。

《孝經鄭注補證》卷端題"臨海洪頤煊"。

《孝經鄭氏解輯》卷端未題著者。末有嘉慶壬戌（七年）嚴杰題記。

《益古演段》卷端題"翰林學士知制誥同修國史欒城李冶撰"。首有該書四庫提要；末有嘉慶二年李銳跋。

《弧矢算術細草》卷端題"元和李銳學"。首有未署年李銳自序。

《五總志》卷端未題著者。首有該書四庫提要。

《黃氏日抄古今紀要逸編》卷端題"慈溪黃震東發"。末鐫"乾隆癸酉夏五月，錢唐施禮畊借趙氏小山堂藏本録於桐竹雙清處錢唐陳希濂家藏本"，癸酉爲乾隆十八年（1753）。

《丙寅北行日譜》卷端未題著者。

《粵行紀事》卷端題"常熟瞿昌文壽明甫著"。

《滇黔土司婚禮記》卷端題"江陰陳鼎定九著"。

《三山鄭菊山先生清雋集》卷端題"山村仇遠仁近選"。末附《先君菊山翁家傳》。

《所南翁一百二十圖詩集》卷端未題著者。

《鄭所南先生文集》卷端未題著者。末附《鄭所南小傳》。

《重雕足本鑒誡録》卷端未題著者。首有該書四庫提要；次《重雕足本鑒誡録目録》；末有乾隆乙巳（五十年）趙懷玉題識、嘉慶癸亥（八年，1803）鮑廷博識語。

《侯鯖録》卷端題"聊復翁趙德麟"。末有嘉慶癸亥（八年）鮑廷博識語。

《松窗百説》卷端題"東嘉李季可撰"。

《北軒筆記》卷端題"錢塘陳世隆彥高輯"。首有該書四庫提要。

《藏海詩話》卷端題"宋吳可撰"。首有該書四庫提要。

《吳禮部詩話》卷端題"蘭谿吳師道正傳"。末有未署年鮑廷博識語。

《畫墁集》卷端題"邠州張舜民芸叟撰"。首有該書四庫提要。《補遺》卷端題"知不足齋輯録"。

《讀易別録》卷端題"鄞全祖望紹裔"。

《古今僞書考》卷端題"新安姚首源際恒著"。

《澠水燕談録》卷端題"國王闢之聖塗"。首有《澠水燕談録目録》；末有未署年鮑廷博識語。

《石湖紀行三録》卷端均題 "吳郡范成大撰"。

《北行日録》卷端題 "宋樓鑰撰"。

《放翁家訓》卷端未題著者。

《庶齋老學叢談》卷端題 "從仕郎崇明州判官致仕盛如梓"。末有嘉慶乙丑（十年，1805）鮑廷博《跋》、鮑廷博《附記》。

《湛淵遺稿》卷端題 "錢唐白珽延玉"。首有該書四庫提要；卷末附墓誌銘。

《趙待制遺稿》卷端未題著者。

《灤京雜詠》卷端題 "元吉楊允孚和吉撰"。末有嘉慶十年鮑廷博識語。

《陽春集》卷端題 "米友仁元暉"。

《草窗詞》卷端題 "弁陽嘯翁周密公謹父"。

《吹劍録外集》卷端未題著者。首有該書四庫提要；末有辛亥（嘉靖三十年，1551）范欽識語。

《宋遺民録》卷端未題著者。首有《宋遺民録目録》。

《天地間集》卷端題 "晞道人謝翺編"。

《宋舊宮人詩詞》卷端未題著者。

《竹譜詳録》卷端題 "息齋道人薊丘李衎述"。首有《竹譜詳録總目》；末有嘉慶戊辰（十三年，1808）鮑廷博識語。

《書學捷要》卷端題 "秀水朱履貞纂述"。首有嘉慶庚申（五年，1800）朱履貞《書學捷要弁言》；末有嘉慶戊辰（十三年）趙魏跋。

《履齋示兒編》卷端題 "廬陵鄉先生孫奕季昭撰"。首有嘉慶庚午（十五年，1810）貝墉《重刻履齋示兒編序》；次《履齋示兒編目録》；末有乾隆乙卯（六十年）盧文弨跋、嘉慶辛未（十六年，1811）鮑廷博識語。

《霽山先生集》卷端題 "白石樵唱"，《拾遺》卷端題 "知不足齋輯補"。首有該書四庫提要；末有嘉慶十五年鮑正言跋、嘉慶十五年蘇璠跋。

《五行大義》卷端題 "上儀同三司城陽郡開國公蕭吉撰"。首有《五行大義總目》；末有己未天瀑識語、嘉慶十八年（1813）鮑廷博識語。

《負暄野録》卷端未題著者。首有該書四庫提要。

《古刻叢鈔》卷端題 "玉霄真逸陶宗儀"。首有該書四庫提要；末有乾隆辛丑（四十六年）周嘉猷跋。

《梅花喜神譜》卷端題 "雪巖"。首有《梅花喜神譜目録》，題 "雪巖宋伯仁器之編"。

《斜川集》卷端題 "眉山蘇過叔黨撰"。首有嘉慶十五年法式善《校刻斜川集序》、乾隆五十三年鮑廷博序；末有乾隆壬寅（四十七年）吳長元跋、壬申（嘉慶十七年，1812）鮑廷博識語。

《道命錄》卷端。首有《道命錄目錄》。

《曲洧舊聞》卷端題"新安朱弁少章撰"。

《字通》卷端未題著者。末有戊申（乾隆五十三年）黃戊跋。

《透簾細草》卷端題"佚名"。

《續古摘奇算法》卷端題"宋楊輝撰"。

《丁巨算法》卷端未題著者。

《緝古算經細草》卷端題"緝古算經"，著者題"唐通直郎太史丞臣王孝通撰并注""張敦仁撰細草"。首有嘉慶六年張敦仁《上緝古算經表》；末有癸亥（嘉慶八年，1803）張敦仁跋、戊戌（乾隆四十三年）李銳跋；卷末鐫"元和李銳算校"。

《雲林石譜》卷端題"山陰杜綰季陽著"。首有《雲林石譜目錄》；末有嘉慶十九年（1814）鮑廷博識語；書末附馬汶《縐雲石記》一篇。

《夢粱錄》卷端題"錢塘吳自牧著"。首有《夢粱錄目錄》。

《靜春堂詩集》卷端題"吳郡袁易通父"。《紅蕙山房吟稿》卷端題"吳縣袁廷檮又愷"。

《梧溪集》卷端題"江陰王逢原吉"。首有道光三年（1823）顧廣圻《重刊梧溪詩集序》。《補遺》末有道光癸未（三年）葉廷甲識語。

《困學齋雜錄》卷端未題著者。末有乾隆癸巳（三十八年）、丁酉（四十二年）、嘉慶甲子（九年，1804）鮑廷博識語。

《克庵先生尊德性齋小集》卷端未題著者。末有嘉慶戊寅（二十三年，1818）程均識語。

《麈史》卷端題"鳳台子王得臣彥輔撰"。首有《麈史目錄》。

《全唐詩逸》卷端題"日本上毛河世寧纂輯，男三亥校"。首有日本天明八年（乾隆五十三年）淡海竺常《全唐詩逸序》；次《全唐詩逸目》；末有道光三年翁廣平《全唐詩逸跋》。

《中吳紀聞》卷端題"宋崑山龔明之希仲紀，明虞山毛晋子九訂"。首有《中吳紀聞目錄》。

《廣釋名》卷端題"昭文張金吾學"。首有嘉慶戊寅（二十三年）《廣釋名序》、未署年張大墉序、嘉慶癸酉（十八年）黃廷鑑序、嘉慶甲戌（十九年）張金吾《自序》；次《廣釋名目錄》《例言》《廣釋名援引書目》。

《餘姚兩孝子萬里尋親記》卷端題"吳江翁廣平海琛篹"。

《畫梅題記》卷端題"桐鄉朱方藹吉人著"。末有乾隆五十三年金德輿識語。是集版心下卷"桐華館訂正本"。

　　鮑廷博（1728—1814）字以文，號渌飲，別號通介叟、得閑居士、援鶉居士，清安徽歙縣人，居浙江桐鄉。諸生，乾隆三十八年（1773）開《四庫全書》館，進家藏善本六百餘種，爲天下獻書之冠。嘉慶十八年（1813）欽賜舉人。好藏書，通版本校勘之學，著《花韻軒小稿》《花韻軒詠物詩存》，輯刻《知不足齋叢書》。《清史列傳》卷七十二有傳。

　　鮑氏擇家藏善本刊爲是書，以底本精善、文獻完整、校讎精良見稱。本叢書隨刊隨印，歷時長久，鮑廷博刻至二十七集卒，其子鮑士恭廣續成之，共得書三十集。是書裒集刊刻，見於書前諸序。朱文藻《序》云："新安鮑子以文學博而行古，家藏圖籍數萬卷，近刻其尤珍秘者爲《知不足齋叢書》。"盧文弨《序》述此前叢書之弊云："真僞不分，雅俗不辨，或删削而非完善，或脱誤而鮮校讎。就數者之中，不完與不校之爲弊更甚"，而鮑氏此書"皆善本，無僞書、俗書得間厠焉。其校讎之精，則其曩時嘗刊《銷夏記》《名醫類案》等書已有明徵，不待言已。"

　　鮑廷博亦於《凡例》明其去取標準、編輯主旨。是編擇經世、雅正之書："先儒論著，凡有涉于經史諸子者，則收入以輔翼經傳，裨益見聞，供學者考鏡之助。至于詩話説部，必取合于風雅者方可入集"。是編多收罕傳之書，并精於校讎："是編諸書有向來藏弆家僅有傳鈔而無刻本者，有時賢先輩撰著脱藳而未流傳行世者，有刻本行世久遠舊版散亡者，有諸家叢書編刻而譌誤脱略未經人勘正者，始爲擇取校正入集"；"是編每刻一書，必廣借諸藏書家善本參互校讎。……詳慎於寫樣之時，精審於刻竣之後"。是編各書末多有鮑廷博識語，明書之授受源流、校勘優劣："編中諸書，或敝篋舊藏，或書肆新得，或友人持贈，或同志借鈔。其閒流移授受之原委與夫反覆訂証之苦心，皆爲表微，綴之卷末。"

　　"玄"字缺筆；"弘"字缺筆，"曆"易爲"歷"。

　　《中國叢書綜録》彙編類著録中國國家圖書館、上海圖書館、山東省圖書館、南京圖書館等三十家收藏清乾隆至道光刻本。知中國臺北故宮博物院、香港大學馮平山圖書館，美國國會圖書館、耶魯大學圖書館，日本國會圖書館、東京大學人文研究所、京都大學人文科學研究所等處收藏。

　　鈐"香谷氏""仲泉賈春□□珍藏"二朱文方印。此爲勞費爾購書。

017
硯雲甲編八種十六卷

《硯雲甲編》八種十六卷
　　《都公譚纂》二卷　明都穆撰

《明良記》一卷　明楊儀撰

《北牕瑣語》一卷　明余永麟撰

《顧曲雜言》一卷　明沈德符撰

《南中紀聞》一卷　明包汝楫撰

《耳新》八卷　明鄭仲夔撰

《屏居十二課》一卷　明黃景昉撰

《夢憶》一卷　明張岱撰

清金忠淳輯。清乾隆四十年（1775）刻本。十二冊。框高 12.7 厘米，寬 9.9 厘米。半葉九行二十字，小字雙行同，左右雙邊，黑口，無魚尾。版心中鐫子集名及卷次，下鐫"硯雲書屋"。

卷端題子集書名及著者，叢書名據書名葉及目録。書名葉分三欄，右題"乾隆乙未新鐫"，中題"硯雲甲編"，左題"秘書八種"并鐫鈐印"硯雲書屋"。書首有乾隆乙未（四十年）金忠淳《硯雲甲編小引》；次《硯雲甲編目録》。

金忠淳（生卒年不詳）字古還，號硯雲，清仁和（今屬杭州）人。候選布政司經歷，收藏圖書、泉幣，著《古錢考》。生平參《晚晴簃詩匯》卷八十五。

是書彙集明人小說八種，多據寫本，不與前人已刻之書陳陳相因。卷前金忠淳《硯雲甲編小引》云："自《說郛》《叢書》《說海》《稗海》《秘笈》《津逮》諸刻搜羅歷代，不下千百種，誠說部之大觀。然其中瑕瑜兼揽，彼此互見，或訛而未正，或删而不全者有之。夫刻前人取不必刻，此如小兒強作能事，刻前人取已刻，又如太倉之粟，陳陳相因。余是編大承寫本居多，不敢湮沒前脩，俾共流傳。"乾隆四十三年（1778），金忠淳又刻《乙編》八種。

此本爲巾箱本，僅含《甲編》。各集卷末均有金忠淳題識，考著者、評其書，并述刊刻緣由及所據底本。《都公譚纂》金忠淳識云："余向藏《譚纂》上下二卷，傳抄日久，亥豕較多，因與蔣子春雨略爲校訂，以公同好。"《明良記》識云："今所見《明良記》爲江陰李氏删本，非公原書矣。"《北牕瑣語》識云："甲午（乾隆三十九年，1774）季夏，予避暑話山草堂。書賈有以《北牕瑣語》來售者，即於北牕晚霽中展卷疾讀。"《顧曲雜言》識云："茲卷雖其一枝片玉而評騭古今、辨證南北，以至樂器舞容、稗官小說亦連類而及之，足以資考核而助塵談。"《南中紀聞》識云："包公以孝廉知綏寧縣，著循吏聲，此其所述，綏事居多，可備邑乘也。"《耳新》識云："《耳新》八卷分類三十有四，陳言務去，入耳皆新。……獨茲編流傳未廣，惟《日下舊聞續采書目》中曾一見之，庸耳或爲之聞也。余亟以授梓，俾人人快覩其新。"《屏居十二課》識云："此徐虹亭太史抄白藏本也。"《夢憶》識云："此帙爲舅兄學林胡氏藏本。"

"玄""弦""絃"等字缺筆；"弘"字缺筆，"曆"易爲"歷"或"歷"。

《中國叢書綜録》彙編雜纂類著録中國國家圖書館、北京大學圖書館、上海圖書館、南京圖書館、廣東省立中山圖書館等十家收藏清乾隆四十年金氏硯雲書屋刻《甲編》及乾隆四十三年刻《乙編》。知中國臺灣大學圖書館，美國國會圖書館、哈佛大學哈佛燕京圖書館，日本内閣文庫、静嘉堂文庫、京都大學人文科學研究所、東北大學收藏。

鈐"堅瓠室藏"朱文方印。

018
經訓堂叢書二十一種一百七十卷

T9100　2102

《經訓堂叢書》二十一種一百七十卷

　　《易漢學》八卷　清惠棟撰

　　《明堂大道録》八卷　清惠棟撰

　　《禘説》二卷　清惠棟撰

　　《夏小正考注》一卷　清畢沅撰

　　《經典文字辨證書》五卷《音同義異辯》一卷　清畢沅撰

　　《説文解字舊音》一卷　清畢沅輯

　　《釋名疏證》八卷《補遺》一卷《續釋名》一卷（正字本）　漢劉熙撰　清
　　　畢沅疏證并補遺

　　《釋名疏證》八卷《補遺》一卷《續釋名》一卷（纂字本）　漢劉熙撰　清
　　　畢沅疏證并補遺

　　《山海經》十八卷　晉郭璞撰　清畢沅校正

　　《晏子春秋》七卷　清孫星衍校;《音義》二卷　清孫星衍撰

　　《晉書地理志新補正》五卷　清畢沅撰

　　《晉太康三年地記》一卷　清畢沅輯

　　《王隱晉書地道記》一卷　清畢沅輯

　　《三輔黄圖》六卷《補遺》一卷　清畢沅校補

　　《長安志》二十卷　宋宋敏求撰　清畢沅校;《圖》三卷　元李好文繪圖

　　《關中金石記》八卷　清畢沅撰

　　《中州金石記》五卷　清畢沅撰

　　《老子道德經考異》二卷　清畢沅撰

　　《墨子》十六卷《篇目考》一卷　清畢沅校注

《吕氏春秋新校正》二十六卷　清畢沅輯校

《樂游聯唱集》二卷　清畢沅等撰

清畢沅輯。清乾隆四十六年至五十五年（1781—1790）畢沅刻本。三十八冊。框高 19.9 厘米，寬 14.8 厘米。半葉十一行二十二字，小字雙行同，四周單邊，黑口，雙魚尾。版心中鐫子集名、卷次。總書名葉欄内鐫"經訓堂書目"；子集多有書名葉。《明堂大道録》《禘説》半葉十行二十二字，小字雙行同，左右雙邊，白口，單魚尾，軟體字；《經典文字辨證書》《音同義異辯》半葉八行，小字雙行三十字；《晏子春秋》《關中金石記》《中州金石記》半葉十二行二十四字；《樂游聯唱集》左右雙邊，無魚尾。

《易漢學》卷端題"東吳徵士惠棟學；兵部侍郎兼都察院右副都御史巡撫河南提督全省軍務兼理河道欽賜一品頂帶畢沅校刊"。書名葉分三欄，右題"惠松崖先生輯"，中題"易漢學"，左題"經訓堂藏版"。首有未署年惠棟《易漢學自序》。惠棟《序》述學術淵源云："棟曾王父樸菴先生嘗閔漢《易》之不存也，取李氏《易解》所載者，參衆説而爲之傳。天崇之際，遭亂散佚，以其説口授王父，王父授之先君子。先君子于是成《易説》六卷，又嘗欲别撰漢經師説《易》之源流，而未暇也。棟趨庭之際，習聞餘論左右，采獲成書七卷，自孟長卿以下五家之《易》異流同源，其説略備。"是集實爲八卷。

《明堂大道録》卷端題"東吳惠棟學"。書名葉分三欄，右題"惠松崖先生纂"，中題"明堂大道録"，左題"經訓堂藏版"。

《禘説》卷端題"東吳惠棟學"。無書名葉。

《夏小正考注》卷端題"夏小正""戴德饌"。書名葉分三欄，右題"乾隆癸卯開雕"，中題"夏小正攷注"，左題"經訓堂藏板"，癸卯爲乾隆四十八年（1783）。首有乾隆四十八年畢沅《夏小正攷注叙》；卷末鐫"靈巖山館刊"。是集乃畢沅參校前人諸説，加以考正校注，畢沅《叙》云："因遭加參校，附以鄙釋，名曰《夏小正攷注》。"

《經典文字辨證書》卷端未題著者。書名葉分三欄，右二欄題"經典文字辨正書"，左題"乾隆甲辰陬月刊""靈巖山館藏板"，甲辰爲乾隆四十九年（1784）。首有乾隆昭陽亶安歲（癸卯，乾隆四十八年）畢沅《經典文字辨證書叙》。《音同義異辯》卷端未題著者。書名葉分三欄，右二欄題"音同義異辯"，左題"甲辰二月附刊於文字辨正書後"。首有未署年畢沅《音同義異辯叙》。

《説文解字舊音》卷端未題著者。書名葉分三欄，右題"乾隆癸卯開雕"，中題"説文解字舊音"，左題"經訓堂藏板"，癸卯爲乾隆四十八年。首有乾隆四十八年畢沅《説文解字舊音叙》。卷末鐫"靈巖山館刊"。畢沅《序》云："唐以前傳注家多稱《説文解字音》,《隋書 · 經籍志》有《説文音隱》,疑即是也,因摭録之以資攷證。"

《釋名疏證》(正字本)卷端題 "漢徵士北海劉熙撰;皇清兵部尚書兼都察院右都御史總督湖北湖南等處地方軍務兼理糧餉畢沅疏證";《補遺》《續釋名》卷端未題著者。書名葉分三欄,右題 "乾隆五十五年刊",中題 "釋名疏證",左題 "經訓堂藏版"。首有乾隆五十四年(1789)畢沅《釋名疏證序》、未署年漢劉熙《釋名序》;次《釋名疏證目録》。《補遺》卷末有畢沅題識云:"檢閲羣書,輒見有引《釋名》而今《釋名》闕者,輯録以爲《補遺》附于卷末。"畢沅《序》云:"暇日取羣經及史漢書注、唐宋類書、道釋二藏校之,表其異同,是正缺失,又益以《補遺》及《續釋名》二卷,凡三閲歲而成。復屬吳縣江君聲審正之。江君欲以篆書付刻,余以此二十七篇内俗字較多,故依前隸寫,云所以仍昔賢之舊觀,示來學以易曉也。"

《釋名疏證》(篆字本)卷端題 "漢劉熙著";《補遺》《續釋名》卷端未題著者。書名葉分三欄,右題 "乾隆五十五年刊",中題 "釋名疏證",左題 "經訓堂藏版"。首有乾隆五十五年畢沅《釋名疏證叙》、未署年漢劉熙《釋名原叙》;次《釋名疏證目録》。《補遺》卷末有畢沅題識同正字本;《續釋名》末有江聲題識。《釋名疏證》篆字本較正字本稍有刪改,江聲以篆字謄録付刻,畢沅《叙》云:"既而覆視所刻,輒復刪改,適江君又以書請,遂以刪改定本屬之抄寫。"書末江聲題識亦云:"因修書以請于刺府,願任鈔寫之勞、董剞劂之事。適刺府復有刪改之本,即以寄示屬鈔。于是書之,不三月而竟。"

《山海經》卷端題 "晋記室參軍郭璞傳;兵部侍郎兼都察院右副都御史巡撫陝西西安等處地方贊理軍務兼理糧餉欽賜一品頂帶畢沅新校正"。書名葉分三欄,右題 "乾隆癸卯開雕",中題 "山海經新校正",左題 "經訓堂藏板";癸卯爲乾隆四十八年。首有乾隆四十六年畢沅《山海經新校正序》《郭璞注山海經序》;次《山海經目録總十八卷》《山海經古今本篇目考》,末鐫 "靈巖山館刊";次乾隆四十八年孫星衍《山海經新校正後序》。各卷末鐫 "靈巖山館刊"(卷一末爲 "靈巖山館")。畢沅《序》云:"沅不敏,役于官事,校注此書,凡閲五年。自經傳子史、百家傳注、類書所引,無不徵也,其有闕略,則古者不著,非力所及矣。既依郭注十八卷,不亂其例,又以《考定目録》一篇附于書。其云新校者,仿宋林憶之例,不敢專言賤注,將以俟後之博物也。"畢沅又於《篇目考》云是集之力在於 "一考篇目" "二考文字" "三考山名水道"。

《晏子春秋》及《音義》卷端題 "賜進士及第翰林編修孫星衍校"。書名葉分四欄,右三欄題 "晏子春秋七卷音義二卷",左題 "乾隆戊申十月刊陽湖孫氏板"，戊申爲乾隆五十三年（1788）。首有乾隆五十三年孫星衍《晏子春秋序》。

《晋書地理志新補正》卷端題"晋書地理志新補正卷一并序""兵部侍郎兼都察院右副都御史巡撫陝西西安等處地方贊理軍務兼理糧餉欽賜一品頂帶畢沅撰"。書名葉分三欄，右題"乾隆癸卯開雕"，中題"晋書地里志"，左題"經訓堂藏板"；癸卯爲乾隆四十八年。卷一首爲乾隆四十六年畢沅《序》，次目錄。各卷末鎸"靈巖山館刊"。畢沅《序》云："沅官事之暇，嗜博觀史籍，間以所見校正此志，譌漏凡數百條，又采他地理書可以補正闕失者，皆錄入焉。分爲五卷。"

《晋太康三年地記》《王隱晋書地道記》卷端均題"兵部侍郎兼都察院右副都御史巡撫陝西西安等處地方贊理軍務兼理糧餉欽賜一品頂帶畢沅集"。書名葉分四欄，前三欄題"晋太康地志晋書地道記二卷"，左題"乾隆甲辰經訓堂藏板"。首有乾隆四十九年畢沅《晋太康三年地志王隱晋書地道記總序》；末有未署年洪亮吉《晋太康三年地志王隱晋書地道記後叙》。畢沅《序》云："余年來官事之暇，好摉討地理之書，以爲有益于實事實學。茲以舊所掇集者，各分爲卷，付之剞劂。其元康地志及不著姓氏晋地志、晋書地理志數條，亦附錄焉。"

《三輔黃圖》及《補遺》卷端未題著者。書名葉右題"乾隆甲辰五月刊"，中題"三輔黃圖"，右題"靈巖山館藏"。首有乾隆四十九年畢沅《重刻三輔黃圖序》；次《三輔黃圖序目》。畢沅《序》云："攷宋敏求、程大昌、陳振孫、王應麟諸輩所見即今本是也。……恐今本更非宋舊焉。今並加校正，而以今本所無者附載于後。"

《長安志圖》卷端題"河濱漁者編類圖說；前進士頻陽張敏同校正；兵部侍郎兼都察院右副都御史巡撫陝西西安等處地方贊理軍務兼理糧餉欽賜一品頂帶畢沅新校正"。《長安志》卷端題"龍圖閣直學士右諫議大夫修國史特贈尚書禮部侍郎常山侯宋敏求撰；兵部侍郎兼都察院右副都御史巡撫陝西西安等處地方贊理軍務兼理糧餉欽賜一品頂帶畢沅新校正"。書名葉分三欄，右題"乾隆甲辰校刊"，中題"長安圖志"，左題"靈巖山館藏板"，甲辰爲乾隆四十九年。首有熙寧九年（1076）趙彥若《長安志序》、乾隆五十二年（1787）王鳴盛《新校正長安志序》。是集先《圖》後《志》，《圖》之各卷前有分卷目錄。王鳴盛《序》云："秋帆先生撫陝，陝故長安也。摉得宋敏求《長安志》二十卷，校正刻之，附以《圖》三卷。"

《關中金石記》卷端題"鎮洋畢沅撰"。書名葉分三欄，右題"乾隆辛丑開雕"，中題"關中金石記"，左題"經訓堂藏板"；辛丑爲乾隆四十六年。首有乾隆四十七年（1782）盧文弨《叙》、辛丑（乾隆四十六年）錢大昕序；次《關中金石記目次》，末鎸畢沅識云："以乾隆辛丑歲七月開雕九月刻竟"；書末《關中金石記書後三首》收乾隆重光赤奮若歲（辛丑，四十六年）錢坫跋、未署年洪亮吉跋、未署年孫星衍跋。盧文弨《叙》述畢沅整飭西安碑林并著此書事云："鎮洋畢公前撫陝之二載，政通人和，爰以暇日訪古至其地，顧而悚息。於是堂廡之傾圮者亟令繕完，舊刻之陷於土中者洗而出之，《開成石經》多失其故第，復一一加以排比，於外周以欄楯，又爲門以限之，使有司掌其啓閉。廢墜之久，劃然更新，儒林傳爲盛舉。及公之復莅秦中也，乃并衷各郡邑前後所得金石刻，始於秦訖於元，著爲《關中金石記》八卷，考證史傳、辨析點畫，以視洪、趙諸人，殆又過之。"

《中州金石記》卷端題"賜進士及第兵部尚書兼都察院右都御史總督湖北湖南等處地方軍務兼理糧餉暫留河南巡撫畢沅撰"。無書名葉。首有未署年洪亮吉《中州金石記後序》。洪亮吉《後序》云："尚書弇山先生於《關中金石記》之後二年奉命調撫河南，又三年而復有《中州金石》之著，自是秦涼之寶墨、荆豫之貞珉搜采靡遺，殆稱觀止。"

《老子道德經考異》卷端題"唐太史令傅奕校定本"。書名葉分三欄，"乾隆癸卯開雕"，中題"道德經考異"，左題"經訓堂藏板"；癸卯爲乾隆四十八年。首有乾隆四十六年畢沅《道德經攷異序》。各卷末鎸"靈巖山館刊"。畢沅《序》云："沅所見《老子》注家不下百餘本，其佳者有數十本，唯唐傅奕多古字古言，且爲世所稀傳。故就其本，互加參校，間有不合于古者，則折衆説以定所是。"

《墨子》卷端題"兵部侍郎兼都察院右副都御史巡撫陝西西安等處地方贊理軍務兼理糧餉欽賜一品頂帶畢沅校注"。書名葉分四欄，右題"乾隆甲辰閏三月開琱"，中二欄題"墨子十五卷目式卷"，左題"靈巖山館藏版"；甲辰爲乾隆四十九年。首有乾隆四十八年畢沅撰《墨子叙》、未署年孫星衍《墨子後叙》。卷前爲《墨子篇目考》。各卷末鎸"靈巖山館刊"，卷四、六未印出。是集第十六卷爲《墨子目》，書名葉亦特標"目一卷"。畢沅《序》云："先是，仁和盧學士文弨、陽湖孫明經星衍互校此書，略有端緒。沅始集其成，因徧覽唐宋類書、古今傳注所引，正其譌謬，又以知聞疏通其惑。自乾隆壬寅（四十七年，1782）八月至癸卯（四十八年）十月，踰一歲而書成。"

《呂氏春秋新校正》卷端題"兵部侍郎兼都察院右副都御史巡撫河南提督全省軍務兼理河道欽賜一品頂帶畢沅輯校"。書名葉分三欄，字有殘缺，右題"乾隆五十三年仲夏校梓"，中題"呂氏春□"，左題"靈巖山館□□"。首有未署年高誘《呂氏春秋序》、乾隆五十四年（1789）畢沅《呂氏春秋新校正序》；次《呂氏春秋總目》；次《呂氏春秋附攷》；次《新校正呂氏春秋所據舊本》《書内審正參訂姓氏》。各卷末鐫"靈巖山館刊"。畢沅《序》云："暇日取元人大字本以下悉心校勘，同志如抱經前輩等，又各有所訂正，遂據以付梓。鳩工于戊申（乾隆五十三年，1788）之夏，逾年而告成。"

《樂游聯唱集》卷端未題著者。書名葉分三欄，右二欄題"樂游聯唱集式卷"，左題"乾隆四十七年壬寅夏五月開雕""西安節署藏板"。首有未署年楊芳燦《樂游聯唱集序》；次《樂游聯唱集目録》。是集爲畢沅與同幕諸公之聯句。

畢沅（1730—1797）字纕蘅，又字秋帆，號靈巖山人，江蘇鎮洋（今屬蘇州）人。乾隆十八年（1753）舉人，授内閣中書，充軍機章京，二十五年（1760）進士第一，授修撰，歷官陝西按察使、布政使、巡撫，調河南巡撫，官至兵部尚書、湖廣總督，卒贈太子太保。博學多識，經史、地理、金石、詩文無所不通，收藏書畫，著述豐贍，著《關中勝迹圖記》《西安府志》《關中金石記》《中州金石記》，校注《山海經》《晋書地理志》等，詩文輯爲《靈巖山人集》。《清史稿》卷三百三十二、《清史列傳》卷三十有傳。

是書彙集畢沅及其幕下學士惠棟、孫星衍等人校注諸書，於乾隆四十六年至五十五年陸續刻成。所收各書皆爲樸學，且有洪亮吉、孫星衍、錢坫、江聲等人參與校訂，故有校讎精當之稱。是書有總書名葉題"經訓堂書目"，但此本及哈佛燕京圖書館藏本皆未見總目。現藏諸本子集先後無序。據洪亮吉《晋太康三年地志王隱晋書地道記後叙》，是書大致分爲三類：小學家一，地理家二，諸子家三。是書子目依此大類羅列。此本子集順序實爲：《山海經》《夏小正考注》《老子道德經考異》《墨子》《三輔黃圖》《晋書地理志新補正》《晋太康三年地記》《王隱晋書地道記》《長安志》《明堂大道録》《易漢學》《關中金石記》《經典文字辨證書》及《音同義異辯》《樂游聯唱集》《説文解字舊音》《禘説》《呂氏春秋新校正》《釋名疏證》（正字本）、《釋名疏證》（篆字本）、《中州金石記》《晏子春秋》。

此本子集二十一種，包含孫星衍著述一種、惠棟著述三種，餘爲畢沅著述。除《中州金石記》《釋名疏證》《禘説》無書名葉，孫星衍《晏子春秋》書名葉題"陽湖孫氏板"外，其餘各集書名葉題"經訓堂藏板""靈巖山館藏板"或"西安節署藏板"，惠棟之兩種著述亦題爲"經訓堂藏板"。畢沅長期任職陝西，經訓堂、靈巖山館爲其室名，知是書由畢沅主持刊刻。畢沅先後撫陝西十年，乾隆五十年調河南巡撫，五十一年授湖廣總督，以事回任巡撫，五十三年復授湖廣總督。各集畢沅署名，有"兵部侍郎兼都察院右副都御史巡撫陝西西安等處地方贊理軍務兼理糧餉欽賜一品頂帶""兵部侍郎兼都察院右副都御史巡撫河南提督全省軍務兼理河道欽賜一品頂帶""賜進士及第兵部尚書兼都察院右都御史總督湖北湖南等處地方軍務兼理糧餉暫留河南巡撫畢沅撰"三種，皆明其時官陝西、河南，其中《中州金石記》《呂氏春秋新校正》以及《易漢學》三書爲河南任上所刻。另外，《夏小正考注》《說文解字舊音》《山海經》《晋書地理志新補正》《老子道德經考異》《墨子》六種，於各卷卷末鎸"靈巖山館刊"。

"玄"易爲"元"，"鉉""眩"等字缺筆；"丘"字缺筆；"弘"易爲"宏"，"曆"易爲"歷"。

《中國叢書綜録》著録中國國家圖書館、上海圖書館、山東省圖書館、浙江圖書館、南京圖書館等二十九家收藏清乾隆中鎮洋畢氏刻本。知美國國會圖書館、哈佛大學哈佛燕京圖書館、柏克萊加州大學圖書館、普林斯頓大學圖書館、哥倫比亞大學圖書館，加拿大英屬哥倫比亞大學圖書館，澳大利亞國家圖書館，日本東京大學綜合圖書館、内閣文庫、静嘉堂文庫、東北大學，韓國藏書閣收藏。

《晏子春秋》鈐"姜氏文宣閣鑒藏"朱文方印。

019
貸園叢書初集十二種四十九卷

T9100　2863

《貸園叢書初集》十二種四十九卷

　　《九經古義》十六卷　清惠棟撰

　　《易例》二卷　清惠棟撰

　　《春秋左傳補注》六卷　清惠棟撰

　　《左傳評》三卷　清李文淵撰

　　《古韻標準》四卷《詩韻舉例》一卷　清江永撰　清戴震參定

　　《四聲切韻表》一卷《凡例》一卷　清江永撰

　　《聲韻考》四卷　清戴震撰

　　《石刻鋪叙》二卷　宋曾宏父撰

　　《鳳墅殘帖釋文》二卷　清錢大昕撰

　　《三事忠告》四卷　元張養浩撰

　　　　《牧民忠告》二卷

　　　　《風憲忠告》一卷

　　　　《廟堂忠告》一卷

　　《蒿庵閒話》二卷　清張爾岐撰

　　《談龍録》一卷　清趙執信撰

　　清周永年輯。清乾隆五十四年（1789）歷城周氏竹西書屋據益都李文藻刊本重編印本。十六冊。框高 17.4 厘米，寬 14.3 厘米。半葉十一行二十二字，小字雙行同，左右雙邊，黑口，雙魚尾。版心中鐫子集名及卷次。《春秋左傳補注》《石刻鋪叙》《三事忠告》半葉十一行二十一字；《古韻標準》《四聲切韻表凡例》《談龍録》半葉十行二十三字；《四聲切韻表》半葉十行二十二字。

總書名葉分三欄，中題"貸園叢書初集"，左題"竹西書屋藏版"。書首有乾隆五十四年周永年《貸園叢書初集叙》；次《貸園叢書初集目録》。

《九經古義》卷端未題著者。首有惠棟《九經古義述首》；次《九經古義目次》；各卷末鐫校者，分別爲李文藻、張錦芳、馮敏昌、鄭安道、顏德潤、馮經、趙希璜。是書乃惠棟守經學古訓，傳其家法而作，卷前惠棟《述首》云："余家四世傳經，咸通古義，守專室，呻槁簡，日有省也，月有得也，歲有記也。顧念諸兒尚幼，日久失其讀，有不殖將落之憂，因述家學，作《九經古義》一書。"

《易例》卷端題"元和惠棟"。末有李文藻跋。李文藻跋述刊刻惠棟諸書事云："惠定宇先生言《易》之書，予所見《周易述》《鄭氏易》。先有刻本《周易古義》，爲九經中一種，癸巳（乾隆三十八年，1773）歲予刻于潮陽。《易漢學》嘗録副而復失之。甲午（乾隆三十九年，1774）十月，予自潮來羊城，周校書永年寄《易例》一冊，亦先生所輯，中多有目無説，蓋未成之書。然讀先生之《易》者，非此無以發其凡。予以意釐爲二卷，屬順德張明經錦芳校刊，乙未（乾隆四十年，1775）夏再至，已藏事。而《易漢學》遺書，予座主少詹事錢公有寫本，當求而刻之。先生又有《左傳補註》《尚書古文攷》亦予所刻也。"

《春秋左傳補注》卷端未題著者。書名葉分三欄，右題"惠定宇先生著"，中題"左傳補註"，左題"潮陽縣衙鋟版"。卷六末有甲午（乾隆三十九年）李文藻跋。卷一至三末鐫"益都李文藻覆校"，卷四、五末鐫"順德胡亦常覆校"，卷六末鐫"順德張錦芳覆校"。李文藻跋述此集刊刻云："惠定宇先生《左傳補註》六卷，向在京師假閲未及録。乾隆壬辰（三十七年，1772）冬，歷城周書昌寄副至芊城，乃戴東原先生手校本。予覆挍其半，將歸潮陽，以付順德胡生亦常刻之。明年癸巳（乾隆三十八年）三月，胡生書至云刻未竣而病，久之，始知其是月已死。其冬，予再至芊城，屬順德張君錦芳藏其事，而胡生不及見矣。"

《左傳評》卷端未題著者。書名葉分二欄，右題"李靜叔左傳評"，左題"乾隆乙未潮陽縣衙鋟版"，乙未爲乾隆四十年。首有未署年錢大昕序，末有乾隆乙未李文藻跋。是集乃李文藻之弟文淵所撰，以其早逝未及完稿，僅至僖公二十四年，李文藻爲之釐定刊刻。書末李文藻跋云："壬辰（乾隆三十七年）五月，予方移潮陽而季深攜此書之副復來，弄三年至甲午，錢公以少詹事督廣東學政，相見於羊城，即索觀此書且爲之序。予乃釐爲三卷，命之《左傳評》以付梓。"

《古韻標準》《詩韻舉例》卷端均題 "婺源江永編；休寧戴震參定；益都李文藻覆校"。書名葉分三欄，右題 "乾隆辛卯鋟"，中題 "古韻標準"，左題 "潮陽縣衙存版"，辛卯爲乾隆三十六年（1771）。首有乾隆辛卯羅有高《古韻標準叙》；次《古韻標準例言》。羅有高《叙》述是集撰著云："秦漢以前有韻之文顛沛割裂，不復成章。……顧氏《音學五書》之功于是爲大。江氏因之撰《古韻標準》，宣決顧氏之蔽，匡正闕失，易氣平心，求其是當，厥事尤偉。"

《四聲切韻表》卷端題 "婺源江永慎修編"。

《聲韻考》卷端題 "休寧戴震撰"。首有《聲韻攷目録》。

《石刻鋪叙》卷端題 "鳳墅逸客曾宏父纂述"。首有《石刻鋪叙目録》；末有乾隆己丑（三十四年，1769）錢大昕跋。錢大昕跋稽考著者并略述是集由來云："去春得宋廬陵曾氏鳳墅殘貼二册於錢塘。今來都門，聞益都李南澗抄得《石刻鋪叙》，亟假歸手寫而藏之。"

《鳳墅殘帖釋文》卷端未題著者。末有乾隆三十四年錢大昕《跋鳳墅法帖》。是集原爲錢大昕所藏，錢大昕跋云："《鳳墅法帖》者，南宋曾宏父幼卿所刻，《正帖》二十卷、《續帖》二十卷，皆宋人書。其云鳳墅者，鐫於廬陵郡之鳳山別墅故也。予所得僅兩卷，一爲《南渡名相帖》，一爲《南渡執政帖》。"

《三事忠告》卷端題 "濟南張養浩著"。書名葉分三欄，中題 "三事忠告"。是書包括《牧民忠告》《風憲忠告》《廟堂忠告》三種。書首有洪武二十二年（1389）陳璉《三事忠告序》。《牧民忠告》首有至正十五年（1355）貢師泰《牧民忠告序》《牧民忠告目録》。《風憲忠告》首有至正乙未（十五年）林泉生《風憲忠告序》《風憲忠告目録》。《廟堂忠告》首有洪武二十三年（1390）靳顯《廟堂忠告序》《廟堂忠告目録》。書末有宣德六年（1431）李驥《三事忠告後序》、正德十三年（1518）鄭瑛《跋三事忠告後》、康熙二十四年（1759）九世孫張家聲跋。據張家聲跋，是集曾於康熙二十四年據家藏舊版重刻，張家聲跋云："家藏原版閱時既久，字畫斷缺，其累於上下文義者不少。……余遂持書與之訂正厥疑，而渠亦樂於從事，數日内句晰畫真，因付剞劂，重梓以爲家珍。"

《蒿庵閒話》卷端未題著者。卷一首有庚戌（康熙九年，1670）張爾岐序；卷末有乾隆四十年（1775）李文藻跋，末署 "書於潮郡寓館"。李文藻跋云："右張稷若先生《蒿庵閒話》二卷，計二百九十九條。向有真合齋磁版印本，予假鈔於歷城周書昌永年，攜至嶺南，藏行篋五年始校而刻之。"

《談龍録》卷端未題著者。首有康熙己丑（四十八年，1709）趙執信序。

周永年（1730—1791）字書昌，號林汲山人，清濟南府歷城（今屬濟南）人。乾隆三十六年（1771）進士，選庶吉士，召纂《四庫全書》，從《永樂大典》輯宋元遺書十餘家，後授編修，充文淵閣校理。博學嗜書，築借書園藏書，供人抄閱，不喜著述，傳世有《先正讀書訣》《儒藏說》。《清史稿》卷四百八十一、《清史列傳》卷六十八有傳。

李文藻官恩平、潮陽時，曾刻書十餘種，多爲清代學者研治經學音韻著述，其原本多得之於周永年。文藻卒後，周永年於乾隆五十四年重編印行，名之爲《貸園叢書初集》。卷前周永年《叙》述其刊刻始末云："《貸園叢書初集》共十二種，其板皆取諸青州李南澗家。其不曰'大雲山房叢書'者何也？曰：'尚思續刻以益之凡，藏弆書板者又將多所借以廣之，不必限以一家故也。'余交南澗三十年，凡相聚及簡尺往來，無不言傳抄書籍之事。及其官恩平、潮陽，甫得刻兹十餘種，其原本則多得之于余。今君之歿已十一年，去年冬始由濟南至青州，慰其諸孤，因攜板以來。憶君有言曰'藏書不借，與藏書之意背矣，刻書不印，其與不刻奚異'，嘗嘆息以爲名言。使果由此多爲流布，君之志庶幾可以少慰乎？"

據各集序跋，是書中《易例》《春秋左傳補注》《蒿庵閒話》得自周永年，《石刻鋪叙》《鳳墅殘帖釋文》爲錢大昕藏書，其餘音韻、金石之書又若干種，與周永年《叙》所云是集不限一家而李文藻舊刻多得自周永年相符。是編有多種子集書名葉題"潮陽縣衙"，或據其序跋爲在潮陽任上所刻，如《九經古義》《易例》《春秋左傳補注》《左傳評》《古韻標準》《蒿庵閒話》，其中《古韻標準》爲乾隆三十六年刻，《左傳評》爲乾隆四十年刻。據本館藏另一部《貸園叢書初集》，《聲韻考》亦爲潮陽縣署所刻。

"玄""鉉""袪""弦"等字缺筆；"弘"字缺筆，"曆"易爲"歷"。

《中國叢書綜録》著録中國國家圖書館、上海圖書館、山東省圖書館、南京圖書館、浙江圖書館等三十四家收藏清乾隆五十四年竹西書屋重編印本。知美國國會圖書館、柏克萊加州大學圖書館、普林斯頓大學圖書館、哥倫比亞大學圖書館、耶魯大學圖書館，加拿大英屬哥倫比亞大學圖書館，德國巴伐利亞邦立圖書館，日本國會圖書館、內閣文庫、東京大學綜合圖書館、東京大學東洋文化研究所、京都大學人文科學研究所等收藏。

020
貸園叢書初集十二種四十九卷

T9100 2863（2）

《貸園叢書初集》十二種四十九卷

清周永年輯。清乾隆五十四年（1789）歷城周氏竹西書屋據益都李文藻刊本重編印本。十六册。

　　此本《聲韻考》前有書名葉，右題"戴東原先生箸"，中題"聲韻考"，左題"潮陽縣署鋟版"。版本與上一部相同。

　　此爲勞費爾購書。

021

函海一百五十六種八百六十六卷

T9100　1735

《函海》一百五十六種八百六十六卷

　　第一函

　　《華陽國志》十二卷　晋常璩撰

　　《郭子翼莊》一卷　晋郭象撰　明高弉輯

　　《古今同姓名録》二卷　南朝梁元帝蕭繹撰　唐陸善經續　元葉森補

　　《素履子》三卷　唐張弧撰

　　第二函

　　《説文解字韻譜》五卷　南唐徐鍇撰

　　《緝古算經》一卷　唐王孝通撰

　　《主客圖》一卷　唐張爲撰

　　《蘇氏演義》二卷　唐蘇鶚撰

　　《寶藏論》一卷　唐釋僧肇撰

　　《心要經》一卷　唐釋道㕧譯

　　《金華子雜編》二卷　南唐劉崇遠撰

　　第三函

　　《易傳燈》四卷　題宋徐總幹撰

　　《鄭氏古文尚書》十一卷　漢鄭玄注　宋王應麟撰集　清李調元撰按

　　《程氏考古編》十卷　宋程大昌撰

　　《敷文鄭氏書説》一卷　宋鄭朴撰

　　《洪範統一》一卷　宋趙善湘撰

　　《孟子外書》四卷　題宋熙時子（劉攽）注

　　《續孟子》二卷　唐林慎思撰

　　《伸蒙子》三卷　唐林慎思撰

　　《廣成子解》一卷　題宋蘇軾撰

　　第四函

　　《唐史論斷》三卷《附録》一卷　宋孫甫撰

《東坡烏臺詩案》一卷《附録》一卷　宋朋九萬撰

《藏海詩話》一卷　宋吳可撰

《益州名畫録》三卷　宋黃休復纂

《韓氏山水純全集》一卷　宋韓拙撰

《月波洞中記》一卷　三國吳張仲遠傳本

《蜀檮杌》二卷　宋張唐英撰

《産育寶慶集》二卷　宋郭稽中纂

《顱顖經》一卷

《出行寶鏡》一卷《圖》一卷

第五函

《翼元》十二卷　宋張行成撰

《農書》三卷　宋陳旉撰

《芻言》三卷　宋崔敦禮撰

《常談》一卷　宋吳箕撰

第六函

《靖康傳信録》三卷　宋李綱撰

《淳熙薦士録》一卷　宋楊萬里撰

《江南餘載》二卷　宋鄭文寶撰

《江淮異人録》二卷　宋吳淑撰

《青溪弄兵録》一卷　宋王彌大輯

《張氏可書》一卷　宋張知甫撰

《珍席放談》二卷　宋高晦叟撰

《鶴山筆録》一卷　宋魏了翁撰

《建炎筆録》三卷　宋趙鼎撰

《辯誣筆録》一卷　宋趙鼎撰

《采石瓜洲記》一卷　宋蹇駒撰

《家訓筆録》一卷　宋趙鼎撰

《舊聞證誤》四卷　宋李心傳撰

第七至八函

《建炎以來朝野雜記甲集》二十卷《乙集》二十卷　宋李心傳撰

第九函

《州縣提綱》四卷　宋陳襄撰

《諸蕃志》二卷　宋趙汝适撰

《省心雜言》一卷　宋李邦獻撰

《三國雜事》二卷　宋唐庚撰；附《三國紀年》一卷　宋陳亮撰

《五國故事》二卷

《東原録》一卷　宋龔鼎臣撰

《肯綮録》一卷　宋趙叔向撰

《燕魏雜記》一卷　宋呂頤浩撰

《夾漈遺稿》三卷　宋鄭樵撰

《龍洲集》十卷　宋劉過撰

　第十函

《龍龕手鑑》四卷　遼釋行均撰

《雪履齋筆記》一卷　元郭翼撰

《日聞録》一卷　元李翀撰

《吳中舊事》一卷　元陸友仁撰

《鳴鶴餘音》一卷　元虞集撰

　第十一函

《升菴經説》十四卷　明楊慎撰

《檀弓叢訓》二卷　明楊慎撰

《世説舊注》一卷　梁劉孝標撰　明楊慎輯

《山海經補註》一卷　明楊慎撰

《莊子闕誤》一卷　題明楊慎撰

　第十二函

《秋林伐山》二十卷　明楊慎撰

《古雋》八卷　明楊慎輯

《謝華啓秀》八卷　明楊慎撰

　第十三函

《哲匠金桴》五卷　明楊慎撰

《均藻》四卷　明楊慎撰

《譚苑醍醐》八卷　明楊慎撰

　第十四函

《升庵韻學》七種　明楊慎撰

　　《轉注古音畧》五卷附《古音後語》一卷

　　《古音叢目》五卷

　　《古音獵要》五卷

《古音附録》一卷

《古音餘》五卷

《奇字韻》五卷

《古音畧例》一卷

《古音駢字》五卷　明楊慎撰

《古音複字》五卷　明楊慎撰

《希姓録》五卷　明楊慎撰

第十五函

《升菴詩話》十二卷《補遺》二卷　明楊慎撰

《詞品》六卷《拾遺》一卷　明楊慎撰

第十六函

《墨池璅録》二卷　明楊慎撰

《法帖神品目》一卷　明楊慎撰

《名畫神品目》一卷　明楊慎撰

《書品》一卷　明楊慎撰

《畫品》一卷　明楊慎撰

《金石古文》十四卷　明楊慎輯

《古文韻語》一卷　明楊慎輯

《石鼓文音釋》三卷《附録》一卷　明楊慎撰

第十七函

《風雅逸篇》十卷　明楊慎輯

《古今風謠》一卷　明楊慎輯

《古今諺》一卷　明楊慎輯

《俗言》一卷　明楊慎輯

《麗情集》一卷附《床集》一卷　明楊慎撰

《墐户録》一卷　明楊慎撰

《雲南山川志》一卷　明楊慎撰

《滇載記》一卷　明楊慎撰

第十八函

《丹鉛雜録》十卷　明楊慎撰

《玉名詁》一卷　明楊慎撰

《異魚圖贊》四卷　明楊慎撰；附《異魚圖贊閏集》一卷　清胡世安；附《升菴先生年譜》一卷

《異魚圖贊補》三卷　清胡世安撰

第十九函

《大學古本旁註》一卷　明王守仁撰

《月令氣候圖說》一卷　清李調元撰

《尚書古文考》一卷　日本山井鼎撰

《詩音辯略》二卷　明楊貞一撰

《左傳事緯》四卷　清馬驌撰

《夏小正箋》一卷　漢戴德傳　清李調元注

《蜀語》一卷　明李實撰

《蜀碑記》十卷　宋王象之撰

《中麓畫品》一卷　明李開先撰

《卮辭》一卷　明王褘撰

第二十函

《周禮摘箋》五卷　清李調元撰

《儀禮古今考》二卷　清李調元撰

《禮記補註》四卷　清李調元撰

《易古文》三卷　清李調元輯

《逸孟子》一卷　清李調元輯

《十三經注疏錦字》四卷　清李調元輯

《左傳官名考》二卷　清李調元輯

《春秋三傳比》二卷　清李調元輯

第二十一函

《蜀碑記補》十卷　清李調元撰

《卍齋璅錄》十卷　清李調元撰

《諸家藏畫簿》十卷　清李調元輯

《博物要覽》十二卷　清谷應泰撰

第二十二函

《金石存》十五卷　清鈍根老人（吳玉搢）輯

第二十三函

《通俗編》十五卷　清翟顥撰

第二十四函

《南越筆記》十六卷　清李調元輯

第二十五函

《賦話》十卷　清李調元撰

《詩話》二卷　清李調元撰

《詞話》四卷　清李調元撰

《曲話》二卷　清李調元撰

《六書分毫》三卷　清李調元撰

《古音合》二卷　清李調元撰

第二十六函

《尾蔗叢談》四卷　清李調元撰

《奇字名》十二卷　清李調元撰

《樂府侍兒小名》二卷　清李調元撰

《通詁》四卷　清李調元撰

《勦説》四卷　清李調元撰

第二十七函

《四家選集》　清張懷滋輯

　　《小倉選集》八卷　清袁枚撰

　　《夢樓選集》四卷　清王文治撰

　　《甌北選集》五卷　清趙翼撰

　　《童山選集》十二卷　清李調元撰

第二十八函

《制義科璅記》四卷　清李調元輯

《然犀志》二卷　清李調元撰

《出口程記》一卷　清李調元撰

《方言藻》二卷　清李調元撰

《粵風》四卷　清李調元輯

《粵歌》一卷　清修和（吳湛）輯

《猺歌》一卷　清趙龍文輯

《苗歌》一卷　清吳代輯

《獞歌》一卷　清黃道輯

第二十九函

《蜀雅》二十卷　清李調元輯

第三十函

《醒園録》不分卷　清李化楠撰

《石亭詩集》十卷　清李化楠撰

《石亭文集》六卷　清李化楠撰

　第三十一至三十四函

《全五代詩》一百卷《補遺》一卷　清李調元編

　第三十五至三十六函

《童山詩集》四十二卷《蠢翁詞》二卷

　第三十七函

《童山文集》二十卷《補遺》一卷　清李調元撰

　第三十八函

《粵東皇華集》四卷　清李調元撰

　第三十九函

《淡墨録》十六卷　清李調元撰

　第四十函

《［嘉慶］羅江縣志》十卷　清李調元纂修

　　清李調元輯。清乾隆李氏萬卷樓刻嘉慶、道光遞修本。一百九十二冊。框高 19 厘米，寬 14.1 厘米。半葉十行二十字或二十一字，白口或下黑口，四周雙邊，單魚尾。版心上鐫子目書名，中鐫卷次。

　　總書名葉三欄，中題"函海"，右題"川西李雨村編"，左下鐫"萬卷樓藏板"。首乾隆四十七年（1782）李調元《函海總序》（第八葉版心下鐫"補刻"二字），次賀戀春《重鐫函海序》，次嘉慶十四年（1809）李鼎元《重校函海序》，次道光乙酉（五年，1825）李朝夔《補刻函海跋》，次《函海總目》。

　　《華陽國志》書名葉中鐫書名。卷端題"晋散騎常侍蜀郡常璩道將撰，宋丹稜李壆叔壆刊本，綿州李調元贊菴校定"。照刻宋諱"匡""讓""殷"等字。隨文鐫小字雙行校記。卷十二末葉爲補刻。

　　《郭子翼莊》首李調元序。卷端題"晋郭象撰，明高奨允叔輯，綿州李調元校"。版心上鐫"翼莊"。

　　《古今同姓名録》分上下二卷，首李調元序。卷端題"梁元帝撰，唐陸善經續，元葉森補，綿州李調元校"。

　　《素履子》分上中下三卷，《函海總目》誤作二卷。首李調元序，卷端題"唐張弧撰，綿州李調元校"。

　　《説文解字韻譜》有書名葉，中鐫"説文篆韻譜"。首宋徐鉉《説文解字篆韻譜序》，行間鐫校記；次《御題説文篆韻譜》。卷三分上下。卷五末葉爲抄配。"鉉"字缺末筆。

《緝古算經》卷端題"唐通直郎太史丞臣王孝通撰，綿州李調元雨村校定"。"玄"字避諱。

《主客圖》首李調元序，序版心題"詩人主客圖"。卷端題"唐張爲撰，綿州李調元雨村校定"。

《蘇氏演義》分上下二卷，首李調元序。卷端題"唐蘇鶚撰，綿州李調元雨村校定"。

《寶藏論》卷端題"唐釋僧肇撰"。

《心要經》首李調元序。卷端題"唐釋道𨷒譯，羅江李調元纂"。

《金華子雜編》分上下二卷，卷端題"南唐劉崇遠撰，綿州李調元校定"。前劉氏自序。以上兩種合一冊。

《易傳燈》有書名葉，中鐫書名。有宋寶祐丁巳（五年，1257）徐子東序。李調元跋。各卷端題"宋徐總幹撰，綿州李調元（贊菴）校定"。卷端撰著者，此處括注文字爲原書雙排小字，如此集之"贊菴"，下同。

《鄭氏古文尚書》，《總目》題作"古文尚書十卷"，實爲十一卷。有書名葉，中題"古文尚書"。首李調元序，次目錄，分"伏生口授二十八篇""孔氏古文尚書五十八篇"。卷一至二、五至十各卷端題"鄭氏古文尚書卷某"，"書"與"卷"中空二字；卷二末頁、卷三至四爲抄配，卷三、四卷端皆題"鄭氏古文尚書鄭訛"；卷十一"鄭氏古文尚書"六字缺損，"卷"字上尚有"訛"字下半。各卷端題"宋王應麟撰集，羅江李調元（贊菴）撰按"。

《程氏考古編》有書名葉，中鐫書名。各卷端題"宋程大昌撰，綿州李調元（雨村）校定"。

《敷文鄭氏書説》有書名葉，中鐫書名。李調元序。卷端題"宋鄭樸撰，綿州李調元（雨村）校定"。

《洪範統一》有書名葉，中鐫書名。宋開禧三年（1207）趙善湘原序。卷端題"宋趙善湘撰，綿州李調元（雨村）校定"。

《孟子外書》有書名葉，中鐫書名。宋馬廷鸞序。各卷端題"孟子外書四篇"，"宋熙時子注，左綿李調元（贊菴）校"。序謂熙時子即劉攽（貢父）。

《續孟子》有書名葉，中鐫書名。首宋咸淳癸酉（九年，1273）劉希仁《續孟子序》、佚名《原序》（缺末葉）、陳英觀《原序》、孫元復《原序》。次篇目，題"唐水部郎中伸蒙子長樂林慎思虔中撰，綿州李調元贊菴校定"。分上下二卷。各卷端題"唐林慎思撰"。末李調元、黃堯臣二跋。

《伸蒙子》，《總目》附於《續孟子》下，實爲獨立一種。有書名葉，中鐫書名。首元至正十三年（1353）陳留孫原序，次宋咸淳癸酉（九年，1273）劉希仁、方應發二序，次唐咸通六年（865）林慎思《伸蒙子自序》，次宋咸淳九年林元復《傳》，次林永《唐水部郎中伸蒙子家傳》，次李調元題識，次篇目。卷分上中下。卷端題"唐水部郎中伸蒙子長樂林慎思虔中撰，綿州李調元贊菴校定"。

《廣成子解》有書名葉，中鐫書名。李調元序。卷端題"宋蘇軾解，綿州李調元校"。

《唐史論斷》有書名葉，中鐫書名。宋孫甫序。卷分上中下，卷端題"宋孫甫之翰撰，綿州李調元校定"。末宋紹興丁丑（二十七年，1157）張敦頤《後序》，次宋端平乙未（二年，1235）黃準後序，言刻書始末。

《東坡烏臺詩案》有書名葉，中鐫"烏臺詩案"。李調元序。卷端題"宋朋九萬撰"。

《藏海詩話》有書名葉，中鐫書名。李調元序。卷端題"宋吳可撰，綿州李調元校"。

《益州名畫錄》有書名葉，中鐫書名。宋景德二年（1005）李畋《益州名畫錄序》。各卷端題"江夏黃休復纂"。卷分上中下。

《韓氏山水純全集》有書名葉，中鐫"山水純全集"。首李調元《山水純全集序》，末宋宣和辛丑（三年，1121）張澂《後序》。

《月波洞中記》有書名葉，中鐫書名。佚名《原序》。卷端題"吳張仲遠傳本，宋潘時鍊刊行"。

《蜀檮杌》有書名葉，中鐫書名。首張唐英《蜀檮杌自序》，次陸昭迴《蜀檮杌後叙》。卷端題"宋尚書屯田員外郎黃松子張唐英汝功撰"，"汝"字旁墨筆批"次"字。書中有墨筆眉批、校字。卷分上下。

《產育寶慶集》有書名葉，中鐫書名。首劉四垣《原序》，次趙瑩、冀致君、李師聖序，次王晉、寓齋老人《後序》，次李調元《書後》。卷分上下。

《顱顖經》有書名葉，中鐫書名。首李調元序，次佚名《顱顖經原序》。卷分上下。卷端題"宋闕名撰，綿州李調元校"。

《出行寶鏡》一卷《圖》一卷，有書名葉，中鐫書名。首爲《寶鏡圖》，有《出師出行寶鏡圖序》，題"宋人闕名撰"；次《指掌圖》，次附錄。次《出行寶鏡》，卷端題"漢闕名撰，綿州李調元（雨村）較"。

《翼元》有書名葉，中鐫書名。各卷端題"宋臨邛張行成撰，綿州李調元校"。

《農書》，首宋陳敷《農書序》。各卷端題"宋陳敷撰，綿州李調元（雨村）校定"。

《芻言》，首李調元《芻言序》。卷分上中下。各卷端題"宋崔敦禮撰，綿州李調元（雨村）校定"。

《常談》，首李調元序。卷端題"宋吳箕撰，綿州李調元（雨村）校"。

《靖康傳信録》有書名葉，中鎸書名。前李綱自序，未署名。卷分上中下。各卷端題"宋李綱撰，綿州李調元校"。

《淳熙薦士録》首李調元序。卷端題"宋楊萬里撰，綿州李調元校定"。

《江南餘載》前李調元識。卷分上下。各卷端題"宋鄭文寶撰，綿州李調元校定"。

《江淮異人録》首李調元序。卷分上下。各卷端題"宋吳淑撰，羅江李調元校"。

《張氏可書》首李調元序。

《珍席放談》首李調元序。卷分上下。各卷端題"宋高晦叟撰，綿州李調元（雨村）校"。

《鶴山筆録》首李調元序。卷端題"宋魏了翁（華父）撰，綿州李調元（雨村）定"。

《建炎筆録》首李調元序。卷分上中下。各卷端題"宋趙鼎撰，綿州李調元（雨村）校定"。卷上又名"己酉筆録"，卷中又名"丙辰筆録"，卷下又名"丁巳筆録"。

《辯誣筆録》前宋趙鼎《原序》。卷端題"宋趙鼎撰，綿州李調元（雨村）校"。

《采石瓜洲記》，《總目》附於《辯誣筆録》下，實爲獨立一種。首李調元《采石瓜洲記序》。卷端題"宋蹇駒撰，綿州李調元（雨村）定"。是書又名《采石瓜洲斃亮記》，卷末"采石瓜洲記終"，"洲記"二字間空二格。

《家訓筆録》前得全居士《原序》。卷端題"宋趙鼎撰，綿州李調元（雨村）校定"。

《舊聞證誤》首李調元序。各卷端題"宋李心傳撰，綿州李調元（雨村）校定"。

《建炎以來朝野雜記》甲、乙二集各二十卷，皆有書名葉，中鎸《建炎以來朝野雜記》。《甲集》首吳城序，次李心傳《建炎以來朝野雜記序》，次李調元《建炎以來朝野雜記序》，次目録；《乙集》首李心傳《建炎以來朝野雜記乙集序》，次目録。各卷端皆題"宋井研李心傳伯微撰"。眉鎸校語。有墨筆眉批。《乙集》卷三末葉爲抄配。

《州縣提綱》有書名葉，中鎸書名。前吳澂序。各卷端題"宋陳襄撰，綿州李調元（雨村）梓行"。

《諸蕃志》卷分上下。各卷端題"宋趙汝适撰，綿州李調元（雨村）校"。

《省心雜言》首紹興庚辰（三十年，1160）祁寬《原序》。卷端題"宋李邦獻撰，綿州李調元（雨村）校定"。

《三國雜事》卷分上下。各卷端題"宋唐庚撰，綿州李調元雨村校"。

《三國紀年》，《總目》附於《三國雜事》下，實爲獨立一種。首宋陳亮《原序》。卷端題"宋陳亮撰"。

《五國故事》首余寅序。卷分上下。各卷端題"宋無名氏輯，綿州李調元較"。

《東原錄》首李調元序。卷端題"宋龔鼎臣輔之撰"。

《肯綮錄》首宋趙叔向序。卷端題"宋趙叔向撰，綿州李調元（雨村）校"。

《燕魏雜記》首李調元序。卷端題"宋呂頤浩撰"。

《夾漈遺稿》卷分上中下。各卷端題"宋鄭樵（漁仲）撰，綿州李調元（雨村）校"。

《龍洲集》，《總目》題作"補刻龍洲集"。首李調元序。各卷卷題"宋劉過撰，綿州李調元（雨村）校"。

《龍龕手鑑》有書名葉，中鐫書名。前遼統和十五年（997）釋法炬《新修龍龕手鑑序》。各卷端題"釋行均字廣濟集"。

《雪履齋筆記》卷端題"元郭翼（羲中）著，綿州李調元校定"。

《日聞錄》卷端題"元李翀撰，綿州李調元（雨村）校"。

《吳中舊事》首李調元序。卷端題"元陸友仁著，綿州李調元（雨村）撰按"。

《升菴經說》有書名葉，中鐫書名。首李調元序。卷一卷端題"成都楊慎撰，明焦竑刊本，綿州李調元校定"，卷二以下不再題"明焦竑刊本"五字。

《檀弓叢訓》首《檀弓叢訓叙錄》。卷分上下。卷上卷端題"新都楊慎撰，羅江李調元（雨村）校"，卷下卷端題"成都楊慎撰，綿州李調元校"。

《世説舊注》卷端題"成都楊慎撰，綿州李調元校定"。

《山海經補註》首李調元序。卷端題"成都楊慎撰，綿州李調元校定"。

《莊子闕誤》首李調元序。卷端題"成都楊慎撰，綿州李調元校定"。

《秋林伐山》有書名葉，中鐫書名，"秋"作"萩"。各卷端題"成都楊慎撰，綿州李調元校定"。

《古雋》首李調元序。各卷端題"成都楊慎輯，綿州李調元校"。

《謝華啓秀》首李調元序。各卷端題"成都楊慎撰，綿州李調元校定"。

《哲匠金桴》首錯裝李調元《古音複字序》一篇，次李調元《哲匠金桴序》。各卷端題"成都楊慎撰，綿州李調元校定"。

《均藻》首李調元序。各卷端題"成都楊慎撰，綿州李調元校定"。

《譚苑醍醐》首壬寅（嘉靖二十一年，1542）楊慎《原序》。各卷端題"成都楊慎撰，綿州李調元校定"。

《轉注古音畧》有書名葉，中鐫書名。首嘉靖壬辰（十一年，1532）顧懋祥序，次楊愼《答李仁夫論轉注書》。各卷端題"新都楊愼撰，綿州李調元校定"。《轉注古音畧》至《古音畧例》，《中國叢書綜録》總題爲"升庵韻學七種"。

《古音叢目》《古音獵要》皆首嘉靖乙未（十四年，1535）楊愼序。各卷端題"新都楊愼撰，綿州李調元校定"。

《古音附録》首李調元序。卷端題"新都楊愼撰，綿州李調元校定"。

《古音餘》前楊士雲序。各卷端題"新都楊愼撰，綿州李調元校定"。

《奇字韻》各卷端題"新都楊愼撰，綿州李調元校定"。

《古音畧例》首李調元序。各卷端題"成都楊愼撰，綿州李調元校定"。

《古音駢字》首李調元序。各卷端題"成都楊愼撰，綿州李調元校定"。

《古音複字》各卷端題"成都楊愼撰，綿州李調元校定"。

《希姓録》首李調元序。各卷端題"成都楊愼撰，綿州李調元校定"。

《升菴詩話》有書名葉，中鐫書名。各卷端題"成都楊愼撰，綿州李調元校定"。《詩話補遺》分上下卷，有嘉靖丙辰（三十五年，1556）王嘉賓序。各卷端題"新都楊愼撰，綿州李調元校"。

《詞品》首李調元序。各卷端題"成都楊愼撰，綿州李調元校定"。

《墨池璅録》有書名葉，中鐫書名。首李調元序。各卷端題"成都楊愼撰，綿州李調元校定"。

《法帖神品目》卷端題"成都楊愼撰，綿州李調元校定"。

《名畫神品目》，《總目》附於《法帖神品目》下，實爲獨立一種。首李調元序。卷端題"成都楊愼撰，綿州李調元校定"。

《書品》，《總目》題《升菴書品》。卷端題"成都楊愼撰，綿州李調元校定"。

《畫品》，《總目》題《升菴畫品》。首李調元序。卷端題"成都楊愼撰，綿州李調元校定"。

《金石古文》前嘉靖三十三年（1554）孫昭序。各卷端題"成都楊愼輯，綿州李調元校定"。

《古文韻語》首李調元序。卷端題"新都楊愼撰，綿州李調元校定"。

《石鼓文音釋》前正德辛巳（十六年，1521）楊愼《録石鼓文音釋序》。各卷端題"新都楊愼撰，羅江李調元校定"。

《風雅逸篇》前楊愼序。各卷端題"新都楊愼輯，綿州李調元校定"。

《古今風謠》卷端題"成都楊愼撰，綿州李調元校定"。

《古今諺》首李調元序。卷端題"成都楊愼撰，綿州李調元校定"。

《俗言》首李調元序。卷端題"成都楊愼撰，瑯琊焦竑刊本，綿州李調元校定"。

《麗情集》首李調元序。卷端題"新都楊慎撰；綿州李調元（童山）校定；男朝礎再校"。

《厞麗情集》，《總目》作《厞集》，附於《麗情集》之下。卷端題"新都楊慎撰，綿州李調元（童山）校定"。

《墐戶錄》首李調元序。卷端題"成都楊慎撰，綿州李調元校定"。

《雲南山川志》卷端題"成都楊慎撰，綿州李調元校定"。

《滇載記》首佚名《原序》，序第二葉錯裝《古音合序》，然與《古音合》前之序不同。次李調元序。卷端題"新都楊慎撰，綿州李調元校定"。

《丹鉛雜錄》有書名葉，中鐫書名。首李調元序。各卷端題"成都楊慎撰，綿州李調元（雨村）定"，"定"或作"校定"。

《玉名詁》首李調元序。卷端題"成都楊慎撰，綿州李調元校定"。

《異魚圖贊》首李調元序。各卷端題"成都楊慎撰，綿州李調元校定"。附《異魚圖贊閏集》一卷，題"西蜀胡世安撰"；附《升庵先生年譜》一卷，題"綿州李調元校"。

《異魚圖贊補》首萬曆戊午（四十六年，1618）胡世安序。卷分上中下，《總目》誤作二卷。各卷端題"西蜀胡世安撰，綿州李調元（鶴洲）校"。胡序稱"凡三卷又閏集一"，而是書裝訂分冊將《閏集》誤排在《異魚圖贊》之後。

《大學古本旁註》有書名葉，中鐫"大學古本"，《總目》題作"大學旁註"。首王守仁序，次李調元序，次《大學古本旁註附錄》。卷端題"漢戴聖撰，明王守仁註"。行間鐫夾註。有朱筆密圈。

《月令氣候圖説》有書名葉，中鐫書名。首李調元序，次《月令總圖》，次正文。

《尚書古文考》有書名葉，中鐫書名。首李調元序。卷端題"日本山井鼎撰，綿州李調元校"。

《詩音辯略》有書名葉，中鐫"詩音辨"。首萬曆己未（四十七年，1619）凌一心《刻詩音辯略叙》，次楊貞一《示兒字略題辭》。卷分上下，各卷端題"新都楊貞一孟公著，羅江李調元秔塘校"。

《左傳事緯》有書名葉，中鐫書名。首李調元序。各卷端題"鄒平馬驌撰，羅江李調元（贊菴）扌"，"扌"字不詳原爲何字。

《夏小正箋》有書名葉，中鐫書名。首李調元序。卷端題"漢戴德傳，蜀童山李調元註"，"戴"字原爲墨釘。

《蜀語》有書名葉，中鐫書名。首未署年李實《蜀語序》兩篇，內容相同，字體不同。卷端題"明遂寧李實撰，綿州李調元（鶴洲）校"。第二十一葉爲抄配。

《蜀碑記》首《蜀碑記目錄》，次《宋王象之蜀輿地碑記目原本次序》。各卷端題"宋王象之撰"。

《中麓畫品》有書名葉，中鐫書名。首嘉靖辛丑（二十年，1541）李開先《中麓畫品序》。卷端題"明章邱李開先撰，綿州李調元校"。末嘉靖二十四年（1545）中麓山人（李開先）《中麓畫品後序》，次嘉靖丙辰（三十五年，1556）楊道跋，次未署年胡來貢、華夏靖、張祉三跋。

《卮辭》有書名葉，中鐫書名，《總目》作"卮詞"。首未署年王褘《卮辭序》。卷端題"明王褘撰"。

《周禮摘箋》有書名葉，中鐫書名。首李調元序，次目錄。各卷端題"羅江李調元撰"。

《儀禮古今考》首李調元自序。卷分上下，各卷端題"綿州李調元贊庵撰"。

《禮記補註》有書名葉，中鐫書名。首李調元序。各卷端題"羅江李調元贊庵撰"。

《易古文》有書名葉，中鐫書名。首李調元序。卷分上中下。各卷端題"羅江李調元輯"。

《逸孟子》首李調元序。卷端題"綿州李調元童山輯"。

《十三經注疏錦字》有書名葉，中鐫書名。各卷端題"羅江李調元雨村輯"。

《左傳官名考》《春秋三傳比》兩種皆有書名葉，中鐫書名。首李調元序。卷分上下，各卷端題"綿州李調元雨村輯"。

《春秋三傳比》有書名葉，中鐫書名。首李調元序。卷分上下，各卷端題"綿州李調元雨村輯"。

《蜀碑記補》有書名葉，中鐫書名。首李調元序。各卷端題"綿州李調元童山撰"。

《卍齋璅録》首李調元序。各卷端題"羅江李調元贊菴撰"。

《諸家藏畫簿》首李調元序。各卷端題"羅江李調元（贊菴）輯"。

《博物要覽》首李調元序。各卷端題"國初谷應泰撰，綿州李調元輯"。卷四、九、十一卷端書名題"骨董志"，與其他卷不同。卷十二卷端無"國初谷應泰撰"六字。

《金石存》有書名葉，中鐫書名。首李調元序。各卷端題"鈍根老人編，綿州李調元雨村校"。"鈍根老人"，清金石家吳玉搢號。《總目》題作"金石存，即金石癖原名，十卷；補刻金石存五卷，共十五卷"。

《通俗編》有書名葉，中鐫書名。首李調元序。各卷端題"仁和翟顥撰，綿州李調元校"。

《南越筆記》有書名葉，中鐫書名。首李調元序。各卷端題"綿州李調元雨村輯"。

《賦話》有書名葉，中鐫"雨村賦話"。首乾隆四十三年（1778）李調元序。各卷端題"巴西李調元（贊菴）"，"贊菴"或作"雨村"。

《詩話》首李調元序。卷分上下。卷端、末及版心書名"詩話"二字上皆空二格，疑剜去"雨村"二字。各卷端題"羅江李調元鶴洲撰"。

《詞話》首李調元序。卷端、末及版心書名"詞話"二字上皆空二格，剜去"雨村"二字，序第二葉版心尚保留此二字。各卷端題"羅江李調元童山撰"。

《曲話》首李調元《雨村曲話序》。卷分上下。卷端、末及版心書名"曲話"二字上皆空二格，剜去"雨村"二字。各卷端題"綿州李調元童山"。

《六書分毫》首李調元序。卷分上中下。各卷端題"綿州李調元鶴洲撰"。

《古音合》首李調元序。卷分上下。各卷端題"綿州李調元鶴洲撰"。卷上第十三至十八葉下鐫"補刻"二字。

《尾蔗叢談》有書名葉，中鐫書名。首李調元序。各卷端題"綿州李調元撰"。

《奇字名》首李調元序。各卷端題"巴西李調元卍齋撰"。

《樂府侍兒小名》首李調元序。卷端題"羅江李調元雨村撰"。

《通詁》首李調元序。卷分上下。各卷端題"蜀綿李調元李山學"。

《勦説》首李調元序。各卷端題"綿州李調元雨村撰"。

《四家選集》，書名葉鐫"廣漢張玉溪選四家選集""錢塘袁子才枚、丹徒王夢樓文治、陽湖趙雲松翼、綿州李雨村調元"，"徒"字原爲空格。首乾隆六十年（1795）張懷溎《四家選集詩序》，次乾隆庚子（四十五年，1780）李調元序。凡四家：《小倉選集》八卷，首李調元《小倉選集序》，各卷端題"錢塘袁枚子才著，廣漢張懷溎玉溪選"；《夢樓選集》四卷，首嘉慶元年（1796）張懷溎序，各卷端題"丹徒王文治禹卿著，廣漢張懷溎玉溪選"；《甌北選集》五卷，首嘉慶元年張懷溎序，各卷端題"陽湖趙翼雲崧著，廣漢張懷溎玉溪選"，"崧"字與書名葉不同；《童山選集》十二卷，首嘉慶元年張懷溎序，各卷端題"綿州李調元雨村著，廣漢張懷溎玉溪編"。

《制義科瑣記》有書名葉，中鐫書名。首乾隆四十三年李調元序。各卷端題"羅江李調元鶴洲輯"。版心下鐫"雨村書屋"。

《然犀志》首己亥（乾隆四十四年，1779）李調元序。卷分上下。各卷端題"綿州李調元（贊菴/鶴洲）著"。

《出口程記》首乾隆四十六年（1781）雨村（李調元）序。卷端題"綿州李調元雨村撰"。

《方言藻》首李調元序。卷分上下。各卷端題"綿州李調元雨村撰"。

《粵風》各卷端題"羅江李調元鶴洲輯解"。卷一爲《粵歌》，題"睢陽修和（吳湛）原輯"；卷二爲《猺歌》題"濠水趙龍文原輯"；卷三爲《苗歌》，題"東樓吳代原輯"；卷四爲《獞歌》，題"四明黃道原輯"。

《蜀雅》書名葉鐫"綿州李雨村選蜀雅""億書樓藏板"。首乾隆四十六年李調元序。卷端題"羅江李調元雨村選"。

《醒園録》有書名葉，中鐫書名。首李調元序。卷端題"羅江李化楠石亭手抄"。

《石亭詩集》十卷《文集》六卷，書名據《總目》題。《詩集》首壬午（乾隆二十七年，1762）劉天成《李石亭先生詩集序》，次石亭先生像及題詞。版心題"李石亭詩集"。卷一、三至十卷端題"萬善堂集"，卷二題"李石亭詩集"。《詩集》各卷題"羅江李化楠讓齋著，男調元雨村編纂"，《文集》各卷端題"羅江李化楠廷節著，男調元雨村編纂"，受業嘉興李祖惠虹舟等校。

《全五代詩》有書名葉，中鐫書名。首乾隆四十五年李調元序，次《五代帝王廟謚年諱譜》。各卷端題"羅江李調元雨村編"。據《總目》，卷九十一至一百及補遺爲補刻。

《童山詩集》書名葉鐫"綿州李雨村著""童山詩集""萬卷樓藏板"。首己丑（乾隆三十四年，1769）程晉芳序。各卷端題"綿州李調元雨村"。據《總目》，《蠢翁詞》爲補刻。

《童山文集》書名葉鐫"綿州李雨村著""童山全集""萬卷樓藏板"。首嘉慶四年（1799）李調元自序。各卷端題"綿州李調元雨村"。據《總目》，《補遺》爲補刻。

《粵東皇華集》有書名葉，中鐫書名。首附朝鮮國副使啓，次乾隆丙申（四十一年，1776）程晉芳序。卷端題"羅江李調元雨村著"。

《淡墨録》書名葉鐫"綿州李雨村著""淡墨録""萬卷樓藏板"。首乾隆乙卯（六十年）李調元序。各卷端題"蜀綿李調元雨村"。

《［嘉慶］羅江縣志》二冊。有書名葉，中鐫"羅江志"。首嘉慶七年（1802）李調元序。各卷端題"邑人李調元雨村稿"。

李調元（1734—1803）字羹堂，號雨村、贊庵、童山、鶴洲等，四川羅江人。乾隆二十八年（1763）進士，由吏部文選司主事遷考功司員外郎，提督廣東學政。四十六年，擢直隸通永兵備道，因彈劾永平知府獲罪落職，將遣戍伊犁，後贖歸，不得起復，歸蜀家居，著述而終。輯刻書甚多，著有《童山詩集》《文集》等。生平見《清史列傳》卷七十二、《［同治］續修羅江縣志》卷二十四藝文、楊懋修編《李雨村先生年譜》。

李調元《總序》云："若夫海爲百谷之王，其含蓄也靡涯，其變幻也無盡，故古人著書，彙説部而成全集者，必以海名之，如《裨海》《學海》之類，昭昭也。昔趙簡子嘗歎雀入海化爲蛤，雉入海化爲蜃，蓋不特書之爲海而人之化於書亦視乎海也。"故所輯叢書名爲《函海》，意欲與程榮《漢魏叢書》、毛晋《津逮秘書》、鮑廷博《知不足齋叢書》并列爲四部，炳耀宇内。《總序》又述是書收録範圍云："予蜀人也，故各書中于錦里諸耆舊著作尤刻意搜羅，梓行者居其大半。而新都升菴博學鴻文，爲古來著書最富第一人，現行世者除文集、詩集及《丹鉛總録》而外，皆散軼不傳，故就所見已刻、未刻者，但覯足本，靡不收入。書成，分爲四十函：自第一至十皆刻自晋、六朝以至唐、宋、元、明諸人未見書目，十一至十六皆專刻明升菴未見書目，十七至廿四則兼刻各家未見書，參以考證，自廿五至四十則附以拙纂。名曰《函海》。"檢各函所收，與《總序》不完全相合。

《函海》初刻完成於乾隆四十七年（1782），共二十集，《總序》則謂"自第一至第十皆刻自漢而下以至唐宋元明諸人未見書，自十一至十四皆專刻明升菴未見書，自十五至二十則附以拙刻"。乾隆四十九年（1784）續增四集。至嘉慶十四年（1809），李調元弟鼎元重校《函海》各集。《重校函海序》云："吾兄《函海》之刻流傳海内已廿有年，而讀者每以魯魚豕亥、脱文闕簡爲病，莫從而校正之。……客歲，余以憂歸，得盡讀其歸田後所著及續刻諸書復二十函，亦頗有前刻之病，因合四十函重加校正，訛者正之，脱者補之，殘毀者足之，闕文者仍之，雖未敢定爲善本，然亦可以告無罪於雨村矣。"可知乾隆末年李調元已將《函海》改編爲四十函。至道光五年（1825），李調元之子朝夔復取家藏舊版補刻印行，《補刻函海跋》謂："書版繁多，殘缺得補者半，而待補者亦半，論者究多太璞不完之歎。夔痛先人之手澤猶存，字字皆心血所費，刻志搜求，因獲初刊原板所印全部，急加照殘缺者逐篇抄録付梓補入，又以諸板字半模糊者亦改易其板，歷三寒暑而工始竣。"道光補刻本與乾隆初刻本之收書種數、前後編排以及文字面貌已頗有不同。諸本異同，詳參鄧長風《明清戲曲家考略全編》所收《〈函海〉的版本及其編者李調元》一文。另據《美國國會圖書館藏中文善本書續録》，美國國會圖書館收藏有初刻本、續刻本各一部，惜不得其詳，無從比對。

書中"玄""鉉"字缺末筆，"崇禎"或易爲"崇正"，翻刻舊版者，或照刻原諱字。"畜"字所從之"玄"亦缺末筆，如《周禮摘箋》卷四"掌畜"條，實屬妄作。

此版本存世較多，《中國叢書綜録》著録國家圖書館、首都圖書館等二十餘家圖書館有收藏。

022

武英殿聚珍版書一百三十二種二千一百六十一卷（存一百十七種二千二卷）

《武英殿聚珍版書》一百三十二種二千一百六十一卷

　　《御纂周易述義》十卷　清傅恒等修　清吳鼎等纂

　　《御纂詩義折中》二十卷　清傅恒等修　清陳兆崙等纂

　　《御纂春秋直解》十二卷　清傅恒等修　清梁錫璵纂

　　《宋版易經》十卷

　　《宋版書經》十三卷

　　《宋版詩經》二十卷

　　《宋版春秋》三十卷

　　《宋版禮記》二十卷

　　《欽定清漢字音對式》一卷

　　《經典釋文》三十卷　唐陸德明撰

　　《易緯》十二卷　漢鄭玄注

　　《易原》八卷　宋程大昌撰

　　《易說》六卷　宋司馬光撰

　　《周易口訣義》六卷　唐史徵撰

　　《吳園周易解》九卷《附錄》一卷　宋張根撰

　　《誠齋易傳》二十卷　宋楊萬里撰

　　《郭氏傳家易說》十一卷《總論》一卷　宋郭雍撰

　　《易象意言》一卷　宋蔡淵撰

　　《易學濫觴》一卷　元黃澤撰

　　《尚書詳解》五十卷　宋陳經撰

　　《融堂書解》二十卷　宋錢時撰

　　《禹貢說斷》四卷　宋傅寅撰

　　《禹貢指南》四卷　宋毛晃撰

　　《詩總聞》二十卷　宋王質撰

　　《續呂氏家塾讀詩記》三卷　宋戴溪撰

　　《絜齋毛詩經筵講義》四卷　宋袁燮撰

　　《春秋釋例》十五卷　晉杜預撰

　　《春秋傳說例》一卷　宋劉敞撰

　　《春秋經解》十五卷　宋孫覺撰

《春秋考》十六卷　宋葉夢得撰

《春秋集註》四十卷　宋高閌撰

《春秋辨疑》四卷　宋蕭楚撰

《大戴禮記》十三卷　漢戴德撰　北周盧辯注

《儀禮集釋》三十卷　宋李如圭撰

《儀禮識誤》三卷　宋張淳撰

《儀禮釋宮》一卷　宋李如圭撰

《論語意原》四卷　宋鄭汝諧撰

《水經注》四十卷《首》一卷　北魏酈道元撰

《輶軒使者絕代語釋別國方言》十三卷　漢揚雄撰　晋郭璞注

《帝範》四卷　唐太宗李世民撰

《御批續資治通鑑綱目》二十七卷

《御選明臣奏議》四十卷

《漢官舊儀》二卷　漢衛宏撰

《鄴中記》一卷　晋陸翽撰

《兩漢刊誤》十卷　宋吳仁傑撰

《東觀漢記》二十四卷　漢劉珍等撰

《東漢會要》四十卷　宋徐天麟撰

《麟臺故事》五卷《首》一卷《末》一卷　宋程俱撰

《五代會要》三十卷　宋王溥撰

《五代史纂誤》三卷　宋吳縝撰

《宋朝事實》二十卷《末》一卷　宋李攸撰

《鄭志》三卷　三國魏鄭小同撰

《元和郡縣志》四十卷　唐李吉甫撰

《元豐九域志》十卷　宋王存等撰

《輿地廣記》三十八卷　宋歐陽忞撰

《嶺表録異》三卷　唐劉恂撰

《魏鄭公諫續録》二卷　元翟思忠撰

《元朝名臣事略》十五卷　元蘇天爵撰

《老子道德經》二卷　晋王弼注

《傅子》一卷　晋傅玄撰

《文子纘義》十卷　宋杜道堅撰

《夏侯陽算經》三卷　宋韓延注

《五曹算經》五卷　北周甄鸞注

《孫子算經》三卷　北周甄鸞注

《海島算經》一卷　晋劉徽撰　唐李淳風注

《五經算術》二卷　北周甄鸞撰　唐李淳風注

《周髀算經》二卷《音義》一卷　漢趙爽注　北周甄鸞重述　唐李淳風注
唐李籍音義

《九章算術》九卷　晋劉徽注　唐李淳風注釋;《音義》一卷　唐李籍撰

《意林》五卷　唐馬總撰

《唐語林》八卷　宋王讜撰

《學林》十卷　宋王觀國撰

《能改齋漫録》十八卷　宋吳曾撰

《猗覺寮雜記》二卷　宋朱翌撰

《朝野類要》五卷　宋趙升撰

《項氏家説》十卷《附録》二卷　宋項安世撰

《涑水紀聞》十六卷　宋司馬光撰

《公是弟子記》四卷　宋劉敞撰

《明本釋》三卷　宋劉敞撰

《蘇沈良方》八卷　宋蘇軾、沈括撰

《小兒藥證真訣》三卷　宋錢乙撰

《農桑輯要》七卷　元司農司撰

《考古質疑》六卷　宋葉大慶撰

《絳帖平》六卷　宋姜夔撰

《寶真齋法書贊》二十八卷　宋岳珂撰

《甕牖閒評》八卷　宋袁文撰

《歲寒堂詩話》二卷　宋張戒撰

《澗泉日記》三卷　宋韓淲撰

《雲谷雜記》四卷《首》一卷《末》一卷　宋張淏撰

《浩然齋雅談》三卷　宋周密撰

《文苑英華辨證》十卷　宋彭叔夏撰

《碧溪詩話》十卷　宋黃徹撰

《山谷内集詩注》二十卷　宋黃庭堅撰　宋任淵注;《外集詩注》十七卷,
宋史容注;《別集詩注》二卷　宋史季温注

《后山詩》十二卷　宋陳師道撰　宋任淵注

《乾道稿》二卷《淳熙稿》二十卷《章泉稿》五卷　宋趙蕃撰

《南澗甲乙稿》二十二卷　宋韓元吉撰

《歸潛志》十四卷　元劉祁撰

《敬齋古今黈》八卷　元李冶撰

《墨法集要》一卷　明沈繼孫撰

《欽定聚珍版程式》一卷

《欽定四庫全書考證》一百卷

《御序悦心集》五卷

《直齋書録解題》二十二卷　宋陳振孫撰

《文忠集》十六卷　唐顔真卿撰

《燕公集》二十五卷　唐張説撰

《茶山集》八卷　宋曾幾撰

《絜齋集》二十四卷　宋袁燮撰

《文恭集》四十卷　宋胡宿撰

《蒙齋集》二十卷　宋袁甫撰

《陶山集》十六卷　宋陸佃撰

《南陽集》六卷　宋趙湘撰

《學易集》八卷　宋劉跂撰

《雪山集》十六卷　宋王質撰

《毘陵集》十六卷　宋張守撰

《浮溪集》三十二卷　宋汪藻撰

《簡齋集》十六卷　宋陳與義撰

《攻媿集》一百十二卷　宋樓鑰撰

《華陽集》四十卷　宋王珪撰

《文定集》二十四卷　宋汪應辰撰

《净德集》三十八卷　宋呂陶撰

《止堂集》十八卷　宋彭龜年撰

《元憲集》三十六卷　宋宋庠撰

《西臺集》二十卷　宋畢仲游撰

《彭城集》四十卷　宋劉攽撰

《景文集》六十二卷　宋宋祁撰

《忠肅集》二十卷《拾遺》一卷　宋劉摯撰

《柯山集》五十卷　宋張耒撰

《祠部集》三十五卷　宋強至撰

《公是集》五十四卷　宋劉敞撰

《拙軒集》六卷　金王寂撰

《金淵集》六卷　元仇遠撰

《琉球國志畧》十六卷　周煌輯

《閩政領要》三卷　德福輯

清乾隆四十二年（1777）福建刻道光、同治遞修本。存一百十七種二千二卷（原闕五種：《欽定三禮》《康熙字典》《唐書直筆》《恥堂存稿》《浮沚集》，因卷數不詳未計入總種數、卷數；缺十五種一百五十九卷：《輶軒使者絕代語釋別國方言》十三卷、《帝範》四卷、《漢官舊儀》二卷、《鄴中記》一卷、《兩漢刊誤》十卷、《東觀漢記》二十四卷、《元和郡縣志》四十卷、《嶺表錄異》三卷、《朝野類要》五卷、《項氏家說》十卷、《涑水記聞》十六卷、《拙軒集》六卷、《金淵集》六卷、《琉球國志畧》十六卷、《閩政領要》三卷）。七百六十三冊。

第一冊書衣墨筆題“閩刻武英殿聚珍版卷首書目”。首乾隆甲午（三十九年，1774）《御製題武英殿聚珍版十韻（有序）》；次同治七年（1868）鄧廷桐序，序末署“同校宋培初、劉永昭”；次《凡例》七則；次同治辛未（十年，1871）潘霨序；次總目，題“福省重刻武英殿聚珍版書目計一百三十七種（原闕五種）”，每部書注明若干本、若干葉。

《御纂周易述義》框高21.5厘米，寬16.2厘米。半葉八行二十字，白口，四周雙邊，單魚尾。首乾隆二十四年（1759）《御纂周易述義序》；次纂修官職名；次目錄，目錄首葉版心下鐫“宋培初、劉永昭續校”。“貞”字缺末筆。總目題“欽定周易述義”。

《御纂詩義折中》框高21.5厘米，寬16.2厘米。半葉八行二十字，白口，四周雙邊，單魚尾。首乾隆二十年（1755）《御纂詩義折中序》，次纂修官職名，次目錄。總目題“欽定詩義折中”。

《御纂春秋直解》框高21.5厘米，寬16.2厘米。半葉八行二十字，白口，四周雙邊，單魚尾。首乾隆二十三年（1758）《御纂春秋直解序》，次纂修官職名，次目錄。總目題“欽定春秋直解”。版心中鐫卷次及編年。卷五第二十一、二十二葉版心下鐫“宋培初、劉永昭續校”。

《宋版易經》《宋版書經》《宋版詩經》《宋版春秋》《宋版禮記》，此五種版框高20.5厘米，寬13.5厘米。半葉八行十七字，小字雙行同，白口，四周雙邊，雙魚尾。書名據總目題，皆武英殿所翻刻相臺岳氏刻本《五經》。書衣末筆題“仿宋某經”。首乾隆癸卯（四十八年，1783）御撰“題宋版某經”（《宋版易經》

首多一篇《五經萃室記》)。版心上鐫 "乾隆四十八年武英殿仿宋本"，照刻底本收藏印鑒及牌記 "相臺岳氏刻梓荊谿家塾"，耳題篇名。各卷末葉左框下之外鐫 "進士／舉人臣某敬書"。各卷附考證。避 "玄" "胤" 字諱。

《欽定清漢字音對式》框高 19.5 厘米，寬 14.1 厘米。半葉九行，白口，四周雙邊，單魚尾。書名據版心題，總目題 "清漢對音"。首《凡例》六則。

《經典釋文》框高 18.8 厘米，寬 15.5 厘米。半葉十一行十七字，小字雙行不等，白口，左右雙邊，雙魚尾。版心上鐫字數，中鐫 "某經音義"，下鐫 "通志堂"；每卷末鐫 "後學成德校訂"。此係翻刻通志堂本。避諱 "玄" "胤" 字，"弘" 字不諱。

《易緯》框高 18.7 厘米，寬 12.5 厘米。半葉九行二十一字，小字雙行同，白口，四周雙邊，單魚尾。版心上鐫子目書名，中鐫卷次。以下版框尺寸、行款均同。凡八種：《易緯乾元序制記》一卷，《易緯坤靈圖》上下二卷，《易緯乾鑿度》上下二卷，《易緯乾坤鑿度》上下二卷，《易緯是類謀》一卷，《易緯稽覽圖》上下二卷，《易緯通卦驗》一卷，《易緯辨終備》一卷。每種前有紀昀等撰《提要》，《易緯乾坤鑿度》前另有《御製乾坤鑿度》一篇。《易緯乾鑿度》《易緯乾坤鑿度》《易緯通卦驗》三種之卷下末鐫 "道光八年五月福建布政使南海吳榮光重修" 一行。《易緯是類謀》第九葉版心中鐫 "道光十年修"，下鐫 "宋炳垣校"。《易緯通卦驗》之提要版心、卷下第十三、十四葉版心中鐫 "道光二十七年修"，第十五、十六葉版心中鐫 "道光十年修"，第十六葉版心下鐫 "宋炳垣校"。

《易原》首未署年程大昌《易原序》；次《提要》，首行上題 "易原"，下題 "武英殿聚珍版"（以下各種之目録或提要、或目録附提要之首行下皆題 "武英殿聚珍版" 六字，不再一一著録）。次目録，目録末及每卷末鐫 "臣某某恭校"，分別爲：劉鳳誥、秦恩復、吳廷選。卷四第九、十葉版心中鐫 "道光十年修"，下鐫 "宋炳垣校"。卷五缺十五、十六兩葉，當係原版片殘缺。卷六第九葉版心中鐫 "道光二十七年修"。

《易說》首丙申陳仁子《原序》，丙申當爲宋理宗端平三年（1236）。次《易總論》。次目録，後附提要。版心下鐫 "王朝梧校"。

《周易口訣義》，總目題 "周易口訣"。首《原序》；次目録，後附提要。版心下鐫 "某某校"，分別爲：彭紹觀、王朝梧、吳舒帷、阿林、朱攸。

《吳園周易解》首目録附提要。末附原跋。版心下鐫 "吳舒帷校"。

《誠齋易傳》首宋淳熙戊申（十五年，1188）楊萬里《誠齋易傳序》；次提要；次《宋臣寮請抄録易傳狀》《楊承議申送易傳狀》；次目録。每卷末鐫 "臣某某恭校"，分別爲：俞廷檜、王坦修、蔡共武、倪思淳、錢開仕、劉鳳誥、吳廷選、汪滋畹。卷六第十葉、卷八第十九葉版心中鐫"道光十年修"，下鐫"宋炳垣校"。卷八缺十七、十八兩葉。

《郭氏傳家易説》首宋紹興辛未（二十一年，1151）郭雍自序，次目録附提要。版心下鐫"某某校"，分別爲：項家達、裴謙、王福清、朱攸。卷十缺第一至四葉，卷十一缺第三至六葉。

《易象意言》首提要。版心下鐫"某某校"，分別爲：繆晋、于鼎。

《易學濫觴》首元延祐七年（1320）吳澄序，次提要。版心下鐫"王朝梧校"。

《尚書詳解》首《尚書詳解發題》，次目録附提要。版心下鐫"吳舒帷校"，唯卷十六"宋培初、劉永昭全校"。卷五第二十一葉版心鐫"道光二十一年修"。

《融堂書解》首《宋進書原劄狀》，次目録附提要。版心下鐫"某某校"，分別爲：項家達、王福清、于鼎、茅元銘。

《禹貢説斷》首乾隆四十六年（1781）上諭，版心下鐫"朱攸校"。次《禹貢説斷序》；次提要；次《禹貢山川總會之圖》。每卷末鐫"臣某某恭校"，分別爲：錢開仕、那彦成。

《禹貢指南》首提要。版心下鐫"某某校"，分別爲：項家達、裴謙、王福清、朱攸。

《詩總聞》首目録附提要。版心下鐫"吳舒帷校"。

《續呂氏家塾讀詩記》首目録附提要。版心下鐫"某某校"，分別爲：彭紹觀、繆晋、于鼎、劉躍雲、谷際岐。

《絜齋毛詩經筵講義》，總目題"毛詩經筵講義"。首乾隆乙未（四十年，1775）《御製題絜齋毛詩經筵講義》，次目録附提要。版心下鐫"某某校"，分別爲：彭紹觀、谷際岐、項家達、繆晋、劉躍雲。

《春秋釋例》首原序，次目録附提要。卷五第六十一葉版心下鐫"繆晋校"，卷八第七十三葉、卷十第二十九葉鐫"宋培初、劉永昭全校"。卷八第五十五至五十八葉、卷九第十七至卷十第十二葉、卷十一第十五葉版心中鐫"道光二十七年校"，下無校者名。卷十五第二十五葉版心中鐫"道光十年修"，下鐫"宋炳垣校"。其餘各葉版心下皆鐫"王朝梧校"。卷十缺第二十八葉。

《春秋傳説例》首目録附提要。版心下鐫"繆晋校"。

《春秋經解》首提要，次目録。每卷末鐫"臣某某恭校"，分別爲：謝墉、戴聯奎、吳玉綸。

《春秋考》首宋紹興八年（1138）《春秋考原序》，次目録附提要。卷六第十五至十八葉、二十一葉、卷七第二十三葉、卷八第二十三葉、卷十第十九葉至卷十一第四葉、卷十三第三十一葉版心中鐫"道光十年修",下鐫"宋炳垣校"。其餘各葉版心下鐫"朱攽校"。

《春秋集註》首宋嘉定四年（1211）樓鑰《原序》,次《自序》,次目錄附提要,末宋嘉定庚辰（十三年）喻琰《原跋》。版心下鐫"繆晉校"。卷三十一第七、八葉版心中鐫"道光十年脩",下鐫"宋炳垣校"。

《春秋辨疑》首乾隆癸巳（三十八年,1773）《御製題蕭楚春秋辨疑》,次宋乾道壬辰（八年,1172）胡銓《春秋辨疑原序》,次提要。版心下鐫"于鼎校""繆晉校"。

《大戴禮記》首目錄附提要。版心下鐫"某某校",分別爲:劉躍雲、項家達、繆晉、谷際岐、費振勳、靖本誼、王元照、徐秉文、錢致純、丁履謙。

《儀禮集釋》首陳汶原序,次目錄附提要。版心下鐫"某某校",分別爲:朱攽、彭紹觀、曾燠、陸伯焜、王朝梧、吳鼎雯、俞廷掄、吳舒帷、蔡共武、蔣子蒲。各卷皆有道光二十七年（1847）補版葉,多寡不一。

《儀禮識誤》首原序,次目錄附提要。版心下鐫"茅元銘校""項家達校"。

《儀禮釋宮》首提要。版心下鐫"彭紹觀校""費振勳校"。

《論語意原》首真德秀原序、鄭陶孫錄澄清堂版各跋語,次目錄附提要,卷末原跋二篇。版心下鐫"吳舒帷校"。

《水經注》首《御製題酈道元水經注六韻（有序）》,次《酈道元水經注原序》,次目錄附提要。版心下鐫"某某校",分別爲:項家達、裴謙、王福清、朱攽、茅元銘、于鼎。

《御批續資治通鑑綱目》版式與他種不同:框高 18.8 厘米,寬 13.3 厘米;半葉十一行二十二字,小字雙行同,下黑口,四周雙邊,雙魚尾;版心上鐫書名,中鐫年代,眉鐫批語。總目題《續通鑑綱目》。首清康熙四十六年（1707）《御批通鑑綱目後叙》,次明成化十二年（1476）《成化御製原序》,次《凡例》八則,次《總目錄》。首行不鐫"武英殿聚珍版"六字。各卷末鐫"吏部尚書加二級臣宋犖謹奉敕校刊"。"玄""胤""弘"等字避諱缺末筆,"曆"易爲"歷"。

《御選明臣奏議》首《凡例》七則,次目錄附提要。版心下鐫"某某校",分別爲:朱攽、王朝梧、陳嗣龍、曾燠、吳舒帷、吳鼎雯、蔣子蒲。

《東漢會要》首宋寶慶二年（1226）徐天麟序,次提要,次寶慶二年徐天麟《東漢會要進表》,次目錄。提要、目錄首行均無"武英殿聚珍版"六字。每卷末鐫"臣某某恭校",分別爲:蔡共武、徐立綱、吳玉綸、謝墉、甘立猷。卷三第一至三葉、六至十一葉、十六葉版心中鐫"道光二十七年修"。

《麟臺故事》首宋紹興元年（1131）《進麟臺故事申省原狀》,次目錄附提要。

末《麟臺故事後序》。版心下鐫"某某校"，分别爲：彭紹觀、谷際岐、項家達、繆晋、劉躍雲。卷二第十四葉版心中鐫"道光二十七年修"，下鐫"宋培初／劉永昭續校"；卷三第十二葉版心中鐫"道光十年修"，下鐫"宋炳垣校"；卷末兩葉版心中鐫"道光二十七年修"，無校者。

《五代會要》首提要，次目録。每卷末鐫"臣某某恭校"，分别爲：徐立綱、馬啓泰、周興岱、戴聯奎、程嘉謨、吳廷選、甘立猷。卷四第五至六葉、卷二十九第十四葉版心中鐫"道光十年修"，下鐫"宋炳垣校"；卷二十七缺第一至四葉。

《五代史纂誤》首目録附提要。分上中下卷。版心下鐫"某某校"，分别爲：劉躍雲、繆晋、谷際岐、王元照。

《宋朝事實》首目録附提要，末《江陽譜》。版心下鐫"某某校"，分别爲：彭紹觀、費振勳、石養源、靖本誼、丁履謙、徐秉文、錢致純、王元照、靖本誼。

《鄭志》首目録附提要。分上中下三卷。版心下鐫"某某校"，分别爲：彭紹觀、劉躍雲、谷際岐、繆晋。

《元豐九域志》首王存序，次提要，次目録。每卷末分别鐫"臣王坦修恭校""臣徐立綱恭校"。

《輿地廣記》首宋政和十一年（按，"政和"爲宋徽宗年號，僅八年，此當爲宣和三年，1121）歐陽忞序，次提要。每卷末鐫"臣某某恭校"，分别爲：謝墉、潘曾起、吳玉綸。卷三十一第十一葉版心中鐫"道光十年修"，下鐫"宋炳垣校"。

《魏鄭公諫續録》首提要，首行無"武英殿聚珍版"六字。分上下二卷。個别葉版心下鐫"宋炳垣校"。

《元朝名臣事略》首至順辛未（二年，1331）王理序；次目録，目録首行無"武英殿聚珍版"六字。目録及每卷末鐫"臣某某恭校"，分别爲：甘立猷、蔡共武、倪思淳、劉鳳誥、秦恩復、錢開仕。卷八第二十一、二十二葉、卷十第十七葉、卷十一第十九葉、卷十二第二十一葉、卷十四第二十七葉版心中鐫"道光十年修"，下鐫"宋炳垣校"。

《老子道德經》首目録附提要。分上下二篇。版心下鐫"朱攸校""裴謙校""項家達校"。

《傅子》首目録附提要。總目著者"傅玄"之"玄"字易爲"元"，書中作缺筆。版心下鐫"項家達校"。

《文子纘義》首牟巘序。次目録附提要。版心下鐫"某某校"，分别爲：朱攸、彭紹觀、王朝梧、何循、沈步坦、曾燠、蔣子蒲。

《夏侯陽算經》首《夏侯陽算經原序》，次目録附提要。分上中下三卷。版心下鐫“項家達校”“谷際岐校”“繆晋校”。

《五曹算經》首目録附提要。分上中下三卷。版心下鐫“繆晋校”。

《孫子算經》首《原序》，次提要。分上下二卷。版心下鐫“某某校”，分別爲：繆晋、彭紹觀、項家達、谷際岐。卷下第七葉版心下鐫“宋培初、劉永昭續校”，第八、十一葉版心中鐫“道光二十七年修”。

《海島算經》首提要。版心下鐫“彭紹觀校”“谷際岐校”。

《五經算術》首目録附提要。分上下二卷。版心下鐫“王福清校”“項家達校”。

《周髀算經》首趙君卿序，次提要。卷端題“漢趙君卿注、周甄鸞重述、唐李淳風釋”。末宋嘉定六年（1213）鮑澣之跋。卷上下各分三子卷。各卷末鐫“臣徐立綱恭校”。卷二第二十九、三十葉版心中鐫“道光二十七年修”。

《九章算術》首《劉徽九章算術原序》、鮑澣之《九章算術後序》，次提要，次目録。各卷末鐫“臣錢開仕恭校”。

《意林》首戴叔倫、柳伯《原序二首》，次目録附提要。版心下鐫“王朝梧校”。卷一第二十五至二十八葉、三十三至三十四葉版心中鐫“道光十年修”，下鐫“宋炳垣校”。

《唐語林》首《唐語林原序目》，次目録附提要。版心下鐫“朱攸校”。

《學林》首目録附提要。版心下鐫“繆晋校”。卷一第五十二至五十四葉、卷三第二十七至二十八葉版心中鐫“道光十年修”，下鐫“宋炳垣校”。

《能改齋漫録》首提要，次宋紹興二十七年（1157）吳復《後序》，次目録。每卷末鐫“臣某某恭校”，分別爲：徐立綱、劉鳳誥、倪思淳、汪滋畹。卷八第三至八葉、卷十二第三十九葉、卷十四第四十三葉版心中鐫“道光十年修”，下鐫“宋炳垣校”。

《猗覺寮雜記》首宋慶元三年（1197）洪邁原序。無目録、提要及“武英殿聚珍版”六字。分上下二卷。版心下鐫“繆晋校”。

《公是弟子記》首目録附提要。末原跋。版心下鐫“某某校”，分別爲：劉躍雲、項家達、繆晋、錢致純、谷際岐。

《明本釋》首目録附提要。分上中下三卷。版心下鐫“某某校”，分別爲：朱攸、王福清、項家達、裴謙。

《蘇沈良方》首沈括《原序》，次目録附提要。版心下鐫“王朝梧校”。卷三第三至六葉、卷四第一、二、四葉版心下鐫“宋培初、劉永昭仝校”

《小兒藥證真訣》首閻季忠原序，次宋宣和元年（1119）劉跂《錢乙傳》，次目録附提要。版心下鐫“王朝梧校”。

《農桑輯要》首至元癸酉（十年，1273）王磐原序，次目錄附提要。版心下鐫“某某校”，分別爲：王福清、項家達、裴謙、朱攸。卷一第八葉版心中鐫“道光十年修”，下鐫“宋炳垣校”。

《考古質疑》首宋淳熙甲辰（十一年，1184）葉釋之原序，次目錄附提要。版心下鐫“項家達校”“茅元銘校”“于鼎校”。

《絳帖平》首宋嘉泰癸亥（三年，1203）姜夔原序，次提要，次《絳帖平總錄》。版心下鐫“王朝梧校”。

《寶真齋法書贊》首目錄附提要。版心下鐫“繆晋校”。卷二十三第七之八葉版心中鐫“道光十年修”，下鐫“宋炳垣校”。

《甕牖閒評》首目錄附提要。版心下鐫“某某校”，分別爲：彭紹觀、劉躍雲、項家達、于鼎、繆晋。卷八第十七葉版心中鐫“道光二十七年修”。

《歲寒堂詩話》首目錄附提要。分上下二卷。版心下鐫“于鼎校”。

《澗泉日記》首目錄附提要。分上中下三卷。版心下鐫“劉躍雲校”“谷際岐校”“項家達校”。

《雲谷雜記》首《雲谷雜記卷目》，次目錄附提要。版心下鐫“于鼎校”“王福清校”“茅元銘校”。

《浩然齋雅談》首目錄附提要。分上中下三卷。版心下鐫“項家達校”“王福清校”“茅元銘校”。

《文苑英華辨證》首宋嘉泰四年（1204）彭叔夏原序，次目錄附提要。版心下鐫“某某校”，分別爲：劉躍雲、彭紹觀、繆晋、谷際岐、五泰、項家達。卷十第七葉版心下鐫“宋炳垣校”。

《碧溪詩話》首原序兩篇（黃徹自序、陳俊卿序），次目錄附提要，末《原跋四首》。版心下鐫“某某校”，分別爲：劉躍雲、彭紹觀、繆晋、錢致純、王元照、谷際岐、丁履謙、費振勳、王元照、徐秉文。

《山谷内集詩注》首許尹《黃陳詩注原序》，次目錄附提要，次《山谷内集詩注原目》（附年譜）。版心下鐫“朱攸校”。卷三第七至八、十葉、卷六第十一至十二葉、二十三葉、卷九第十九、二十葉、卷十一第一至四葉、九至十葉版心中鐫“道光十年脩”（脩或作修），第九葉版心中鐫“道光二十七年修”，下皆鐫“宋炳垣校”。

《山谷外集詩注》首宋嘉定元年（1208）錢文子原序，次《山谷外集詩注原目》（附年譜）。版心下鐫“朱攸校”。《原目》第十五、十八葉版心中鐫“道光二十七年修”。卷四第二十三葉、卷十第七至十二葉、十九至二十葉版心中鐫“道光十年修”（修或作脩），下鐫“宋炳垣校”。

《山谷別集詩注》首《山谷別集詩注原目》。分上下二卷。版心下鐫"朱攸校"。

《后山詩》首魏衍《彭城陳先生集記》，次《后山詩注目録（附年譜）》附提要。版心下鐫"某某校"，分別爲：繆晋、彭紹觀、劉躍雲、谷際岐、朱攸。

《乾道稿淳熙稿章泉稿》首提要，三稿前各有目録。每卷末鐫"臣馬啓泰恭校"。

《南澗甲乙稿》首目録附提要（目録缺首葉）。版心下鐫"吳舒帷校"。卷十第五至六葉、卷二十一第一至四葉版心中鐫"道光十年修"（修或作脩），下鐫"宋炳垣校"。卷二十二第二葉、五至十葉版心中鐫"道光二十七年修"。卷二十二末鐫"道光八年五月福建布政使南海吳榮光重修"一行。

《歸潛志》首乙未（宋端平二年，1235）劉祁原序，次提要，末原跋。版心下鐫"某某校"，分別爲：龔大萬、朱攸、谷際岐、項家達、繆晋、何循。

《敬齋古今黈》首目録附提要。版心下鐫"某某校"，分別爲：項家達、王福清、茅元銘、于鼎。

《墨法集要》首明洪武戊寅（三十一年，1398）沈繼孫原序，次目録附提要。版心下鐫"項家達校""彭紹觀校"。

《欽定聚珍版程式》首乾隆甲午（三十九年，1774）《御製題武英殿聚珍板十韻》，次目録，附乾隆四十一年（1776）金簡奏議。版心下鐫"彭紹觀校"。

《欽定四庫全書考證》首總目。各卷皆有目録。總目及各卷目録末鐫"臣某某恭校"，計有：吳裕德、玉保、吳璥、祝堃、吳廷選、馬啓泰、朱攸、章宗瀛、吳鼎雯、繆晋、文寧、俞廷掄、崔景儀、王錫奎、蔣攸銛、陳嗣龍、彭元琉。總目第五至八葉、卷三十二第二十九至三十葉、三十三至三十四葉、卷四十第六十七至六十八葉、卷六十二第四十三至四十四葉、卷七十五第二十九至三十葉、卷七十六第二十五至二十六葉版心中鐫"道光十年修"，下鐫"宋炳垣校"。卷三十四第一至二葉版心鐫"道光二十七年修"。

《御序悦心集》首雍正四年（1726）《御製悦心集序》五卷。無目録。無界欄。卷一首行下鐫"武英殿聚珍版"六字。

《直齋書録解題》首目録附提要。版心下鐫"某某校"，分別爲：項家達、朱攸、裴謙、王福清。卷七第一、三至四葉、卷十一第十八葉版心中鐫"道光十年修"，下鐫"宋炳垣校"。卷七第二葉版心鐫"道光二十七年修"。

《文忠集》首劉敞原序，次目録附提要。版心下鐫"吳舒帷校"。

《燕公集》首提要，次目録。各卷末鐫"臣某某恭校"，分別爲：秦恩復、錢開仕、劉鳳誥、倪思淳、甘立猷、蔡共武。提要第二葉、目録第二葉版心下鐫“宋培初、劉永昭續校”。

《茶山集》《絜齋集》《蒙齋集》《陶山集》皆首有目錄附提要，版心下鐫“某某校”，分別爲：彭紹觀、項家達、繆晋、谷際岐、劉躍雲。《茶山集》卷四第十一至十二葉版心中鐫“道光十年修”，下鐫“宋炳垣校”。

《文恭集》首清乾隆乙未（四十年）《御製題胡宿文恭集》，次目錄附提要。版心下鐫“某某校”，同《茶山集》。

《南陽集》首宋祁《原序》，次目錄附提要。版心下鐫“某某校”，同《茶山集》。

《學易集》首目錄附提要。版心下鐫“某某校”，分別爲：彭紹觀、繆晋、項家達、王元照、丁履謙、錢致純、靖本誼。

《雪山集》首宋慶元四年（1198）王阮原序，次乾隆四十年上諭，次目錄附提要。版心下鐫“某某校”，分別爲：劉躍雲、彭紹觀、谷際岐、費振勳、繆晋、丁履謙、項家達、徐秉文、王元照、錢致純。

《毘陵集》首目錄附提要。版心下鐫“某某校”，分別爲：朱攸、谷際岐、項家達、何循、丁履謙、吳鼎雯、費振勳、繆晋。卷三第十二至十四葉、十七至十八葉、二十一至二十二葉版心中鐫“道光十年修”，下鐫“宋炳垣校”。卷六第一至二葉版心中鐫“道光二十七年修”。卷十四第二至十六葉、卷十五第十二至十三葉版心下鐫“宋培初、劉永昭續校”。

《浮溪集》首孫覿原序，次目錄附提要。版心下鐫“某某校”，分別爲：朱攸、彭紹觀、何循、吳樹萱、陸伯焜、吳鼎雯、何循、范鏊、關槐、吳蔚光，個別“校”字爲墨釘。卷六第一至二葉、卷八第十七至二十葉、卷九、卷十第一至四葉、卷十八第九至十葉、卷二十六第九至十葉、卷二十八第二十六至二十七葉、卷三十第十七葉、卷三十一第十三葉版心中鐫“道光二十七年修”。卷二十六第三十三葉版心中鐫“道光十年修”，下鐫“宋炳垣校”。卷三十一缺第一至二葉。

《簡齋集》首目錄附提要。版心下鐫“某某校”，分別爲：彭紹觀、吳樹萱、范鏊、吳蔚光、陸伯焜、朱攸、關槐、何循、吳鼎雯。

《攻媿集》首真德秀原序，次目錄附提要。版心下鐫“某某校”，分別爲：陸伯焜、彭紹觀、繆晋、谷際岐、五泰、劉躍雲、靖本誼、丁履謙、項家達、費振勳、王元照、錢致純、徐秉文、何循、吳鼎雯、朱攸。卷十二第十七至十八葉、卷十三第二十一至二十二葉、卷十四第十五至十六版心中鐫“道光十年修”，下鐫“宋炳垣校”。卷七十六第一至十葉、卷七十七第五至十葉、十五至十六葉、卷七十八第三至四葉版心中鐫“道光二十七年修”。

　　《華陽集》首目録附提要。版心下鎸 "某某校"，分別爲：彭紹觀、王朝梧、蔡共武、俞廷槐、曾燠、吳舒帷、吳鼎雯、朱攸。卷三第二十一至二十二葉、卷四十第七至八葉、十一至十九葉版心中鎸 "道光十年脩"（脩或作修），下鎸 "宋炳垣校"。

　　《文定集》首目録附提要。版心下鎸 "某某校"，分別爲：彭紹觀、曾燠、王朝梧、蔡共武、吳舒帷、吳鼎雯、陳嗣龍、阿林。

　　《净德集》首馬騏原序，次目録附提要。版心下鎸 "朱攸校"。

　　《止堂集》首目録附提要。版心下鎸 "吳舒帷校"。

　　《元憲集》《景文集》首皆爲《御製題元憲景文集并各書其卷首》，次宋嘉定二年（1209）陳之强原序，次目録附提要。版心下鎸 "繆晋校"。

　　《西臺集》首目録附提要。版心下鎸 "繆晋校"。

　　《彭城集》首目録附提要。版心下鎸 "王朝梧校"（唯卷五第一葉鎸 "朱攸校"）。目録首葉、卷三第九至十葉、卷四第十七至十八葉、二十一葉、卷七第十五葉、二十葉、卷八第二十一葉、卷十第十五葉、卷十二第十七葉、卷十五第二十一葉、卷十六第一至二葉、卷十九第七至八葉、十九葉、卷二十一第九至十二葉、二十三葉、卷二十四第十五葉（葉碼誤鎸爲 "十四"）版心中鎸 "道光十年修"，下鎸 "宋炳垣校"。目録第六至七葉版心下鎸 "宋培初、劉永昭續校"。卷六缺第六葉以後内容，卷十六缺第十九葉。卷十一第四葉、卷四十第一葉、三至十二葉版心中鎸 "道光二十七年修"。

　　《忠肅集》首劉安世原序，次目録附提要。版心下鎸 "繆晋校"。

　　《柯山集》首提要，次目録。個別卷末鎸 "臣某某恭校"，分別爲：吳廷選、王坦修、秦恩復、周兆基、甘立猷、俞廷槐、那彦成、劉鳳誥、蔡共武、倪思淳、錢開仕。目録第三至七葉、卷十四第十二至十三葉、卷二十三第十二至十三葉版心中鎸 "道光十年修"，下鎸 "宋炳垣校"。卷二十六第十二至十四葉版心下鎸 "宋培初、劉永昭續校"。卷十四缺第十二葉。

　　《祠部集》首宋元豐三年（1080）曾鞏原序，次提要，次目録。各卷末鎸 "臣某某恭校"，分別爲：謝墉、吳玉綸、汪滋畹、蔡共武、錢開仕、倪思淳。個別卷缺末葉。

　　《公是集》首劉放原序。次目録附提要。末九華子原跋。版心下鎸 "吳舒帷校"。目録缺首葉。卷九第七至十五葉、卷十第一至八葉版心中鎸 "道光二十七年修"。卷四、四十六末行鎸 "南海吳榮光重修"，卷五、八、九、三十三、三十四、三十六、三十九、四十、四十八、五十二末葉鎸 "道光八年五月福建布政使南海吳榮光重修"。

《御製題武英殿聚珍版十韻序》云：乾隆三十八年五月，詔儒臣“校輯《永樂大典》内之散簡零編，並蒐訪天下遺籍，不下萬餘種，彙爲《四庫全書》，擇人所罕覯，有裨世道人心及足資考鏡者，剞劂流傳，嘉惠來學”。武英殿先行刊刻四種：《易緯》八種十二卷、《漢官舊儀》二卷《補遺》一卷、《魏鄭公諫續録》二卷、《帝範》四卷。因刻書種類多，付雕不易，董武英殿事大臣金簡奏請用活字擺印，既省簡工料，又簡便迅捷。遂於次年雕刻大小木活字二十五萬餘個，開始擺印圖書。乾隆帝以“活字版”名稱不雅馴，改名“聚珍”。至乾隆末年，共擺印一百三十一種。嘉慶七、八年，又擺印三種：《西漢會要》七十卷、《唐會要》一百卷、《農書》二十二卷。木活字擺印共一百三十四種，俗稱“内聚珍”。乾隆四十二年，經大學士董誥奏請，將聚珍版書頒發江南、江西、浙江、廣東、福建五省，允許刊印，於是各地據以翻刻流傳。各地翻刻本俗稱“外聚珍”。

福建原頒發一百二十二種，翻刻時又增入《宋版五經》等十三種，共爲一百三十五種，於各省中爲最多。道光二十七年福建布政使陳慶偕重加修整，版存藩署。霉蛀塵封經年，版片漸多殘損，同治七年（1868）布政使鄧廷枏又組織修補校對。缺損、修補種數、葉數及補充等情況《凡例》有詳細説明。最終整理出一百三十七種（《欽定三禮》《康熙字典》《唐書直筆》《恥堂存稿》《浮沚集》五種因霉蛀過半未修）。原頒時有目録，分經史子集四部，現舊目不存，遂重刻目録，約略按經史子集雜列次第。同治十年潘霨序謂“又購得呂夏卿《唐書直筆》四卷、周行己《浮沚集》九卷、高斯得《恥堂存稿》八卷，爰付剞劂，以補闕佚”，今此本并無此三種，仍注明原缺。至光緒二十一年（1895），是書又曾增刻重印。此本子目依原書實際册序羅列并述要。

此本每種首册書衣鈐“伯寅藏書”印，知爲潘祖蔭舊藏。潘祖蔭（1830—1890），字在鍾，號伯寅，又號少棠、鄭盦，吳縣（今屬蘇州）人。咸豐二年（1852）一甲第三名進士，授編修，官至工部尚書。通經史，精楷法，藏金石甚富。輯有《滂喜齋藏書》《功順堂叢書》。此本每册皆有手書書名，字體俊雅，當爲潘氏手筆。

“内聚珍”本較稀見，故宮博物院、遼寧省圖書館、中國國家圖書館有收藏。福建刻遞修本存世較多，據《中國叢書綜録》著録，中國國家圖書館、北京大學、北京師範大學等二十餘家有收藏；又知日本國立公文書館、東京大學東洋文化研究所等地有藏本。

此爲勞費爾購書。

023

龍威秘書十集一百六十八種三百二十五卷

T9100　0175

《龍威秘書》十集一百六十八種三百二十五卷

　　一集　漢魏叢書採珍

　　《小爾雅》一卷　漢孔鮒撰

　　《群輔録》一卷　晋陶潛撰

　　《南方草木狀》三卷　晋嵇含撰

　　《西京雜記》六卷　漢劉歆（一題晋葛洪）撰

　　《海内十洲記》一卷　漢東方朔撰

　　《搜神記》八卷　晋干寶撰

　　《神仙傳》十卷　晋葛洪撰

　　《神異經》一卷　漢東方朔撰　晋張華注

　　《穆天子傳》六卷　晋郭璞注

　　《漢武帝内傳》一卷　漢班固撰

　　《飛燕外傳》一卷　漢伶玄撰

　　《雜事秘辛》一卷　漢佚名撰

　　《述異記》二卷　南朝梁任昉撰

　　《枕中書》一卷　晋葛洪撰

　　《別國洞冥記》四卷　漢郭憲撰

　　《詩品》三卷　南朝梁鍾嶸撰

　　《鼎録》一卷　南朝梁虞荔撰

　　《竹譜》一卷　晋戴凱之撰

　　《古今刀劍録》一卷　南朝梁陶弘景撰

　　二集　四庫論録

　　《江淮異人録》一卷　宋吳淑撰

　　《離騷集傳》一卷　宋錢杲之撰

　　《離騷草木疏》四卷　宋吳仁傑撰

　　《御覽闕史》二卷　唐參寥子（高彦休）撰

　　《農書》三卷　宋陳旉撰

　　《蠶書》一卷　宋秦觀撰

　　《於潛令樓公進耕織二圖詩》一卷《附録》一卷　宋樓璹撰

　　《江南餘載》二卷　宋鄭文寶撰

《五國故事》二卷　宋佚名撰

《故宮遺録》一卷　明蕭洵撰

《赤雅》三卷　明鄺露撰

《平臺紀略》一卷　清藍鼎元撰

《雲仙雜記》一卷　唐馮贄撰

　三集　歷代詩話

《二十四詩品》一卷　唐司空圖撰

《本事詩》一卷　唐孟棨撰

《雲溪友議》一卷　唐范攄撰

《本朝名家詩抄小傳》四卷　清鄭方坤撰

《蓮坡詩話》（一名《蔗塘外集》）三卷　清查爲仁撰

《歸田詩話》三卷　明瞿佑撰

《臨漢隱居詩話》一卷　宋魏泰撰

《滹南詩話》三卷　金王若虛撰

　四集　晋唐小説暢觀

《酉陽雜俎》二卷　唐段成式撰

《諾臯記》一卷　唐段成式撰

《博異志》一卷　唐鄭還古撰

《李泌傳》一卷　唐李繁撰

《仙吏傳》一卷　唐太上隱者撰

《英雄傳》一卷　唐雍陶撰

《劍俠傳》一卷　唐段成式撰

《柳毅傳》一卷　唐李朝威撰

《虬髯客傳》一卷　唐張説（一題前蜀杜光庭）撰

《馮燕傳》一卷　唐沈亞之撰

《蔣子文傳》一卷　唐羅鄴撰

《杜子春傳》一卷　唐鄭還古撰

《龍女傳》一卷　唐薛瑩撰

《妙女傳》一卷　唐顧非熊撰

《神女傳》一卷　唐孫頠撰

《楊太真外傳》二卷　宋樂史撰

《長恨歌傳》一卷　唐陳鴻撰

《梅妃傳》一卷　唐曹鄴撰

《紅綫傳》一卷　唐楊巨源撰

《劉無雙傳》一卷　唐薛調撰

《霍小玉傳》一卷　唐蔣防撰

《牛應貞傳》一卷　唐宋若昭撰

《謝小娥傳》一卷　唐李公佐撰

《李娃傳》一卷　唐白行簡撰

《章台柳傳》一卷　唐許堯佐撰

《非煙傳》一卷　唐皇甫枚撰

《會真記》一卷　唐元積撰

《黑心符》一卷　唐于義方撰

《南柯記》一卷　唐李公佐撰

《枕中記》一卷　唐李泌撰

《高力士傳》一卷　唐郭湜撰

《白猿傳》一卷　唐佚名撰

《任氏傳》一卷　唐沈既濟撰

《袁氏傳》一卷　後蜀顧夐撰

《揚州夢記》一卷　唐于鄴撰

《妝樓記》一卷　南唐張泌撰

《雷民傳》一卷　唐沈既濟撰

《離魂記》一卷　唐陳元祐撰

《再生記》一卷　後蜀閻選撰

《夢遊録》一卷　唐任蕃撰

《三夢記》一卷　唐白行簡撰

《幽怪録》一卷　唐王惲撰

《續幽怪録》一卷　唐李復言撰

《幻戲志》一卷　唐蔣防撰

《幻異志》一卷　唐孫頠撰

《靈應傳》一卷　唐佚名撰

《才鬼記》一卷　唐鄭蕡撰

《靈鬼志》一卷　唐常沂撰

《玄怪記》一卷　唐徐炫撰

《續玄怪録》一卷

《昌黎雜説》一卷　唐韓愈撰

《録異記》一卷　前蜀杜光庭撰

《飛燕遺事》一卷

《趙后遺事》一卷　宋秦醇撰

《搜神後記》一卷　晋陶潛撰

《窮怪録》一卷

《幽怪録》一卷　唐牛僧孺撰

《古鏡記》一卷　隋王度撰

《楊娟傳》一卷　唐房千里撰

　五集　古今叢説拾遺

《輶軒使者絶代語釋別國方言》一卷　漢揚雄撰

《臆乘》一卷　宋楊伯嵒撰

《吉凶影響録》一卷　宋岑象求撰

《桯史》一卷　宋岳珂撰

《仇池筆記》一卷　宋蘇軾撰

《東齋紀事》一卷　宋許觀撰

《漁樵閒話》一卷　宋蘇軾撰

《廬陵雜説》一卷　宋歐陽修撰

《遺史記聞》一卷　宋詹玠撰

《摭青雜説》一卷　宋王明清撰

《晰獄龜鑑》一卷　宋鄭克撰

《搜神秘覽》一卷　宋章炳文撰

《玉溪編事》一卷　前蜀佚名撰

《乘異記》一卷　宋張君房撰

《廣異記》一卷　唐戴孚撰

《近異録》一卷　南朝宋劉質撰

《甄異記》一卷　晋戴祚撰

《旌異記》一卷　隋侯君素撰

《睽車志》一卷　宋郭象撰

《雞肋》一卷　宋趙崇絢撰

《虎口餘生記》一卷　明邊大綬撰

《陶説》六卷　清朱琰撰

《鬼董》五卷　宋沈□撰

《説郛雜著》十種十卷　清馬俊良輯

《乾饌子》一卷　唐温庭筠撰

《志林》一卷　宋蘇軾撰

《金樓子》一卷　南朝梁元帝蕭繹撰

《五色線》一卷　宋佚名撰

《雲齋廣録》一卷　宋李獻民撰

《田間書》一卷　宋林芳撰

《席上腐談》一卷　宋俞琰撰

《王烈婦》一卷

《平定交南録》一卷　明丘濬撰

《西北域記》一卷　清謝濟世撰

《考盤餘事》四卷　明屠隆撰

《書箋》《帖箋》一卷

《畫箋》《紙箋》《墨箋》《筆箋》《硯箋》《琴箋》一卷

《香箋》《茶箋》《盆玩箋》《魚鶴箋》《山齋箋》一卷

《起居器服箋》《文房器具箋》《遊具箋》一卷

六集

《麗體金膏》(一名《拜颺集》) 八卷　清馬俊良輯

七集　吳氏説鈴攬勝

《金鰲退食筆記》二卷　清高士奇撰

《京東考古録》一卷　清顧炎武撰

《山東考古録》一卷　清顧炎武撰

《泰山紀勝》一卷　清孔貞瑄撰

《隴蜀餘聞》一卷　清王士禎撰

《板橋雜記》三卷　清余懷撰

《揚州鼓吹詞序》一卷　清吳綺撰

《匡廬紀遊》一卷　清吳闡思撰

《遊雁蕩山記》一卷　清周清原撰

《甌江逸志》一卷　清勞大與撰

《湖壖雜記》一卷　清陸次雲撰

《峒谿纖志》一卷　清陸次雲撰

《坤輿外紀》一卷　比利時南懷仁撰

《嶺南雜記》一卷　清吳震方撰

《封長白山記》一卷　清方象瑛撰

《使琉球紀》一卷　清張學禮撰

《閩小紀》二卷　清周亮工撰

《臺灣紀略》一卷　清林謙光撰

《臺灣雜記》一卷　清季麒光撰

《安南紀遊》一卷　清潘鼎珪撰

《粵述》一卷　清閔叙撰

《粵西偶記》一卷　清陸祚蕃撰

《滇黔紀遊》一卷　清陳鼎撰

《滇行紀程》一卷《續抄》一卷　清許纘曾撰

《東還紀程》一卷《續抄》一卷　清許纘曾撰

　　八集　《西河經義存醇》　清毛奇齡撰

《推易始末》四卷

《春秋屬辭比事記》四卷

《春秋占筮書》三卷

《韻學指要》一卷

《竟山樂録》（一名《古樂復興録》）四卷

《李氏學樂録》二卷　清李塨撰

《論語稽求篇》七卷

《大學證文》一卷

《明堂問》一卷

《白鷺洲主客説詩》一卷

《續詩傳鳥名》三卷

　　九集　荒外奇書

《八紘譯史》四卷　清陸次雲撰

《八紘荒史》一卷　清陸次雲撰

《譯史紀餘》四卷　清陸次雲撰

《西番譯語》一卷

《外國竹枝詞》一卷　清尤侗撰　清尤珍注

《西藏記》二卷　清佚名撰

　　十集

《説文解字繫傳》四十卷《附録》一卷　南唐徐鍇撰

　　清馬俊良編。清乾隆五十九年（1794）至嘉慶馬氏大酉山房刻本。八十册。
框高 12.3 厘米，寬 9.6 厘米。半葉九行十九至二十一字，小字雙行同，間或無直欄，左右雙邊，綫黑口，無魚尾。版心中鐫子集名；第二集《叙》，第三集《序》《總目》及各册目録，第四集《總目》，第九集《弁語》版心下鐫"大酉山房"。

書名葉及目録題叢書總名"龍威秘書"。叢書子集卷首除題名、著者外，首行亦注明刊刻底本，如第一集之《小爾雅》題"漢魏叢書原本"，第二集之《農書》題"仁和趙氏小山堂鈔本開雕"。總書名葉爲兩個半葉，均有雙邊外欄：正題"龍威秘書全部共十集八十册每集八册"；葉背上下雙排題"一集漢魏採珍、二集四庫論録、三集詩話集雋、四集晋唐小説、五集叢説拾遺""六集麗體奏章、七集説鈴攬勝、八集西河經解、九集荒外奇書、十集説文繫傳"。是書十集各有書名葉，分三欄；書名葉前列是集子目；書名葉後皆有馬俊良叙，述編輯緣由；各册多有分册目録，各書亦有序跋及細目。

馬俊良（生卒年不詳）字嶰山，清浙江石門（今屬嘉興）人。乾隆二十六年（1761）進士，初任衢州教授，後官内閣中書。博覽群書，通籍後以著書自娱，曾任多處書院山長，晚年主講廣東端溪、越華書院。著《春秋傳説薈要》《嶰山詩鈔》等，輯《龍威秘書》。生平參《[嘉慶]石門縣志》卷十五。

《龍威秘書》之名用《雲笈七籤》所載龍威丈人入洞庭，取素書一卷，無人能識之故事。是書收漢魏以來筆記雜纂成十集，各集以類相從。《癸集弁語》總述編輯大旨云："《龍威》前五集玩物適情，後五集詞章考訂，始於《小爾雅》，迄於《説文繫傳》，皆游藝資也，而道存焉矣。幸□□（按，原空缺兩字）大雅教之。"

第一集《漢魏叢書採珍》十九種。書名葉右題"漢魏叢書採珍""一集"，中題"龍威秘書"，左題"凡已入秘書廿一種及有專刻者不重載""大酉山房"，欄上題"乾隆甲寅年刻"，甲寅爲乾隆五十九年（1794）。首有未署年馬俊良《龍威秘書自識》；次《龍威秘書一集總目》，題下注"漢魏叢書採珍十九種""浙江石門馬俊良輯子珮忞校字；分水高基參訂"。卷前馬俊良《自識》云："經史子集之别流爲叢説，凡以廣見聞，娱心意而已，非如考典三通，取材六帖也。顧淫穢荒誕亦壞人心，爰取漢魏以來叢説之雋雅者，彙成一書，每八册爲一集，陸續開雕，公諸同好。"

第二集《四庫論録》十三種。書名葉右題"四庫論録""十三種計八册"，中題"龍威秘書"，左題"二集""浙江石門馬氏家藏"，欄上題"嘉慶元年新刊"。首有未署年馬俊良《龍威秘書乙集叙》；次《龍威秘書二集總目》，題下注"四庫論録十三種""浙江石門馬俊良輯男珮忞校字；分水高基參訂"。《叙》云："叢書自《漢魏》而下，《津逮》翼經，《説郛》補史，未免玉石雜糅，此外羽陵蠹簡，酉穴沉編。自經聖皇披揀，集《四庫》之大成，足以服張華而走成式矣。是爲乙集。"

第三集《歷代詩話》八種。書名葉右題"古今詩話集雋""三集",中題"龍威秘書",左題"大酉山房"。首有未署年馬俊良《龍威秘書丙集序》;次《龍威秘書三集總目》,題下注"歷代詩話八種"。《序》云:"易道難言,詩話取雅俗共賞者爲解頤之助,習見及有專刻通行者不贅。"

第四集《晋唐小説暢觀》五十九種。書名葉右題"晋唐小説暢觀",中題"龍威秘書",左題"四集""大酉山房"。首有未署年馬俊良《龍威秘書四集叙》;次《龍威秘書四集總目》,題下注"晋唐小説暢觀"。《叙》云:"漢魏之佳者,余既採入甲集矣,兹以晋唐小説之叙事津津、有始有終者彙爲丁集。"

第五集《古今叢説拾遺》三十四種。書名葉右題"古今叢説拾遺三十四種計八册",中題"龍威秘書",左題"五集""浙江石門馬氏藏書"。首有未署年馬俊良《龍威秘書戊集叙》;次《龍威秘書戊集總目》,題下注"古今□□□□三十四種"(按,原空缺四字),"浙江石門馬俊良嶸山輯;男珮愉、忞校字"。《叙》云:"叢書首推漢魏,顧闕略者往往而有。唐宋以來談天雕龍之製,代有聞人,而近時尤甚,是不可不廣爲輯也,兹爲戊集。"

第六集《麗體金膏》八卷,收歷代名臣駢文及奏章。書名葉右題"名臣四六、奏章",中題"龍威秘書",左題"六集""大酉山房"。首有未署年馬俊良序,後署校字者"男珮愉、姪孫蕃全校"。序云:"兹集托始《拜颺》,而《奉揚》《雲樹》《臺萊》《絮酒》《矦鯖》等集,以次付梓,揔曰《金膏》,聊資渲染。"

第七集《吳氏説鈴攬勝》二十五種,擇吳震方《説鈴》中方輿、名勝類雜記。書名葉右題"吳氏説鈴攬勝",中題"龍威秘書",左題"七集""大酉山房"。首有未署年馬俊良《吳氏説鈴攬勝弁語》,後署校字者"受業桐城方賜恩、男珮愉、姪孫蕃校字";次《説鈴目録》,題"石門吳震方青壇氏輯"。《弁語》云:"吾邑吳青壇先生《説鈴》傳播海宇久矣。……板久漫漶,先取其方輿名勝刻入《秘書》。"

第八集《西河經義存醇》,取毛奇齡著述十一種編入叢書。書名葉右題"西河經義存醇""八集",中題"龍威秘書",左題"大酉山房"。首有未署年馬俊良《龍威秘書八集序》;次《龍威秘書八集總目》,題下注"西河經義存醇十一種八册",題"蕭山毛奇齡著;石門後學馬俊良輯"。《序》云:"聖代經術文章,毛西河先生褒然舉首。……《易》與《春秋》,醇乎醇者也,樂律窮天籟之原,音韻得五聲之本,《大學》則古義復見,《論語》亦蓄疑頓釋。"

第九集《荒外奇書》六種,收有關外國見聞、語言之書。書名葉右題"荒外奇書""九集",中題"龍威秘書",左題"大酉山房"。首有未署年馬俊良《荒外奇書弁語》，後署校字者"男珮愉、珮忞仝校"。《弁語》云："余既刻《海國聞見録》，兹復廣輯異聞，名曰《荒外奇書》。"

　　第十集爲《説文解字繫傳》。書名葉右題"十集"，中題"龍威秘書"，左題"説文繫傳"。首有未署年馬俊良《龍威秘書癸集弁語》，後署校訂者"嘉興載時林鳳彰；分水高基孟載參訂""男珮思、愉、忞，姪有珣、珵美，姪孫徐蕃仝校"。

　　是書爲巾箱本，陸續編輯刊刻。據其書名葉，《一集》刊於乾隆五十九年（1794），《二集》刊於嘉慶元年（1796）。此後諸集，參訂之子侄隨之增多，當亦經多年編刊。此本統一刷印，總書名葉列出全部十集名稱，則爲嘉慶年間編輯完成後再行刷印。《中國叢書綜録》著録清乾隆五十九年石門馬氏大酉山房刻本，或僅見《一集》書名葉。

　　"玄""鉉"等字缺筆；"弘"易爲"宏"。

　　《中國叢書綜録》彙編雜纂類著録中國國家圖書館、上海圖書館、山東省圖書館等二十九家收藏清乾隆五十九年石門馬氏大酉山房刻本。知中國臺北"國家圖書館"、臺北故宮博物院，美國國會圖書館、哥倫比亞大學圖書館、康奈爾大學圖書館，德國巴伐利亞邦立圖書館，日本國會圖書館、静嘉堂文庫、東洋文庫等處，韓國藏書閣收藏。

家集類

024

劉氏傳家集三十三種二百九卷（存二十八種二百一卷）

T9117　7233

《劉氏傳家集》三十三種二百九卷

　　《天備館遺稿》二卷　清劉宗洙撰

　　《抱膝廬文集》六卷　清劉宗泗撰

　　《中州道學存真録》四卷　清劉宗泗輯

　　《襄城文獻録》十二卷　清劉宗泗輯

　　《慎獨軒文集》八卷　清劉青霞撰

　　《劉嘯林史論》四卷　清劉青霞撰

　　《高陽山人文集》十二卷《補遺》一卷　清劉青霞撰

　　《高陽山人詩集》二十卷《附録》一卷《補遺》一卷　清劉青藜撰

　　《金石續録》四卷　清劉青藜撰

　　《七一軒稿》六卷　清劉青蓮撰；《江村七一軒圖》一卷

　　《藕船題跋》二卷　清劉青蓮撰

　　《古今孝友傳》十五卷　清劉青蓮撰

　　《學禮闕疑》八卷　清劉青蓮撰

　　《七一軒詩鈔》二卷　清劉青蓮撰

　　《續一鄉雅言》一卷　清劉青蓮撰

　　《江村山人未定稿》六卷《補遺》一卷　清劉青芝撰

　　《江村山人續稿》四卷　清劉青芝撰

　　《江村山人閏餘稿》六卷　清劉青芝撰

　　《學詩闕疑》二卷　清劉青芝撰

　　《尚書辨疑》一卷　清劉青芝撰

　　《周禮質疑》五卷　清劉青芝撰

　　《史記紀疑》二卷　清劉青芝撰

　　《史漢異同是非》四卷　清劉青芝撰

　　《古氾城志》十卷　清劉青芝撰

《擬明代人物志》十卷　清劉青芝撰

《古今孝友傳補遺》三卷　清劉青芝撰

《續錦機》十五卷　清劉青芝撰

《續錦機補遺》六卷　清劉青芝撰

《江村隨筆》十卷　清劉青芝撰

《鴻齋文集》三卷《補遺》一卷　清劉伯梁撰

《雪夜録》四卷　清劉伯梁撰

《獨學齋詩集》二卷　清劉伯川撰

《獨學齋文集》四卷　清劉伯川撰

清劉青芝輯。清乾隆刻本。存二十八種二百一卷（缺五種八卷：《高陽山人文集補遺》一卷、《江村山人未定稿補遺》一卷、《擬明代人物志》卷三、《鴻齋文集補遺》一卷、《獨學齋詩集》二卷），間有缺葉。一百册。《天備館遺稿》框高18.1厘米，寬14厘米。各子集行款不同，小字雙行同於大字，左右雙邊，黑口，單魚尾。版心中鐫子集名及卷次。

總書名葉分三欄，右題“秀水張庚先生鑒定”，中題“劉氏叢書”，左題“襄邑”“繼賜堂藏板”，欄上題“乾隆乙亥年秋月鐫”，乙亥爲乾隆二十年（1755）。書首有乾隆二十年張庚《劉氏傳家集總序》；《天備館遺稿目録》前有《劉氏傳家集總目》。

《天備館遺稿》半葉九行十九字。卷端題“襄城劉宗泌長源撰”“男青駿、青霞編；姪青芝校”。首有康熙二十年（1681）黄甲雲《天備館遺稿序》、未署年張允中《序》、辛酉（康熙二十年）張鏊《題詞》、康熙庚戌（九年，1670）劉宗泌《自序》；次《劉氏二孝子傳》、田蘭芳《孝友劉先生墓表》、劉青藜《先伯父孝友公行狀》；次《天備館遺稿目録》，末鐫“孫伯誠、伯陽、伯朋、伯梁”“曾孫曾謙、曾啓、曾佑、曾德訂”。

《抱膝廬文集》半葉十行二十一字。卷端題“襄城劉宗泗恭叔撰”“男青蓮、青芝較”。書名葉分三欄，中題“抱膝廬文集”。首有未署年王紳《跋》；次周棐《本傳》；次《宸章》，後附乾隆己未（四年，1739）劉青芝識語；次康熙二十四年（1685）林堯英《抱膝廬文集序》；次《抱膝廬文集目録》，末鐫“乾隆五年孫伯敬、伯仁、伯魯，曾孫曾亮、曾輝全校字”。劉青芝識謂“己未校刻先大夫遺集成”，己未爲乾隆四年。

《中州道學存真録》半葉十行二十一字。卷端題“襄城劉宗泗恭叔輯”“男青蓮、青芝編次”。書名葉分三欄，中題“中州道學存真録”。首有康熙癸未（四十二年，1703）王心敬《中州道學存真録序》；次《中州道學存真録目次》，首有康熙庚午（二十九年，1690）劉宗泗識語，末鎸"孫伯敬、伯仁、伯魯較字"。

《襄城文獻録》半葉十一行二十一字。卷端題"襄城劉宗泗恭叔輯""男青蓮、青芝編次"。書名葉分三欄，中題"襄城文獻録"。首有康熙壬子（十一年，1672）張允中《襄城文獻録序》；次《例言》；次《襄城文獻録目録》，首有康熙丁亥（四十六年，1707）劉宗泗識語，末鎸"乾隆己未孫伯敬、伯仁、伯魯，從孫伯陽、伯朋、伯誠、伯梁、伯川、伯吉仝校字"。是書分爲人、文、景三編，乃劉宗泗記其鄉邦山川人物。

《慎獨軒文集》半葉十行二十一字。卷端題"襄城劉青霞嘯林著；從弟青芝芳草編""男伯朋、伯錫、伯梁校"。書名葉分二欄，題"慎獨軒文集"。首有王丕烈《襄城劉嘯林傳》、方鴻《文學劉青霞傳》；康熙四十六年陳詵《慎獨軒文集序》、康熙壬午（四十一年，1702）鄭廉《慎獨軒文集跋》；王心敬《襄城嘯林劉子別傳》、彭啓豐《襄城劉嘯林傳》、劉青蓮《從兄嘯林事略》、劉青芝《古氾城志傳》；乾隆十九年（1754）盛支焯《慎獨軒文集跋》；次《慎獨軒文集目録》，末鎸"姪伯誠、伯敬、伯仁、伯魯、伯川、伯吉，孫曾謙、曾啓、曾佑、曾德仝校"。

《劉嘯林史論》半葉十行二十一字。卷端題"襄城劉青霞嘯林著；從弟青芝芳草編""男伯朋、伯錫、伯梁校"。書名葉分二欄，題"劉嘯林史論"。首有張庚《劉嘯林史論序》；末有乾隆五年（1740）劉伯梁識語。劉伯梁識語云："先子自少嗜史家學……因有所論説，自三皇以迄有明著史論十二卷，時年方三十也。後遭回禄，漢武皇帝而後無復存矣。……梁年過而立而學不加進，不能述先人之事，追憶昔訓，不勝悚愧，又恐並所僅存者亦致散失，急搜篋中所藏付梓，以永其傳。"

《高陽山人文集》半葉九行十九字；卷端題"襄城劉青藜太乙著；弟青震嘯雲編閲"。首有未署年□大受《跋高陽山人集後》；次《高陽山人文集目録》，題"襄城劉青藜太乙著；同懷弟青震嘯雲編閲；男伯安、伯吉，姪伯川、孫曾慶校"；末附《補遺》二篇。

《高陽山人詩集》半葉九行十九字。書名葉分三欄，右題"襄城太史劉太乙先生著；同懷弟嘯雲編閲"，并鎸長方牌記"元弟麈丞解元"，中題"高陽山人集"，左題"傳經堂藏板"。首有康熙庚寅（四十九年，1710）劉青震序；次劉青震《凡例》；次《高陽山人詩集目録》，撰校者與《文集》同。《詩集》首劉青震序云："太乙先生既殁之明年，其同懷弟青震哀慕追思莫知所從，于是哀輯其平日所爲詩文，編次排纂，彙爲若干卷，鏤板行世，以永其傳。"《詩集》正文所收篇章較目録爲多，如卷二十末多出《東軒夜話聯句》，《補遺》多出《壽陳晴峯明府》，又多出《附録》一卷，應均爲增刻。

《金石續録》半葉九行十九字。卷端題 "襄城劉青藜太乙著；弟青震嘯雲閲" "男伯安、吉編"。書名葉分三欄，右題 "襄城太史劉太乙先生著；同懷弟嘯雲編閲"，并鐫橢圓牌記 "元弟麋至朝士"，中題 "金石續録"，左題 "傳經堂藏板"。首有康熙庚寅劉青震《叙》、未署年劉青藜《自序》（據書口）；次《金石續録目次》。

《七一軒稿》半葉十行二十一字。卷一、二均缺首二葉，卷三首題 "襄城劉青蓮華嶽撰；同懷弟青芝芳草較"。首爲《二劉江村七一軒圖》；次《總目》；次彭啓豐《襄城歲貢士劉華嶽墓表》、王丕烈《劉華嶽傳》；次《七一軒稿目録》。《七一軒圖》收題詠之序、跋、詩及劉青蓮自詠。

《藕船題跋》半葉十行二十一字。卷端題 "襄城劉青蓮華嶽纂；同懷弟青芝芳草校"。首有乾隆八年（1743）張庚《序》；次《藕船題跋目録》，末鐫 "孫曾輝校"。

《古今孝友傳》半葉十一行二十一字，無直欄，行間鐫圈點。卷端題 "襄城劉青蓮華嶽纂；同懷弟青芝芳草參"。書名葉分三欄，右題 "襄城劉明經華嶽先生纂；太史芳草先生參"，中題 "古今孝友傳"，左題 "榮賜堂藏板"。首有乾隆三年（1738）王心敬序、乾隆三年高玢序、乾隆丁巳（二年，1737）謝濟世序、丁巳（乾隆二年）張鵬翀序、乾隆三年隋人鵬序、未署年張庚序、乾隆丁巳劉青蓮《自序》（據書口）；次《古今孝友傳總目》，末鐫 "男伯仁體齋，姪伯陽長卿、伯朋書閣、伯誠實齋、伯敬一齋、伯梁鴻齋、伯魯得齋、伯川旡咎、伯吉六皆，姪孫曾佑仝校字"；各卷前有分卷目録。此本卷十五爲《續編》《補遺》《叙傳》，其中《叙傳》誤裝於《總目》前。

《學禮闕疑》半葉十行二十一字。卷端題 "襄城劉青蓮華嶽纂；同懷弟青芝芳草訂"。書名葉分三欄，中題 "學禮闕疑"。末有乾隆五年劉青芝識語；末又鐫 "會稽門人章文然編"。是書爲劉青芝刊刻并補末卷，劉青芝識語云："於雍正戊、巳間（按，"巳"應爲"己"，雍正六年、七年，1728、1729）纂輯是編……僅成七卷。……庚申（乾隆五年）秋，搜檢遺書付梓。力疾忍痛，聊自《問喪》篇而下，終於《喪服》，本華嶽纂輯之大指，粗成一卷，附於編末。"

《七一軒詩鈔》半葉十行二十一字。卷端題 "襄城劉青蓮華嶽撰；同邑萬邦榮西田批點；同懷弟青芝芳草較；孫曾輝編"。首有《七一軒詩鈔目録》，末鐫 "乾隆己未（四年，1739）十月男伯仁校字"。

《續一鄉雅言》半葉十行二十一字。卷端題 "襄城劉青蓮華嶽撰；同懷弟青芝芳草挍"。書名葉分三欄，中題 "續一鄉雅言"。

《江村山人未定稿》半葉十行二十一字。卷端題 "同懷兄青蓮華嶽鑒；襄城劉青芝芳草纂”。書名葉欄內題“江村山人未定藁”。首有張庚《江村先生傳》。此本《未定稿》四卷後有未分卷之一百十六葉，據目錄應共爲六卷。

《續稿》半葉十行二十一字。卷端題“溧陽史鐵厓、永濟崔君玉兩夫子鑒”“襄城劉青芝芳草纂”。書名葉欄內題“江村山人續稿”。首有張庚、楊錫紱《江村山人續藁序》、乾隆十三年（1748）章文然《跋》；次《江村山人續藁目錄》，題“會稽門人章文然黎乙、昆陽門人常紹嗣昌編次”。《續稿》章文然《跋》云：“文然侍吾師久，每文章槀成，多命楷録，及授梓命校讐，朝夕函丈問，又時聞論文緒餘，得以竊窺吾師爲文之大指矣。”

《閏餘稿》半葉十行二十字。卷端題“襄城劉青芝芳草纂”。首有《江村山人閏餘稿目錄》，末鎸“男伯敬、伯魯，從姪伯朋、伯梁、伯川，壻雷基遠、萬圃，孫曾亮、曾輝、曾抱、曾愚，曾孫兆繩全校字”；次《門人參閱姓氏》，後附乾隆乙亥（二十年，1755）章文然識語。

《學詩闕疑》半葉十行二十一字。卷端題“同懷兄青蓮華嶽鑒；襄城劉青芝芳草纂”。此本書名葉誤用《史記紀疑》書名葉。首有《學詩闕疑目錄》，前有雍正辛亥（九年，1731）劉青芝識語，末鎸“男伯敬、伯魯，姪伯仁，從姪伯陽、伯誠、伯順、伯朋、伯梁、伯吉，曾孫兆繩全校字”。

《尚書辨疑》半葉十行二十一字。卷端題“襄城劉青芝芳草、鄂縣王心敬爾緝；儀封周棐伯章”。書名葉分三欄，中題“尚書辨疑”。首有康熙辛丑（六十年，1721）《尚書辨疑小引》；末有乾隆四年劉青芝識語。

《周禮質疑》半葉十一行二十一字。卷端題“襄城劉青芝芳草纂”。首有乾隆丙子（二十一年）劉曾輝《周禮質疑跋》、乾隆乙亥（二十年）劉青芝《小序》。劉青芝識語云：“先生王父庶常公平生著書最富，向雕刻十餘種，皆授梓校讐，畧無差訛，久已流布海內。嗣復著《閏餘稿》六卷、《江村隨筆》十卷、《續錦機補遺》六卷，而《周禮質疑》五卷乃暮年所手著也。去歲庀工受梓，未及半而遽捐館舍。……今輝謀于伯父、叔父，愿懲告竣。”

《史記紀疑》半葉十行二十一字。卷端題“同懷兄青蓮華嶽鑒；襄城劉青芝芳草纂”。書名葉分三欄，中題“史記紀疑”。首有楊□《史記紀疑序》（僅存葉一）；次《史記紀疑目錄》，前有雍正甲寅（十二年，1734）劉青芝識語，末鎸“孫曾輝校”。劉青芝識語謂是集爲癸丑（雍正十一年，1733）歸里時所作。

《史漢異同是非》半葉九行二十一字。卷端題“同懷兄青蓮華嶽鑒；襄城劉青芝芳草纂”。首有《史漢異同是非目錄》，前有雍正甲寅（十二年，1734）劉青芝識語，末鎸“男伯敬、伯魯，姪伯仁，從姪伯陽、伯誠、伯順、伯朋、伯梁、伯吉校字”。

《古汜城志》半葉九行十九字。卷端題"華嶽山人兄青蓮裁定；江村山人劉青芝撰次"。首有劉青芝《古汜城志傳》（存葉一至二）；次《古汜城志目録》，末有乾隆四年（1739）劉青芝識語，末鎸"男伯敬、伯魯，侄伯仁，從侄伯陽、伯朋、伯誠、伯梁、伯川、伯吉，孫曾亮、曾固，侄孫曾啓、曾佑，壻雷基遠、萬圃全挍字"；書末有乾隆五年劉青芝題識，又鎸"乾隆五年七月會稽門人章文然編"。劉青芝題識云："茲志作於乾隆三年（1738）五月朔日，成於次年六月二十三日。"

《擬明代人物志》半葉十行二十字。卷端題"溧陽史鐵厓、永濟崔君玉兩夫子鑒""襄城劉青芝芳草擬"。書名葉欄内題"擬明代人物志"。首有乾隆十一年（1746）劉青芝《自序》、乾隆十九年（1754）陳世倌《序》、乾隆壬申（十七年，1752）桑調元《序》；次《志辨》《志評》；次《詩》；次《擬明代人物志目録》，題"會稽門人章文然黎乙、昆陽門人常紹嗣昌編次"；次《擬明代人物志四則》，《四則》之葉一、二誤裝於卷二之後。此本缺卷三。

《古今孝友傳補遺》半葉十一行二十一字，無直欄，行間鎸圈點。卷端題"襄城劉青芝芳草"。《補遺》之卷三行款版式與前二卷不同，爲後來增刻。

《續錦機》半葉十一行二十一字。卷端題"溧陽史鐵厓、永濟崔君玉兩夫子鑒""襄城劉青芝芳草會粹"。首有乾隆八年劉青芝《續錦機序》、乾隆十三年（1748）章文然《跋》；次《續錦機目録》，題"寶坻門人胡雲鵬風翮、會稽門人章文然黎乙、昆陽門人常紹嗣昌編次"，末鎸"男伯敬、伯魯，姪伯仁，從姪伯朋、伯梁、伯川，壻雷基遠、萬圃，孫曾亮、曾固、曾愚，從孫曾啓、曾佑全校字"。

《續錦機補遺》半葉十一行二十一字。卷端題"襄城劉青芝芳草會粹"；首有《續錦機補遺目録》。

《江村隨筆》半葉十一行二十一字。卷端題"襄城劉青芝芳草"。首有乾隆丙子（二十一年）鄒一桂《劉江村先生文集序》；各卷前有分卷目録；末有丙子（乾隆二十一年）劉曾輝識語。是集於劉青芝歿後有所增補，劉曾輝識語云："先生王父于先世之友朋往來書問及群從昆季與平生所交接者彙爲一集，名曰《友朋札記》，剞劂告竣，不意于乾隆乙亥（二十年，1755）臘月初三日逝世。其後四方交友大人先世陸續頒來，積有八通。時方家祭，即跪讀柩次，校閲之餘，仍編入集内。"

《鴻齋文集》半葉九行十九字。卷端題"叔父江村山人鑒；襄城劉伯梁鴻齋"。首有乾隆柔兆困敦（丙子，二十一年）張本序、乾隆丙子胡述城《叙》、乾隆丙子侯肩復《鴻齋文集序》；次《鴻齋文集目録》；乾隆二十一年胡瑞麟《贈言》（據書口）。卷二、三末鎸"男曾謙校"。此本又有《補遺》，僅存一葉，裝訂於《文集》之前。

《雪夜録》半葉十行二十一字。卷端題"叔父江村山人鑒;襄城劉伯梁鴻齋著"。書名葉分三欄,中題"雪夜録"。首有乾隆六年(1741)章文然《雪夜録叙》。

《獨學齋文集》半葉九行十九字。卷端題"襄城劉伯川舫齋"。首有乾隆柔兆困頓(丙子,二十一年)章文然《序》、乾隆乙亥(二十年)侯肩復《序》;次《獨學齋文集目録》;目録及各卷末均鐫"姪曾慶較"。

劉青芝(1676—約1750)字芳草,號實夫,晚年號江村山人,清襄城(今屬河南)人。雍正五年(1727)進士,未幾稱病還鄉,閉門著書。著《江村山人稿》《學詩闕疑》《周禮質疑》《尚書辨疑》《史記紀疑》等。生平參《[乾隆]續河南通志》卷五十六。

書首張庚《劉氏傳家集總序》謂劉青芝請之作序,則劉青芝或爲是編總其事者。是編收劉氏家族八人著述三十三種。書首張庚《劉氏傳家集總序》云:"江村祖文惠先生忠節著《明史》。先生三子,長宗洙,以孝死,子青霞,孫伯梁;次恩廣,亦以孝死,子青藜,孫伯川;又次宗泗,子青蓮、青芝,青芝即江村。文惠、恩廣無所著,其八人所著共計三十三種一百九十九卷。"此本實際卷數較張庚所言多出若干。查各子集序言,劉青芝卒於乾隆二十年臘月,是時《周禮質疑》刻梓未竣,後由其孫劉曾輝促成;《江村隨筆》亦在劉青芝歿後,由劉曾輝增補。此本之《江村山人未定藁》《擬明代人物志》卷次、葉碼參差,似仍未釐定。而與《中國叢書綜録》著録相較,此本尚缺《高陽山人文集補遺》一卷、《江村山人未定藁補遺》一卷、《鴻齋文集補遺》一卷、《獨學齋詩集》二卷。是編必經增補重訂,綜其數,總爲二百九卷。

"玄""炫""泫""弦"等字缺筆;"貞""真"字缺筆;"弘"字缺筆。

《天傭館遺稿》卷二葉一、《鴻齋文集》胡述城《叙》葉一鈐紅色條紋紙廠印記。

《四庫全書總目》存目著録劉青蓮《學禮闕疑》,劉青芝《學詩闕疑》《周禮質疑》,劉青藜《金石續録》,劉青霞《慎獨軒文集》。《中國叢書綜録》著録中國國家圖書館、清華大學圖書館、上海圖書館、河南省圖書館四家收藏乾隆刻本。知北京大學圖書館,美國國會圖書館、哈佛大學哈佛燕京圖書館,日本東洋文庫、廣島大學圖書館、二松學舍藏是編零種。

鈐"黃"朱文方印。

自著類

025
陸放翁全集六種一百五十八卷

T5354　3447

《陸放翁全集》六種一百五十八卷

　　《渭南文集》五十卷

　　《劍南詩槀》八十五卷

　　《放翁逸槀》二卷

　　《南唐書》十八卷《音釋》一卷

　　《家世舊聞》一卷

　　《齋居紀事》一卷

　　宋陸游撰。明末毛氏汲古閣刻清毛扆增刻詩禮堂張氏印本。四十册。框高18.7厘米，寬14.3厘米。半葉八行十八字，小字雙行同，左右雙邊，白口，無魚尾。版心上鐫集名，中鐫卷次，下鐫“汲古閣”。

　　各集卷端均題“宋陸游務觀”。書名葉分二欄，右題“陸放翁全集”，左題“渭南文集、劍南詩槀、逸槀、南唐書、家世舊聞”“虞山詩禮堂張氏藏板”。《渭南文集》首有《傳》；次貼手書《陸放翁全集目録》一紙，署“觀古堂”；次《渭南文集總目》，各卷有分卷目録；末有嘉定十三年（1220）陸子遹《跋》；最末爲毛晋識語。《劍南詩槀》首有淳熙十四年（1187）鄭師尹序；各卷有分卷目録；末有嘉定十三年陸子虡《跋》；最末爲毛晋識語。《放翁逸槀》首有《放翁逸槀總目》，各卷有分卷目録；末有毛扆識語。《南唐書》首有未署年趙世延《南唐書序》；次《南唐書目録》；末有毛晋識語。《齋居紀事》末有毛扆識語。

　　陸游（1125—1209）字務觀，號放翁，南北宋之際越州山陰（今浙江紹興）人。師事曾幾，紹興二十三年（1153）進士第一，被秦檜抑置爲末。秦檜死後始任福州寧德主簿，遷聖政所檢討官，知夔州、嚴州，又任中大夫兼同修國史。詩詞文兼善，有豪宕之風。《宋史》卷三百九十五有傳。

　　是書包括陸游文集六種，乃毛晋彙集并陸續刻梓、毛扆校正重印。《渭南文集》乃據華氏銅活字本校梓，集末毛晋識語云：“既得光禄華君活字印本《渭南文集》五十卷，乃嘉定中翁幼子遹編輯也，跋云命名次第皆出遺意。但活板多

210

謬多遺，因嚴加讎訂，并付剞劂。自秋徂冬，凡六月而書成。"《劍南詩稾》乃天啓四年（1624）據陸子虞輯本刻印，集末毛晉識語云："近來坊刻寠陋不成帙，劉須溪本子亦十僅二三。甲子（天啓四年）秋得翁子虞編輯《劍南詩稿》，又吳、錢兩先生嚴訂乇天者，真名祕本也。亟梓行之，以公同好，其命名次第具載跋語云。"《放翁逸稾》乃毛晉初刻之後六十餘年，毛扆補輯增刻，集末毛扆識語云："先君刻《逸稾》後六十餘年，扆購得別本《渭南集》五十二卷。其前後與家刻略同，祇少《入蜀記》六卷，而多詩八卷。細檢《劍南集》中，除其重複，又得未刻詩二十首，并續添扵後云。"《南唐書》乃以胡震亨《秘册匯函》與毛氏藏抄本校正，刻於崇禎三年（1630），集末毛晉識語云："是書凡馬令、胡恢、陸游三本。先輩云，馬、胡詮次，識力相似，而陸獨遒邁淂史遷家法。今馬本盛行，胡本不傳，放翁書一十八卷，僅見於鹽官胡孝轅《秘册函》中，又半燼扵武林之火。庚午（崇禎三年）夏仲，購其焚餘板一百有奇，斷蝕不能讀，因簡家藏抄本訂正，附梓扵《全集》《逸稿》之末。至若與馬玄康異同繁簡，已詳見胡、沈兩公跋語云。"

毛扆（1640—？）字斧季，明虞山（今江苏常熟）人，毛晉子，陸貽典婿。通小學，精校勘。毛扆在明末汲古閣原刻基礎上，增刻《逸稾》，并多有校正；其中《南唐書》參據陸貽典校修版。中國國家圖書館藏明崇禎毛氏汲古閣初刻《南唐書》，有陸貽典題記云："遵王抄本校一過，甲寅（康熙十三年，1674）九月七日，觀庵記。"陸貽典於崇禎本《南唐書》校訂頗多，毛扆重印時大部分得以修正。此外，《劍南詩稾》多卷卷末鐫"虞山毛晉宋本挍刊；男扆再挍；孫綏德又挍"字樣。毛晉初刻《陸游全集》應在天啓四年刻《劍南詩稾》前後，六年後又補刻《南唐書》附於已刻成之《全集》；毛扆增刻則在陸貽典校《南唐書》之後及《逸稾》刻後六十餘年，時已至康熙二十餘年。書名葉題"虞山詩禮堂張氏藏板"，則書版後歸虞山詩禮堂張氏。此本斷版明顯，爲後印；《家世舊聞》《齋居紀事》有缺葉。

《四庫全書總目》集部別集類著録《劍南詩稾》八十五卷、《渭南文集》五十卷、《逸稾》二卷，史部載記類著録《南唐書》十八卷《音釋》一卷。《中國古籍善本書目》著録華東師範大學收藏明末毛氏汲古閣刻清毛扆增刻名家校跋本兩部。知美國柏克萊加州大學圖書館、普林斯頓大學圖書館、勞倫斯國家實驗室，日本國會圖書館、公文書館等處藏毛扆增刻本。傳世詩禮堂張氏印本亦多，知中國臺北故宮博物院、香港中文大學圖書館，美國哈佛大學哈佛燕京圖書館、耶魯大學圖書館、加州大學洛杉磯分校，德國巴伐利亞邦立圖書館收藏。

鈐"荣氏讀未見書齋珍藏"朱文方印，"崑圃"朱文方印。

026

朱子遺書八種七十一卷二刻七種三十二卷（缺易學啓蒙四卷）

T1237　2135

《朱子遺書初刻》八種七十一卷《二刻》七種三十二卷

　　初刻

　　《近思録》十四卷　宋朱熹　宋呂祖謙輯

　　《延平李先生師弟子答問》一卷　宋朱熹輯;《後録》一卷　宋趙師夏輯

　　《雜學辨》一卷《附録》一卷

　　《中庸輯略》二卷　宋石䃏輯

　　《論語或問》二十卷

　　《孟子或問》十四卷

　　《伊洛淵源録》十四卷

　　《上蔡先生語録》三卷　宋謝良佐撰　宋朱熹輯

　　二刻

　　《國朝諸老先生論語精義》十卷

　　《國朝諸老先生孟子精義》十四卷

　　《易學啓蒙》四卷

　　《詩序辨》一卷

　　《孝經刊誤》一卷

　　《朱子周易參同契考異》一卷　宋黃瑞節録

　　《朱子陰符經考異》一卷　宋黃瑞節録

　　宋朱熹撰。清康熙禦兒呂氏寶誥堂刻本。缺《易學啓蒙》四卷。二十四册。框高18厘米，寬13.8厘米。半葉十二行二十二字，小字雙行同，左右雙邊，黑口，雙花魚尾。版心中鐫書名、卷次。

　　《初刻》書名葉欄内題"朱子遺書"，鐫牌記"禦兒呂氏寶誥堂重刻白鹿洞原本"；《二刻》書名葉欄内題"朱子遺書二刻"，鐫牌記"禦兒呂氏寶誥堂重刻白鹿洞原本"。書首有《朱子遺書目録》，《二刻》首有《朱子遺書二刻目録》。

　　《近思録》卷端未題著者。首有目録；次淳熙乙未（二年，1175）朱熹序、淳熙三年（1176）呂祖謙序。此書摘録周敦頤、程顥、程頤、張載四人語録中有關大體而切於日用的言論，依類編排。

　　《延平李先生師弟子答問》卷端題"門人朱熹元晦編"。卷端題下小字注"近本無師弟子答問字，而作書中要語卷上"。《後録》末有嘉定甲戌（七年，1214）趙師夏識。朱熹官同安時，曾從程頤再傳弟子李侗問學，此書輯録其時問答之語。

《雜學辨》卷端未題著者，題下小字注 "何叔京跋語附"。此書辨駁當代諸儒雜糅佛老之説，意在維護儒學正統地位。

《中庸輯略》卷端未題著者。首有嘉靖乙巳（二十四年，1545）唐順之《中庸輯略序》、淳熙癸卯（十年，1183）朱熹《中庸集解序》。此爲石 輯諸儒有關《中庸》之説，朱熹删定，更名《輯略》。

《論語或問》卷端題 "朱熹著"。《論語或問》《孟子或問》輯有關《論語》《孟子》涵義的解釋和問答。

《孟子或問》卷端題 "朱熹著"。

《伊洛淵源録》卷端未題著者。此書記載宋理學家周敦頤、程頤、程顥及其門下弟子的言行。

《上蔡先生語録》卷端未題著者。此爲二程弟子謝良佐的語録，朱熹推重其思想，删定是書。

《國朝諸老先生論語精義》卷端未題著者。首有《論孟精義目録》；次乾道壬辰（八年，1172）朱熹序；次《國朝諸老先生論孟精義綱領》；次《國朝諸老先生論語精義綱領》。《論語精義》《孟子精義》二書集宋代諸儒發明《論》《孟》之説。

《國朝諸老先生孟子精義》卷端未題著者。首有《孟子精義綱領》。

《詩序辨》卷端題 "詩序""朱子辯説"，未題著者。朱熹以爲《詩經》大小序不足徵信，此爲其考辨之作。

《孝經刊誤》卷端題 "朱子雜著"，題下小字注 "古今文有不同者，別見考異"。此書爲朱熹删定《孝經》經、傳之作。

《朱子周易參同契考異》卷端題 "廬陵黃瑞節附録"。首有《讚序》，附按語三條。朱熹晚年好道教内丹之學，此爲其考校《參用契》之作。

《朱子陰符經考異》卷端題 "廬陵黃瑞節附録"。朱熹於此書辨別《陰符經》之真僞，并爲之作注。

朱熹（1130—1200）字元晦，一字仲晦，號晦庵、晦翁，別稱紫陽，祖籍婺源（今屬江西）人，徙居建陽（今屬福建）。紹興十八年（1148）進士，授泉州同安主簿，歷仕高、孝、光、寧四朝，曾任秘書郎、知南康軍、提點江西刑獄、知江陵府等，卒謚文，贈太師、封信國公、從祀孔廟。學宗程頤，爲宋代理學之集大成者。著有《周易本義》《周易參同契考異》《詩集傳》《四書章句集注》《楚辭集注》《通鑑綱目》等。《宋史》卷四百二十九有傳。

《朱子遺書》彙集朱熹多種著述。是書初刻八種，後又續刻。《朱子遺書目

213

録》原於八種後注"以下嗣出",列《論孟精義》《小學》《易學啓蒙》《詩序辨》《儀禮經傳通解》五種。《二刻》實際刊刻時,未刊原擬刊刻的《小學》《儀禮經傳通解》二種,而增加《孝經刊誤》《朱子周易參同契考異》《朱子陰符經考異》三種。

此康熙禦兒呂氏寶誥堂刻本,書名葉牌記所謂"重刻白鹿洞原本",意在云其據宋本刊刻。此本亦標明與坊間傳本之不同,如書首《朱子遺書目録》"近思録"條下小字注"坊本多從周公恕分類,割裂舛誤,盡失其舊,今依原本訂正",又如《延平李先生師弟子答問》卷端題下小字注"近本無師弟子答問字,而作書中要語卷上"。

書中"玄"字缺筆。《孟子或問》卷十二葉四鈐有紅藍條紋紙廠印記。

《中國叢書綜録》著録中國國家圖書館、北京大學圖書館、南京圖書館等二十四家收藏。知美國柏克萊加州大學圖書館、普林斯頓大學圖書館、哥倫比亞大學圖書館,加拿大多倫多大學圖書館,英國大英圖書館,日本國會圖書館、東京都立中央圖書館、宮城縣圖書館、九州大學中央圖書館、東京大學東洋文化研究所、静嘉堂文庫、尊經閣文庫收藏;另,美國國會圖書館、韓國奎章閣收藏是書殘本。

027
西山真文忠公全集七種一百八十五卷

T9112　4822

《西山真文忠公全集》七種一百八十五卷

　　《大學衍義》四十三卷

　　《西山先生真文忠公文集》五十五卷《目録》二卷

　　《文章正宗復刻》三十卷

　　《續文章正宗復刻》十二卷

　　《西山真文忠公年譜》一卷　清真采編

　　《真文忠公心政經》二卷

　　《西山先生真文忠公讀書記》四十卷

　　宋真德秀撰。清康熙至乾隆刻道光二十一年(1841)印本。九十六册。書名葉前開列目録:"一集大學衍義、二集文集、三集文章正宗復刻、四集正宗續編復刻、五集文忠公年譜、六集心政二經、七集讀書記",并鐫"裔孫鼎元、采全訂;十八世裔孫榜督梓"。次總書名葉,額鐫"道光辛丑年重鐫",下鐫"西山真文忠公全集""本祠藏板"。

《大學衍義》框高 21 厘米，寬 14.7 厘米。半葉十行二十一字，小字雙行同，白口，四周單邊或雙邊，黑、白魚尾相間。版心中鐫書名及卷次，下或鐫字數及刻工。書名葉額鐫 "經筵御覽"，左右鐫龍紋。首有《御製讀大學衍義詩》、乾隆二年（1737）《御製跋》，皆朱印，四周鐫龍紋。次《明太宗文皇帝贊》并《西山真文忠公像》，次真德秀《大學衍義表并劄子》，次明崇禎戊寅（十一年，1638）丁辛《大學衍義序》，次真憲時《重刻大學衍義跋》，次真德秀《大學衍義序》，次崇禎乙亥（八年，1635）魏呈潤《重刻大學衍義序》，次《前後刊閱姓氏》，次《大學衍義目錄》。卷端題 "賜進士第知浦城縣事武陵楊鷁重刊，賜進士第知浦城縣事蘭陵丁辛重較，儒學署教諭事舉人朱朝熙、訓導林懋材、邑後學舉人張喬松、裔孫庠生文望督梓"。刻工有仲卿（仲）、王奇、熊照、啓、崇、宇。

《西山先生真文忠公文集》框高 18.1 厘米，寬 14.2 厘米。半葉十行二十字，小字雙行同，白口，四周雙邊（個別葉爲單邊），單魚尾。版心中鐫書名及卷次，下或鐫字數及刻工。書名葉上鐫 "拱極堂"，下鐫 "西山真文忠公文集" "本祠藏板"。首有未署年丁辛《真文忠公文集序》，次明萬曆二十六年（1598）金學曾《真文忠公全集序》，次康熙己巳（四年，1665）王胤元《續補真西山先生全集序》，次雍正元年（1723）阿爾賽《真文忠公文集序》，次康熙四年姚兆禎《真文忠公續補全集序》，次《重刻西山先生真文忠公文集目錄》。卷一、二十五首題 "明後學武陵楊鷁伏庵父重脩，明後學蘭陵丁辛先甲父重較"（卷二十五 "較" 作 "校"），卷十題 "明後學武陵楊鷁伏庵、蘭陵丁辛先甲父重校，新寧林懋材君華父重校"，卷四十題 "明後學武陵楊鷁伏庵、蘭陵丁辛先甲父重校"。卷五十一之第十葉接卷五十二之十一葉，兩卷錯混爲一卷。卷五十五末有長方空白牌記，上下鐫樹葉形。刻工有劉詩（劉）、亮、亮刊、才（朱才）、黃、余、游得、葉、羅中、鄭、革、張山（張）、羅正、照、国禎、余長、榮、松、余京、葉興、陳（陳達）、周田、中、余存、光、葉力、國植、应、吳、吳華、華字、坤。

《文章正宗復刻》框高 20.1 厘米，寬 15.1 厘米。半葉十行二十一字，小字雙行同，白口，四周雙邊，單黑魚尾，正文無界欄。版心上鐫書名，中鐫卷次及類名。首有乾隆丁亥（三十二年，1767）王杰、未署年錢琦、楊仲興《文章正宗復刻序》三篇，次《凡例》六則；次《真西山文章正宗綱目》，分 "辭命" "議論" "叙事" "詩賦" 四類；次《真西山文章正宗復刻目錄》。

《續文章正宗復刻》版框、行款與《文章正宗復刻》同。書名葉分三欄，額鐫 "乾隆戊子年新鐫"，右鐫 "西山真夫子原本"，中鐫書名，左鐫 "觀察使者重輯梓行"。首有未署年《文章正宗復刻後跋》，次乾隆甲午（三十九年，1774）

陳惠跋，次宋咸淳丙寅（二年，1266）倪澄《文章正宗續集宋文原序》，次目錄。行間鐫夾批。

《西山真文忠公年譜》框高 21.5 厘米，寬 15.8 厘米。半葉九行十八字，白口，四周雙邊，單黑魚尾，正文無界欄。書名葉鐫"西山真文忠公年譜""裔孫鼎元、采全訂"。首有"西山真文忠公像"并贊，次《五行相屬之圖》；次康熙丁酉（五十六年，1717）《衛生歌》，末鐫"十六世裔孫祖蔭重梓，十八世裔孫榜督刊"；次乾隆甲申（二十九年，1764）吳鏞《西山真夫子年譜序》、李青震序、真采《年譜後》、林鴻序。記事至乾隆二十三年（1758）。

《真文忠公心政經》版框、行款與《年譜》同。首有清康熙五十四年（1715）徐枝芳《真文忠公心政經序》，次明成化丙申（十二年，1476）陸簡《真文忠公心政經序》，次宋淳祐二年（1242）王邁《心政經序》，次明嘉靖甲申（三年，1524）張鵬《題心政經後》，次明隆慶辛未（五年，1571）徐栢《跋》，次清康熙乙未（五十四年）張普錫《題心政經後》。《心經》末有未署年真祖蔭跋。《心經》《政經》卷端皆題"十六世裔孫祖蔭、祖武仝男鼎元、拱元、叔元重梓，姪配元督刊"。

《西山先生真文忠公讀書記》框高 20.7 厘米，寬 15.1 厘米。半葉十行二十一字，白口，四周雙邊，單黑魚尾。版心上鐫"讀書記"，中鐫卷次。書名葉分三欄，額鐫"乾隆四年重鐫"，右鐫"宋儒真西山先生輯"，中鐫"讀書記"，左鐫"本祠藏板"。首有宋開慶元年（1259）湯漢《讀書記原序》，次乾隆八年（1743）雷鋐《重刻真西山先生讀書記序》，次湯漢《讀書記綱目》，次乾隆四年（1739）真鼎元、真元傑《重鐫西山真文忠公讀書記本末後》，次"閤族裔孫重刊"姓名，次目錄。

真德秀（1178—1235）本姓慎，因避宋孝宗諱改姓，字景元，又字希元，號西山，宋建寧府浦城（今屬福建）人。慶元五年（1199）進士，開禧元年（1205）復中博學宏詞科，理宗時歷知泉州、福州，官至戶部尚書、參知政事，卒諡文忠。學宗朱熹，倡明理學，著《西山真文忠公集》《大學衍義》等。《宋史》卷四百三十七有傳。

真德秀為南宋後期理學名臣，著述宏富，所著各書歷代都有翻刻，《大學衍義》《文章正宗》《續文章正宗》《政經》《讀書記》等今尚有宋元版存世，明刻本更多，而《全集》則由家祠於清康熙間編刻，乾隆間彙印成書，祠名"拱極堂"。明萬曆二十六年福建巡撫金學曾嘗欲輯刻全集，今只見《大學衍義》《西山先生真文忠公文集》兩種。其中，《大學衍義》曾於明嘉靖六年（1537）由司禮監刊刻，影響最大，為後世衆多版本所祖述，金氏據以翻刻，崇禎八年楊鶚又翻刻金本，此《全集》本又據楊鶚本重刻，版式一仍其舊。《西山先生真文忠公文集》康熙四年王胤元序謂係"商諸司訓，旁搜闕遺，重爲剞劂"，所據亦爲楊鶚翻刻金本。《文章正宗復刻》楊仲興序云："今夏于役南浦，謁先生祠，得宋刻一册，按原目依類歸之，稽式校謄如舊，共三十卷，擬曰《文章正宗復刻》。"《續文章正宗復刻》陳惠跋云："大觀察楊公（楊仲興）鼇復宋本，分類原目，而刻諸西山真氏祠也。"知皆係據宋本翻刻。《心政經》徐枝芳序云："其《衍義》《文集》以及《西山甲乙稿》《經筵講議》《端平奏議》等書已家喻而户習，獨《心政經》一書曾留内庭頒刻，奈年遠板失，僅存遺本。夫子之裔曰克箕者謂：'此乃我祖寔心實政身體力行之跡而有功於世道人心者，忍令其湮没而不傳也？'命予校之而付梨棗。"據書中嘉靖、隆慶諸序，所謂"僅存遺本"當即明刻舊本。真鼎元《重鐫西山真文忠公讀書記本末後》謂"客歲遊學吳越間，疊購古本二，其一則開慶湯漢刊，其一則咸淳乙丑陳氏所梓"，遂率閤族真氏裔孫據以校刊行世。《全集》刻成，版藏宗祠。乾隆間印本未見著録，存世多爲後印本。此本總書名葉之"道光辛丑年重鐫"亦爲道光間重印之意。

書中避諱不嚴，《大學衍義》《文集》照刻明本，清諱"玄""胤""弘""曆"等字皆不避。《文章正宗》"弘"易作"宏"，如漢"公孫宏""桑宏羊"；《年譜》"玄""弘"字缺末筆，"萬曆"之"曆"字作"厯"。《讀書記》則"絃"等字或不缺筆。

《中國叢書綜録》著録《真西山全集》爲"清康熙中家祠重刊同治中印本"，與此當爲同版。《綜録》以《讀書記》《文章正宗復刻》及《續》《文集》《心經》《政經》《大學衍義》《年譜》爲七種，與此本不同。中國國家圖書館、北京大學圖書館等十七家有收藏。知日本京都大學人文科學研究所亦有藏本。

028
率祖堂叢書八種五十七卷附七種三十卷

T9112　8173

《率祖堂叢書》八種五十七卷附七種三十卷

  《尚書表註》二卷　宋金履祥撰

  《宋金仁山先生大學疏義》一卷　宋金履祥疏

  《論語集註考證》十卷《前》一卷　宋金履祥疏

  《孟子集註考證》七卷《前》一卷　宋金履祥疏

  《資治通鑑前編》十八卷《舉要》三卷　宋金履祥撰；《外紀》一卷　元陳子桱輯　明吳勉學增定

《宋金仁山先生選輯濂洛風雅》六卷　宋金履祥輯

《仁山先生金文安公文集》五卷　宋金履祥撰；《行狀》一卷　元柳貫撰

《宋仁山金先生年譜》一卷　明徐袍撰

附《金華呂東萊先生正學編》一卷　宋呂祖謙撰　明趙鶴輯

《金華何北山先生正學編》一卷　宋何基撰　明趙鶴輯

《金華王魯齋先生傳集》二卷　宋王柏撰　明趙鶴輯

《白雲先生許文懿公傳集》四卷　元許謙撰

《金華章楓山先生正學編》一卷　明章懋撰　明趙鶴輯

《金華徵獻畧》二十卷　清王崇炳撰

《奎光閣集》一卷　清金律輯

宋金履祥撰。清雍正至乾隆刻本。四十二册。《宋金仁山先生大學疏義》框高 17.1 厘米，寬 12.5 厘米。各集版式不同，版心上或中鐫子集名。

《尚書表註》框高 20.1 厘米，寬 13.6 厘米。每葉中下部框内刻《尚書》正文，半葉八行十八字；左、右、上三面鐫注釋，半葉二十二行二十六字，白口。卷端題"仁山金履祥吉父氏表注；門人許謙校正；十八世孫律刊"。首有乾隆元年（1736）諸錦《尚書表註序》、未署年金履祥《尚書表註自序》；次《凡例》。是集爲金履祥擺脱衆説、貫穿考證之作，金氏《自序》云："履祥繙閲諸家之説，章解句釋蓋亦有年。一日，擺脱衆説，獨抱遺經，復讀玩味，則見其節次明整，脉絡貫通，中間枝葉與夫訛謬一一易見，因推本父師之意，正句畫段，提其章指與夫義理之微事爲之檠，考證字文之誤表註四闌之外。"

《宋金仁山先生大學疏義》半葉十行二十字，小字雙行同，左右雙邊，下黑口，雙魚尾。卷端題"十八世孫律重梓"。書名葉分三欄，右題"雍正己酉年刻"，中題"宋金仁山先生大學疏義論孟攷証"，左題"婺郡東藕塘賢祠義學藏板"，己酉爲雍正七年（1729）。首有雍正己酉（七年）趙元祚《序》、雍正己酉王崇炳《序》。《論語集註考證》卷端題"論語集註攷證""仁山金履祥述；十八世孫律重梓"。首有至順改元（1330）許謙序、至元三年（1337）李桓《前序》。《孟子集註考證》卷端題"孟子集註攷證""仁山金履祥述；十八世孫律重梓"；末有金履祥題識。《大學》《論語》《孟子》三集均爲金履祥在朱熹集注基礎上再做注疏考證，《孟子集註考證》書末金履祥題識云："古書之有註者必有疏，《論孟證》即《集註》之疏也，以有纂疏，故不名疏。而文義之詳明者，亦不敢贅，但用陸氏《經典釋文》之例表其疑難者疏之。"此三集同由金履祥十八世孫金律刊刻，趙元祚《序》云："過東藕塘謁仁山先生家祠，晤其十八世孫律，道先生世系甚詳，藏其遺書甚全，適付梓告竣。"王崇炳《序》亦云："仁山先生書，後人守之，而十八世孫太學生孔時藏其《大學書義》《論孟考證》，惟遺《中庸表注》。……去年募工鐫木。"

《資治通鑑前編》《舉要》《外紀》半葉十行二十三字，小字雙行同，四周單邊，下黑口，雙魚尾。《前編》及《舉要》卷端題"宋金仁山履祥編輯""金邑後學李旦參閱；東邑後學盧衍仁重校；十八世孫律重梓"。《前編》書名葉分三欄，右題"宋金仁山先生編輯"，中題"通鑑前編"，左題"金郡率祖堂藏板"，欄上題"乾隆乙丑年重鐫"，乙丑爲乾隆十年（1745）。首有景定甲子（五年，1264）金履祥《通鑑前編前序》、天曆元年（1328）許謙《序》；末有上章執徐（庚辰，至元十七年，1280）金履祥《通鑑前編後序》、乾隆十二年（1747）金律跋。《外紀》卷端題"元四明陳子桱編輯；明新安吳勉學增定""清古婺李旦參閱；盧衍仁重校；金律重梓"。首有未署名序。《資治通鑑前編》補《資治通鑑》之前史事，金履祥《前序》云："今本之以史子傳紀，附之以經，翼之以諸家之論，且考其繫年之故，解其辭事，辨其疑誤，如東萊呂氏《大事記》而不敢盡倣其例。起帝堯元載，止威烈王二十三年，接於《資治通鑑》，名曰《通鑑前編》。"《外紀》爲陳子桱所作盤古氏至高辛氏年間之事，更在《前編》之前，其卷前序云："陳氏子桱甫世其史學尊承先志，纂輯前聞，凡方冊所載，若盤古氏至高辛氏，考紀其槩爲第一卷，以冠金氏所述，名之曰《通鑑外紀》。"是集爲金律所刻，書末金律跋云："因思仁山公之著述若《大學疏義》《論孟攷証》《尚書表注》《濂洛風雅》《文集》《年譜》等書俱以次重梓，而《前編》爲金華三大書之一，烏可吝費不鐫？爰于乾隆乙丑（十年）延武林沈君天成糾工開雕，時東洋盧君紹蓬樂爲考證，仝邑西席李君景蓮共與校閱，三載告竣。"

《宋金仁山先生選輯濂洛風雅》半葉十行二十字，小字雙行同，無直欄，左右雙邊，下黑口，雙魚尾。卷端題"滇海後學趙元祚、檇李後學戴錡鑒定""吳寧後學王崇炳、瀫水後學章藜照參閱""金華後學黃廷元較；十八世孫律重梓""男弘清、弘彪、弘煥、弘浩仝訂"。書名葉分三欄，右題"宋金仁山先生編輯"，中題"濂洛風雅"，左題"婺郡東藕塘賢祠義學藏板"。首有未署年王崇炳《濂洛風雅序》、雍正十年（1732）戴錡《濂洛風雅序》、元貞丙申（二年，1296）唐良瑞《濂洛風雅序》；次《濂洛風雅圖》《濂洛風雅姓氏目次》。戴錡《序》云："兹編僅百餘頁，乃先生親手鈔本，裔孫律藏之已久，今附刻《文集》之後。"

《仁山先生金文安公文集》半葉十行二十字，小字雙行同，左右雙邊，下黑口，雙魚尾。卷端題"後學東湖董遵編輯；十八世孫律重梓"。書名葉分三欄，右題“雍正辛亥年刻”，中題“宋金仁山先生傳集”，左題“郡東藕塘賢祠義學藏版”，辛亥爲雍正九年（1731）。首有雍正辛亥（九年）王崇煥《重刻宋金仁山先生文集序》；次門人柳貫《行狀》、撰輯先生文集行狀傳序姓氏；次《仁山先生金文安公文集目次》，題“十八世孫律孔時氏重梓”“男弘清、弘彪、弘煥、弘浩全閱”。王崇煥《序》述編刻事云：“金華藕塘金太學孔時，仁山先生十八世孫也。平時收録先生遺書，若《大學疏義》《論孟攷証》，既梓而布之矣，又有《文集》四卷屬予較訂。予爲之次其編帖，政其訛誤，與其錯簡重出而更定之，蓋將以次授梓。”

《宋仁山金先生年譜》半葉八行二十字，小字雙行同，左右雙邊，白口，單魚尾。卷端題“明後學徐袍編次；明後學徐學裘校正；明裔孫應晋重刊”“古婺後學李旦參訂；瀫水後學黃乾山校閱；清十八世孫律重梓”。書名葉分三欄，右題“乾隆甲子年刻”，中題“宋仁山金先生年譜”，左題“郡東藕塘賢祠義學藏版”，甲子爲乾隆九年（1744）。首有嘉靖庚子（十九年，1540）徐袍《仁山先生年譜序》。

《金華呂東萊先生正學編》半葉十行二十字，小字雙行同，左右雙邊，黑口，單魚尾。卷端題“閩僭谿後學鄭遠參閱；■（此行爲墨釘）；東邑後學盧衍仁校正；仁山後裔金律重梓”。書名葉分三欄，右題“乾隆乙丑刻”，中題“金華呂東萊先生正學編”，左題“郡東藕塘奎光閣藏板”。首有正德辛未（六年，1511）趙鶴《題金華正學編原序》、萬曆庚寅（十八年，1590）張朝瑞《重刻正學編原序》、乾隆乙丑（十年）鄭遠《重刻金華正學編序》；次《金華呂東萊先生正學編目次》。是集爲金律爲表彰理學名家而刻，鄭遠《序》云：“金生孔時爲仁山後裔，刻其家集方竣事，復訪諸先進之緒餘，付諸梨棗，表彰前哲，嘉惠來兹。”

《金華何北山先生正學編》半葉十行二十字，小字雙行同，左右雙邊，黑口，單魚尾。卷端題“閩僭谿後學鄭遠參閱；■（此行爲墨釘）；里後學李旦校正；仁山後裔金律重梓”。書名葉分三欄，右題“乾隆乙丑刻”，中題“金華何北山先生正學編”，左題“郡東藕塘奎光閣藏板”，乙丑爲乾隆十年。首有乾隆乙丑（十年）程開業《重刻金華正學編序》。程開業《序》云：“今孔時金君較刻仁山先生遺集之後，復取而新諸棗梨，傳先賢將散之遺文，啟後學欲墜之真脉。”

《金華王魯齋先生傳集》半葉十行二十字，小字雙行同，左右雙邊，黑口，單魚尾。卷端題“閩僭谿後學鄭遠參閱；■（此行爲墨釘）；里後學趙祖聖校正；仁山後裔金律重梓”。書名葉分三欄，右題“乾隆乙丑刻”，中題“金華王魯齋先生正學編”，左題“郡東藕塘奎光閣藏板”，乙丑爲乾隆十年。首有乾隆十年趙祖聖《重刻金華正學編序》；次《金華王魯齋先生傳集目次》。趙祖聖《序》云：

"仁山賢裔孔翁志切表章前，既刻其乃祖遺書并白雲許先生集，至是更取前明所鎸《金華正學編》而重梓之。"

《白雲先生許文懿公傳集》半葉十行二十字，小字雙行同，左右雙邊，下黑口，雙魚尾。卷端題"滇南後學趙元祚鑒定；檇李後學戴錡編次；吳寧後學王崇炳參訂""潄水後學章蔾照閱；雙溪後學黃廷元較；東湖後學金律梓"。書名葉分三欄，右題"雍正壬子年鎸"，中題"元許白雲先生傳集"，左題"婺郡東藕塘賢祠義學藏板"，壬子爲雍正十年。首有雍正十年王崇炳《重刻許白雲先生遺集序》、雍正十年戴錡《許白雲先生傳集序》；次黃潛《墓誌銘》；次《白雲先生許文懿公傳集目録》。是集爲金律用王崇炳藏本刊刻，王崇炳《序》云："予得此本於弟子蔡六平，急思得其人鎸而布之，計惟有金太學孔時能。時《仁山集》初告竣，而《金華徵獻畧》方鳩工。"戴錡《序》又云："婺州金子孔時，仁山先生之後裔，篤好理學，刻成先集，欲購白雲先生著述同刻一編，以表師弟相承之誼，而難得其書。東陽王虎文先生，博學君子也，藏書最富，有先生舊刻文集四卷，什襲寶之，聞欲重刊，欣然出借，録副本縱臾剞劂，流傳海內。"

《金華章楓山先生正學編》半葉十行二十字，左右雙邊，黑口，單魚尾。卷端題"閩僊谿後學鄭遠參閱；■（此行爲墨釘）；仁山後裔金律重梓；率姪孫金光業校正"。書名葉分三欄，右題"乾隆乙丑刻"，中題"金華章楓山先生正學編"，左題"郡東藕塘奎光閣藏板"，乙丑爲乾隆十年。首有乾隆十年葉新《重刻金華正學編序》《金華章楓山先生正學編目次》。葉新《序》云："金文安公裔孫孔翁刻其家集方竣，次及《正學編》，而以楓山先生編屬余爲序。"

《金華徵獻畧》半葉十行二十字，無直欄，左右雙邊，白口，雙魚尾。卷端題"鶴潭王崇炳虎文氏撰録；門人黃廷元殿選較訂；東湖金律孔時編梓"。書名葉分三欄，右題"雍正壬子年鎸"，中題"金華徵獻畧"，左題"婺東藕塘賢祠藏板"，壬子爲雍正十年。首有康熙庚子（五十九年，1720）汪滶《金華徵獻畧》序、雍正十一年（1733）諸錦《金華徵獻畧序》、雍正十年黃廷元《序》、雍正壬子（十年）趙元祚《金華徵獻畧序》；次《引例》；次《金華徵獻畧目次》。是集記載金華名臣、文儒、孝友等各類人物，黃廷元《序》云："吾師《徵獻畧》無所不登，自孝友、節烈以迄仙釋，中分十三類，統計二十卷，至其搜遺采之金華雜志，惟儒學傳自元以前則取汰於宋潛溪《元史》，明以後則黃黎洲《儒林録》及萬季野《儒林源流考》，博採羣書而斷以己意。"

《奎光閣集》半葉十行二十字，無直欄，左右雙邊，上黑口或白口，雙魚尾。卷端未題著者，各篇首或末題著者。書名據版心。首有乾隆元年（1736）金律《序》。是集爲金律所輯書院講學會詩之作，金律《序》云："斯文爲人心之砥柱，文昌實司命乎斯文。歲之二月越三日，其壽誕也，業爲士人均之不忘慶祝。余於蝸居之西東湖之上，搆書院隨建奎光閣以邀其靈而式憑焉。每逢是日同人咸集，嵩祝之餘，獻酬神惠，必申之以詩歌，即因以講學會文。"是集收《王鶴潭先生東湖講義》《東湖書院八景詩》諸篇，但仍爲散稿，編次無序，版心僅鐫"卷之"，無卷次及葉碼。其中有丙辰、丁巳、戊午三年課藝，爲乾隆元年至三年（1736—1738）所作。

金履祥（1232—1303）初名祥，更名開祥、履祥，字吉父，號仁山，宋婺州蘭溪（今屬浙江）人。習濂洛之學，從王柏、何基游，爲一代名儒，宋亡，屏居金華山，以著述爲事，晚年講學麗澤書院。傳朱熹理學，著《通鑑前編》《大學疏義》《尚書表注》《論孟集注考證》《仁山集》等。《元史》卷一百八十九有傳。

是書收金履祥著述，以及與金華理學相關之作，由金履祥十八世孫金律於雍正至乾隆年間陸續刊刻。根據各集書名葉所題鐫刻年代及序言所述，各集刊刻之先後順序爲：雍正七年刻《大學疏義》《論語集註考證》《孟子集註考證》，之後刻《尚書表註》；雍正九年刻《仁山先生金文安公文集》，之後爲《宋金仁山先生選輯濂洛風雅》；雍正十年先後刻《金華徵獻署》《白雲先生許文懿公傳集》；乾隆九年刻《宋仁山金先生年譜》；乾隆十年先刻《資治通鑑前編》，歷三年告竣，乾隆十年又刻《金華呂東萊先生正學編》《金華何北山先生正學編》《金華王魯齋先生傳集》《金華章楓山先生正學編》四種。其中雍正及乾隆九年所刻，書名葉多題爲"婺郡東藕塘賢祠義學藏板"；而乾隆十年所刻《正學編》書名葉題"郡東藕塘奎光閣藏板"，參據《奎光閣集》序言，奎光閣應爲乾隆元年建；諸集中《資治通鑑前編》一種題"金郡率祖堂藏板"。《奎光閣集》所收篇章爲乾隆元年至三年之間，應爲隨編隨刻，其刊刻亦應距乾隆三年不遠。

此爲雍正七年至乾隆十二年刻本，原書子目順序較爲凌亂，上述子目姑依光緒補刻本之目次，列光緒補刻本所無之《奎光閣集》於末。此本原順序爲：《周易傳義合訂》十二卷、《春秋鈔》十卷《首》一卷、《孝經》一卷《孝經三本管窺》四卷、《儀禮節略》二十卷、《大戴禮記》十三卷、《禮記纂言》三十六卷、《呂氏四禮翼》一卷、《張子全書》十五卷、《顏氏家訓》二卷、《溫公家範》十卷、《歷代名儒傳》八卷、《歷代名臣傳》三十五卷《續編》五卷、《歷代循吏傳》八卷。

是書有光緒十三年（1887）鎮海謝駿德補刊本。補刊本另加書名葉題"光緒丁亥端易""率祖堂叢書""會稽孫祖德謹署"，又題"金華東藕塘金氏藏板"。丁亥爲光緒十三年。書首有《宋金仁山先生遺書》目錄及光緒十三年謝駿德識云："右仁山先生遺書八種坿刻六種，板藏先生裔尻府治東藕塘者，國朝雍乾閒舊刻也。駿德以壬午（光緒八年，1882）歲司諭此邦，丙戌（光緒十二年，

1886）烰始訪得之，謹詣檢閲，凡缺卅有七葉，乃購□別本参訂，捐俸刊補完善。全書舊無總目，并爲標題，序列印行，以廣其傳。"

"泫"字缺筆；"弘"字或缺筆。

《中國叢書綜録》著録中國國家圖書館、上海圖書館、南京圖書館等十七家收藏清雍正乾隆間金華金氏刻光緒十三年鎮海謝駿德補刊本。知美國柏克萊加州大學圖書館，日本國會圖書館、東洋文庫、東京大學東洋文化研究所、京都大學人文科學研究所等處收藏光緒補刊本。

029
薛文清公全集九種五十八卷

T9115　4411

《薛文清公全集》九種五十八卷

《文清公薛先生文集》二十四卷

《薛文清公手稿》一卷

《薛文清公讀書録》十一卷《續録》十二卷

《薛文清公策題》一卷

《四書雜論》一卷

《薛文清公理學粹言》一卷

《薛文清公從政名言》一卷

《薛文清公年譜》一卷

《行實録》五卷

明薛瑄撰。明至清刻乾隆彙印本。四册。各集行款、字體不一。

《文清公薛先生文集》框高 20 厘米，寬 13.7 厘米。半葉十行二十字，四周雙邊，白口，單魚尾。版心上鎸"文集"及卷次。卷端題"門人關西張鼎校正編輯"。書首有弘治己酉（二年，1489）《文清薛先生文集序》；次《文清公薛先生文集目録》，題"門人關西張鼎校正編輯"。《序》云："惟《文集》則先生孫前刑部員外郎襈曾托前常州同知謝庭桂板刊，未就。今年夏四月，前監察御史暢亨先生同鄉讁官陝右道，過鎮陽，予因訪前集，暢曰：'某於毘陵朱氏得之矣'。予喜而閲之，但舛訛非原本矣。因仿《唐昌黎集》校正編輯，總千七百篇，分爲二十四卷，凡三易藁始克成編。"是集曾刊刻於明，此集後半部分仍用明代舊版，但卷一至六字體明顯不同，爲清代重刻。

《薛文清公手稿》半葉六行字不等，四周單邊，白口，單魚尾。版心上鎸"文清手稿"。卷端未題著者。首有天啓丁卯（七年，1627）曹于汴《題薛文清公手稿》，末鐫"崇禎十六年歲次癸未仲春，吉九代嫡孫壬午科舉人薛繼巖、薛昌亂重刊"。卷前曹于汴序云："茲其手稿而厥孫士爌輩重付剞劂者也"，薛士爌爲薛瑄八世孫。再據書末刊刻條記，知崇禎十六年（1643）九世孫薛繼巖、薛昌亂又曾重刊。

《薛文清公讀書録》半葉十二行二十二字，小字雙行同，左右雙邊，黑口，雙魚尾。版心上鐫"讀書録"，中鐫卷次。卷端未題著者。首有乾隆十一年（1746）孫嘉淦《重刊薛文清公讀書録序》。是集曾刊刻於明，此爲乾隆年間重刊本。卷前孫嘉淦《序》云："顧其書版日久殘缺，而不可以行遠，今共後裔天章將重鐫而廣布之。"

《薛文清公策題》半葉十二行二十二字，四周雙邊，白口，單魚尾。版心上鐫"薛文清公策問"。卷端未題著者。末有未署年八代嫡孫薛士弘《先文清薛公譜言集録跋後》。末鐫"十一代孫天章、顏重刊"。是集與《年譜》《理學粹言》《從政名言》《文集》四種，初皆由八世孫薛士弘刊刻，薛士弘《跋後》云："遂走使檢家藏之未刻者。叔監生應第、生員應銓以《年譜》《粹言》《名言》《文集》《策目》凡五種附焉。弘沐手録謄摘其切緊者呈教於二君請序之。"薛瑄《文集》早在弘治年間即有刻本，未詳《跋》所指《文集》爲何。此集爲乾隆年間由十一世孫重刊。

《四書雜論》半葉九行二十五字，四周單邊，白口，無魚尾，行間鐫評語及圈點。卷端未題書名、著者，題名據內容擬定。末鐫"乾隆三十年（1765）夏四月西北分全刊"。是集包括《儀封人請》《一日克己》《大學之道》《身有所忿》《流連荒亡》《仁義禮智》諸篇，論題出自《論語》《孟子》《大學》。第二、三篇末鐫篇名簡稱及"薛"，是書爲薛瑄論《四書》之雜篇。

《薛文清公理學粹言》半葉十二行二十二字，左右雙邊，黑口，雙魚尾。版心上鐫"理學粹言"。卷端未題著者。

《薛文清公從政名言》半葉十二行二十二字，左右雙邊，黑口，雙魚尾。版心上鐫"從政名言"。卷端未題著者。

《薛文清公年譜》半葉十行二十字，無欄格，四周雙邊，白口，單魚尾。版心上鐫"年譜"。卷端題"武陵後學楊鶴彙編"。首有未署年楊鶴《薛文清公年譜序》、萬曆丁未（三十五年，1607）楊鶴《跋言》、康熙五十二年（1713）聶儆《薛文清公年譜序》。《年譜》原爲薛瑄門人張鼎所編，萬曆年間楊鶴及其子嗣昌校訂重刊，楊鶴《跋言》云："先生《年譜》成於門人張鼎，歷歲久遠，梨棗剝落無存。八代孫薛士弘字仁寰時任真寧縣，出舊刊一部示滿汝楊諱朝薦時任咸寧縣暨余，余時任長安縣。汝楊屬余更訂重梓，余苦簿領無暇，余兒子嗣昌取先生全書遍閱之，考其年月，間有不合與遺事錯見於集中者，爲之次第其甲乙，正其訛謬，又時採先生詩文補入之，行事有原本脱漏者，參考以實之，譬諸餚混沌以蛾眉少加潤色云爾。"康熙五十二年，聶儆又重刊是集，聶《序》云："及得令河津，復詳求其著述誌傳始末，蓋僅僅間有存者。最後先生□□□（按，此四字模糊）文學薛崑王持手鈔《年譜》一帙相示，亟校讐而付諸梓。"

《行實録》半葉十行十八字，四周雙邊，白口，單魚尾靠接上邊欄。版心中鐫"行實録"及卷次。卷端未題著者。首有《皇明文清公薛先生行實録總目》，後鐫萬曆十六年（1588）正學書院識校刊姓氏，刊者題爲"欽差巡按山西等處監察御史宜興吳達可重刊"；次正德六年（1511）喬羽《薛文清公行實序》。卷一、二末鐫"安邑後學張彀重校"。

薛瑄（1389—1464）字德温，號敬軒，明初河津（今屬山西）人。少聰穎，永樂十九年（1421）進士，歷官御史、大理寺卿、禮部右侍郎兼翰林院學士，英宗復辟時入内閣，後辭官還鄉，卒諡文清。從魏希文、范汝舟習理學，爲明代醇儒，性耿直，曾因忤太監王振下獄。著《敬軒集》《讀書録》等。《明史》卷二百八十二有傳。

此本爲乾隆時彙印明、清所刊薛瑄諸集。《文集》《讀書録》《行實録》明代即曾刊刻；明末，八世孫薛士弘增刻《年譜》《粹言》《名言》《文集》《策目》五種；乾隆年間，十一世孫天章、天顔又重刊《讀書録》《策題》等；乾隆三十年，又增刻《四書雜論》。其中有明代舊版，亦有清代重刻，故版式、字體面貌各異。

"玄"字缺筆，"弘"字或缺筆。

《四庫全書總目》集部別集類著録《薛文清集》二十四卷，乃爲《文集》。《中國古籍善本書目》著録《薛文清公全集》四十卷之明嘉靖刻本、萬曆刻本兩種。知臺灣大學圖書館收藏清乾隆三十年刻《薛文清公全集六種》。

此爲勞費爾購書。

030

李竹嬾先生説部八種二十六卷

《李竹嬾先生説部》八種二十六卷

　　《六研齋筆記》四卷《二筆》四卷《三筆》四卷

　　《紫桃軒雜綴》三卷《又綴》三卷

　　《禮白嶽紀》一卷

　　《蓬櫳夜話》一卷

　　《璽召録》一卷

《薊旋録》一卷

《竹嬾畫賸》一卷《續》一卷

《墨君題語》二卷　李日華、李肇嘉撰　江元祚、項聖謨輯

明李日華撰。明天啓至崇禎刻清康熙、乾隆遞修本。二十四册。《六研齋筆記》框高 20.6 厘米，寬 13.3 厘米。半葉八行十九字，四周單邊，白口，無魚尾。版心上鎸子集名，中鎸卷次，下或鎸字數。書名葉分二欄，右題"李君實先生雜著"，左上題"六研齋筆記、六研齋二三筆、紫桃軒雜綴、紫桃軒又綴、墨君題語"，左下題"遊白岳記、蓬櫳夜話、璽召録、薊旋録、畫賸正續"。

《六研齋筆記》卷端題"古秀竹嬾李日華著"；首有未署年譚貞默《原序》、未署年李日華《自題》、天啓丙寅（六年，1626）劉日曦《序》；卷二、四末鎸"孫男新枝、琪枝、昂枝仝校"。《六研齋二筆》卷端題"古秀竹嬾李日華著"，卷二至四題"檇李竹嬾（或"嬾"）李日華著"；首有崇禎庚午（三年，1630）陳懋仁《六研齋二筆序》；卷四末鎸"孫男新枝、琪枝、昂枝仝校"。《六研齋三筆》卷端題"古秀竹嬾李日華著"，卷三、四題"古秀李日華君實甫著"；首有未署年王起隆《題辭》；卷二末鎸"孫男新枝、琪枝、昂枝仝校"，卷四末卷"孫男新枝、琪枝、昂枝仝較"。《六研齋筆記》卷前李日華《自題》云："門人徐節之、陳衛伯暨兒亨，每遇予畫頭着語，輒録藏之。暇日出以相印，又謀梓行之。"《二筆》《三筆》爲《六研齋筆記》之續作。《六研齋三筆》末附乾隆三十三年（1768）曹秉鈞序、康熙二十四年（1685）未署名《謹述》；另《三筆》誤裝於《紫桃軒雜綴》首。

《紫桃軒雜綴》《紫桃軒又綴》卷端均題"檇李李日華君實甫著"。是集論畫部分爲李日華所長，其餘多取自前人説部。

《禮白嶽紀》卷端題"竹嬾李日華君實甫撰"。首有李衷純題《禮白嶽紀序》。是集爲李日華萬曆三十八年（1610）因父患疾而禮白嶽神之事，每歷一境，必紀勝賦詩。

《蓬櫳夜話》卷端未題著者。《蓬櫳夜話》依托於《禮白嶽記》，以志其怪。

《璽召録》卷端題"嘉禾李日華著"。是集爲李日華升尚寶司司丞，記其赴京途中所經，始自天啓五年（1625）二月二十四日，終四月十五日。

《薊旋録》卷端題"嘉禾李日華著"。是集爲李日華崇禎元年（1628）自京赴任薊鎮，記其沿途所經。

《竹嬾畫賸》《續畫賸》卷端均題"檇李李日華君實甫著"。是集哀録李日華題畫之作。

《墨君題語》卷端題"錢塘江元祚邦玉輯"，卷二題"繡水項聖謨孔彰輯"。是集二卷分別録李日華及其子李肇嘉題詠墨竹之作。書中未標卷次，二人詩篇

葉碼自爲起訖，各有輯者。

李日華（1565—1635）字君實，號九疑，又號竹嬾，明嘉興（今屬浙江）人。萬曆二十年（1592）進士，授九江推官，以事謫，歷西華知縣、南京禮部主事，後歸里鄉居二十年，明末補禮部尚寶司丞，官至太僕少卿。工書畫，好古博物，詩文恬淡清雋。著《恬致堂集》《六研齋筆記》《味水軒日記》《竹嬾畫賸》等。《明史》卷二百八十八有傳。

是編集李日華雜著，收其題畫詩文、畫論及紀行之作。書中序言謂其爲十一種，乃分而計之。李日華雜著曾刻於明天啓崇禎年間，因明清易代而書版散佚，此後曾於康熙二十四年、康熙四十七年（1708）、乾隆三十三年數次補刊。康熙二十四年，其孫、曾孫共校訂補刊爲全帙。《六研齋三筆》末《謹述》云："先大父此集傳播海内久矣。因鼎革之際，板遭兵燹，散軼良多，今於康熙乙丑（二十四年）夏，孫男琪枝、昂枝，曾孫含淑、含澤、含溁、含涏、含瀾、含溶、含潽、含津仝爲校訂補綴遺編，用等梨棗，遂成全帙。其目計有《六研齋筆記》《六研齋二三筆》《紫桃軒襍綴》《紫桃軒又綴》、《遊白嶽記》附《蓬櫳夜話》、《璽召録》《薊旋録》《畫賸》《墨君題語》，共若干種，敬輯無遺，公諸鑒賞。"康熙四十七年，族孫李湄等再次補刻，美國國會圖書館所藏康熙補刻本有李湄序云："湄等繼諸叔父後重爲補刊，與前集並爲完書，薈萃成集，向藏家塾，行俟次第付梓云。時康熙戊子（四十七年）春仲，元孫湄、璉、珏、珮、賁謹識。"乾隆三十三年，曹秉鈞與李日華裔孫再次校讎補刊，曹秉鈞序云："自詩文外，雜蕞凡十有一種。……弟版本歲久，漫漶過半，鈞因與先生之雲孫芬周、萬舒諸世好校讐刊補，以公同志。爰附數語于卷末，以誌傾慕之誠。"據《［光緒］嘉興府志》卷五十一，曹秉鈞字仲謀，號種梅，又號水雲，工書畫，擅韻語。

美國哈佛大學哈佛燕京圖書館藏是書明天啓崇禎刻本、明天啓崇禎間刻清康熙乾隆修補刻本，中國臺北"國家圖書館"藏是書明啓禎間清乾隆三十三年修補本，三者主體部分同版，但題名葉有異。哈佛藏明刻本題名葉右題"李竹嬾先生説部"，左欄子目分上中下三行；哈佛藏清修補本題名葉同此芝大藏本，右題"李君實先生雜著"，左欄子目分上下兩行；而臺北藏清修補本題名葉右題"李竹嬾先生説部全書"，左欄子目分上中下三行。各時期印本題名葉不同，但諸家多著録爲《李竹嬾先生説部》或《李竹嬾先生説部全書》；題名雖有變易，但其實沿用舊版、内容無實質變化，故以較早的明天啓崇禎刻本之"李竹嬾先生説部"爲名較宜。關於是書卷數，哈佛藏本著録爲"八種二十五卷附一種一卷"，參據其書志，蓋以"《墨君題語》一卷"爲附録。然一是"八種二十五卷"之種數、卷數其實已包含此"一種一卷"，計數有誤；二是《墨君題語》爲李日華及其子李會嘉詠竹之作，雖未標卷次，但二人詩篇相對獨立、葉碼自爲起訖，應分兩卷；三是書中子目，僅康熙二十四年未署名《謹述》以《蓬櫳夜話》爲《遊白嶽記》之附，而各本題名葉中各子目皆獨立著録，其他序跋也未以《墨君題語》爲附録。綜合以上各端，此本各子目應單獨著録，卷數計爲八種二十六卷爲宜。

　　"校"字或易爲"較"，"玄"字或缺筆。

　　《四庫全書總目》子部雜家類收《六研齋筆記》，存目著録除《蒞旋録》外之其餘諸集。《中國古籍善本書目》著録湖南省圖書館藏明天啓至崇禎刻清康熙重修本之名家題跋本《李君實先生雜著》殘本。中國臺北"中央研究院"傅斯年圖書館、美國哈佛大學圖書館藏是書明刻本；中國臺北"國家圖書館"、臺北故宮博物院、美國國會圖書館藏康熙重修本；中國臺北"國家圖書館"、美國國會圖書館、日本東洋文庫藏是書康熙、乾隆遞修本。

031

呂新吾全集二十二種五十四卷

T9111　6646

《呂新吾全集》二十二種五十四卷

　　《呂新吾先生去僞齋文集》十卷

　　《實政録》七卷

　　《四禮疑》五卷

　　《四禮翼》不分卷

　　《呂新吾先生閨範圖説》四卷

　　《呻吟語》六卷

　　《小兒語》二卷　明呂得勝撰；《續小兒語》三卷《演小兒語》一卷　呂坤撰

　　《疹科》一卷

　　《宗約歌》一卷

　　《好人歌》一卷

　　《閨戒》一卷

　　《省心紀》一卷

　　《陰符經》一卷　明呂坤注

　　《天日》一卷

　　《反輓歌》一卷

　　《大明嘉議大夫刑部左侍郎新吾呂君墓誌銘》一卷

　　《河工書》一卷

《修城》一卷

《展城或問》一卷

《疾苦條陳》一卷

《交泰韻》一卷

《救命書》不分卷

明呂坤撰。明萬曆刻清遞修本。四十八冊。第一種《去僞齋文集》框高 18.7 厘米，寬 13.4 厘米。無總書名葉，書名據《中國叢書綜録》題，函簽題"去僞齋全集"。《中國叢書綜録》子目次序與此不同。

《呂新吾先生去僞齋文集》半葉十行二十字，白口，四周雙邊，單魚尾。版心上鐫"去僞齋文集"，中鐫卷次。首萬曆丁巳（四十五年，1617）朱國禎《去僞齋集序》，次未署年王□《呂新吾先生去僞齋文集序》，次《呂新吾先生文集總目》，次《新刻呂新吾先生文集目録》；末萬曆丙辰（四十四年，1616）呂知畏《去僞齋稿跋》，康熙十三年（1674）呂慎多《跋》。各卷端題"寧陵呂坤叔簡甫著；孫男慎多重刊；慎高授梓；姪孫聲湄、振詮次；姪曾孫紹楨、姪玹孫前庚訂正；外曾孫魯楨，曾孫壻蔡之琪較閱；曾孫應菊藏板"。卷一至二表箋、奏疏，卷三至四書啓，卷五贈文、書序，卷六至七雜文，卷八策問、碑記、古風樂府、詩詞雜詠、偶句、散句，卷九行狀、傳類、詠辭、墓表，卷十墓誌銘、祭文。《四庫全書總目》集部別集類存目著録。

《實政録》半葉九行十八字，白口，四周雙邊，單魚尾，版心上鐫篇名、卷次。首萬曆戊戌（二十六年，1598）趙文炳《新吾呂先生實政録序》。卷一《明職》，有萬曆壬辰（二十年，1592）呂坤《明職引》，末鐫"嘉慶丁巳（二年，1797）夏武定府霑化縣知縣八世姪曾孫寧陵譽安重刊"；卷二至四《民務》，卷五《鄉甲約》；卷六《風憲約》，有萬曆癸巳（二十一年，1593）陳登雲《重刊風憲約序》；卷七《獄政》。《四庫全書總目》子部雜家類存目著録。

《四禮疑》半葉八行二十字，小字單行同，白口，四周雙邊，單魚尾。版心上鐫書名，中鐫篇名。首萬曆甲寅（四十二年，1614）呂坤《四禮疑序》。卷端題"寧陵呂坤叔簡甫著；男知畏校；知思刊"。凡通禮、冠禮、昏禮、喪禮（附喪禮餘言）、祭禮各一卷。《四庫全書總目》經部禮類存目著録。

《四禮翼》半葉八行二十字，小字單行同，白口，四周雙邊，單魚尾。版心上鐫書名，中鐫篇名。首萬曆癸酉（元年，1573）呂坤《四禮翼序》。不分卷，凡冠禮翼二，曰蒙養、成人；婚禮翼二，曰女子、婦人；喪禮翼二，曰侍疾、修墓；祭禮翼二，曰事生、睦族。《四庫全書總目》經部禮類存目著録。

《呂新吾先生閨範圖説》半葉九行二十二字，白口，四周雙邊，單魚尾。版心上鐫"閨範圖説",中鐫卷次。卷端題"寧陵呂坤叔簡譔,曾孫應菊重刊,姪孫振詮次,姪曾孫紹楨、姪玹孫前庚訂正"。首萬曆庚寅(十八年,1590)呂坤《閨範序》,次《閨範凡例》六則。

《呻吟語》半葉九行十九字,白口,左右雙邊,單黑魚尾。版心上鐫書名,中鐫卷次。首萬曆癸巳(二十一年,1593)呂坤《呻吟語序》,次《呻吟語目録》,次《呻吟語校正姓氏》。各卷端題"寧陵呂坤叔簡甫著"。此編上三卷爲内篇,分八門,曰性命、存心、倫理、談道、修身、問學、應務、養生;下三卷爲外篇,分九門,曰天地、世運、聖賢、品藻、治道、人情、物理、廣喻、詞章。《四庫全書總目》子部儒家類存目著録,儒家類又有《呻吟語摘》二卷,謂晚年定本。《總目》云是書"大抵不侈語精微,而篤實以爲本;不虛談高遠,而踐履以爲程。"

《小兒語》半葉七行十六字,小字雙行同,白口,左右雙邊,單魚尾。版心上鐫書名。卷端鐫"漁隱閑翁玄孫獲珮重刊"。首嘉靖戊午(三十七年,1558)呂得勝《小兒語序》。《小兒語》分上下二卷,《續小兒語》分上中下三卷。《續小兒語》及《演小兒語》卷端題"抱獨居士"。末萬曆癸巳(二十一年)呂坤《書小兒語後》。

《疹科》半葉八行十八字,白口,四周單邊,單黑魚尾。版心上鐫書名。首萬曆甲辰(三十二年,1604)《疹科序》。

《宗約歌》半葉八行二十字,小字雙行同,白口,四周雙邊,單魚尾。版心上鐫書名。首萬曆己亥(二十七年,1599)呂坤《宗約歌引》;次《歌法》,末鐫"康熙己未(十八年,1679)夏月家學姪曾孫紹楨重刊"。《好人歌》《天日》《河工書》行款同《宗約歌》。

《閨戒》半葉八行二十字,小字雙行同,白口,四周雙邊,單魚尾。首未署年《閨戒引》,末署"抱獨居士"。

《省心紀》半葉八行,行字不一,白口,四周雙邊,雙魚尾。版心中鐫書名。首萬曆庚辰(八年,1580)醒亭居士《省心紀序》,次《省心紀凡例》八則。

《陰符經注》半葉八行十八字,白口,左右雙邊,單魚尾。版心上鐫書名。卷端題"抱獨居士呂坤註"。首萬曆己酉(三十七年,1609)呂坤《註陰符經題辭》。

《反輓歌》半葉七行十四字,白口,四周雙邊,單黑魚尾。版心上鐫書名。末署"抱獨居士病中筆"。

《大明嘉議大夫刑部左侍郎新吾呂君墓誌銘》半葉七行十四字,白口,四周雙邊,單魚尾。版心上鐫書名。卷端題"自譔",末署"不孝孤知畏等泣血梓"。

《修城》半葉八行二十字,小字雙行同,白口,四周雙邊,單魚尾。版心上鐫書名。末署"鄉眷侍生呂坤頓首拜書"。

《展城或問》半葉八行二十字，小字雙行同，白口，四周雙邊，單魚尾。版心上鐫書名。首萬曆辛丑（二十九年，1601）呂坤《展城或問引》。

《疾苦條陳》半葉八行二十字，白口，四周單邊，單魚尾。卷端、版心皆無書名，包括《上巡按請申明條鞭舊法》《上巡按條陳利弊》兩篇。

《交泰韻》半葉八行，行字不一，白口，四周單邊，單魚尾。首萬曆癸卯（三十一年，1603）《交泰韻序》，次校正門人姓名；次《交泰韻凡例》二十九則，署“寧陵呂坤”；次《入聲辨異》《韻訣》；次《交泰韻目錄》，次《交泰韻總目》。

《救命書》半葉八行二十字，小字雙行同，白口，四周雙邊，單魚尾。版心上鐫書名。首萬曆丁未（三十五年，1607）呂坤《救命書序》；末萬曆甲寅（四十二年）喬胤《救命書跋》，署名中“胤”字被挖去，避清世宗諱。

呂坤（1536—1618）字叔簡，號新吾，一作心吾，又號抱獨居士。寧陵（今屬河南）人。萬曆二年（1574）進士，授襄垣知縣，歷官至刑部左、右侍郎。萬曆二十五年（1597）上《憂危疏》陳天下安危而遭讒，稱疾乞休。家居二十年，以著述講學爲務，著述豐富。《明史》卷二百二十六有傳。

呂坤主要著作《去僞齋文集》成書於萬曆四十四年，爲其子呂知畏蒐輯，約於四十五年由王鳳翔刻於金陵；《實政錄》所收各篇曾單篇付梓，萬曆二十六年由門人趙文炳彙爲一編刻印行世；《呻吟語》曾有呂氏家刻本，萬曆四十四年呂知畏刻《呻吟語摘》二卷；其餘各書次第刊行，時間不一。書版年久易損，康熙十三年呂甚多《去僞齋文集跋》云：“《文集》昔年刊之金陵者，兵燹之餘，板皆殘毀，且字多差訛，魯魚帝虎，不可傳後。今復購梨繕寫，授良工重梓焉。板藏於家，子孫世守之。”康熙十八年呂紹楨重刻《宗約歌》，嘉慶二年呂譽安重刻《實政錄》，各書有殘損者皆予修補，彙印爲全集二十二種，明清書版雜糅，質量參差不齊。光緒十年（1884）錢繩祖亦曾補苴重印，題爲《呂新吾全集》。是書以道光七年（1827）栗毓美所編《呂子遺書》刻印最佳。

《中國叢書綜録》及《中國古籍總目》著録明萬曆中刊同治光緒間修補印本，中國國家圖書館、首都圖書館及美國柏克萊加州大學圖書館等十餘家有收藏。日本東京大學東洋文化研究所有《呂新吾全集》一部，著録爲萬曆中刊本。

032

孫文定公全集六種十二卷

T9117　1918

《孫文定公全集》六種十二卷

　　《泏亭刪定文集》二卷

《泝亭自刪詩》一卷

《琴譜指法省文》一卷

《漢史億》二卷

《南征紀略》二卷

《顏山雜記》四卷

清孫廷銓撰。清康熙刻彙印本。九册。《泝亭刪定文集》框高 18.5 厘米，寬 12.7 厘米。半葉八行二十字，小字雙行同，四周單邊，白口，無魚尾；版心上鐫書名，中鐫卷次。《漢史億》四周雙邊；《南征紀略》單魚尾；《顏山雜記》半葉八行十八字。

《泝亭刪定文集》卷端題"益都孫廷銓伯度氏纂"。書名葉分三欄，右題"孫文定公著"，中題"泝亭文集刪"，左題"師儉堂藏板"。首有康熙十七年（1678）慕天顏《孫文定公集序》；各卷前有分卷目録。是集爲孫廷銓歿後門人慕天顏編刊，慕天顏《序》云："比其歿也，咸惜公未竟其用，而益想慕其文章經濟著之簡編鑿鑿可副名實。予得請於公子孟君從事卒業，亟彙集而付之梓人。"

《泝亭自刪詩》卷端題"益都孫廷銓伯度纂"。首有康熙戊午（十七年）高珩《序》、康熙十一年（1672）泝亭灌長《序》。高珩《序》云："文定孫公既卒之三年，詩刻乃竣。"

《琴譜指法省文》卷端題"泝亭灌長校定"。

《漢史億》卷端題"益都孫廷銓伯度纂"。書名葉分三欄，右題"孫泝亭先生著"，中題"漢史億"，左題"本衙藏板"。首有未署年馮溥《漢史億序》（缺末葉）、康熙辛亥（十年，1671）泝亭灌長《序》。是集取《史記》《漢書》《後漢書》所載史事，隨筆論斷。孫廷銓《序》云："於是披讀所到，意偶有觸，輒書數語，用備遺忘。既集録之爲二卷曰《漢史億》，言億之而已。"

《南征紀略》卷端題"益都孫廷銓次道纂"。首有順治壬辰（九年，1652）林嗣環《序》、未署年王庭《叙》。順治八年（1651）孫廷銓奉使祭告禹陵及南海，此其紀程之書。

《顏山雜記》卷端題"益都孫廷銓伯度纂"。首有康熙丙午（五年，1666）趙進美《序》、康熙四年（1665）泝園灌長《序》；末有康熙丙午孫寶仍《跋》。是集爲孫廷銓鄉居時搜輯當地舊聞所作，孫廷銓《序》云："聊疏鄉里間事以遣懷，或一日、間日、三日輒得一條，手自録之，數月遂成卷帙，因題曰《顏山雜記》。"孫寶仍《跋》云："每聞鄉中遺賢故老之行事，退而察其習俗之變態，乃綜括大端，作《顏山雜記》四卷，以付小子校録之。"

孫廷銓（1613—1674）初名廷銓，字枚先、道相，號泝亭，明末清初山東青州（今屬濰坊）人。明崇禎進士，任永平推官，入清歷官左通政，兵部尚書，吏部、户部尚書加少保兼太子太保，康熙初拜内秘書院大學士，卒諡文定。著《顔山雜記》《漢史億》《南征紀略》等。《清史稿》卷二百五十、《清史列傳》卷五有傳。

是編集孫廷銓詩文、史地、雜纂之作。各集於順治至康熙初年陸續成書，其中《詩集》《文集》均爲孫廷銓歿後刊成。此爲康熙年間彙印本，各書版式、字體稍有不同。此本與《清代詩文集彙編》《四庫全書存目叢書》影印底本同版。

"玄""元"或缺筆。

《四庫全書總目》史部地理類著録《顔山雜記》，《南征紀略》《漢史億》分别於史部傳記類、史評類存目，《沚亭删定文集》於集部别集類存目。《四庫全書存目叢書》影印後三種，《清代詩文集彙編》影印是書六種之康熙刻本。《中國古籍善本書目》著録上海圖書館、南開大學圖書館、山東省圖書館、福建省圖書館等六家收藏清康熙十七年師儉堂刻本。知美國哥倫比亞大學圖書館，日本東京大學東洋文化研究所、京都大學人文研究所收藏。

033
西郭草堂合刊八種二十八卷附三種六卷（存四種二十卷附二種五卷）

T9115　2252

《西郭草堂合刊》八種二十八卷附三種六卷

　　《元韻譜》一卷

　　《圖書衍》五卷

　　《古大學注》一卷

　　《葩經旁意》一卷

　　《説疇》一卷

　　《説易》十二卷

　　《大易通變》六卷

　　《大九數》一卷

　　附《陰符經注》一卷

　　　《從祀鄉賢録》一卷

　　　《喬還一先生餘稿栝抄》四卷

明喬中和撰。清初刻光緒五年（1879）彙印本。存四種二十卷附二種五卷（《古大學注》一卷、《葩經旁意》一卷、《説易》十二卷、《大易通變》六卷，附《從祀鄉賢録》一卷、《喬還一先生餘稿栝抄》四卷）。十四册。《説易》框高19.9厘米，寬 14.5 厘米。各子目版式不一。書首有後人抄補目録。

《古大學注》半葉九行二十字，四周單邊，無直欄，白口，單魚尾。版心上鐫 "躋新堂集"，中鐫卷次，下鐫 "古大學"。卷端題 "古大學註""内丘喬中和著"。首有崇禎十一年（1638）喬中和《古大學序》。是集依古本《大學》會通訓釋。

《葩經旁意》半葉九行十九字，四周單邊，白口，單魚尾，版心上鐫 "葩經旁意"。卷端題 "垣曲令蓬山還一喬中和公致甫著"。首有萬曆癸丑（四十一年，1613）魯延彦《葩經旁意叙》。

《説易》半葉九行二十字，四周單邊，無直欄，白口，單魚尾。版心上鐫 "躋新堂集"，中鐫卷次，下鐫卷類。卷端未題書名、著者，目録前葉題書名，"内江喬中和著；弟中方訂；族孫巳百閲；男鉢刊"。首有崇禎戊寅（十一年）李模《喬還一先生説易序》、未署年王鐸《喬公還一説易序》；次崇禎戊寅族姪喬若雯《説易弁言》；次目録；次凡例；卷十二末鐫 "剞劂氏邯鄲裴來京"。他館所藏明崇禎十年刻本有崇禎十年（1637）喬鉢《小紀》云："家君子之未筮仕也，著《元韻》以十二佸盡聲，以五聲完韻，簡易自然，明白通曉，以是閨閣兒女無不知韻。累言數萬，遊晋止得刻其譜目。治詩《葩經旁意》一卷，與韻譜同刻。己未（萬曆四十七年，1619）歸里，今丁丑（崇禎十年）十九年矣，但讀《易》，獨立之言曰：'讀《易》可了天下事，但讀《易》'。其在己巳（崇禎二年，1629）、庚午（崇禎三年，1630）擬圖議象之餘注《陰符》，復著《伊尹傳》十卷。辛未（崇禎四年，1631）、壬申（崇禎五年，1632）則有《大九數》《説疇》二書參酌吉凶，究窮元紀。癸酉（崇禎六年，1633）、甲戌（崇禎七年，1634）諸友景從，講經藝後，輒引易、疇之義以説《學》《庸》《語》《孟》。是作《圖書衍》三萬言，皆《易》之緒，于《易》則尚未有尚説。自癸酉始尚説《易》，或于杯酒夢寐間得其解，一揮而遂成不刊者，或于風雨晦明間得其意，而摩之不能肖，數易焉弗定，厯歲月之久矣，偶以别想他况而劃然者，積稿如山，紉紙如衲。四五年來，祁寒暑雨，悲喜亂離，盖未嘗一日釋于兹也。予小子敢忘父之勞哉？謹志歲時顛末于書成日，但不能速梓諸集以公海内爲閟皇耳。"

《大易通變》半葉十二行二十四字，四周單邊，白口，單魚尾，版心上鐫 "躋新堂""補焦"，中鐫卷次。卷端題 "□□小黃令天水焦贛著""□太原倅内丘喬中和補；四明參軍男鉢校梓；董山後學聞性道點正"。存二書名葉，新刻書名葉首葉欄内鐫 "西郭草堂合刊""古蓬山郡喬還一著"，次葉題 "順德府内邱躋新堂藏板"；舊刻書名葉分二欄，右題 "大易通變""舊名焦氏易林"，左題 "躋新堂藏板"，欄上題 "内丘喬還一先生補訂"。首有唐會昌年間王俞《大易通變序》、順治癸巳（十年）王師夔《大易通變叙》。王師夔《大易通變叙》云："還一先生寒暑寢食扵《易》垂三十年，著《説易》，後補訂是書，正訛芟複。"則是書在《説易》基礎上删訂而成。

《從祀鄉賢録》半葉八行二十一字，四周單邊，白口，無魚尾，版心上鎸"從祀録"。卷端題"不肖男喬鉢、鋏、孫湛、瀞謹梓"。卷末題署"順治十年閏六月"。

《喬還一先生餘稿栝抄》半葉九行十七字，四周單邊，白口，無魚尾，版心無字。卷端題"豐城私淑子李及儆録；男鉢梓"。

喬中和（生卒年不詳）字還一，明内丘（今屬河北邢臺）人。崇禎間拔貢，官至太原府通判。明經學、通音韻，明萬曆末至清順治初著《大易通變》《説易》《元韻譜》等。生平參《［乾隆］順德府志》卷十二。

據崇禎十年喬鉢《小紀》可知，萬曆年間喬中和未仕時撰《元韻》《葩經旁意》，崇禎二年至十年先後撰《陰符經注》《伊尹傳》《大九數》《説疇》《圖書衍》《説易》等；《古大學注》亦撰成於崇禎年間，有崇禎十一年喬中和序。《大易通變》《從祀鄉賢録》《喬還一先生餘稿栝抄》三書卷端所題校梓者，皆有喬中和子喬鉢。據《［康熙］鄞縣志》卷二十上、《［同治］湖口縣志》卷六、《［雍正］四川通志》卷七下等書記載，喬鉢（1605—？）字文衣，明貢生，順治五年至十年（1648—1653）任鄞縣參軍，順治中任湖口縣令，康熙三年（1664）知劍州，卒於任。《大易通變》有順治十年序，結合卷端"四明參軍男鉢校梓"，則此集應刊刻於喬鉢任職鄞縣的順治十年。《從祀鄉賢録》文末有"順治十年閏六月"等字，當在此後撰成；因《從祀鄉賢録》與《喬還一先生餘稿栝抄》同爲喬鉢刻梓，故均刻於康熙初年喬鉢卒前，亦爲清初刻本。

喬中和諸書曾刊刻爲《躋新堂集》，現存諸本子目多寡不一，總其數知有七種：《説易》十二卷、《大九數》一卷、《圖書衍》五卷、《洪範説疇》一卷、《葩經旁意》一卷、《元韻譜》一卷《釋目》一卷、《古大學注》一卷，并附喬鉢撰《越吟》四卷。《中國古籍善本書目》著録《躋新堂集》爲明崇禎刻本，但收藏單位之一的中國國家圖書館原著録爲清初刻本，此處版本著録從後者。光緒五年，喬氏後裔重加編排，彙爲《西郭草堂合刊》，增《大易通變》六卷，又增附《陰符經注》一卷、《從祀鄉賢録》一卷、《喬還一先生餘稿栝抄》四卷等三種。此本子目《大易通變》書名葉題"西郭草堂合刊"，應即《西郭草堂合刊》本。然與中國國家圖書館藏本及《四庫全書存目叢書》所存子目比對，《西郭草堂合刊》應是用舊版刷印：《合刊》與《躋新堂集》重合的幾種子目實爲同版；此本新增子目中的《大易通變》有新、舊兩書名葉，當是《合刊》用舊版印書，僅加新書名葉而已。綜合以上諸端，此本諸子目皆爲清初刊刻，《西郭草堂合刊》於光緒五年彙印。此本子目順序原爲《説易》《古大學注》《從祀鄉賢録》《大易通變》《喬遷一先生餘稿栝抄》《葩經旁意》。此處依《中國叢書綜録》之《西郭草堂合刊》列目。

"玄"字或缺筆。

《四庫全書總目》經部易類存目《説易》、四書類存目《圖書衍》、小學類存目《元韻譜》，子部術數類存目《説疇》及《大易通變》。《四庫全書存目叢書》影印明崇禎刻躋新堂集本《説易》，清康熙三十年梅墅石渠閣刻本《元韻譜》，清光緒五年刻西郭草堂刻本《圖書衍》《説疇》《大易通變》。《中國古籍善本書目》著録中國國家圖書館、南京圖書館等十一家藏明崇禎刻《躋新堂集》，均殘。《中國叢書綜録》著録明崇禎刻《躋新堂集》，又中國科學院文獻情報中心、北京大學圖書館兩家收藏光緒五年刻《西郭草堂合刊》。知中國臺北"國家圖書館"著録明萬曆刻《葩經旁意》，美國哈佛大學圖書館著録清順治六年刻《大易通變》，日本京都大學附屬圖書館藏光緒五年印《西郭草堂合刊》。

034

桐城錢飲光先生全書三種九卷

T9117　8533

《桐城錢飲光先生全書》三種九卷

　　《莊屈合詁》二卷

　　《田間詩學》不分卷

　　《田間易學》五卷《圖象》一卷

清錢澄之撰。清康熙斠嶀堂刻同治印本。二十册。《莊屈合詁》框高 17.1 厘米，寬 14 厘米，半葉十行二十一字，四周單邊，白口，單魚尾，版心上鐫書名，中鐫文類、篇名。《田間詩學》《田間易學》十行二十三字，小字雙行同，四周單邊，白口，單魚尾。

《莊屈合詁》卷端題"桐城錢澄之飲光氏著"。書名葉分三欄，右題"桐城錢飲光先生著"，中題"莊屈合詁"，左題"斠嶀堂藏版"。首有未署年唐甄《莊屈合詁序》、未署年錢澄之《莊屈合詁自序》、未署年錢澄之《莊子内七詁自引》。錢澄之訓釋《莊子》《楚辭》二書，合編爲此。《莊子》僅釋内篇，先列郭象注，次及諸家；《楚辭》釋屈原所作，以《朱子集注》爲主，附以己意。錢澄之《自序》述著述宗旨云："以莊繼易，以屈繼詩，從而詁之於二經之宗旨，庶益足以轉相發揮。"

《田間詩學》卷端題"桐城錢澄之飲光氏述"。書名葉分三欄，右題"桐城錢飲光先生著"，中題"田間詩學"，左題"斠嶀堂藏版"。首有康熙己巳（二十八年，1689）徐元文《田間詩學序》、未署年張英《田間詩學序》；次《引用先儒姓氏》；次《詩學凡例》；次《古序考》《詩總論》。是書採諸儒論説，分篇闡述《詩經》風、雅、頌諸篇主旨，不分卷。《四庫全書總目提要》評云："持論頗爲精核，而於名物、訓詁、山川、地理言之尤詳。"

《田間易學》卷端題"桐城錢澄之飲光氏述"。首有康熙二十三年（1684）徐秉義《田間易學序》。錢氏世學《易》，錢澄之又曾問學於黄道周，《四庫全書總目提要》謂是書詳於象數，而持論平允。是書收《周易》上、下經，《繫辭》上、下傳，《圖象》，又《周易雜考》《説卦傳》《序卦傳》《雜卦傳》等篇。是書未標明卷次，各收藏單位著録爲不分卷；或以《周易》上下經、《繫辭》上下傳爲四卷，《圖象》爲一卷，餘者爲附篇；又有以《説卦傳》《序卦傳》《雜卦傳》爲三卷或一卷，著録爲《田間易學》七卷或五卷者。如以卷首題寫書名、各卷葉碼自爲起訖爲標準，《説卦傳》《序卦傳》《雜卦傳》應同爲一卷，是書著録爲《田間易學》五卷《圖象》一卷較妥。

錢澄之（1612—1693）字飲光，初名秉鐙，字幼光，號田間、西頑道人，明末清初桐城（今屬安徽）人。明諸生。少以名節自勵，曾與陳子龍、夏允彝結社，以繼承東林，後輔佐南明唐王、桂王政权，任吉安府推事、翰林院庶吉士、知制誥。兩粤陷落，一度为僧，旋歸里，治經課耕以自給。通經學、工詩文，著《藏山閣集》《田間詩文集》。《清史稿》卷五百、《清史列傳》卷六十八有傳。

錢澄之諸集撰成於康熙年間，康熙二十八年斠雉堂刊刻，同治年間皖桐斠雉堂重印爲《桐城錢飲光先生全書》。此本《田間易學》與哈佛大學圖書館藏康熙刻本同版，然此本函簽題"錢飲光先生全書"，應爲同治印本。

"玄"字缺筆。

《四庫全書總目》經部易類收《田間易學》、詩類收《田間詩學》，子部雜家類存目著録《莊屈合詁》。《四庫全書存目叢書》影印清康熙斠雉堂刻《莊屈合詁》。《中國古籍善本書目》未著録。知清華大學圖書館、南京圖書館藏康熙斠雉堂刻本；北京大學圖書館、北京師範大學圖書館、上海圖書館、南京圖書館、復旦大學圖書館等，以及日本東洋文庫東洋文化研究所、岡山大學圖書館藏同治二年《桐城錢飲光先生全書》。

035
漁洋山人著述三十七種二百六十卷

T9111　1143

《漁洋山人著述》三十七種二百六十卷
　《王氏漁洋詩鈔》十二卷《漁洋山人詩續集》十六卷

《蠶尾集》十卷《續集》二卷《後集》二卷

《南海集》二卷

《雍益集》一卷

《漁洋山人精華録》十卷

《漁洋山人文略》十四卷

《香祖筆記》十二卷

《池北偶談》二十六卷

《居易録》三十四卷

《分甘餘話》四卷

《古夫于亭雜録》六卷

《古懽録》八卷

《皇華紀聞》四卷

《蜀道驛程記》二卷

《秦蜀驛程後記》二卷

《隴蜀餘聞》一卷

《粤行三志》三卷

　　《南來志》一卷

　　《北歸志》一卷

　　《廣州遊覽小志》一卷

《長白山録》一卷《補遺》一卷

《浯溪考》二卷

《謚法考》一卷

《漁洋詩話》三卷

《歷仕録》一卷　清王之垣撰

《載書圖詩》一卷

《隴首集》一卷　清王與胤撰

《清寤齋心賞編》一卷　明王象晋撰

《考功集選》四卷　清王士禄撰　清王士禎輯

《抱山集選》一卷　清王士禧撰　清王士禎輯

《古鉢集選》一卷　清王士祜撰　清王士禎輯

《徐詩》二卷　清徐夜撰　清王士禎輯

《二家詩選》二卷　清王士禎編

　　《迪功集選》一卷　明徐禎卿撰

《蘇門集選》一卷　明高叔嗣撰

《華泉先生集選》四卷　明邊貢撰　清王士禎輯

《睡足軒詩選》一卷　明邊習撰　清王士禎、徐夜輯

《蕭亭詩選》六卷　清張實居撰　清王士禎輯

《十種唐詩選》十七卷

《唐賢三昧集》三卷

《唐人萬首絕句選》七卷

《二如亭群芳譜》二十八卷《首》一卷　明王象晋輯

清王士禎撰并輯。清康熙刻本。八十三册。《王氏漁洋詩鈔》框高 18.1 厘米，寬 13.4 厘米。各集行款、字體不同。版心中鐫子集名、卷次。

《王氏漁洋詩鈔》半葉十行二十一字，小字雙行約三十字，四周單邊，黑口，單魚尾。卷端未題著者。首有康熙乙亥（三十四年，1695）邵長蘅序；次《王氏漁洋詩鈔目次》，題“濟南王士禎貽上譔；毗陵邵長蘅子湘選”。邵長蘅曾合刻王士禎、宋犖詩，此爲其中之王士禎詩集，他本或題作《漁洋山人詩集》。邵氏《序》云合刻王、宋詩集事云：“先生集各如干卷，掇其尤者，次爲《王氏漁洋詩鈔》十二卷、《宋氏綿津詩鈔》八卷。”《漁洋山人詩續集》框高 16.6 厘米，寬 13.4 厘米。半葉十行十八字，小字雙行約二十七字，左右雙邊，黑口，單魚尾。卷端題“新城王士禎貽上”。首有未署年施閏章《漁洋山人續集序一》、未署年徐乾學《序二》、未署年陸嘉淑《序三》、康熙二十年（1681）曹禾《序四》、康熙壬戌（二十一年，1682）汪懋麟《序五》、康熙二十三年（1684）金居敬《序六》、康熙甲子（二十三年）萬言《序七》；次《漁洋山人續集目錄》；末有未署年計東《題後》、王士禎題記。《漁洋山人詩集》收王士禎順治十三年至康熙八年（1656—1669）年間所作詩，《續集》收康熙十年至二十二年（1671—1683）所作詩。

《蠶尾集》《續集》《後集》半葉十行十九字，小字雙行約二十六字，左右雙邊，單魚尾；《蠶尾集》《後集》黑口，《續集》白口；《續集》爲軟體字。三集卷端均題“濟南王士禎貽上甫”。首有康熙丙子（三十五年，1696）宋犖序；次《蠶尾集目錄》。《續集》首有康熙甲申（四十三年，1704）陳琰序。《後集》首有未署年王士禎《序蠶尾後集》；卷末鐫“姪孫兆杲恭錄”。《蠶尾集》收康熙二十三年至三十四年（1684—1695）詩、康熙二十九年至三十四年（1690—1695）文，其中二十三年冬及二十四年詩別作《南海集》；《續集》收康熙三十四年以來至四十三年（1695—1704）詩，其中三十五年（1696）一年之詩別爲《雍益集》。《後集》收康熙四十七年（1708）一年之作。

《南海集》半葉十行十九字，小字雙行約二十六字，左右雙邊，黑口，單魚

尾。卷端題“新城王士禛貽上甫”。首有未署年盛符升《南海集序》、未署年金居敬《南海集序》。是集收康熙二十三年冬及二十四年奉敕祭告南海之詩。

《雍益集》半葉十行十九字，小字雙行約二十六字，左右雙邊，黑口，單魚尾。卷端題“新城王士禛貽上甫”。首有盛符升《讀雍益集總述》。是集爲康熙三十五年奉命祭告西嶽西鎮江瀆之詩。

《漁洋山人精華錄》半葉十一行二十一字，小字雙行約二十八字，左右雙邊，綫黑口，單魚尾。卷端題“門人侯官林佶編”。首有未署年錢謙益序；次《漁洋山人精華錄總目》；次《漁洋山人戴笠像》及梅庚像贊；末有康熙庚辰（三十九年，1700）林佶跋。卷一末鐫“門人監察御史崑山盛符升國子祭酒江陰曹禾同訂；康熙三十九年五月十五日門人林佶謹書；男啓涑恭閱”，卷二至十次行題爲“侯官門人林佶恭謄寫”，末行閱者分別爲男啓涑、男啓汸、男啓汧、孫兆鄴，次第排列。是集删掇諸集，合爲十卷，按古體詩、近體詩編排。

《漁洋山人文略》半葉十行十九字，左右雙邊，黑口，單魚尾。卷端題“新城王士禛字貽上”。首有康熙三十四年（1695）張雲章《新城先生文藁序》；次《漁洋山人文略目錄》。是集專輯王士禛文，張雲章《序》云：“今《蠶尾集》之刻爲詩二卷、文八卷，又次其雜文舊藁十四卷別爲集，將與天下盡見之矣。”

《香祖筆記》半葉十行十九字，小字雙行約二十六字，左右雙邊，白口，單魚尾。卷端題“新城王士禛貽上”。首有康熙乙酉（四十四年，1705）宋犖序、未署年王士禛《香祖筆記自序》。是集爲筆記，“香祖”乃王士禛軒名，宋犖《序》云：“近又輯癸未迄甲申（康熙四十二年至四十三年，1703—1704）兩年筆記，屬校訂爲序，余受而卒業。或辨駁議論得失，或闡發名物源流，或直言時事，或旁及怪異。”

《池北偶談》半葉十一行二十三字，小字雙行同，左右雙邊，黑口，單魚尾。書名葉分三欄，右題“王阮亭先生著”，中題“池北偶談”，左題“文粹堂藏板”。卷端題“濟南王士禛阮亭著；高都姪廷拵簡菴較”。首有康熙辛未（三十年，1691）王士禛《池北偶談序》；各卷有分卷目錄。是集輯錄王士禛與賓客談論，分爲談故、談獻、談藝、談異四類，王士禛《序》云：“論文章流別，晰經史疑義，至於國家之典故、歷代之沿革、名臣大儒之嘉言懿行時亦及焉。或酒闌月墮間，舉神仙鬼怪之事以資喁嚛，旁及游藝之末亦所不遺。”

《居易錄》半葉十行二十字，小字雙行同，左右雙邊，黑口，單魚尾。卷端題“濟南王士禛著”。首有王士禛《居易錄自序》。是集乃王士禛康熙二十八年（1689）官左副都御史以後至康熙四十年（1701）官刑部尚書之前共十三年中所記。

《分甘餘話》半葉十行十九字，左右雙邊，黑口，單魚尾。卷端題"漁洋老人漫筆"。首有己丑（康熙四十八年，1709）王士禛《序分甘餘話》。各卷末鐫"姪孫兆棟敬書"。是集爲王士禛罷官歸里後之筆記，王士禛《序》云："邇來作息田間又六載矣，雖耳聾目眊，猶不廢書，有所聞見輒復掌録，題曰《分甘餘話》。"

《古夫于亭雜録》半葉十行十九字，小字雙行約二十六字，左右雙邊，黑口，雙魚尾。卷端題"漁洋山人王士禛"。首有未署年王士禛《古夫于亭雜録序》；末有未署年范邃《刻古夫于亭雜録附記》。是集爲王士禛罷官歸里後之雜録，范邃刻之於廣陵。王士禛《序》云："偶然有獲，往往從枕上躍起書之，積成六卷。無凡例、無次第，故曰雜録。"范邃《附記》云："次六卷，尚闕流布，乃攜歸刻之廣陵，以饜遠近慕好者之意。其卷册先後一仍原本，不敢妄加排纂。"

《古懽録》半葉十行十九字，小字雙行約二十六字，左右雙邊，白口，單魚尾；版心上鐫字數，下鐫"快宜堂"及刻工，刻工有鄧欽明、曾先、有恒、際生、尔仁、鄧玉等。書名葉分三欄，中題"古懽録"。卷端題"濟南王士禛貽上撰；新安門人朱從延翠庭校"。首有康熙三十九年（1700）王士禛序、未署年朱從延序。是集以明代之前之古人爲題撰詩。

《皇華紀聞》半葉十行十九字，小字雙行約二十六字，左右雙邊，黑口，單魚尾。卷端題"詹事府少詹事兼翰林院侍講學士王士禛"。首有未署年韓菼《序》、康熙庚午（二十九年，1690）王源《皇華紀聞序》。卷一末鐫"門人盛符升、男啓涑較"，此後各卷校者第二人分別爲男啓泧、男啓沂、孫男兆鄑。是集爲康熙二十三年（1684）王士禛祭告南海，搜採途徑之地之故事，韓菼《序》云："康熙二十三年，奉命有事於南海，道間所經都邑、地理、山川、人物，與夫荒墟伏莽之遺蹟、鳥獸、草木、非常可喜之奇怪，搜討捃摭，薈萃風別，爲《皇華紀聞》四卷、《南來志》一卷、《北歸志》一卷、《廣州遊覽小志》一卷。"

《蜀道驛程記》半葉十行十九字，小字雙行約二十六字，左右雙邊，黑口，單魚尾。卷端題"濟南王士禛貽上甫"。首有康熙辛未（三十年，1691）王士禛《蜀道驛程記序》。是集爲王士禛記成都驛程，其《序》云："康熙壬子（十一年，1672）有成都之役，往來五閱月，賦詩三百篇，世多有其本。又所記《驛程》一卷，置篋中漫不省録，忽忽二十年往矣。"

《秦蜀驛程後記》半葉十行十九字，小字雙行約二十六字，左右雙邊，黑口，單魚尾。卷端題"經筵講官户部左侍郎王士禛"。是集爲王士禛奉使祭告西嶽、西鎮、江瀆，續記其往返所經。

《隴蜀餘聞》半葉十行十九字，小字雙行約二十六字，左右雙邊，黑口，單魚尾。卷端題"濟南王士禛貽上甫"。卷末鐫"門人盛符升、男啓涑、啓泧、啓汧、孫男兆鄴、兆鄭仝校”。

《南來志》半葉十行十九字，小字雙行約二十六字，左右雙邊，黑口，單魚尾。卷端題“詹事府少詹事兼翰林院侍講學士王士禛”。首有未署年黄與堅《南來志序》、未署年屈大均《南來志序》、未署年魏世傚《南來志序》。是集爲康熙二十三年王士禛奉使祭告南海，載自京師至廣州之驛程。

《北歸志》半葉十行十九字，小字雙行約二十六字，左右雙邊，黑口，單魚尾。卷端題“詹事府少詹事兼翰林院侍講學士王士禛”。卷末鐫“門人盛符升較”。是集乃王士禛祭告南海事畢，記載返鄉新城之路途所經。

《長白山録》及《補遺》半葉十行十九字，小字雙行約二十六字，左右雙邊，黑口，單魚尾。《長白山録》卷端題“新城王士禛字貽上”。《補遺》卷端未題著者；卷末鐫“男啓涑、啓汸、啓汧、孫男兆鄴、兆鄭較字”。是集紀鄒平縣長白山之形勝、故實，《補遺》考長白山之地理。

《浯溪考》半葉十行十九字，小字雙行約二十六字，左右雙邊，黑口，雙魚尾。卷端題“濟南王士禛撰”。首有康熙四十年（1701）王士禛《浯溪考序》。據王士禛《序》，是集因舊志總雜氾濫，於是“窮搜遐摭，要取精覈，間録詩賦雜文，汰俗存雅，多郡志、溪志所未收者”。

《謚法考》半葉十行十九字，小字雙行約二十六字，左右雙邊，黑口，單魚尾。卷端題“國朝謚法考”“濟南王士禛編輯”。首有康熙乙亥（三十四年，1695）尤侗序、未署年王士禛序；次《國朝謚法考目録》，末鐫“門人宋至山言、男王啓涑、啓汸、啓汧、孫兆鄴、兆鄭、兆郢仝較”。是集録清初至康熙三十四年賜謚大臣之姓氏、賜謚時間，又附明代帝、臣及朝鮮國王謚號。

《廣州遊覽小志》半葉十行十九字，小字雙行同，左右雙邊，黑口，單魚尾。卷端題“新城王士禛貽上”。卷末鐫“門人盛符升較”。王士禛康熙二十四年（1685）祭告南海事畢，返程前留廣州五十餘日，遊覽古跡，作爲此志。此集爲《粤行三志》之一。

《漁洋詩話》半葉十行十九字，小字雙行同，左右雙邊，黑口，雙魚尾。卷端題“济南王貽上”。首有雍正乙巳（三年，1725）俞兆晟序。是編乃康熙四十四年（1705）王士禛歸田後所作，康熙四十七年（1708）又續作，門人蔣景祁刻之。此本爲雍正刷印，俞兆晟序云：“《漁洋詩話》三卷，板藏蔣氏。辛丑歲（康熙六十年，1721），余同《夫于亭雜録》并載以歸。”

《歷仕録》半葉十行十九字，小字雙行約二十六字，左右雙邊，黑口，雙魚尾。卷端題“户部左侍郎贈户部尚書王之垣述；曾孫經筵講官刑部尚書王士禛較”。末有王士禛《歷仕録跋》、康熙四十一年（1702）王士禛《歷仕録後序》。

王士禛《後序》云："《歷仕録》一卷乃公致政後，自述生平服官之梗槩及師友交誼，以垂示子孫者，未授剞劂。兵燹之餘，副墨僅存，士禛藏諸篋中數十年矣。……壬午（康熙四十一年）初冬，乃稍加較訂，刻諸京師。"

《載書圖詩》半葉十行十九字，小字雙行不等，左右雙邊，白口，單魚尾。書名葉欄內題"載書圖詩"。首有《總目》。是集爲康熙四十年（1701）王士禛官刑部尚書時乞假歸里，載書數車，其門人禹之鼎繪此圖，王士禛彙集與此行相關之奏疏、序、題圖之詩、贈行之詩、《賜沐起程》及朱彝尊《池北書庫記》以成此編。

《隴首集》半葉十行十九字，小字雙行不等，左右雙邊，黑口，雙魚尾。卷端題"前監察御史王與胤著；姪刑部尚書王士禛較"。首有未署年陳允衡《侍御王公遺詩序》；次康熙癸卯（二年，1663）錢謙益《王侍御遺詩贊》。是集爲王士禛編次其叔王與胤詩作，後附王與胤《自撰壙誌》《明史忠義列傳》、汪琬《侍御王公傳并贊》、朱彝尊《文林郎湖廣道監察御史王公墓表》、王士禛《世父侍御公逸事狀》、紀映鍾《侍御王公詩跋》，及《收人心明紀律疏》。

《清寤齋心賞編》半葉九行二十字，小字雙行同，四周單邊，白口，單魚尾。卷端題"濟南王象晋藎臣甫輯"。首有癸酉（崇禎六年，1633）王象晋《清寤齋心賞編題詞》；次《清寤齋心賞編目録》。王象晋《題詞》云："夫簡編縹素皆古人精神所寄，而余因之以寄余心，又寧忍輕相捨去而不時一晤對哉？暇日撮其素所欣艶，彙之於編，即語不必自己出，而時時相覿，心心相印，是亦足以滿志矣。"

《考功集選》半葉十行二十字，評點小字雙行同，左右雙邊，黑口，單魚尾。卷端題"新城王士禄西樵譔；弟王士禛阮亭批點"。首有王士禛《刻考功集選序》。是集爲王士禛選輯其兄士禄詩。王士禛《序》云："復擇先生詩什之二三，次爲四卷，并刻以傳。仍取諸公品藻之語略爲序述，以俟論定。"

《抱山集選》半葉十行二十字，評點小字雙行同，左右雙邊，黑口，單魚尾。卷端題"新城王士禧禮吉著；弟王士禛貽上批點"。首有王士禛《刻抱山詩選序》。是集爲王士禛選刻其兄士禧之詩，王士禛《序》云："暇乃擇三之一刻之，與《古鉢》同附《考功集》之後以傳焉。"

《古鉢集選》半葉十行二十字，評點小字雙行同，左右雙邊，黑口，單魚尾。卷端題"新城王士祜叔子撰；弟王士禛貽上批點"。首有王士禛《刻古鉢遺集序》。是集爲王士禛選刻其兄士祜之詩。

《徐詩》半葉十行二十字，評點小字雙行同，左右雙邊，黑口，單魚尾。卷端題"新城徐夜東癡譔；同里王士禛貽上批點"。首有未署年王士禛《徐詩序》。

是集爲徐夜詩，王士禛《序》云："余在京師，數寄書索其藁，先生但遜謝而已。余乃就篋中所藏斷簡編綴之，共得二百餘篇，刻梓以傳。"

《二家詩選》半葉十行十九字，左右雙邊，黑口，雙魚尾。《迪功集選》卷端題 "吳郡徐禎卿昌穀著；濟南王士禛貽上選"；《蘇門集選》卷端題 "祥符高叔嗣子業著；新城王士禛貽上選"。《迪功集選》首有康熙三十八年（1699）王士禛《二家詩選序》；次《附錄》；次未署年李夢陽《迪功集序》、未署年皇甫涍《迪功外集序》、未署年傅光宅《迪功外集序》。《蘇門集》首有未署年陳束《蘇門集序》。王士禛曾於順治年間評點《迪功》《蘇門》二集，四十年後 "取舊本略加刪補，鋟版京師。"

《華泉先生集選》半葉十行十九字，左右雙邊，黑口，雙魚尾。卷端題 "户部尚書濟南邊貢著；刑部尚書後學王士禛選"。首有未署年王士禛《華泉先生詩選序》、未署年魏中孚《華泉先生集舊序》；次《附錄》。是集爲王士禛據舊本重刻邊貢之詩，王士禛《序》云："因參伍二刻，薙其繁蕪，掇其精要，與徐氏《迪功集》併刻於京邸。俾鄉之言文獻者足徵焉。"

《睡足軒詩選》半葉十行十九字，左右雙邊，黑口，雙魚尾。卷端題 "歷城邊習仲學著；新城徐夜稺萗、王士禛阮亭選"。首有未署年七月王士禛《邊仲子詩序》。此爲邊貢子邊習之詩，附刻邊貢詩集之後。

《蕭亭詩選》半葉十行十九字，小字雙行同，左右雙邊，黑口，單魚尾。卷端題 "鄒平張實居賓公譔；新城王士禛貽上批點"。首有未署年孫元衡《蕭亭詩集序》、王士禛《蕭亭詩選序》；末有王啓涷《刻蕭亭詩選後記》。是集由王士禛評選，孫元衡捐俸刻梓。王士禛《序》云："蕭亭古今詩千餘首，樂府古選尤有神解。爲擇其最者五百餘篇，別爲選集。"王啓涷《後記》云："右是集六卷，凡爲古今體若干首，舅氏蕭亭先生所著，家司徒公手爲遴選評次，而吾邑令公孫湘南先生捐俸雕版者也。"

《十種唐詩選》半葉十行十九字，左右雙邊，黑口，單魚尾。《河岳英靈集選》卷端題 "唐殷璠元本；新城王士禛刪纂"。首有徐乾學《十種唐詩選序》、尤侗《序》、韓菼《序》、盛符升《序》，皆未署年；次《十種唐詩選總目》，題 "新城王士禛刪纂"；末有康熙三十一年（1692）徐乾學《十種唐詩選書後》、郎廷槐跋。是集所收十種唐詩爲《河岳英靈集》《中興間氣集》《國秀集》《篋中集》《搜玉集》《御覽詩集》《極玄集》《又玄集》《才調集》《唐文粹詩》，其中《才調集》三卷，首有未署年王士禛《才調集選序》；《唐文粹詩》六卷，首有康熙丁卯（二十六年，1687）《唐文粹詩選序》。此集去取以神韻爲宗。

《唐賢三昧集》半葉十行十九字，左右雙邊，黑口，單魚尾。卷端題 "濟南王士禛编"。首有未署年姜宸英《唐賢三昧集序》、康熙二十七年（1688）王士禛《唐賢三昧集序》；次目録；末有未署年王立極《後序》、未署年盛符升《後序》。是集爲王士禛選盛唐詩，去取精密，其《序》云："録其尤雋永超詣者，自王右丞而下四十二人爲《唐賢三昧集》。"是集與《十種唐詩選》皆由王士禛門人盛符升刊刻，盛符升《後序》云："先生復取唐人選詩九種合宋人《文粹》所選古詩爲《唐詩十選》，亦授符升及王子我建次第刊成。"

《唐人萬首絶句選》半葉十行十九字，左右雙邊，黑口，單魚尾。卷端題"鄱陽洪邁元本；濟南王士禛選本"。首有王士禛《唐人萬首絶句選序》；次《唐人萬首絶句選凡例》；次《唐人萬首絶句選》各卷作者、詩篇數量；卷七末鎸"濟東觀察使吳郡年家子宋廣業較刊"。是集據洪邁《唐人萬首絶句》删選，得作者二百六十四人，詩八百九十五首。王士禛以唐人絶句可當樂府，然是集實重文詞而非樂律，據王士禛自序，是書爲歸田後所作，成於康熙戊子（四十七年，1708）。

《二如亭群芳譜》半葉八行十八字，小字雙行同，左右雙邊，白口，單魚尾；天頭地脚均於欄内鎸評注。卷端題"濟南王象晉藎臣甫纂輯；松江陳繼儒仲醇、虞山毛鳳苞子晋甫、寧波姚元台子雲甫仝較；濟南男王與胤、孫王士和詮次"；各卷詮次者不同，均爲王象晉子孫。首有崇禎二年（1629）朱國盛《群芳譜序》、陳繼儒《群芳譜序》、毛鳳苞《小序》、張溥《群芳譜序》、王象晉《二如亭群芳譜序》；次《二如亭群芳譜總目》；次《二如亭群芳譜天譜首簡》；次《二如亭群芳譜義例》；書末有天啓辛酉（元年，1621）王象晉《群芳譜跋語》。卷首爲《往哲芳踪》，題"濟南王象晉藎臣甫纂輯；虞山毛鳳苞子晋甫較正；濟南男王與齡、孫王士瞻詮次"；前有未署年王象晉《往哲芳蹤小序》。是集包括天、歲、穀、蔬、果、茶竹、桑麻葛棉、藥、木、花、卉、鶴魚譜録，各譜之前有小序、首簡（此本《天譜首簡》裝訂有誤，應冠於卷一之前）。是集彙集前人相關著述并結合實際經驗，各譜叙植物形態、栽培、利用以及相關詩文，略於種植而詳於療治之法與典故藝文。康熙年間敕命編纂之《廣群芳譜》即以此爲基礎。書首王象晉《二如亭群芳譜序》述云："褾藝蔬茹數十色，樹松竹棗杏數十株，植雜草野花數十器。種不必奇異，第取其生意欝勃可覘化機，美實陸離可充口食，較晴雨，時澆灌，可助天工，培根核，屏菑翳，可驗人事。暇則抽架上《農經》《花史》，收録一二則，以補咨詢之所未備。"

王士禛（1634—1711）字子真，一字貽上，號阮亭、漁洋山人，歿後避雍正帝諱改名士正，乾隆朝時又改書士禛，清山東新城（今屬淄博）人。順治十五年（1658）進士，授揚州推官，歷官禮部主事、兵部侍郎、户部侍郎、左都御史、刑部尚書等，乾隆時追謚文簡。創詩歌神韻説，康熙時主持文壇，與朱彝尊號稱"北王南朱"，著作頗多，晚年删訂爲《漁陽山人精華録》。《清史稿》卷二百六十六、《清史列傳》卷九有傳。

王士禎著述頗豐，詩文多編年輯爲若干小集，刊刻流傳。是書所收，除王士禎自撰詩文、筆記詩話外，又有王士禎所選唐詩以明其詩歌主張，以及先祖、兄友及鄉邦文士之作。是書又名《漁洋全書》《王漁洋全集》《王漁洋遺書》等。書中子集順序，各本不盡相同，本篇子目依此本現狀著録。此本共存三十七種，較《中國古籍善本書目》少《阮亭選古詩五言詩》十七卷《七言詩》十五卷、《剪桐載筆》一卷；但較之多出《二如亭群芳譜》二十八卷《首》一卷；此本第一種之《王氏漁洋詩鈔》十二卷，《中國古籍善本書目》著録爲《漁洋山人詩集》二十二卷。子目差異，蓋因是書乃陸續整理刊印之故。

是書諸集原陸續刻於康熙年間，其中《漁洋詩話》仍用康熙舊版，但增雍正三年俞兆晟序。此本避康熙、雍正帝諱，未避乾隆帝諱、"禎"亦未改爲"禎"，知爲雍正印本。

"玄""泫""弦""絃"等字缺筆；"胤"字缺筆，"禎"字或缺筆；"弘""曆"二字不避。

《漁洋山人詩續集》卷七葉三、《皇華紀聞》卷一葉六鈐有紅藍條紋紙廠印記。

《四庫全書總目》分别著録王士禎著作。《中國古籍善本書目》著録北京大學圖書館、復旦大學圖書館、吉林市圖書館等八家收藏清康熙刻本《王漁洋遺書》。知美國哥倫比亞大學圖書館，加拿大英屬哥倫比亞大學圖書館藏乾隆沂詠堂印本，日本東京大學東洋文化研究所、京都大學人文科學研究所、東北大學圖書館、大阪府立中之島大學藏乾隆印本。

《池北偶談》鈐"開萬樓藏書印"朱文長方印。

036
西河合集一百十八種四百九十五卷（缺二種四卷）

T9117　2113

《西河合集》一百十八種四百九十五卷

　　經集

　　《仲氏易》三十卷

　　《推易始末》四卷

　　《河圖洛書原舛編》一卷

《太極圖説遺議》一卷

《易小帖》五卷

《易韻》四卷

《古文尚書冤詞》八卷

《尚書廣聽録》五卷

《舜典補亡》一卷

《國風省篇》一卷

《毛詩寫官記》四卷

《詩札》二卷

《詩傳詩説駁義》五卷

《白鷺洲主客説詩》一卷

《續詩傳鳥名》三卷

《昏禮辨正》一卷

《廟制折衷》二卷

《大小宗通繹》一卷

《北郊配位尊西向議》一卷

《辨定嘉靖大禮議》二卷

《辨定祭礼通俗譜》五卷

《喪禮吾説篇》十卷

《曾子問講録》四卷

《儀禮疑義》二卷

《春秋毛氏傳》三十六卷

《春秋屬辭比事記》四卷

《春秋條貫篇》十一卷

《春秋占筮書》三卷

《春秋簡書刊誤》二卷

《四書索解》四卷　清王錫輯

《論語稽求篇》七卷

《大學證文》四卷

《大學知本圖説》一卷

《中庸説》五卷

《四書賸言》四卷

《四書賸言補》二卷

《聖門釋非録》五卷

《逸講箋》三卷

《聖諭樂本解説》二卷

《竟山樂録》四卷

《皇言定聲録》八卷

《李氏學樂録》二卷　清李塨撰

《孝經問》一卷

《周禮問》二卷

《大學問》一卷

《明堂問》一卷

《學校問》一卷

《郊社禘祫問》一卷

《經問》十八卷

《經問補》三卷

文集

《誥詞》一卷

《頌》一卷

《策問》一卷

《表》一卷

《主客詞》二卷

《奏疏》一卷

《議》四卷

《揭子》一卷

《史館劄子》二卷

《史館擬判》一卷

《書》八卷

《牘札》一卷

《箋》一卷

《序》三十四卷

《引、弁首》一卷

《題、題詞、題端》一卷

《跋》一卷

《書後緣起》一卷

《碑記》十一卷

《傳》十一卷

《王文成傳本》二卷

《墓碑銘》二卷

《墓表》五卷

《墓誌銘》十六卷

《神道碑銘》二卷

《塔誌銘》二卷

《事狀》四卷

《易齋馮公（溥）年譜》一卷

《記事》一卷

《集課記》一卷

《説》一卷

《録》一卷

《制科雜録》一卷

《後觀石録》一卷

《越語肯綮録》一卷

《何御史孝子祠主復位録》一卷

《湘湖水利志》三卷

《蕭山縣志刊誤》三卷

《杭志三詰三誤辨》一卷

《天問補註》一卷

《館課擬文》一卷

《折客辨學文》一卷

《答三辨文》一卷

《釋二辨文》一卷

《辨聖學非道學文》一卷

《辨忠臣不徒死文》一卷

《古禮今律無繼嗣文》一卷

《古今无慶生日文》一卷

《禁室女守志殉死文》一卷

《勝朝彤史拾遺記》六卷

《武宗外紀》一卷

《後鑒録》七卷

《蠻司合志》十五卷

《韻學要指》十一卷

《賦》四卷

《續哀江南賦》一卷

《九懷詞》一卷

《擬廣博詞連珠詞》一卷

《誄文》一卷

《詩話》八卷

《詞話》二卷

《填詞》六卷

《擬連厢詞》一卷

《二韻詩》三卷

《七言絶句》八卷

《排律》六卷

《七言古詩》十三卷

《五言律詩》六卷

《七言律詩》十卷

《七言排律》一卷

《五言格詩》五卷

《雜體詩》一卷

《徐都講詩》一卷　清徐昭華撰

清毛奇齡撰，清李塨、盛唐等編，蔣樞、毛雍等重輯，瞿倫、張學新等三輯。清康熙刻乾隆三十五年（1770）陸體元修補嘉慶印本。一百二十七册。缺二種四卷（《何御史孝子祠主復位録》一卷、《湘湖水利志》三卷）。原缺五種六卷：《經集》之《儀禮疑義》二卷，《文集》之《策問》一卷、《表》一卷、《續哀江南賦》一卷、《擬廣博詞連珠詞》一卷，總目録原注"缺"。第一種《仲氏易》框高 19.6 厘米，寬 14.2 厘米。半葉十行二十字，小字雙行同，白口，四周單邊，無魚尾。版心中鐫子目書名（或簡稱）及卷次。

總書名葉三欄，中題"毛西河先生全集"，右題"凡經集五函，合五十一種，共二百三十六卷；文集五函，合六十六種，共二百五十七卷"；左題"侄孫覽輝，侄曾孫紹睿，孫健儒重輯""蕭山陸凝瑞堂藏板"。首李庚星、梁清標、顧隆三題詞；次乾隆三十五年陶杏秀《藏毛西河全集原版序》、嘉慶三年（1798）阮元

《毛西河檢討全集後序》；次《西河合集序目》（版心鎸“易經諸集序目”）。次《卷首》，包括李天馥《西河合集領詞》、李塨《西河合集總序》（二序未具時間）；盛唐《西河先生傳》，附王錫《傳贊》；編輯姓氏、重輯姓氏、三輯姓氏；毛遠宗《述始篇》；羅弘摹《西河先生遺像》并王恬題詞；文輝、姬潢編《西河合集總目錄》。是書分《經集》《文集》二部，《經集》首有《西河經集凡例》（版心鎸“經例”，此本《文集》之《文例》有目無文。）每種前各有細目，各卷卷端上題“西河合集”，下題著者及校對者姓名。

是書多種版本之書名葉，均題“凡經集五函，合五十一種，共二百三十六卷；文集五函，合六十六種，共二百五十七卷”，但總目錄注“缺”之子目或爲五種、或爲八種，致各本子目種數，卷數稍有出入。是書總目錄中《卷首》《經例》《文例》原未標卷數，不應計入子目；《中國古籍善本書目》亦未錄原注“缺”的六種（含《集課記》一卷）；若除去上述二者，是書子目計一百十七種四百九十四卷，其中〈經集〉四十九種二百三十六卷、《文集》六十八種二百五十八卷。此本存《集課記》一卷，子目計爲一百十八種四百九十五卷。

《仲氏易》卷一題“蕭山毛奇齡（字大可，又名甡）稿”“遠宗姬潢、文輝充有較”“孫健易元、儒珍待重輯”；卷二題“蕭山毛奇齡（字初晴，又春莊）稿”“遠公驥聯、文則西較”；卷三題“蕭山毛奇齡（字大可，又初晴）稿”“遠宗姬潢、壹佩韋較”；卷四題“蕭山毛奇齡（字春莊，又名甡）稿”“遠宗姬潢、佩韋聞大較”；卷五題“蕭山毛奇齡（字初晴，又名甡）稿”“蔣樞星旋、張文蘬風林較”；卷六、七題“蕭山毛奇齡（字大可，又春莊）稿”“蔡芹芍軒、蔣樞星旋較”；卷八題“蕭山毛奇齡（字春莊，又春遲）稿”“文輝充有、遠宗姬潢較”；卷九題“蕭山毛奇齡（字大可，又名甡）稿”“遠公驥聯、遠宗姬潢較”；卷十“蕭山毛奇齡（字初晴，又名甡）稿”“文輝充有、遠宗姬潢較”；卷十一題“蕭山毛奇齡（字齊于，又大可）稿”“郭鍾機石城、沈宗熹師尹較”；卷十二題“蕭山毛奇齡（又名甡，字春莊）稿”“彭軏元車、汪煜寓昭較”；卷十三題“蕭山毛奇齡（字大可，又名甡）稿”“楊卧柳堂、陶賓仲玉較”；卷十四題“蕭山毛奇齡（又名甡，字初晴）稿”“遠公驥聯、遠宗姬潢較”；卷十五題“蕭山毛奇齡（字春莊，又初晴）稿”“平士杰漢三、何倬炎倬人較”；卷十六題“蕭山毛奇齡（字大可，又春莊）稿”“張渢禹臣、王珊册玉較”；卷十七題“蕭山毛奇齡（又名甡，字大可）稿”“胡德邁鹿亭、昂天齧扶上較”；卷十八、十九題“蕭山毛奇齡（字大可，又名甡）稿”“遠宗姬潢、佩韋聞大較”，卷十九第十四葉爲抄配；卷二十題“蕭山毛奇齡（字大可，又名甡）稿”“麦紹頤繼艙、郭鍾機石城較”；卷二十一題“蕭山毛奇齡（又名甡，字齊于）稿”“遠公驥聯、遠宗姬潢較”；卷二十二、二十五題“蕭山毛奇

齡（字初晴，又名甡）稿”“文則西、端克繩較”；卷二十三題“蕭山毛奇齡（字
齊于，又春莊）稿”“彭軹元車、汪煜寓昭較”；卷二十四題“蕭山毛奇齡（字大可，
又名甡）稿”“文輝充有、佩韋聞大較”；卷二十六題“蕭山毛奇齡（字大可，又
名甡）稿”“文輝充有、遠宗姬潢較”；卷二十七題“蕭山毛奇齡（字大可，又春
莊）稿”“文輝充有、遠宗姬潢較”；卷二十八題“蕭山毛奇齡（又名甡，字初晴）
稿”“文輝充有、壹佩韋較”；卷二十九題“蕭山毛奇齡（字大可，又春莊）稿”“遠
公驥聯、文則西較”；卷三十題“蕭山毛奇齡”。此處卷端撰著者中括注文字，爲
原書雙排小字，下同。

《推易始末》卷一題“蕭山毛奇齡（字晚晴，又初晴）稿”“遠宗姬潢、佩
韋聞大較”；卷二題“蕭山毛奇齡（字初晴，又字于）稿”“何倬炎卓人、李成
輅弘載較”；卷三題“蕭山毛奇齡（字初晴，又晚晴）稿”“莫春園東怡、蔣樞
星旋較”；卷四題“蕭山毛奇齡（字大可，又晚晴）稿”“遠公驥聯、遠宗姬潢較”。

《河圖洛書原舛編》題“蕭山毛奇齡（字春莊，又名甡）稿”“陳元龍廣陵、
田得名絅卿較”。

《太極圖説遺議》題“蕭山毛奇齡（字大可，又名甡）稿”“姜之琦又韓、
陳元龍廣陵較”。

《易小帖》有書名葉，題“易小帖”。卷一題“蕭山毛奇齡（字初晴，又秋晴）
稿”“文輝充有、遠宗姬璜較”；卷二題“蕭山毛奇齡（字大可，又晚晴）稿”“盛
唐樅陽、王恬引齋較”；卷三題“蕭山毛奇齡（字晚晴，又初晴）稿”“姜兆熊
芑貽、姜兆驊日千較”；卷四題“蕭山毛奇齡（字大可，又秋晴）稿”“章大來
泰占、章世法宗之較”；卷五題“蕭山毛奇齡（又名甡，字兩生）稿”“何倬炎
卓人、何任炎莘民較”。

《易韻》卷一題“蕭山毛奇齡（字晚晴，又春遲）稿”“文輝充有、遠宗姬
潢較”；卷二題“蕭山毛奇齡（字大可，又名甡）稿”“遠公驥聯、文輝充有較”；
卷三題“蕭山毛奇齡（字晚晴，又春莊）稿”“文輝充有、遠宗姬潢較”；卷四
題“蕭山毛奇齡（字初晴，又名甡）稿”“文輝充有、遠宗姬潢較”。

《古文尚書冤詞》前有序目，各卷皆題“文輝充有、遠宗姬潢較”，唯毛奇
齡字號有異：卷一題“字初晴，又名甡”，卷二題“字大可，又名甡”，卷三題“又
名甡，字初晴”，卷四題“字晚晴，又大可”，卷五題“又名甡，字初晴”，卷六
題“字大可，又初晴”，卷七題“字大可，又晚晴”，卷八題“字大可，又名甡”。

《尚書廣聽録》各卷皆題“文輝充有、遠宗姬潢較”，唯毛奇齡字號有異：
卷一題“字大可，又初晴”，卷二題“字初晴，又秋晴”，卷三題“字大可，又
秋晴”，卷四題“字秋晴，又晚晴”，卷五題“又名甡，字更生”。

《舜典補亡》題"蕭山毛奇齡（字秋晴，又初晴）稿""文輝充有、遠宗姬潢較"。

《國風省篇》前有序目，卷端題"蕭山毛奇齡（字齊于，又字于）稿""金敬致正夏、姜兆鵬北溟較"。

《毛詩寫官記》卷一、三題"蕭山毛奇齡（字齊于，行十九）稿""金敬致正夏、姜兆驊日千較"；卷二題"蕭山毛奇齡（字大可，又初晴）稿""周韓菊山、姚淙季通較"；卷四題"蕭山毛奇齡（字大可，又名甡）稿""徐東曼倩、楊卧柳堂較"。

《詩札》卷一題"蕭山毛奇齡（字大可，又字于）稿""金敬致正夏、姜之琦幼韓較"；卷二題"蕭山毛奇齡（字大可，又名甡）稿""郭鍾機石城、孫眉光嘯夫較"。

《詩傳詩説駁義》卷一題"蕭山毛奇齡（字初晴，又大可）稿""文輝充有、遠宗存茲較"；卷一題"蕭山毛奇齡（又名甡，字初晴）稿""文輝充有、遠宗存茲較"；卷一題"蕭山毛奇齡（字僧開，行十九）稿""沈宗熹師尹、姜之琦幼韓較"；卷四題"蕭山毛奇齡（字春莊，又名甡）稿""沈宗熹師尹、李日焜次暉較"；卷五題"蕭山毛奇齡（字僧開，又春遲）稿""遠公驥聯、文則西較"。

《白鷺洲主客説詩》題"蕭山毛奇齡（字初晴，又晚晴）稿""文輝充有、遠宗姬潢較"。

《續詩傳鳥名》卷一題"蕭山毛奇齡（字老晴，又名甡）稿""逯九游、詩耦莨較"；卷二題"蕭山毛奇齡（字老晴，又秋晴）稿""王崇炳虎文、唐彪翼脩較"；卷三題"蕭山毛奇齡（字大可，又晚晴）稿""李庚星白山、倪宗烈承武較"；各卷端書名卷次下又題"莫春園晴川、張文蘆風林輯"。

《昏禮辨正》，目録"昏"作"婚"，卷端題"蕭山毛奇齡（字大可，又晚晴）稿""文輝充有、遠宗姬潢較"。

《廟制折衷》卷一題"蕭山毛奇齡（字西阿，又初晴）稿""楊卧柳堂、吳鼎禹定較"；卷二題"蕭山毛奇齡（字大可，又名甡）稿""文輝充有、遠宗姬潢較"。

《大小宗通繹》題"蕭山毛奇齡（字大可，又初晴）稿""文輝充有、遠宗姬潢較"。

《北郊配位尊西向議》題"蕭山毛奇齡（字大可，又名甡）稿""陳元龍廣陵、汪煜寓昭較"。

《辨定嘉靖大禮議》卷一題"蕭山毛奇齡（字大可，又名甡）稿""汪煜寓昭、盛唐元白較"；卷二題"蕭山毛奇齡（字大可，又名甡）稿""徐顓芷長、張學新滁三較"。

《辨定祭礼通俗譜》卷一題"蕭山毛奇齡（字大可，又名甡）稿""文輝充有、遠宗姬潢較"；卷二題"蕭山毛奇齡（字大可，又春莊）稿""遠公驥聯、遠宗姬潢較"；卷三題"蕭山毛奇齡（字大可，又初晴）稿""楊卧柳堂、徐東曼倩較"；卷四題"蕭山毛奇齡（字初晴，又名甡）稿""文輝充有、遠宗姬潢較"；卷五題"蕭山毛奇齡（字大可，又初晴）稿""彭軺元車、陸霽文端較"。

《喪禮吾説篇》各卷皆題"文輝充有、遠宗姬潢較"，唯毛奇齡字號不同：卷一、三、四、六題"字大可，又名甡"，卷二、五題"字初晴，又春莊"，卷七題"字初晴，又名甡"，卷八題"字大可，又初晴"，卷九題"字春莊，又名甡"，卷十題"字春莊，又初晴"。

《曾子問講録》各卷端題"蕭山毛奇齡（字初晴，又晚晴）稿"，卷一、二題"邵國麟在椒、胡紹簡去煩較"，卷三、四題"何垣紫庭、顧佩鋐良冶較"。

《春秋毛氏傳》前有序目，各卷毛奇齡字號：卷一、十七、三十、三十一題"字大可，又秋晴"，卷二、十一題"字春莊，又名甡"，卷三題"字初晴，又晚晴"，卷四題"字大可，又名甡"，卷五、七、十題"字大可，又初晴"，卷六、九題"字初晴，又名甡"，卷八、十四至十六、二十二題"字晚晴，又名甡"，卷十二題"字晚晴，又春莊"，卷十三、二十、二十一題"又名甡，字初晴"，卷十八題"字大可，又晚晴"，卷十九題"字大可，又名甡"，卷二十三、二十五、三十六題"字秋晴，又大可"，卷二十四、二十六、二十七題"字晚晴，又大可"，卷二十八、二十九、三十二、三十三題"字秋晴，又晚晴"，卷三十四題"字秋晴，又初晴"，卷三十五題"字初晴，又秋晴"；各卷校者：卷三題"姜兆熊芑貽、姜兆驥日千較"；卷四題"徐東曼倩、張燧星陳較"；卷八題"健易元、偉珍待較"；卷十四無校者；其餘各卷皆題"文輝充有、遠宗姬潢較"。卷十四第九葉爲抄配。

《春秋屬辭比事記》各卷毛奇齡字號：卷一題"字大可，又秋晴"，卷二、三題"字晚晴，又名甡"，卷四題"字大可，又初晴"，各卷皆題"文輝充有、遠宗姬潢較"。卷三第十二葉爲抄配。

《春秋條貫篇》各卷毛奇齡字號：卷一、三、七題"字大可，又初晴"，卷二、五題"字初晴，又名甡"，卷四、十一題"字大可，又名甡"，卷六題"字秋晴，又名甡"，卷八題"字初晴，又秋晴"，卷九題"字大可，又晚晴"，卷十題"字秋晴，又初晴"；各卷皆題"文輝充有、遠宗姬潢較"。

《春秋占筮書》卷一題"蕭山毛奇齡（字老晴，一名甡）稿""王國陞德載、沈元慶思具較"；卷二題"蕭山毛奇齡（字初晴，又晚晴）稿""鈞禹金、逶九游較"；卷三題"蕭山毛奇齡（字初晴，又晚晴）稿""朱樟鹿田、盧輅素公較"。

《春秋簡書刊誤》卷一題“蕭山毛奇齡（字初晴，一名甡）稿”，卷二題“蕭山毛奇齡（字老晴，一名甡）稿”，皆題“逯九游、詩耦葛較”。

《四書索解》前有序目，卷一題“蕭山毛奇齡（字老晴，又秋晴）稿”“文輝充有、遠宗姬潢較”；卷一題“蕭山毛奇齡（字老晴，又初晴）稿”“鈞禹金、詩耦葛較”；卷三題“蕭山毛奇齡（字老晴，又名甡）稿”“朱樟鹿田、江發岷源較”；卷四題“蕭山毛奇齡（字大可，又老晴）稿”“胡紹安國期、凌紹頤繼滄較”。各卷端書名卷次下又題“仁和王錫百朋氏輯”。

《論語稽求篇》卷一題“蕭山毛奇齡（字大可，又初晴）稿”“陳元龍廣陵、張希良石虹較”；卷二題“蕭山毛奇齡（字大可，又春莊）稿”“文輝充有、遠宗姬潢較”；卷三題“蕭山毛奇齡（字春莊，又名甡）稿”“文則西、端克繩較”；卷四題“蕭山毛奇齡（字大可，又初晴）稿”“何垣紫庭、凌紹頤繼滄較”；卷五題“蕭山毛奇齡（字僧彌，又初晴）稿”“楊卧柳堂、何倬炎卓人較”；卷六題“蕭山毛奇齡（字初晴，又僧開）稿”“遠公驥聯、遠宗姬潢較”；卷七題“蕭山毛奇齡（字大可，又名甡）稿”“李成輅弘載、陸霈文端較”。

《大學證文》卷一題“蕭山毛奇齡（又名甡，字大可）稿”“張希良石虹、傅光遇時嘉較”；卷二題“蕭山毛奇齡（又名甡，字春莊）稿”“健天行、偉又楊較”；卷三題“蕭山毛奇齡（又名甡，字大可）稿”“陳元龍廣陵、昂天翻扶上較”；卷四題“蕭山毛奇齡（字大可，又名甡）稿”“陸霈文端、吳鼎禹定較”。

《大學知本圖説》題一卷“蕭山毛奇齡（字大可，又秋晴）稿”“盛唐樅陽、田易易堂較”。

《中庸説》各卷皆題“蕭山毛奇齡（字老晴，又名甡）稿”；校者卷一題“胡紹安國期、張燧星陳較”，卷二題“張希良石虹、陳元龍廣陵較”；卷三題“查昇聲山、盧軒素公較”；卷四題“昂天翻扶上、彭軏元車較”；卷五題“李日焜次暉、姜兆熊芭貽較”。

《四書賸言》卷一題“蕭山毛奇齡（又名甡，字晚晴）稿”“楊卧柳堂、陸霈文端較”；卷二題“蕭山毛奇齡（又名甡，字春莊）稿”“楊卧柳堂、陸霈文端較”；卷三題“蕭山毛奇齡（字初晴，又秋晴）稿”“邵國麟在椒、顧佩鉉良冶較”；卷四題“蕭山毛奇齡（字秋晴，又名甡）稿”“陸邦烈又超、陶文岳書巖較”；《四書賸言補》卷一題“蕭山毛奇齡（字老晴，又大可）稿”“江發岷源、朱樟鹿田較”；卷二題“蕭山毛奇齡（字初晴，又老晴）稿”“胡紹安國期、昂天翻扶上較”。

《聖門釋非録》卷一題“蕭山毛奇齡（字晚晴，又秋晴）稿”“胡紹安國期、李鳳雛紫翔較”；卷二題“蕭山毛奇齡（字晚晴，又秋晴）稿”“陳佑自曾、朱樟鹿田較”；卷三題“蕭山毛奇齡（字初晴，又晚晴）稿”“蔣光朝廷翰、章度裴園較”；卷四題“蕭山毛奇齡（字秋晴，又初晴）稿”“徐東曼倩、田易易堂較”；卷五題“蕭山毛奇齡（字晚晴，又老晴）稿”“王崇炳虎文、唐彪翼脩較”。各卷端書名卷次下又題“平湖陸邦烈又超氏輯”。目錄第二葉爲抄配。

《逸講箋》卷一題“蕭山毛奇齡（字老晴，又名甡）稿”“蔡德揚詡萬、鍾郭健湛思較”“會稽章世法宗之氏輯”；卷二題“蕭山毛奇齡（字老晴，又名甡）稿”“鈞禹金、詩耦莨較”“文輝充有氏輯”；卷三題“蕭山毛奇齡（字老晴，又晚晴）稿”“鈞禹金、詩耦莨較”“巖上樓宅中象明氏輯”。

《聖諭樂本解説》前有序目，卷一題“蕭山毛奇齡（字初晴，又名甡）稿”，卷二題“蕭山毛奇齡（字大可，又名甡）稿”，皆題“文輝充有、遠宗姬潢較”。

《竟山樂録》，一名《古樂復興録》。卷一題“蕭山毛奇齡（字大可，又字于）稿”“周崧岑年、李成輅弘載較”；卷二題“蕭山毛奇齡（字大可，又字于）稿”“邵匡時秉中、葉光耀在園較”；卷三題“蕭山毛奇齡（字大可，又初晴）稿”“文輝充有、遠宗姬潢較”；卷四題“蕭山毛奇齡（字齊于，又大可）稿”“郭鍾機石城、沈宗熹師尹較”。

《皇言定聲録》卷一題“蕭山毛奇齡（字大可，又名甡）稿”“丁澍自崑、曹來聘應徵較”；卷二題“蕭山毛奇齡（又名甡，字大可）稿”“文輝充有、壹佩韋較”；卷三題“蕭山毛奇齡（字大可，又初晴）稿”，卷四題“蕭山毛奇齡（字大可，又名甡）稿”，卷五題“蕭山毛奇齡（字春莊，又初晴）稿”，卷六題“蕭山毛奇齡（字大可，又僧開）稿”；卷七題“蕭山毛奇齡（字大可，又名甡）稿”“遠宗姬潢、佩韋壹駿較”；卷八題“蕭山毛奇齡（字初晴，又僧開）稿”。卷三至六、八皆題“遠公驦聯、遠宗姬潢較”。卷五、八卷端首行書名脱“西河全”三字。

《李氏學樂録》，卷一題“蕭山毛奇齡（字秋晴，又初晴）稿”“遠宗姬潢、文輝充有較”；卷二題“蕭山毛奇齡（字大可，又初晴）稿”“文輝充有、遠宗姬潢較”；各卷端書名卷次下又題“蠹吾李塨恕谷著”。

《孝經問》前有《孝經諸問序目》，卷端題“蕭山毛奇齡（字春莊，又初晴）稿”“文輝充有、遠宗姬潢較”。

《周禮問》卷一題“蕭山毛奇齡（字大可，又初晴）稿”，卷二題“蕭山毛奇齡（字秋晴，又名甡）稿”，皆題“文輝充有、遠宗姬潢較”。

《大學問》題“蕭山毛奇齡（字秋晴，又大可）稿”“文輝充有、遠宗姬潢較”。

《明堂問》題“蕭山毛奇齡（字晚晴，又名甡）稿”“王錫百朋、盛唐元白較”。

《學校問》題“蕭山毛奇齡（字大可，又秋晴）稿”“文輝充有、遠宗姬潢較”。

《郊社禘祫問》“蕭山毛奇齡（字晚晴，又秋晴）稿”“李成輅弘載、王錫百朋較”。

　　《經問》卷一題"蕭山毛奇齡（字晚晴，又秋晴）稿"，卷二、三題"蕭山毛奇齡（字初晴，又大可）稿"，卷四題"蕭山毛奇齡（字秋晴，又晚晴）稿"；卷五題"蕭山毛奇齡（字初晴，又秋晴）稿""張希良石虹、田得名絅卿較"；卷六題"蕭山毛奇齡（字初晴，又秋晴）稿"；卷七題"蕭山毛奇齡（字大可，又初晴）稿""盛唐元白、王錫百朋較"；卷八題"蕭山毛奇齡（又名甡，字晚晴）稿""沈元紘彦遠、陳佑士曾較"；卷九題"蕭山毛奇齡（字初晴，又晚晴）稿""李日焜次暉、胡紹寧功水較"；卷十題"蕭山毛奇齡（字大可，字晚晴）稿"；卷十一題"蕭山毛奇齡（字初晴，又名甡）稿""鼎禹金、詩耦萇較"；卷十二題"蕭山毛奇齡（字秋晴，又大可）稿""胡紹寧功水、孫眉光嘯夫較"；卷十三題"蕭山毛奇齡（字秋晴，又晚晴）稿""姜兆熊芑貽、孫眉光嘯夫較"；卷十四題"蕭山毛奇齡（字大可，又名甡）稿""盛唐樅陽、王錫百朋較"；卷十五題"蕭山毛奇齡（字大可，又秋晴）稿""田易易堂、盛唐樅陽較"；卷十六題"蕭山毛奇齡（字晚晴，又大可）稿""金埴遠村、胡紹寧功水較"；卷十七題"蕭山毛奇齡（字大可，又初晴）稿"，卷十八題"蕭山毛奇齡（字初晴，又名甡）稿"。卷一至四、六、十、十七、十八皆題"文輝充有、遠宗姬潢較"。

　　《經問補》卷一題"蕭山毛奇齡（字老晴，又名甡）稿""逯九游、詩耦萇較"；卷二題"蕭山毛奇齡（字大可，又老晴）稿""錢昶景舒、江發岷源較"；卷三題"蕭山毛奇齡（字晚晴，又名甡）稿""凌紹頤繼滄、陸邦烈又超較"。各卷端書名卷次下又題"遠宗輯"。卷三第十一葉爲抄配。

　　《誥》前有序目，卷端題"蕭山毛奇齡（又名甡，字初晴）稿""文輝充有、遠宗姬潢較"。

　　《頌》"蕭山毛奇齡（字初晴，又名甡）稿""章元愷栗園、田得名絅卿較"。

　　《主客辭》，總目"辭"作"詞"，正文作"辭"。卷一題"蕭山毛奇齡（字大可，又名甡）稿""陸霬文端、汪煜寓昭較"；卷二題"蕭山毛奇齡（字大可，又春莊）稿""陳元龍廣陵、章元愷栗園較"。

　　《奏疏》題"蕭山毛奇齡（字大可，又名甡）稿""文輝充有、遠宗姬潢較"。

　　《議》卷一題"蕭山毛奇齡（又名甡，字大可）稿""張希良石虹、傅光遇時嘉較"；卷二題"蕭山毛奇齡（字大可，又名甡）稿""陸霬文端、汪煜寓昭較"；卷三題"蕭山毛奇齡（字初晴，又名甡）稿""陳元龍廣陵、王培生公載較"；卷四題"蕭山毛奇齡（字大可，又初晴）稿""章度裴園、瞿湄鷺洲較"。

　　《引、弁首》及《題、題詞、題端》兩種，總目録列在《序》三十四卷之後，正文列在《揭子》之前。

　　《引、弁首》題"蕭山毛奇齡（字初晴，又名甡）稿""章大來泰占、章世法宗之較”。第十四葉爲抄配。

《題、題詞、題端》，題“蕭山毛奇齡（字大可，又名甡）稿”“遠宗姬潢、佩韋聞大較”。

《揭子》題“蕭山毛奇齡（又名甡，字初晴）稿”“章元愷栗園、孫眉光嘯夫較”。

《史館劄子》總目録列一卷，實爲二卷。卷一題“蕭山毛奇齡（字大可，又名甡）稿”“沈一清士寧、周韓菊山較”；卷二題“蕭山毛奇齡（字初晴，又名甡）稿”“文輝充有、遠宗姬潢較”。

《史館擬判》卷端題爲“館擬判”“蕭山毛奇齡（字齊于，行十九）稿”“王珊册玉、邵瓊柯亭較”。

《書》卷一題“蕭山毛奇齡（字大可，又字于）稿”“何琼玉宗、姜兆驊日千較”；卷二題“蕭山毛奇齡（字大可，又名甡）稿”“袁益天瑞、孫眉光嘯夫較”；卷三題“蕭山毛奇齡（字初晴，又名甡）稿”“彭軹元車、汪煜寓昭較”；卷四題“蕭山毛奇齡（字大可，又名甡）稿”“文輝充有、遠宗姬潢較”；卷五題“蕭山毛奇齡（字大可，又晚晴）稿”“文輝充有、遠宗姬潢較”；卷六題“蕭山毛奇齡（字初晴，行十九）稿”“樓宅中象明、蔡德揚得載較”；卷七題“蕭山毛奇齡（字晚晴，又秋晴）稿”“李庚星白山、凌紹頤繼滄較”；卷八題“蕭山毛奇齡（字老晴，又初晴）稿”“鈞禹金、詩耦萇較”。

《牘札》卷端題爲“牘”，“蕭山毛奇齡（字大可，行十九）稿”“商徵説雨臣、姜承煜孫水較”。

《箋》題“蕭山毛奇齡（又名甡，字僧開）稿”，無校者。

《跋》題“蕭山毛奇齡（字僧開，一字于）稿”“李日曜一暉、何倬炎卓人較”。

《書後緣起》卷端題爲“書後”，“蕭山毛奇齡（又名甡，一字于）稿”“邵煥鵠子高、金敬致王夏較”。

《序》三十四卷，總目録列在《箋》之後，正文在《書後》之後。卷一題“蕭山毛奇齡（字齊于，一字于）稿”“遠公季蓮、何堂孟陽較”；卷二題“蕭山毛奇齡（字大可，又名甡）稿”“田易易堂、章標篛菴較”；卷三題“蕭山毛奇齡（字僧開，一字于）稿”“張燧星陳、遠公阿蓮較”；卷四題“蕭山毛奇齡（字大可，又名甡）稿”“盛唐椉陽、田易易堂較”；卷五題“蕭山毛奇齡（字僧開，又字于）稿”“何倬炎卓人、邵煥鵠子高較”；卷六題“蕭山毛奇齡（字初晴，又名甡）稿”“李庚星白山、何任炎莘民較”；卷七題“蕭山毛奇齡（一名甡，一字于）稿”“張燧星陳、遠公阿蓮較”；卷八題“蕭山毛奇齡（字初晴，又大可）稿”“張文蘤風林、蔣樞星旋較”；卷九題“蕭山毛奇齡（字僧開，行十九）稿”“何倬炎卓人、楊源芳子長較"；卷十題"蕭山毛奇齡（字初晴，又春莊）稿""文輝充有、遠宗姬潢較"；卷十一題"蕭山毛奇齡（字大可，又春莊）稿""遠公驥聯、遠宗姬潢較"；卷十二題"蕭山毛奇齡（字僧彌，又僧開）稿""遠公驥聯、遠宗姬潢較"；卷十三題"蕭山毛奇齡（字春莊，又春遲）稿""凌紹頤繼滄、何任炎先民較"；卷十四題"蕭山毛奇齡（字春莊，又春遲）稿""郭鍾機石城、郭第湛思較"；卷十五題"蕭山毛奇齡（字初晴，又名姓）稿""文輝充有、遠宗姬潢較"；卷十六題蕭山毛奇齡（字初晴，又名姓）稿""壹佩韋、文則西較"；卷十七題"蕭山毛奇齡（又名姓，字春莊）稿""陶賓仲玉、吳鼎禹定較"；卷十八題"蕭山毛奇齡（字大可，又名姓）稿""郭鍾機石城、孫眉光嘯夫較"；卷十九題"蕭山毛奇齡（字大可，又名姓）稿""陳元龍廣陵、張希良石虹較"；卷二十題"蕭山毛奇齡（字初晴，又春莊）稿""陳元龍廣陵、田得名絅卿較"；卷二十一題"蕭山毛奇齡（字僧彌，又初晴）稿""凌紹頤繼滄、平士杰漢三較"；卷二十二題"蕭山毛奇齡（字春莊，又名姓）稿""陶賓仲玉、姚淙季通較"；卷二十三題"蕭山毛奇齡（字僧開，又大可）稿""張文蘁風林、蔣樞星旋較"；卷二十四題"蕭山毛奇齡（一名姓，字初晴）稿""張文蘁風林、蔣樞星旋較"；卷二十五題"蕭山毛奇齡（字大可，又名姓）稿""文輝充有、遠宗姬潢較"；卷二十六題"蕭山毛奇齡（字大可，字初晴）稿""李塨剛主、王恬養齋較"；卷二十七題"蕭山毛奇齡（字秋晴，又晚晴）稿""文輝充有、遠宗姬潢較"；卷二十八題"蕭山毛奇齡（字初晴，又大可）稿""瞿倫傛人、瞿廷望令人較"；卷二十九題"蕭山毛奇齡（字初晴，又秋晴）稿""胡紹簡去煩、沈鳳起軼九較"；卷三十題"蕭山毛奇齡（字初晴，又秋晴）稿""盛唐樅陽、王錫百朋較"；卷三十一題"蕭山毛奇齡（字初晴，又晚晴）稿""王錫百朋、田易易堂較"；卷三十二題"蕭山毛奇齡（字初晴，又二晴）稿""陸邦烈又超、江發岷源較"；卷三十三題"蕭山毛奇齡（字大可，又晚晴）稿""李鳳雛紫翔、江發岷源較"；卷三十四題"蕭山毛奇齡（字秋晴，又晚晴）稿""朱樟鹿田、陶文岳書巖較"。

《碑記》前有序目，卷一題"蕭山毛奇齡（字齊于，行十九）稿""姜希軻亦輿、姜兆熊夢得較"；卷二題"蕭山毛奇齡（字僧開，又春莊）稿""沈一清嗣寧、張燧星陳較"；卷三題"蕭山毛奇齡（字僧開，行十九）稿""徐東曼倩、姜兆驊日千較"；卷四題"蕭山毛奇齡（字僧開，又春莊）稿""周崧層巖、張燧星陳較"；卷五題"蕭山毛奇齡（字春莊，又名姓）稿""郁雲麗公、陸霈文端較"；卷六題"蕭山毛奇齡（字春莊，又初晴）稿""瞿倫傛人、瞿廷望令人較"；卷七題"蕭山毛奇齡（又名姓，字春莊）稿""瞿文洲星河、瞿湄鷺洲較"；卷八題"蕭山毛奇齡（字大可，又名姓）稿""陳元龍廣陵、昂天翮扶上較"；卷九題"蕭山毛奇齡（字大可，又初晴）稿""觀齡明瀾、文輝充有較"；卷十題"蕭山毛奇齡（字初晴，又名甡）稿""章大來泰占、章世法宗之較"；卷十一題"蕭山毛奇齡（字晚晴，又春晴）稿""章大來泰占、陸邦烈又超較"。

《傳》卷一題《蕭山三先生傳》，題"蕭山毛奇齡（字大可，行十九）稿""何琮玉宗、金敬致正夏較"；卷二、三題《越州先賢傳》，卷二題"蕭山毛奇齡（又名甡，字春莊）稿""郁雲麗公、袁益天遂較"；卷三題"蕭山毛奇齡（字僧開，又初晴）稿""孫眉光嘯夫、郭光第湛思較"；卷四題《五忠傳》，題"蕭山毛奇齡（字大可，又名甡）稿""汪煜寓昭、彭軏元車較"；卷五題《分纂同郡循吏孝子節婦雜傳》，題"蕭山毛奇齡（字初晴，又名甡）稿""陶賓仲玉、吳珩葱文較"；卷六題《崇禎二撫傳》，題"蕭山毛奇齡（字春遲，又名甡）稿""吳珩葱文、周韓菊山較"；卷七題"蕭山毛奇齡（字大可，又字于）稿""姜之璜西禮、姜之琦幼韓較"；卷八題"蕭山毛奇齡（字初晴，又名甡）稿""周韓菊山、陶賓仲玉較"；卷九題"蕭山毛奇齡（字初晴，行十九）稿""何任炎莘民、章元愷栗園較"；卷十題"蕭山毛奇齡（又名甡，字春莊）稿""周韓菊山、項登文蔚較"；卷十一題"蕭山毛奇齡（字初晴，又春遲）稿""邵匡時秉中、何任炎莘民較"。

《王文成傳本》卷一題"蕭山毛奇齡（字初晴，又名甡）稿""姜兆熊苫貽、章大來泰占較"；卷二爲續補，題"蕭山毛奇齡（字大可，又名甡）稿""沈鳳起軼九、邵國麟在椒較"。

《墓碑銘》卷一題"蕭山毛奇齡（又名甡，字春莊）稿""項登文蔚、吳鼎禹定較"；卷二題"蕭山毛奇齡（字初晴，字春莊）稿""文輝充有、遠宗姬潢較"。

《墓表》卷一題"蕭山毛奇齡（字僧開，一名甡）稿""陶賓仲玉、蔡文子聞較"；卷二題"蕭山毛奇齡（字大可，又名甡）稿""倪瀚元洲、周韓菊山較"；卷三題"蕭山毛奇齡（字僧開，又初晴）稿""凌紹頤繼滄、郭光第湛思較"；卷四題"蕭山毛奇齡（又名甡，字春莊）稿""姜兆熊苫貽、姜公銓山啓較"；卷五題"蕭山毛奇齡（字春莊，又僧開）稿""文輝充有、遠宗姬潢較"。

《墓誌銘》卷一題"蕭山毛奇齡（字齊于，又字于）稿""姜之璜小翟、姜之琦幼韓較"；卷二題"蕭山毛奇齡（字大可，又名甡）稿""陸霱文端、汪煜寓昭較"；卷三題"蕭山毛奇齡（字齊于，行十九）稿""朱世昌伯屏、單之倫天常較"；卷四題"蕭山毛奇齡（又名甡，字僧彌）稿""張希良石虹、傅光遇時嘉較"；卷五題"蕭山毛奇齡（字大可，又字于）稿""健鑑寅、偉巨園較"；卷六題"蕭山毛奇齡（字僧彌，一字于）稿""胡德邁鹿亭、汪煜寓昭較"；卷七題"蕭山毛奇齡（字僧開，又名甡）稿""陶賓仲玉、郁雲理公較"；卷八題"蕭山毛奇齡（字初晴，又名甡）稿""黄兆熊渭徵、吳維珩楚白較"；卷九題"蕭山毛奇齡（字僧彌，又春莊）稿”"健鑑寅、偉巨園較”；卷十題"蕭山毛奇齡（字大可，行十九）稿”"周崧岑年、蔡文子聞較”；卷十一題"蕭山毛奇齡（字大可，又名甡）稿”"遠宗姬潢、文輝充有較”；卷十二題"蕭山毛奇齡（字初晴，又晚晴）稿”"文輝充有、遠宗姬潢較”；卷十三題"蕭山毛奇齡（字秋晴，又晚晴）稿”"李庚星白山、沈鳳起軼九較”；卷十四"蕭山毛奇齡（字初晴，又秋晴）稿”"姜兆熊芑貽、田易易堂較”；卷十五題"蕭山毛奇齡（字晚晴，又秋晴）稿”"盛唐樅陽、張燧星陳較”；卷十六題"蕭山毛奇齡（字老晴，又名甡）稿”"倪宗烈承武、沈鳳起軼九較”。

《神道碑銘》各卷題"蕭山毛奇齡（字大可，又初晴）稿”，卷一題"汪煜寓昭、王培生公載較”；卷二題"孫眉光肖夫、胡國寧功水較”。

《塔誌銘》卷一題"蕭山毛奇齡（字僧彌，又僧開）稿”"邵匡時秉中、袁益天瑞較”；卷二題"蕭山毛奇齡（字春莊，又初晴）稿”"何倬炎卓人、王永佺堯叟較”。

《事狀》卷一題"蕭山毛奇齡（又名甡，字大可）稿”"楊卧柳堂、姚淙季通較”；卷二題"蕭山毛奇齡（字初晴，行十九）稿”"遠宗姬潢、文輝充有較”；卷三題"蕭山毛奇齡（字初晴，又大可）稿”"文輝充有、遠宗姬潢較”；卷四題"蕭山毛奇齡（字大可，又名甡）稿”"吳紹安國期、吳紹寧功水較”。

《易齋馮公（溥）年譜》卷端題"文華殿大學士太子太傅兼刑部尚書易齋馮公年譜”，目錄題《馮太史年譜》；卷端題"蕭山毛奇齡（字春莊，又大可）稿”"章元愷栗園、周韓菊山較”。

《記事》前有序目，卷端題"蕭山毛奇齡（字初晴，又秋晴）稿”"文輝充有、遠宗姬潢較”。

《集課記》題"西河毛甡僧開氏譔”，無校者。

《説》題"蕭山毛奇齡（一名甡，一字于）稿”"姜承煌一宣、姜承熾慶孫較”。

《録》題"蕭山毛奇齡（字晚晴，又名甡）稿”"田易易堂、徐東曼倩較”。

《制科雜録》題"蕭山毛奇齡（又名甡，字初晴）稿”"孫眉光嘯夫、胡紹寧功水較”。

《後觀石録》題"蕭山毛奇齡（字初晴，又春遲）稿”"陶賓仲玉、吳鼎禹定較”。

《越語肯綮録》題"蕭山毛奇齡（字初晴，行十九）稿”"郭光第湛思、凌紹頤繼滄”。

《蕭山縣誌刊誤》，總目録"誌”作"志”，卷一題"蕭山毛奇齡（字初晴，原名甡）稿”"查昇聲山、高怡仲友較”；卷二題"蕭山毛奇齡（字春莊，一名甡）稿”"王珊册玉、邵瓊柯亭較”；卷三題"蕭山毛奇齡（又春遲，又大可）稿”"觀齡明瀾、遠宗姬潢較"。

《杭志三詰三誤辨》題"蕭山毛奇齡（字大可，又字于）稿""王錫百朋、李垿恕谷較"。

《天問補註》題"蕭山毛奇齡（又名甡，字僧開）稿""吳澄漣如、彭軏元車較"。第十八葉爲抄配。

《館課擬文》前有序目，卷端題"蕭山毛奇齡（字初晴，又名甡）稿""文輝充有、遠宗姬潢較"。

《折客辨學文》題"蕭山毛奇齡（字大可，又名甡）稿""文輝充有、遠宗姬潢較"。

《答三辨文》題"蕭山毛奇齡（字大可，又名甡）稿""張文蘬風林、沈鳳起軼九較"。

《辨聖學非道學文》題"蕭山毛奇齡（字老晴，又名甡）稿""姜兆熊芑貽、張义蘬風林較"。

《古禮今律無繼嗣文》題"蕭山毛奇齡（字大可，又名甡）稿""張文楚南服、張文蘬風林較"。

《禁室女守志殉死文》題"蕭山毛奇齡（字初晴，又名甡）稿""張文蘬風林、邵國麟在椒較"。

《勝朝彤史拾遺記》前有序目，卷一題"蕭山毛奇齡（字大可，又名甡）稿""瞿廷望令人、丁澍自崑較"；卷二題"蕭山毛奇齡（字僧開，行十九）稿""綸錫辰、雍聖臨較"；卷三題"蕭山毛奇齡（字大可，又名甡）稿""傅光遇時嘉、汪煜寓昭較"；卷四題"蕭山毛奇齡（字僧開，行十九）稿""蔡文子聞、李日焜次暉較"，第十三葉爲抄配；卷五題"蕭山毛奇齡（又名甡，字僧開）稿""張文蘬風林、蔣樞星旋較"，第九至十二葉爲抄配；卷六題"蕭山毛奇齡（字大可，行十九）稿""傅光遇時嘉、汪煜寓昭較"。

《武宗外紀》題"蕭山毛奇齡（字初晴，又僧彌）稿""周崧層巖、陶賓仲玉較"。

《後鑒録》卷一、二、五題"蕭山毛奇齡（字大可，又名甡）稿"，卷一題"王培生公載、昂天翻扶上較"，卷二題"王珊册玉、邵璜柯亭較"，卷五題"昂天翻扶上、彭軏元車較"；卷三題"蕭山毛奇齡（字僧開，又名甡）稿""陶賓仲玉、蔡文子聞較"；卷四題"蕭山毛奇齡（字僧彌，又名甡）稿""郁雲理公、徐喆二吉較"；卷六題"蕭山毛奇齡（字大可，行十九）稿""王壇杏侯、邵璜柯亭較"；卷七題"蕭山毛奇齡（字僧彌，又字于）稿""王珊册玉、胡德邁鹿亭較"。各卷末鐫"毛翰林集"。

《蠻司合志》，總目録"司"作"史"，卷一題"蕭山毛奇齡（原名甡，字僧開）稿""丁澍自崑、徐顗芷長較"；卷二題"蕭山毛奇齡（字僧開，又字于）稿""陸霽文端、彭軌元車較"；卷三、四、十四題"蕭山毛奇齡（字大可，又名甡）稿"，分別題"昂天翻扶上、田得名銅卿較""朱世昌伯屏、單之倫天常較""徐喆二吉、王壇杏侯較"；卷五"蕭山毛奇齡（字僧開，又名甡）稿""陶賓仲玉、蔡文子聞較"；卷六題"蕭山毛奇齡（行十九、字大可）稿""吳鼎禹定、項登文蔚較"；卷七、八題"蕭山毛奇齡（字大可，又字于）稿"，分別題"徐喆二吉、王壇杏侯較""李日焜次暉、何倬炎卓人較"；卷九題"蕭山毛奇齡（字僧開，一名甡）稿""郁雲麗公、蔡文子聞較"；卷十題"蕭山毛奇齡（一名甡，字齊于）稿""田得名絧卿、陸霽文端較"；卷十一題"蕭山毛奇齡（字僧彌，行十九）稿""姜公銓山啓、鮑同賢與升較"；卷十二題"蕭山毛奇齡（字僧開，又字于）稿""王培生公載、趙臺憲子卿較"；卷十三題"蕭山毛奇齡（又名甡，字僧彌）稿""姜之琦幼韓、來洵佳眉良較"；卷十五題"蕭山毛奇齡（字僧彌，又字于）稿""朱世昌伯屏、姜公銓山啓較"。

《韻學要指》一名《古今通韻括署》，前有序目，卷一題"蕭山毛奇齡（字初晴，又僧開）稿""蔣光朝廷翰、章度裝園較"；卷二題"蕭山毛奇齡（字大可，又春莊）稿""沈宗熹師尹、郭鍾機石城較"；卷三題"蕭山毛奇齡（字僧開，又僧彌）稿""凌紹頤繼滄、邵匡時秉中較"；卷四題"蕭山毛奇齡（字春遲，又春莊）稿""周韓菊山、袁益天遂較"；卷五題"蕭山毛奇齡（字春莊，又僧彌）稿""周崧岑年、姚淙季通較"；卷六題"蕭山毛奇齡（字春莊，又僧開）稿""姜公銓山啓、李日焜次暉較"；卷七題"蕭山毛奇齡（字大可，又初晴）稿""陶賓仲玉、郁雲麗公較"；卷八、十題"蕭山毛奇齡（字初晴，又春遲）稿"，分別題"文則西、端克繩較""邵匡時秉中、王永佺堯叟較"；卷九題"蕭山毛奇齡（字僧彌，又僧開）稿""文輝充有、佩韋聞大較"，第十七葉爲抄配；卷十一題"蕭山毛奇齡（字大可，又名甡）稿""凌紹頤繼滄、孫眉光嘯夫較"。

《賦》卷一題"蕭山毛奇齡（字大可，又字于）稿""姜承煊次壁、金敬致正夏較"；卷二題"蕭山毛奇齡（字初晴，又名甡）稿""邵廷采允斯、孫眉光嘯夫較"；卷三題"蕭山毛奇齡（又名甡，字齊于）稿""胡紹寧功水、郭鍾健湛思較"，第十七葉爲抄配；卷四題"蕭山毛奇齡（字初晴，又秋晴）稿""胡紹安國期、鍾機石城較"。

《九懷詞》題"蕭山毛奇齡（字齊于，又字于）稿""徐顗印若、陳九龍景良較"。

《誄文》題"蕭山毛奇齡（字僧彌，又初晴）稿""文輝充有、遠宗姬潢較"。

《詩話》前有序目，卷一題"蕭山毛奇齡（字僧開，一字于）稿""蔣樞星旋、張文蘣風林較"；卷二題"蕭山毛奇齡（字春莊，行十九）稿""袁益天瑞、沈一清嗣寧較"；卷三題"蕭山毛奇齡（字春莊，又字于）稿""吳鼎禹定、吳維玶楚白較"；卷四題"蕭山毛奇齡（字初晴，又名甡）稿""傅光遇時嘉、姜希輅亦載較"；卷五題"蕭山毛奇齡（字春遲，又名甡）稿""李成輅弘載、邵璸柯亭較"；卷六題"蕭山毛奇齡（字春遲，又大可）稿""章元愷栗園、姜之琦幼韓較"；卷七題"蕭山毛奇齡（字初晴，又晚晴）稿""盛唐樅陽、田易易堂較"；卷八題"蕭山毛奇齡（字初晴，又大可）稿""李庚星白山、凌紹頤繼滄較"。

《詞話》，總目錄列"二卷"，卷前目錄列"四卷"，卷三、四注"闕"。各卷題"蕭山毛奇齡（字又生，又名甡）稿"，分別題"陸邦烈又超、章標翛軒較""張學新滌三、徐顊印若較"。

《填詞》卷一、三題"蕭山毛奇齡（字于又字大可）稿""姜埈汝長、姜坦汝旦較"；卷二題"蕭山毛奇齡（字大可，又字于）稿""陶賓仲玉、郁雲山于較"；卷四、五題"蕭山毛奇齡（字初晴，又字于）稿"，分別題"姜埈汝長、姚淙季通較""文輝充有、遠宗姬潢較"；卷六題"蕭山毛奇齡（字春莊，又初晴）稿""平士杰漢三、郭鍾第湛思較"。

《擬連廂詞》題"蕭山毛奇齡（字僧開，又字于）稿""珍席懷、壹駿聞大較"。

《二韻》，總目錄作《二韻詩》，即五言絕句，卷一題"蕭山毛奇齡（字大可，又字于）稿""劉達非聞、姜兆熊夢得較"；卷二題"蕭山毛奇齡（字春莊，又名甡）稿""朱世昌伯屏、傅光遇介菴較"；卷三題"蕭山毛奇齡（又名甡，字初晴）稿""孫眉光嘯夫、張希良石虹較"。

《七言絕句》卷端版損缺"西河合集"之"集"字。卷一、三題"蕭山毛奇齡（字大可，又字于）稿"，分別題"劉達非聞、姜兆熊夢得較""何淙玉宗、陶穎發駿公較"；卷二題"蕭山毛奇齡（又名甡，字春莊）稿""張文彬二監、蔣樞星旋較"；卷四題"蕭山毛奇齡（又名甡，字初晴）稿""何倬炎卓人、李日焜次暉較"；卷五題"蕭山毛奇齡（字初晴，又名甡）稿""何任炎先民、平士杰漢三較"；卷六題"蕭山毛奇齡（字春遲，又名甡）稿""張文楚南服、莫春園東怡較"；卷七題"蕭山毛奇齡（字僧開，又名甡）稿""袁益天遂、吳澄漣如較"；卷八題"蕭山毛奇齡（字春莊，又名甡）稿""陳元龍廣陵、昂天翿扶上較"。

《排律》卷一題"蕭山毛奇齡（字齊于，又字于）稿""姜垚汝高、姜埈汝長較"；卷二題"蕭山毛奇齡（字初晴，又名甡）稿""何倬炎卓人、何任炎先民較"；卷三題"蕭山毛奇齡（字齊于，行十九）稿""莫春園東怡、蔣樞星旋較”；卷四題“蕭山毛奇齡（字僧彌，又初晴）稿”“郭光第湛思、李日焜次暉較”；卷五題“蕭山毛奇齡（字初晴，又大可）稿”“綸東園、健易元較”；卷六題“蕭山毛奇齡（字春莊，又名牲）稿”“平士杰漢三、田得名絅卿較”。

《七言古詩》卷一、五題“蕭山毛奇齡（字大可，又字于）稿”，分別題“遠公阿蓮、士霖曰作較”“遠公阿蓮、姜燦英三較”；卷二題“蕭山毛奇齡（字初晴，又春莊）稿”“郭鍾機石城、沈宗熹師尹較”；卷三題“蕭山毛奇齡（字于又字大可）稿”“遠公阿蓮、士霖曰作較”；卷四題“蕭山毛奇齡（字大可，又初晴）稿”“張文蘫風林、蔣樞星旋較”；卷六題“蕭山毛奇齡（字春莊，又僧彌）稿”“沈宗熹師尹、何任炎先民較”；卷七題“蕭山毛奇齡（字齊于，行十九）稿”“姜之璜西禮、姜之琦幼韓較”；卷八題“蕭山毛奇齡（字大可，又僧彌）稿”“張文蘫風林、蔣樞星旋較”，首葉爲抄配；卷九題“蕭山毛奇齡（字春遲，又大可）稿”“文輝充有、遠宗姬潢較”；卷十題“蕭山毛奇齡（字初晴，行十九）稿”“郭鍾機石城、孫眉光嘯夫較”；卷十一題“蕭山毛奇齡（字僧開，又名牲）稿”“沈宗熹師尹、郭鍾機石城較”；卷十二題“蕭山毛奇齡（字春遲，又春莊）稿”“何倬炎卓人、沈宗熹師尹較”；卷十三題“蕭山毛奇齡（字僧彌，又僧開）稿”“凌紹頤繼滄、邵匡時秉中較”。

《五言律詩》卷一、三題“蕭山毛奇齡（字大可，又字于）稿”，分別題“蔣光朝廷翰、瞿文洲星河較”“姜希軻亦輿、來胤佳僕有較”；卷二題“蕭山毛奇齡（字初晴，又名牲）稿”“雍聖臨、倫東園較”；卷四題“蕭山毛奇齡（字僧開，又名牲）稿”“平士杰漢三、郭光第湛思較”，個別殘損葉有抄補；卷五題“蕭山毛奇齡（字春莊，又大可）稿”“莫春園晴川、張文蘫風林較”；卷六題“蕭山毛奇齡（又名牲，又僧彌）稿”“綸錫辰、鈞禹金較”。

《七言律詩》卷一題“蕭山毛奇齡（字大可，又字于）稿”“周嘉模風遠、商徵説雨臣較”；卷二、六題“蕭山毛奇齡（字大可，又春莊）稿”，分別題“昂天翮扶上、孫眉光嘯夫較”“郭光第湛思、李日焜次暉較”；卷三題“蕭山毛奇齡（字大可，行十九）稿”“姜希軻亦輿、黃繩祖孝威較”；卷四題“蕭山毛奇齡（字僧彌，又初晴）稿”“綸錫辰、健易元較”；卷五題“蕭山毛奇齡（又名牲，又初晴）稿”“郭光第湛思、何任炎莘民較”；卷七題“蕭山毛奇齡（字僧彌，又春莊）稿”“沈一清嗣寧、李日焜次暉較”；卷八題“蕭山毛奇齡（字初晴，又僧開）稿”“綸錫辰、雍聖臨較”；卷九題“蕭山毛奇齡（字初晴，又大可）稿”“張文蘫風林、蔣樞星旋較”；卷十題“蕭山毛奇齡（字大可，又初晴）稿”“凌紹頤繼滄、郭鍾機石城較”。

《七言排律》題“蕭山毛奇齡（字初晴，又大可）稿”“張文蘫風林、何錫田清臣較"。

《五言格詩》卷一題"蕭山毛奇齡（字大可，又僧彌）稿""健天行、偉又楊較"；卷二題"蕭山毛奇齡（字僧彌，又春遲）稿""凌紹頤繼滄、郭鍾機石城較"；卷三題"蕭山毛奇齡（字初晴，又春莊）稿""邵匡時秉中、凌紹頤繼滄較"；卷四題"蕭山毛奇齡（字春莊，又初晴）稿""蔣樞星旋、莫春園晴川較"；卷五題"蕭山毛奇齡（字僧開，又初晴）稿""健易元、偉珍待較"。

《雜體詩》一卷，包括《五言三韻律》《七言三韻律》《六言詩》三種，《五言三韻律》卷端題"蕭山毛奇齡（字齊于，又字于）稿""姜垚汝高、張燦星陳較"。第十七葉爲抄配。

《徐都講詩》一卷，清徐昭華撰。徐昭華（生卒年不詳）字伊璧，號蘭癡，上虞人。毛奇齡暮年里居，昭華從之學詩，稱女弟子。是集經毛氏點定，故附刻於《西河全集》中。卷端題"蕭山毛奇齡（字初晴，又字于）稿""汪煜寓昭、姚淙季通較"。

各卷校對者，同一姓名或用字不同，如："遠宗姬潢"，"潢"或作"璜"；參校姓氏中之"鍾郭鍵（湛思）"，卷端或作"郭鍾健湛思""郭光第湛思""郭鍾第湛思"；"郁雲理公"，"理"或作"麗"；"彭軓"或作"彭軡"；"何任炎莘民"，"莘"又作"先"；"孫眉光嘯夫"，"嘯"又作"肖"。凡此皆予照錄。

毛奇齡（1623—1716）一名甡，字大可，號秋晴、初晴等。浙江蕭山人。以郡望西河，學者稱"西河先生"。明末諸生，康熙十八年（1679）以廩監生召試博學鴻詞，授檢討，充明史館纂修官。後假歸不復出。治經史、音韻之學，著述宏富。生平見是書前所附《西河先生傳》及《文集》之《墓誌銘》卷十一毛氏《自爲墓誌銘》，《清史列傳》卷六十八、《清史稿》卷四百八十一皆有傳。

是集之裒集編刻，詳見《總目錄》後李庚星、蔣樞二人題識。李庚星題識云："先生晚年專務經學，戒勿輯文集，故詩、賦、記、序諸文稿存者尚多，俟檢校，同未刻者續刻，其目不載。至屏幛、墓石諸碑版文，任人贗作，掌錄者已慎防竄入，以辨真贗，但譌文甚多。按先生七十歲時即自爲墓誌辭世，而是集之成訖于康熙三十八年（1699），計之實七十有七。倘是年以後更有他刻，非門下所錄，總屬贗本，觀者審之。仁和門人李庚星附識。"結合卷首李塨所撰《西河合集總序》及各集《序目》、盛唐《西河先生傳》及所附編輯姓氏，知《西河合集》始由李塨編集，《總序》云："得經集如干卷、史集如干卷、詩文集如干卷、雜著如干卷"。康熙三十八年付刊時，由李塨、盛唐等編輯，陳元龍、李庚星等參校，只分經集、文集二部，共得一百十七種，四百九十三卷。

蔣樞題識又云："先生自康熙三十八年以後，越五年而東歸草堂，又九年而卒。中間研經、講學，殆無虛日，所積卷帙甚夥。《經集》如干卷，《文集》如干卷，既經鏤刻，而原目未載者今悉補入，彙爲成書，部署一遵舊式。但全集原板殘缺頗多，先生之從孫聖臨氏，充有先生之長嗣也，重檢遺稿，校輯付梓。間有無從補輯者，闕而有待，不敢以贗本竄入云。康熙庚子臘月中澣同里門人蔣櫏識。"此處"先生之從孫聖臨氏"即毛雍（字聖臨），與蔣櫏等對《西河合集》重加補輯付梓。李塨等所輯因"全集原板殘缺頗多"，遂不傳世。毛雍等輯刻本在中國國家圖書館、美國哈佛大學哈佛燕京圖書館等處有收藏，其書名葉左欄鐫"蕭山城東書留草堂藏板"，下有墨印"西河""竟山書院"。"書留草堂"爲毛奇齡堂號，毛氏曾爲彭而述《讀史亭詩文集》作序，署"蕭山後學毛奇齡題於書留草堂"。

是集後又經毛奇齡之孫婿瞿倫等三輯，可稱完備。以毛雍等重輯本與三輯本相校：重輯本《仲氏易》卷端無"孫健易元、儒珍待重輯"九字；《辨定嘉靖大禮議》卷二，重輯本題"邵廷采允斯、胡紹安國期較"；《箋》一卷，重輯本有校者"李成輅弘載、沈一清士寧較"；《序》卷二十八，重輯本題"王錫百朋、張燧星陳較"；《碑記》卷七，重輯本題"彭軏元車、陸霽文端較"；《勝朝彤史拾遺記》卷一，重輯本題"蔡文子聞、李日焜次暉較"等等，皆與三輯本不同。對照《三輯姓氏》及各卷端校對人姓名，可略知三輯諸人修訂卷次。

書版流傳至乾隆間，爲陸體元凝瑞堂購得。陸氏購求書版始末見陶杏秀《藏毛西河全集原版序》云："蕭山西河毛先生讀書破萬卷，文章、學問各有本源，洵推一代鴻儒。晚年彙其生平著述，刻《全集》若干卷行世，誠吾越中之至寶也。先生歿後，此版印刷有年，漸就模糊。近有檇李居奇者，將欲負之而去。太史公云：'藏之名山，傳之其人。'古人著述如此慎重。今先生立言縱堪不朽，而歿未百年，版歸坊賈，剝蝕散軼，歷久愈甚，欲其長存而不壞也，蓋戞戞乎其難之矣。余壻陸體元爲先生同里，聞風太息，因轉浼戚屬，不惜重資，攜歸加藏，修其殘缺，補其遺亡，又印刷若干部，分送邑之鄉先生與官斯土者。"至嘉慶元年（1796），陸體元後人成棟又予重印，乃請時任浙江學政阮元作序。重印本更換書名葉，皆題"蕭山陸凝瑞堂藏板"。此爲迭經三輯，乾隆陸體元修補後之嘉慶印本。

清乾隆間編《四庫全書》共收錄《西河合集》中二十八種著述，能獨立成書者分載於經史各部，文、詩、詞等當編於集部者，統編爲《西河文集》一百七十九卷。此外《四庫全書總目》存目者計三十五種。《西河合集》之外，毛氏著述尚有：《四書正事括略》七卷《附錄》一卷，清道光二十年（1840）蕭山沈豫刻本；《四書改錯》二十二卷，清乾隆十年（1745）書留草堂刻本；《三年服制考》一卷,《昭代叢書》本;《檀弓訂誤》一卷,《賜硯堂叢書新編》本;《嶅城陸生三弦譜記》一卷,清嘉慶八年（1803）刻本;《家禮辨説》十六卷,清同治二年（1863）余氏家刻本等。

是書避諱不謹嚴,"玄""弦"字缺末筆,"絃"字或不諱。與重輯本相校,"弘"字或鏟去末筆,"曆"字或挖改爲"歷",皆改之未盡。

是書迭經遞修、重刷,存世較多。《中國叢書綜録》彙編獨撰類著録。中國國家圖書館、上海圖書館、北京大學、復旦大學圖書館及日本國立國會圖書館等二十多家有收藏。

037

西堂全集四種一百二十八卷附一種六卷

T5445　1982

《西堂全集》四種一百二十八卷附一種六卷

　　《西堂文集》二十四卷

　　《西堂詩集》三十卷

　　《西堂樂府》七卷

　　《西堂餘集》六十七卷

　　附《湘中草》六卷　清湯傅楹撰

清尤侗撰。清康熙刻後印本。有佚名圈點、批注。四十册。框高 17.8 厘米,寬 13.7 厘米;半葉十行二十一字,小字雙行同,四周單邊偶或左右雙邊,上白口下綫黑口或白口,單魚尾或無魚尾;版心上鐫子書名,中鐫卷次。《西堂詩集》中之《擬明史樂府》《外國竹枝詞》《百末詞》及《西堂樂府》六種有眉欄,鐫評語。《西堂餘集》之《年譜圖詩》《小影圖贊》框高 19.3 厘米,寬 14.5 厘米,半葉十三行二十三字,左右雙邊,白口,雙魚尾,版心中鐫書名。

《西堂文集》包括《西堂雜俎一集》八卷、《西堂雜俎二集》八卷、《西堂雜俎三集》八卷;首有《弘覺國師語録》《西堂全集目録》（補抄）。《一集》卷端題"吳下尤侗展成撰";首有尤侗《自序》,《西堂雜俎一集目録》,徐元文跋。《二集》卷端題"吳下尤侗悔菴撰";首有尤侗《自序》,次《西堂雜俎二集目録》。《三集》卷端題"吳下尤侗悔菴撰",首有康熙十八年（1679）徐乾學《序》,次《西堂雜俎三集目録》。

《西堂詩集》包括《西堂剩稿》二卷、《西堂秋夢録》一卷、《西堂小草》一卷、《論語詩》一卷、《右北平集》一卷、《看雲草堂集》八卷、《述祖詩》一卷、《于京集》五卷、《哀絃集》二卷、《擬明史樂府》一卷、《外國竹枝詞》一卷、《百末詞》

五卷、《詞餘》一卷。除《述祖詩》卷端未題著者、《百末詞》卷端題 "長洲尤侗" 外，其餘卷端均題 "長洲尤侗譔"。《西堂剩稿》首有康熙甲子（二十三年，1684）尤侗《自序》。《西堂秋夢錄》首有欽蘭、顧敦、湯傳楹《西堂秋夢錄序》、尤侗《自序》、唐孫《解夢語》；末有湯傳楹、三中子跋。《西堂小草》首有康熙甲子尤侗《自序》。《論語詩》首有王崇簡《序》。《右北平集》首有順治乙未（十二年，1655）白胤謙《序》。《述祖詩》首有康熙九年（1670）尤侗《述祖詩小序》《述祖詩世系》，末有甲子（康熙二十三年）尤侗識語。《擬明史樂府》首有《擬明史樂府目錄》；此本誤將《讀離騷》尤侗《自序》重複裝訂於此。《外國竹枝詞》首有《外國竹枝詞目錄》、康熙辛酉（二十年，1681）尤侗《自序》。《百末詞》首有康熙乙巳（四年，1665）曹爾堪《序》、次《百末詞目次》。《看雲草堂集》《于京集》《哀絃集》無序跋。

　　《西堂樂府》包括《讀離騷》一卷、《弔琵琶》一卷、《桃花源》一卷、《黑白衛》一卷、《李白登科記》一卷、《鈞天樂》二卷。前四種卷端題 "長洲尤侗悔菴譔"，後二種卷端題 "吳儂悔菴填詞"。《讀離騷》首有《西堂樂府總目》，次吳偉業《序》，王士祿、丁澎、彭孫遹《讀離騷題詞》，吳綺《采桑子》，尤侗《自序》。《弔琵琶》首有乙巳（康熙四年）曹爾堪、丙午（康熙五年，1666）李澄《題詞》，王士禎《寄懷悔菴先生并題新樂府四絕句》，彭孫遹《弔琵琶題詞》。《桃花源》首有彭孫遹、吳綺《桃花源題詞》。《黑白衛》首有甲辰（康熙三年，1664）彭孫遹《黑白衛題詞》。《李白登科記》首有戊申（康熙七年，1668）尤侗自記、《梁玉立先生評》，杜濬《李白登科記題詞》。《鈞天樂》首有康熙乙巳程邨《序》、尤侗《自記》，次《鈞天樂目錄》。

　　《西堂餘集》包括《年譜圖詩》一卷、《小影圖贊》一卷、《年譜》二卷、《性理吟》一卷《後性理吟》一卷、《續論語詩》一卷、《艮齋倦稿詩集》十一卷、《艮齋倦稿文集》十五卷、《艮齋雜説》十卷、《看鑑偶評》五卷、《明史擬稿》六卷《外國傳》八卷、《宮閨小名錄》五卷。《年譜圖詩》《小影圖贊》《年譜》卷端未題書名、著者。《性理吟》卷端題 "宋朱熹晦菴"。《後性理吟》卷端題 "長洲尤侗悔菴"。《續論語詩》卷端題 "長洲尤侗艮翁"。《艮齋倦稿詩集》卷端題 "長洲尤侗著"。《艮齋雜説》卷端題 "長洲尤侗纂"，卷七至十卷端題名爲 "艮齋續説"。《看鑑偶評》卷端題 "長洲尤侗纂"。《明史擬稿》卷端題 "史官尤侗纂"。《宮閨小名錄》卷端題 "長洲尤侗纂"，卷五題名爲 "宮閨小名後錄"。《西堂餘集》首有王士禎《西堂全集序》、康熙甲戌（三十三年，1694）韓菼《西堂全集序》，次《西堂餘集總目》。《年譜圖詩》首有康熙甲戌高士奇《尤悔菴太史年譜圖詠跋》、康熙甲戌錢肅潤年譜圖序，次《艮翁小像》。《性理吟》首有萬曆乙巳

（三十三年，1605）高攀龍《性理吟序》。《續論語詩》首有康熙壬申（三十一年，1692）彭定求跋。《艮齋倦稿詩集》首有辛未（康熙三十年，1691）尤侗自序，次《艮齋倦稿詩集目錄》。《艮齋倦稿文集》首有《艮齋倦稿文集目錄》（缺第三葉）。《看鑑偶評》首有康熙庚午（二十九年，1690）尤侗自序。《明史擬稿》首有康熙辛未尤侗識語，次《明史擬藁目錄》;《外國傳》卷前有《外國傳目錄》。《宮閨小名錄》末有尤侗七十七歲所作（康熙三十三年）跋（補抄）。《小影圖贊》《年譜》《艮齋雜説》無序跋。

是書所附《湘中草》卷端題“古吳湯傳楹卿謀譔”。首有康熙壬子（十一年，1672）宋實穎《湘中草序》、康熙乙丑（二十四年，1685）尤侗又跋、康熙癸丑（十二年，1673）徐元文《叙》、康熙壬子尤侗《跋》、康熙十二年汪琬《序》、乙酉（順治二年，1645）尤侗《原序》，次《小傳》，次《湘中草目錄》。

尤侗（1618—1704）字同人，又字展堂，號悔菴、艮齋、晚號西堂老人，明末清初江南長洲（今江蘇蘇州）人。明諸生，清初拔貢，除直隸永平府推官，因撻旗丁落職，康熙十八年（1679）舉博學鴻詞，授檢討，與修《明史》，居三年告歸，康熙四十二年（1703）聖祖南巡時獻詩受褒，遷爲翰林侍講。工詩文詞曲。《清史稿》卷四百八十四、《清史列傳》卷七十一有傳。

尤侗極富才名，著作頗多，詩文多按撰作時間結爲小集。《西堂文集》分爲三集，《一集》自戊寅至丙申（崇禎十一年至順治十三年，1638—1656），《二集》自丁酉至辛亥（順治十四年至康熙十年，1657—1671），《三集》自壬子至癸亥（康熙十一年至二十二年，1672—1683）。

《西堂詩集》下含十二種小集，除《百末詞》專收詞作之外，其餘約略以時間排序。其一《西堂剩稿》爲明末詩作，《自序》云：“自乙亥迄甲申（崇禎八年至十七年，1635—1644），十年之間，篇什遂多。……閒居無聊，偶檢故紙，喪亂之後，十存二三，因輯爲《剩藁》二卷。”其二《西堂秋夢録》爲明末壬午（崇禎十五年，1642）七至九月之作。其三《西堂小草》爲乙酉五月至壬辰六月（順治二年至九年，1645—1652），收詩一百二十首，《自序》云：“遂由拔萃入貢大廷。……不獲甲乙之科，僅乃爲貧而仕，屈首以就功名，此中邑邑有難爲外人道者。不平之鳴，其容已乎？昔人云：‘處則爲遠志，出則爲小草。’予是時殆將出也，故以名之。”其四《論語詩》爲尤侗官永平府時以《論語》名句爲題所作三十首。其五《右北平集》爲在永平府任上所作，自壬辰七月至丙申七月（順治九年至十三年，1652—1656），共一百五十三首。其六《看雲草堂集》爲罷官閑居二十年間所作，自丁酉至戊午五月（順治十四年至康熙十七年，1657—1678），共詩五百九十七首。其七《述祖詩》爲康熙九年居家時所作，康熙二十二年自史館歸鄉又增補，《自序》云："采摭家傳，擇其文行最著者四十二人，附見列女四人，次爲歌詩，并注本事以志不忘"；識語云："右《述祖詩》作于庚戌（康熙九年）。越三載，吾父棄世。又十年贈官檢討，侗請假南歸，竊續行述以殿其後，復搜譜中遺佚共得四十九人，通爲一卷云。"其八《于京集》爲尤侗舉博學鴻詞任職史館時所作，自戊午六月至癸亥十月（康熙十七年至二十二年，1678—1683），共詩四百十五首。其九《哀絃集》收祭文、悼亡詩等。其十《擬明史樂府》收纂修《明史》時所作詩一百首，康熙二十年（1681）《自序》（此本闕）云："予承乏纂修明史，討論之暇，間採其遺事可備鑑戒者，斷爲韻語，亦擬樂府百首。"其十一《外國竹枝詞》亦爲撰《明史》時所作，共一百十首，自序云："予與修《明史》，既纂《外國傳》十卷，以其餘暇復譜爲竹枝詞百首附土謠十首。"其十二《百末詞》收詞作，卷前尤侗識語云："漢人以百花百草末造酒，號百末酒。予所作詞亦花間草堂之末也，故以名之。"

《西堂樂府》收雜劇六種。

《西堂餘集》爲康熙二十三年以後詩文雜著。其中《年譜》述至康熙四十一年（1702）尤侗八十五歲時。《後性理吟》爲尤侗仿朱熹《性理吟》之詩作。《續論語詩》爲康熙三十一年所作三十首，卷前自識云："壬申（康熙三十一年）春正閒坐無聊，意欲作詩而苦無題。案頭有四子書，信手拈之，得近體三十首，不過借聖賢言語發自己性情。"《艮齋倦稿》爲尤侗從史館歸鄉後所作詩文，自甲子至戊寅（康熙二十三年至三十七年，1684—1698），共詩一千三百多首、文二百五十多篇，卷前《自序》云："日積月纍卷頁遂多。大抵贈答弔賀應酬之篇，十居八九。其言淺陋無足采者，殆出于倦極勉強之爲故，即以倦名其槀焉。"《明史擬稿》《外國傳》爲尤侗與修《明史》所擬草稿，前者包括正傳五十餘人、附傳二十餘人，然爲官修《明史》採納者不多。尤侗又曾分撰《明史·藝文志》，然多受批評，此本亦有目無文，目錄"藝文志五卷"下鈐木記"原闕"。

《湘中草》爲尤侗友人湯傳楹詩文集，尤侗爲之刊刻。尤跋云："予於乙酉（順治二年）歲刻其《湘中草》十二卷，藏之其家，至丁未（康熙六年，1667）爲亂民所掠，此板遂燬。予復搜原本，刪存六卷，壬子（康熙十一年）徐子公肅寓重錄，藏厎予家。宦游數年，癸亥（康熙二十二年）歸里，啓視篋衍，而此板又爲偷兒竊去殆盡，不勝悲駭。幸尚存一本，急付梓人，于是《湘中草》完好如故。"

是編中之一部分曾刊於康熙二十五年，書中《年譜》於是年記云："予刻《西堂詩文全集》成，坊人請以行世，因以湯子《湘中草》附焉。"此處所說《西堂詩文全集》當包含康熙二十三之前成書之《文集》《詩集》《樂府》。此本之《湘中草》附於《鈞天樂》之後，亦爲當時結集刊行之面貌。《西堂餘集》所收詩文至康熙三十七年（1698），然《年譜》紀事至康熙四十一年（1702）未提及再次刊刻事；書中僅避康熙帝諱，則《餘集》之刊刻當在康熙四十二年至六十一年之間。是書爲禁燬書。

是編諸書因內容不同，大致分爲三種版式：一爲基本版式，半葉十行二十一字，下綫黑口；二爲詞曲類，有眉欄、鐫評語，《詩集》中之《擬明史樂府》《外國竹枝詞》《百末詞》，以及《西堂樂府》六種皆如此；三爲有圖版之《年譜圖詩》《小影圖贊》，圖版半葉，文字則爲半葉十三行二十三字。是編諸書之字體也略有不同，有方正、瘦長、圓秀之別，乃因分若干次刊刻之故。

此本用康熙版印行，但中有剜改。如《西堂雜俎一集》卷二葉九《悲秋風》有三處剜去留空，原文爲"吳之山，賀蘭山，吳之水，鴨綠灘，吳之都，雁門關，朝爲海，暮爲田""殺人而食同荽蒲""健兒爛醉揚鞭行，言語糢糊容猙獰"。又如《擬明史樂府》康熙本卷端題"長洲尤侗譔；男珍"，此本未題後者；康熙本原有"上梁文""醉仙樓"兩首，此本目錄中剜去題目，又裁去正文所在第七葉，於第八葉版心合寫葉碼"七八"。

"玄"字缺筆。

《四庫全書總目》子部類書類存目《宮閨小名錄》，其餘皆未收錄。《四庫禁燬書叢刊》影印清康熙刻《西堂全集》三種附一種。《中國古籍善本書目》叢書彙編類著錄二十家收藏，其中北京大學圖書館、廣東省立中山圖書館等五家爲完本。知香港大學馮平山圖書館、美國哈佛大學哈佛燕京圖書館、柏克萊加州大學圖書館、明尼蘇達大學圖書館、華盛頓大學圖書館、斯坦福大學圖書館、康奈爾大學圖書館，加拿大英屬哥倫比亞大學圖書館，澳大利亞國家圖書館，日本內閣文庫，韓國高麗大學圖書館等處收藏。又知柏克萊加州大學圖書館、韓國國立中央圖書館藏康熙二十五年刻詩文集；美國哥倫比亞大學圖書館、加州大學洛杉磯分校圖書館藏康熙刻乾隆修補本。

鈐"白世昌印"白文方印、"胄卿"朱文方印。

038
孫夏峰全集十四種一百四十九卷

T9117　1943

《孫夏峰全集》十四種一百四十九卷

　　《年譜》二卷

　　《答問》一卷

《遊譜》一卷

《孝友堂家規》一卷

《家禮酌》一卷

《讀易大旨》五卷

《書經近指》六卷

《四書近指》二十卷

《理學宗傳》二十六卷

《中州人物考》八卷

《夏峯先生集》十四卷《首》一卷《補遺》二卷

《畿輔人物考》八卷

《晚年批定四書近指》十七卷

《孫徵君日譜録存》三十六卷

清孫奇逢撰。清順治至光緒間遞刻光緒彙印本。九十三冊。各集版式、行款不同。

《年譜》框高 17.9 厘米，寬 13.5 厘米。半葉九行二十字，小字雙行同，左右雙邊，白口，單魚尾，版心上鎸書名，中鎸卷次。卷端題"門人灤水趙御衆、睢陽湯斌、上谷魏一鰲、范陽耿極編次""後學桐城方苞訂正"。首有未署年方苞《序》、康熙十四年（1675）戴明説《序》、康熙乙卯（十四年）霍炳《徵君孫先生年譜序》；次《徵君孫先生遺像》及像贊；次方苞《傳》；末有未署年吳維垣《跋》。吳維垣《跋》中有"乾隆元年"句，又云"爰相與考証而重刊之"，集中"曆"字避諱，知爲乾隆時重刻。

《答問》框高 19.5 厘米，寬 13.8 厘米。半葉九行二十二字，四周單邊，白口，無魚尾，版心上鎸書名。卷端題"容城孫奇逢啓泰父著""男望雅、奏雅、博雅仝編"。首有順治丙申（十三年，1656）張元樞《孫鍾元先生答問弁言》、丙申（順治十三年）孫奇逢《引》；末有丙申（順治十三年）孫立雅識語。此集字體不整，當爲重刻。

《遊譜》框高 18.9 厘米，寬 13.7 厘米。半葉十行二十四字，四周單邊，白口，單魚尾，版心上鎸書名。卷端題"歲寒老人孫奇逢啓泰甫著；門人馬爾楹構斯甫、季男望雅君孚甫仝編"。首有未署年未署名《孫啓泰先生遊譜序》、順治乙未（十二年，1655）張鏡心《孫鍾元先生遊譜叙》、甲午（順治十一年，1654）孫奇逢《遊譜引》；次孫望雅輯《張蓬玄先生要語》。

《孝友堂家規》框高 16.8 厘米，寬 13.2 厘米。半葉九行二十字，四周單邊，白口，單魚尾，版心上鎸書名。卷端題"歲寒老人孫奇逢著"。首有順治辛丑

（十八年，1661）張俠《序》；卷末有戊寅（康熙三十七年，1698）孫韻雅識語、未署年魏一鰲《跋》。孫韻雅識語云："《家規》之刻在辛丑（順治十八年），於今且四十年矣。……姪孫用楨讀仲兄所輯庭訓，復録三十則暨家祭儀注并附於後。……遂合而梓之。"

《家禮酌》框高 16.8 厘米，寬 13.2 厘米。半葉九行二十四字，四周雙邊，白口，單魚尾，版心上鎸書名。卷端題 "容城孫奇逢啓泰氏手定" "東阿門人李居易校梓；河内後學蓬益章、武陟後學王輅謹校；九世孫玟、十世孫金桂監刊"。書名葉分三欄，中題 "家禮酌"，左題 "兼山堂藏板"，欄上題 "甲申冬重刻"，甲申當爲光緒十年（1884）。首有未署年未署名《家禮酌序》（存二葉）、光緒八年（1882）潘文江《四禮酌序》、光緒癸未（九年，1883）王致昌《重刻孫夏峯先生家禮酌序》、光緒九年張恕增《重梓家禮酌序》、光緒九年衛榮光《孫徵君家禮酌序》、光緒七年（1881）王輅《重刊家禮酌序》、康熙辛亥（十年，1671）孫奇逢《家禮酌序》、康熙十年李居易《家禮酌序言》；末有康熙辛亥孫奇逢《跋》、康熙十年趙御衆《家禮酌跋》。是集爲孫奇逢後人及門人據舊本於光緒重刻，衛榮光《序》云："徵君門人李子松友受其書刊行，更採前賢行事依類坿入。裔孫士佩歷久訪尋，謀重梓。"

《讀易大旨》框高 18.5 厘米，寬 13.7 厘米。半葉九行二十字，四周雙邊，白口，單魚尾，版心上鎸書名。卷端題 "容城孫奇逢纂" "門人耿極較訂"。首有康熙戊辰（二十七年，1688）耿極《先師讀易大旨序》；次《義例》《讀易大旨總論》；末有辛丑（順治十八年）李馪《跋》。耿極《序》云："迄今夫子見背十餘年，益覺若存若亡，不得不復取是編，手録而觀玩之，冀有羹墻之晤。因而較其子之舛訛，且手録素所聞兼山堂答問《易》及與三無道人論《易》之言附於後。"

《書經近指》框高 21 厘米，寬 14.6 厘米。半葉九行二十字，四周單邊，白口，單魚尾，版心上鎸書名，中鎸卷次、篇名。卷端題 "歲寒老人孫奇逢纂；孤竹後學趙繼訂梓"。書名葉分三欄，右題 "孫鍾元先生著"，中題 "書經近指"，左題 "一鶴軒藏板"，欄上題 "康熙丙辰夏季"。首有康熙丙辰（十五年，1676）霍炳《書經近指序》《書經近指序》（存一葉，撰者不詳）、順治辛丑（十八年）孫奇逢《尚書近指自序》、康熙十五年張潛《書經近指叙》；次孫奇逢《近指凡例》；次未署年趙御衆《尚書近指小叙》（誤裝於卷三之前）；末有未署年趙庚《尚書近指後跋》。趙庚跋云："庚受家君命，俾與領梓事。"

《四書近指》框高 17.7 厘米，寬 12.5 厘米。半葉九行二十字，四周單邊，白口，單魚尾，版心上鎸書名，中鎸卷次及四書書名。卷端題 "容城孫奇逢纂"。

首有康熙元年（1662）魏裔介《四書近指序》、順治己亥（十六年，1659）孫奇逢《四書近指序》；次孫奇逢《凡例》；末有康熙壬寅（元年）魏一鼇《四書近指跋》。

《理學宗傳》框高 18.2 厘米，寬 13.8 厘米。半葉九行二十字，小字雙行同，書眉鎸評語，四周單邊，白口，單魚尾，版心上鎸書名，中鎸卷次。卷端題"容城孫奇逢輯""門人魏一鼇、長男立雅全編"，各卷編者不同。書名葉分三欄，右題"兼山堂編輯"，中題"理學宗傳"，左題"夏峰藏板"。首有康熙五年（1666）孫奇逢《理學宗傳叙》、康熙丙午（五年）湯斌《理學宗傳序》、康熙五年張沐《理學宗傳叙》；次《義例》《理學宗傳姓氏》；卷二十六末鎸"宛陵劉信公梓"；末有康熙六年（1667）程啓朱《理學宗傳跋》。是書由張仲誠、程啓朱先後從事刊刻，湯斌《序》云："時内黄令張君仲誠潛修默悟，立任斯道，迎先生至署，蠲俸付梓"；程啓朱《跋》云："是以于其集之成也，既有仲誠張君先爲梓之，予又從而竣未竟者。"

《中州人物考》框高 16.7 厘米，寬 12.7 厘米。半葉九行二十二字，四周單邊，白口，單魚尾，版心上鎸書名，中鎸卷次及小題。卷端題"容城孫奇逢輯""門人王元鑛、長男立雅全編""六世孫在田校字；八世孫家秀校刊"，各卷編者不同。書名葉分三欄，中題"中州人物考"。首有道光甲辰（二十四年，1844）謝益《中州人物考序》、順治丁酉（十四年，1657）孫奇逢《中州人物考叙》、康熙十七年（1678）孫淦《中州人物考紀事》；次《例議》；次道光二十四年孫家秀識語；次《分類》；各卷前有目録，題爲《姓氏》。孫家秀識語云："先徵君輯《中州人物考》共若干卷，原稿失去，家藏副本，屢欲發刊而艱於貲。且其中不無魚魯亥豕之訛，因質諸同人細加校閲，凡字之舛者務爲正之，而義之疑者，概從闕焉，示慎也。甲辰（道光二十四年）春秀將爲鞏洛之行，適攜以過汜，邑侯謝子遷先生一見慨捐俸付梓，以公同好，即命秀董其役，閲十月而功竣。"據謝益《序》，道光年間先後刊刻《理學宗傳》《中州人物考》；然此本之《理學宗傳》與《中州人物考》風格迥然不同，《理學宗傳》應仍用康熙舊版。

《夏峯先生集》框高 17.9 厘米，寬 13.2 厘米。半葉九行二十一字，四周雙邊，白口，單魚尾，版心上鎸書名，中鎸卷次。卷端題"容城孫奇逢啓泰著""大梁書院重刊"。書名葉分三欄，右題"道光乙巳仲秋"，中題"夏峯集"，左題"大梁書院重梥"，乙巳爲道光二十五年（1845）。首有道光二十年（1840）錢儀吉《重刻夏峯先生集序》；次首卷，包括《孫徵君先生傳》《夏峯先生集舊叙》、康熙己卯（二十四年，1759）孫淦《夏峯先生集紀事》；次《夏峯先生集目録》；卷一末鎸"楊保恒謹校"，各卷末校者不同。《補遺》卷端題"容城孫奇逢啓泰著""輝縣後學郭程先補輯";版心下鐫"補遺";卷末亦有校者。錢儀吉《序》云:"學使許信臣編修至,適予罶醇館於輝,學使命之采訪,乃得此本於先生七世孫秀才孫錕所,云勵又存者。學使忻然首出俸金爲倡,諸公先後至,樂於共成之,遂付剞劂,而任予以校勘。"

《畿輔人物考》框高 16.8 厘米,寬 13.5 厘米。半葉九行二十一字,四周雙邊,白口,單魚尾,版心上鐫書名,中鐫卷次。卷端題"容城孫奇逢啓泰氏輯""門人高鐫、長男立雅全編""八世孫家玉、九世孫世玫校字",各卷編校者不同。書名葉分三欄,右題"同治己巳仲冬",中題"畿輔人物考",左題"兼山堂藏板",己巳爲同治八年(1869)。首有同治八年鄭元善《畿輔人物考序》、同治己巳戴瀠清《序》、同治八年武汝清《序》、同治己巳張葆謙《序》、未署年郭春煦《畿輔人物考序》、順治五年(1648)孫奇逢《畿輔人物考序》;次《助刻姓氏》;次《畿輔人物考姓氏》;次同治八年孫世玫《紀事》;次《凡例》;末有未署年張金式《跋》。卷一末卷"蕅門王銳芝謹校",各卷校者不同。鄭元善《序》云:"善與先生九世孫玫交好有年,得盡讀先生著述。丁卯(同治六年,1867)春又出是編示予,將付剞劂。"戴瀠清《序》云:"其裔孫士佩已刊十餘種行世。晚年著有《畿輔人物考》一書,散録未及成帙,士佩搜索裒輯,數閲寒暑始成完書,將付梓。"

《晚年批定四書近指》框高 18.2 厘米,寬 12.8 厘米。半葉九行二十字,四周雙邊,白口,單魚尾,版心上鐫書名,中鐫"晚年批定"或"晚年"以及卷次。卷端題"容城孫奇逢晚年批定""九世孫玫較刊"。首有同治三年(1864)祝塏《孫子晚年批定四書近指序》、同治三年李棠階《孫子四書近指晚年批定序》、同治三年王師韓《叙》、同治三年段漁溪《晚年批定四書近指序》、同治三年樊漳《孫子晚年批定四書近指序》;末有同治甲子(三年)孫世玫《紀事》、未署年張金芝《孫子晚年批定四書近指跋語》。卷十七末鐫"王輅、王登選、段漁溪、馬三俊、王師韓、樊漳、郭慧濂,九世孫世珽、玫,十世孫棕、桂謹校"。

《孫徵君日譜録存》框高 17 厘米,寬 13.4 厘米。半葉十行二十一字,四周雙邊,白口,單魚尾,版心上鐫書名,中鐫卷次。卷端題"後學永年武汝清、武陟王輅校訂""九世孫世玫、十世孫金桂監刊",各卷校訂、監刊者不同。書名葉分三欄,右題"武陟王少白先生校訂",中題"日譜",左題"兼山堂藏板"。首有光緒癸未(九年,1883)鹿傳霖《日譜序》、光緒甲午(二十年,1894)邵松年序、光緒癸巳(十九年,1893)曾培祺《補刊日譜序》、光緒三年(1877)衛榮光《徵君夏峯孫先生日譜序》、光緒元年(1875)武汝清《孫徵君先生日譜跋》、光緒十九年慕玉相《補刊日譜序》、光緒八年(1882)廖壽恒《孫夏

峰先生日譜録存》、光緒七年（1881）潘江《日譜序》、光緒十一年（1885）徐
紹康《孫徵君日譜録存叙》、未署年王之瀗《孫徵君先生日譜序》、光緒二年
（1876）侯伯良《孫徵君先生日譜序》、未署年湯斌《孫徵君先生日譜序》、康熙
壬申（三十一年，1692）耿極《孫徵君先生日譜序》、康熙三年（1664）魏一鰲
《孫徵君先生日譜序》及後附光緒乙亥（元年）駱文光識語、乙巳（康熙四年，
1665）常大忠《孫徵君先生日譜録存序》、壬申（康熙三十一年）任宅心《孫
徵君日譜序》；次光緒十一年孫世玟《紀事》，末鐫“八世孫家慶，九世孫世芳、
□□、□□、世恩，十世孫金相、金鰲全刊”；次《先徵君遺像》及孫奇逢自
贊；次《助資姓氏》；次《孫徵君日譜録存總目》，後附光緒十一年王輅跋語。是
書光緒十一年由孫奇逢九世孫世玟、十世孫馥堂刊刻，後士佩子馥堂又曾補刊。
邵松年序云：“所著書若干種歷經先達捐貲刊布，板彙存於百泉祠内。……甲午
（光緒二十年）孟夏，吾師曾與九先生書來，言徵君十世孫馥堂茂才以舊刻日久，
漸就漫漶，將集資修補兼以新脩《日譜》一種携示。因亟告知當道，共湊資如
干，交馥堂將全集一律整理。”慕玉相《序》云：“至壬辰（光緒十八年，1892）
板被蠹蝕數十片，是時士佩君已歿世矣。其賢嗣馥堂君……廼復摭拾臚齊而重
鐫之。”

　　孫奇逢（1585—1675）字啓泰，號鍾元，世稱夏峰先生，直隸容城（今屬
河北保定）人。明萬曆二十八年（1600）舉人，天啓間與左光斗、魏大中、周
順昌等交，明亡不仕，晚年移居河南輝縣之夏峰，躬耕講學。其學本於陸、王，
兼採程、朱，著《理學宗傳》《夏峰先生集》等。《清史稿》卷四百八十、《清史
列傳》卷六十六有傳。

　　孫奇逢著述自順治、康熙始，由其門人及後裔刊刻多種，此後直至道光、
同治、光緒年間，仍有重刻或新刻。道光年間，八世孫家秀曾刊刻《理學宗傳》
《中州人物考》二書，《中州人物考》卷前謝益《序》云：“既將《理學宗傳》付
梓，亦即以《中州人物考》付梓，以公諸世。”《夏峯先生集》亦曾於道光重刊。
同治年間，九世孫世玟、十世孫馥堂刻《四書近指》《畿輔人物考》；光緒年間
又刻《日譜》《家禮酌》。《孫徵君日譜録存》卷前武汝清《跋》云：“輔助士佩
募刻晚年《四書近指》《畿輔人物考》行世。士佩時攜先生《日譜》，暇即鈔録，
每過予談，談《日譜》卷帙繁多，擬鐫刻行世，苦無剞劂資，欲舉而旋止者數矣。
甲戌（同治十三年，1874）秋……乃決意發刻。”

　　此本各集版刻年代不一，《答問》《遊譜》《孝友堂家規》《讀易大旨》《書經
近指》《四書近指》《理學宗傳》爲順治、康熙舊版；而《中州人物考》《夏峯先
生集》爲道光刻版；《畿輔人物考》《四書近指》爲同治所刻；《孫徵君日譜録存》

《家禮酌》爲光緒所刻。

《中國叢書綜録》著録中國國家圖書館、清華大學圖書館、南京圖書館、河南省圖書館等十五家收藏清康熙中刻道光至光緒間遞刻重印本。又知美國哈佛大學哈佛燕京圖書館，日本東洋文庫收藏。

039
朱文端公藏書十三種一百七十六卷

《朱文端公藏書》十三種一百七十六卷
　　《周易傳義合訂》十二卷　朱軾輯
　　《春秋鈔》十卷《首》一卷　朱軾輯
　　《孝經》一卷《孝經三本管窺》四卷　清吳隆元撰　清朱軾重訂
　　《儀禮節略》二十卷　清朱軾撰
　　《大戴禮記》十三卷　漢戴德撰　清朱軾句讀
　　《禮記纂言》三十六卷　元吳澄撰　清朱軾重訂
　　《呂氏四禮翼》一卷　明呂坤撰
　　《張子全書》十五卷　宋張載撰
　　《顏氏家訓》二卷　北齊顏之推撰　清朱軾評點
　　《溫公家範》十卷　宋司馬光撰　清朱軾評點
　　《歷代名儒傳》八卷　清朱軾、蔡世遠輯
　　《歷代名臣傳》三十五卷《續編》五卷　清朱軾、蔡世遠輯
　　《歷代循吏傳》八卷　清朱軾、蔡世遠輯

　　清朱軾校輯。清康熙至乾隆刻本。五十六册。框高 20.7 厘米，寬 14.9 厘米。各集行款不同，小字雙行同，白口，單魚尾。版心上鑴子集名，中鑴卷次、小題。總書名葉分三欄，右題 "高安朱文端公校輯"，中題 "藏書十三種"，左題 "周易傳義合訂、春秋鈔、孝經三本管窺、儀禮節略、大戴禮記、禮記纂言、呂氏四禮翼、張子全書、顏氏家訓、溫公家範、名儒傳、名臣傳、循吏傳" "本衙藏板翻刻必究"，欄上題 "進呈御覽"。副葉鈐 "北京直隸官書局開設琉璃廠中間路南電話南局第三百四十七號"。

　　《周易傳義合訂》半葉八行二十字，四周雙邊。卷端未題著者，題名後空二行。書名葉分二欄，右題 "乾隆元年"，左題 "周易傳義合訂" "本衙藏板"，欄上題 "進呈御覽"。首有朱印乾隆二年（1737）《御製周易傳義合訂序》; 次《高安朱文端公著述書目》; 次《凡例六條》; 次《周易傳義合訂目録》。是集爲朱軾

合訂《周易》之程頤傳、朱熹義而成，御製《序》述其刊刻事云："文端以兩粵督臣鄂彌達舊爲曹屬，手授是書，鄂彌達梓而傳之，刻成進覽。"

《春秋鈔》半葉八行二十字，四周雙邊。卷端題"高安朱軾可亭氏輯；長白鄂彌達質夫氏校"。書名葉分三欄，右題"乾隆元年"，中題"春秋鈔"，左題"本衙藏板"；鈐"□□堂藏書"白文方印、魁星點斗朱文圓印。首有《春秋鈔目錄》。

《孝經》《孝經三本管窺》半葉十行二十字，四周單邊。《孝經》卷端題"草廬校定古今文""朱軾學"；《孝經三本管窺》卷端題"歸安吳隆元學"。書名葉分四欄，中二欄題"孝經附三本管窺"，左題"本衙藏板"。首有康熙五十九年（1720）朱軾序、康熙五十七年（1718）殷元福、康熙五十九年梁份《序》；次《題辭》（據書口）。是集之《三本管窺》爲吳隆元考證，朱軾廣其注，卷前朱軾序云："爰衷益舊注，附以臆見，編諸易齋三本後。易齋，予同年友，三本者，今文、古文、刊誤也"，又云"兩浙中丞可亭朱公有《孝經》之刻，取吳草廬定本而爲之廣其注也。"

《儀禮節略》半葉九行二十一字，四周單邊。卷端未題著者。書名葉分三欄，右題"江西朱文端公校輯"，中題"儀禮節略"，左題"本衙藏板翻刻必究"。首有康熙五十七年黃利通《儀禮節略序》、雍正丁未（五年，1727）李衛《序》、康熙五十八年（1719）吳隆元序、康熙五十八年朱軾《序》、康熙己亥（五十八年）王葉滋序；次朱軾《凡例》；次《儀禮節略目錄》。朱軾補益族譜中典禮部分成《家儀》，後又增訂成是集。李衛《序》云："高安朱先生折衷古今，成《儀禮節略》二十卷。大旨本於朱子，旁採歷朝，兼稽近代。……是編爲先生撫浙時所刊。"《凡例》云："是書原刻三卷，今增爲二十卷。始事丁酉（康熙五十六年，1717）季夏，迄己亥（康熙五十八年）秋而卒業。"

《大戴禮記》半葉九行二十字，左右雙邊。卷端題"漢九江太守戴德撰"。書名葉分三欄，右題"康熙五十七年鐫"，中題"大戴禮記"，左題"自修齋藏板"。首有康熙五十七年朱軾《大戴禮序》、淳熙乙未（二年，1175）韓元吉序。朱軾《序》云："余於年友滿制府案頭得宋刻善本，錄而讀之，爲正句讀而付之梓。"

《禮記纂言》半葉九行二十一字，四周單邊。卷端題"臨川吳文正公纂；後學朱軾重校"。書名葉分三欄，中題"禮記纂言"，左題"本衙藏板"。首有雍正丁未（五年）李衛《序》；次《禮記纂言目次》；次未署年吳澄序。李衛《序》云："高安朱先生沉酣理學，於《三禮》尤邃，著爲《禮記纂言》一書，紹朱子之心傳，補吳文正公所未逮。"

《呂氏四禮翼》半葉九行二十一字，四周單邊。卷端題"明呂叔簡先生著"，"後學"（二字後空白）。書名葉分三欄，中題"呂氏四禮翼"，左題"本衙藏板"。首有康熙五十八年朱軾《呂氏四禮翼序》。是集爲呂坤所撰文八篇，名爲《四禮翼》，卷前朱軾《序》云：“寧陵呂叔簡先生既論定四禮，又編輯《蒙養》至《睦族》凡八篇，名曰《四禮翼》。”

《張子全書》半葉十行二十字，左右雙邊。卷端題“晦翁朱熹注釋”“後學朱軾可亭、叚志熙百惟仝校”。書名葉分三欄，中題“張子全書”，左題“本衙藏板”。首有康熙五十八年朱軾《張子全書序》。是集爲朱軾在陝西巡學時校刻，朱軾《序》云：“歲己丑（康熙四十八年，1709），予奉命巡學陝右，蒞扶風，率諸生謁横渠張子廟。……既而博士繩武示予《横渠全集》且曰：‘是書多錯簡，欲重刻而未逮也。’……用校正而梓之。”

《顏氏家訓》半葉九行二十一字，四周單邊。卷端題“北齊顏之推著；後學朱軾評點”。書名葉分三欄，中題“顏氏家訓”，左題“本衙藏板”。首有萬曆甲戌（二年，1574）于慎行《顏氏家訓叙》、萬曆甲戌張一桂《重刻顏氏家訓序》；次《顏氏家訓目録》；次康熙五十八年朱軾《顏氏家訓序》。是集爲朱軾評點，朱軾《序》云：“軾不自量，敢以臆見逐一評校，以滌瑕著微。”

《温公家範》半葉九行二十一字，四周單邊。卷端題“宋司馬光文正公著；後學朱軾評點”。書名葉分三欄，中題“温公家範”，左題“本衙藏板”。首有康熙五十八年朱軾《温公家範序》。是集爲朱軾評點，朱軾《序》云：“予偶得舊本，讀而珍之，爲校正重刻以公同志。”

《歷代名儒傳》半葉九行二十二字，左右雙邊，雙魚尾。卷端題“高安朱軾、漳浦蔡世遠全訂；安溪李清植分纂”。書名葉分三欄，中題“歷代名儒傳”，左題“本衙藏板”。首有雍正七年（1729）朱軾《歷代名儒名臣循吏傳總序》、雍正四年（1726）蔡世遠《歷代名儒名臣循吏傳總序》、雍正七年朱軾《歷代名儒傳序》、雍正四年蔡世遠《歷代名儒傳序》；次《歷代名儒名臣循吏傳凡例》；次《歷代名儒傳目録》。末有未署年李清植跋。《名儒傳》《名臣傳》《循吏傳》乃朱軾與蔡世遠等人採輯史傳編成。朱軾《總序》云：“歷代名儒、名臣、循吏傳者，予與少宗伯漳浦蔡聞之先生所編訂論次也。……於是與同學諸子商榷纂輯，録兩漢至元以儒稱、以臣顯、以吏著者若干人，各爲一傳。”《凡例》又云：“各傳雖依據《二十一史》本傳，然多采傳記及各家文集以成之。”《名儒傳》爲李清植分纂，書末李清植跋云：“吾師論道之暇，與梁村蔡先生念欲輯《歷代名儒傳》一書以惠學者，而以屬之清植。”

《歷代名臣傳》及《續編》半葉九行二十二字，左右雙邊，雙魚尾。《歷代名臣傳》及《續編》卷端均題“高安朱軾、漳浦蔡世遠全訂；南城張江分纂”，分纂者又有藍鼎元等。書名葉分三欄，中題“歷代名臣傳”，左題“本衙藏板”。《歷代名臣傳》首有雍正七年朱軾《歷代名臣傳序》、雍正丁未（五年，1727）

李衛《序》、雍正五年蔡世遠《歷代名臣傳序》；次《歷代名臣傳目録》。《續編》首有《歷代名臣傳續編目録》。

《歷代循吏傳》半葉九行二十二字，左右雙邊，雙魚尾。卷端題"高安朱軾、漳浦蔡世遠全訂；南靖張福昶分纂"。書名葉分三欄，中題"歷代循吏傳"，左題"本衙藏板"。首有雍正七年朱軾《歷代循吏傳序》、雍正七年蔡世遠《歷代循吏傳序》；次《歷代循吏傳目録》。

朱軾（1665—1736）字若瞻，號可亭，江西高安（今屬宜春）人。康熙三十三年（1694）進士，改庶吉士，授潛江知縣，歷官刑部主事、陝西學政，康熙五十六年官浙江巡撫，雍正時入值南書房，晉文華殿大學士兼吏部尚書，卒謚文端。沉潛經學，著《儀禮節略》《周易傳義合訂》《朱文端公集》等，主持編纂《大清律集解》。《清史稿》卷二百八十九、《清史列傳》卷十四有傳。

是書主要輯朱軾撰著及校注書籍。《孝經三本管窺》梁份《序》云："今中丞公深於經學，政事外一編不去手，如《儀禮》《禮記》《大戴禮記》《張子全書》《朱子語録》皆手挍鋟木。"

此本爲康熙至乾隆年間陸續刊刻。其中《大戴禮記》書名葉題"康熙五十七年鑴"；《周易傳義合訂》《春秋鈔》書名葉題"乾隆元年"，《歷代名臣傳續編》"弘"字缺筆。

"玄"缺筆或易爲"元"，"眩"等字缺筆；"弘"字或缺筆。

《中國叢書綜録》著録中國國家圖書館、上海圖書館、甘肅省圖書館、山東省圖書館等二十一家收藏清康熙至乾隆間刻本。知中國臺北"中央研究院"傅斯年圖書館，美國哈佛大學哈佛燕京圖書館、普林斯頓大學圖書館，德國巴伐利亞邦立圖書館，日本國會圖書館、東洋文庫、東京大學東洋文化研究所、愛知大學圖書館收藏。

鈐"萊陽孫氏珍藏"朱文方印，書衣題簽鈐"居易堂"白文方印。此爲勞費爾購書。

040
徐位山六種八十六卷

T9117　2900

《徐位山六種》八十六卷
　　《天下山河兩戒考》十四卷
　　《禹貢會箋》十二卷《圖》一卷
　　《竹書紀年統箋》十二卷《前編》一卷《雜述》一卷

《志寧堂稿》不分卷

《管城碩記》三十卷

《經言拾遺》十四卷

清徐文靖撰。清雍正乾隆間志寧堂刻本〔配光緒二年（1876）刻本〕。二十四冊。《天下山河兩戒考》框高 19.8 厘米，寬 13.4 厘米。半葉九行二十字，小字雙行同，左右雙邊，白口，單魚尾。版心上鐫書名，中鐫卷次。

《天下山河兩戒考》卷端題 "當塗徐文靖註"，卷八至十四題 "當塗徐文靖著"。書名葉分三欄，右題 "當塗徐位山注"，中題 "天下山河兩戒考"，左題 "本衙藏板"，欄上題 "雍正元年鐫"。首有雍正二年（1724）黃叔琳《序》、雍正元年（1723）徐文靖《自序》；次《天下山河兩戒考略例》；次《天下山河兩戒考目次》。是書考證星野，前八卷爲徐文靖注釋唐代僧一行所著，後六卷爲徐文靖續補，是書在徐文靖中舉前已成書。

《禹貢會箋》卷端題 "當塗徐文靖位山箋；高淳趙弅文冕訂"。書名葉分三欄，右題 "當塗徐位山手輯"，中題 "禹貢會箋"，左題 "志寧堂藏板"。首有乾隆十八年（1753）趙弅《序》、乾隆十八年徐文靖《禹貢圖序》；次《禹貢會箋凡例》《禹貢會箋目次》；次《禹貢山水總目》《禹貢會箋圖目次》。各卷末鐫 "男榮樞參注；孫曬、奭校字"。是書作於康熙年間，乾隆十八年由趙弅刊刻，趙弅《序》云："康熙壬辰歲（五十一年，1712）所纂有《禹貢會箋》凡十二卷。……余夙景仰先生之爲人雅重，其湛深經術洵可稱立言不朽，勉力授梓，公諸同好。"

《竹書紀年統箋》卷端題 "梁武康沈約休文附注；清當塗徐文靖位山統箋""同里馬陽葵齋、崔萬烜郁岑校訂"；《雜述》卷端題 "當塗徐文靖位山彙輯"、《前編》題 "當塗徐文靖位山補箋"，校訂者同。書名葉分三欄，右題 "當塗徐位山手輯"，中題 "竹書紀年統箋"，左題 "本衙藏板"。首有盧文弨《序》、乾隆庚午（十五，1750）馬陽《序》、乾隆十五年崔萬烜《序》；次《凡例》。首列《雜述》，次《前編》，再次《統箋》。是書乃徐文靖八十二歲時所作，《前編》考伏羲、神農紀年，《雜述》叙《竹書紀年》之源流，其箋注《竹書紀年》則發明於各條之下。是書由馬陽付梓，崔萬烜《序》云："烜不敏，繆屬讎校，莫贊一辭，不敢以是書私爲帳中之秘，爰謀之於馬先生葵齋，并加慫惠付之剞劂。"

《志寧堂稿》卷端題名行空白，撰著者題 "當塗徐文靖位山甫著；男容樞注"。書名葉分三欄，右題 "當塗徐位山手輯"，中題 "詩賦全集"，左題 "志寧堂藏板"。首有雍正乙卯（十三年，1735）盧秉純《序》、雍正三年（1725）徐文靖序、張鵬《恩遇紀實》（據書口）。是書未標卷次，各篇字體不一而葉碼自爲起止。

《管城碩記》卷端題 "當塗徐文靖位山著；男榮樞校字"。書名葉分三欄，右題"當塗徐位山手輯",中題"禹貢會箋",左題"志甯堂藏板"。首有乾隆二年（1737）孫嘉淦序、乾隆七年（1742）明晟序、乾隆九年（1744）徐文靖《自序》（據書口）、胡寧蒼跋、唐時敏跋、癸亥（乾隆八年，1743）何庭樹跋、乾隆九年（1744）毛大鵬跋；次《管城碩記凡例》；次《參訂同人姓氏》；次《管城碩記目錄》。是書爲徐文靖考證六經以及子史雜集之筆記，毛大鵬跋謂其成書云："丁巳（乾隆二年）南旋，扃戶著書，復理其平時所筆記者，會粹成書，次三十卷，命之曰《管城碩記》。"

《經言拾遺》卷端題"當塗徐文靖位山學；侄壻毛大鵬雲翼訂"。書名葉分三欄，右題"當塗徐位山手輯"，中題"經言拾遺"，左題"易部""志甯堂藏板"。首有乾隆丙子（二十一年，1756）徐文靖《序》、乾隆二十年（1755）毛大鵬《序》；次《經言拾遺目錄》《經言拾遺畧例》。是書言《易》，毛大鵬《序》云："先岳冠山翁所著《經言茹實》二十卷，闔邑嘉其賢，公請授梓，業已告竣，鵬因請《周易拾遺》勉加剞劂，俾合爲一集。"

徐文靖（1667—1756）字位山，清當塗（今屬安徽）人。雍正元年（1723）舉人，乾隆元年（1736）薦舉博學鴻儒，罷歸，十七年（1752）又薦舉經學，特授翰林院檢討。考據經史，講求實學，著《禹貢會箋》《經言拾遺》等。《清史稿》卷四百八十五、《清史列傳》卷六十八有傳。

是書除《天下山河兩戒考》《經言拾遺》未見"寧"字避諱外，其餘四種皆避道光帝諱"寧"、同治帝諱"淳"，當用後來的光緒二年刻本補足。經與加州柏克萊大學所藏同治刻《禹貢統箋》比較，此本之《禹貢統箋》乃翻刻同治本。此本之《天下山河兩戒考》第一冊明顯較其他各冊紙張舊；《天下山河兩戒考》後來若干冊，以及《經言拾遺》多處字體拙而不工，當經後來翻刻或補刻。則此本僅首冊爲雍正舊版。

"玄"缺筆或異寫或易爲"元"，"弦"等字缺筆；《天下山河兩戒考》爲雍正版，"曆"字不避。《經言拾遺》"寧"字未避。《禹貢會箋》《竹書紀年統箋》《管城碩記》"寧"字缺筆或易爲"甯"（道光），"淳"易爲"湻"（同治）。

《管城碩記》卷十八葉一鈐有紅色條紋紙廠印記。

《中國叢書綜錄》著錄中國國家圖書館、上海圖書館、浙江圖書館等十九家藏清雍正乾隆間志寧堂刻本；又著錄清光緒二年刻本。知日本國會圖書館、法政大學圖書館、公文書館等處收藏清雍正乾隆間刻本。

鈐"四明盧氏抱經樓珍藏"朱文方印，曾爲盧址收藏。盧址（生卒年不詳）字青崖，一字丹陛，清鄞縣（今屬浙江寧波）人。諸生，博覽嗜古，尤喜聚書，積三十餘年聚書萬卷，藏於抱經樓。

041
抗希堂十六種一百四十五卷

T9117　0241

《抗希堂十六種》一百四十五卷

　　《周官集註》十二卷

　　《周官析疑》三十六卷

　　《考工記析疑》四卷

　　《周官辨》一卷

　　《離騷經正義》一卷

　　《春秋直解》十二卷

　　《春秋通論》四卷

　　《春秋比事目録》四卷

　　《禮記析疑》四十八卷

　　《儀禮析疑》十七卷

　　《喪禮或問》一卷

　　《左傳義法舉要》一卷

　　《史記注補正》一卷

　　《删定管子》一卷

　　《删定荀子》一卷

　　《望溪先生文偶抄》不分卷

　　清方苞撰。清康熙至嘉慶桐城方氏抗希堂刻本。六十四册。《周官集註》框高 20.6 厘米，寬 14.7 厘米。半葉九行十九字，小字雙行同，左右雙邊，白口，單魚尾；版心上鐫子集名，中鐫卷次。《周官集註》半葉九行二十四字；《删定管子》《删定荀子》半葉八行二十字；《春秋通論》《春秋比事目録》《左傳義法舉要》四周雙邊。

　　《周官集註》卷端未題著者。書名葉欄内題"高安朱可亭、湘潭陳滄洲參訂""周官集註""抗希堂藏板"。首有康熙庚子（五十九年，1720）方苞《序》、乾隆八年（1743）顧琮《序》；次《周官總説》、方苞《周官集註條例》。方苞《序》謂此書之述作云："余嘗析其疑義以示生徒，猶苦舊説難自别擇，乃立纂録合爲一編，大指在發其端緒使學者易求。"

　　《周官析疑》卷端題"海寧陳秉之、高安朱可亭、臨桂陳榕門同訂""桐城方苞著"，各卷訂者不同。書名葉分三欄，右題"望溪講授"，中題"周官析疑"，左題"抗希堂藏板"。首有未署年陳世倌《周官析疑序》、雍正十年（1732）朱

284

軾序、《周官析疑序》(缺第二葉，撰者不詳)；次《周官析疑目録》。是集考辨《周官》，由方苞門人陸續刊刻。陳世倌《序》謂："先生讀書由博歸約，宜其與程、張、朱之議論相合也，且先生所辨有更補先儒所未及者。"《周官集註》顧琮《序》述及是集之刊刻云："五官之説凡三十六卷，康熙辛丑(六十年，1721)陳公滄洲爲刻天、地二官，雍正辛亥(九年，1731)朱公可亭刻春、夏二官而未終，及先生歸里，周君力堂、程君夔州嗣事而終焉，合《考工記》凡四十卷。"

《考工記析疑》卷端題"桐城方苞望溪解""受業程崟、王兆符、黄世成參訂"。

《周官辨》卷端未題著者。書名葉分三欄，右題"望溪講授"，中題"周官辨"。首有乾隆七年(1742)顧琮《序》、未署年方苞《自序》、雍正三年(1725)龔纓《周官辨原序》；次《周官辨》目録，題"桐城方苞望溪著；混同顧琮用方訂"。是集爲顧琮校訂舊刻，顧琮《序》云："方子望溪中歲五經皆有述，而治《周官》《儀禮》則在獄始開通。……乃出其在獄所作《喪禮或問》，又爲《周官辨》，浹月而成。……龔君孝水曾刻《周官辨》于河北，劉君月三刻《喪禮或問》於浙東，以授其生徒，二君子没，流傳者益希。余惜其可以助流政教而行之不遠，又《喪服》'尊同則不降'，及《泉府》'以國服爲之息'，舊刻尚未辨正，故重校而録之，其序跋評語則猶仍其舊云。"

《離騷經正義》卷端題"方望溪著"。書名葉分三欄，中題"離騷正義"。

《春秋直解》卷端題"桐城方苞著""門人余覬、程崟、劉敦校讐；次男道興編録"。書名葉分三欄，右題"望溪講授"，中題"春秋直解"，左題"抗希堂藏板"。首有未署年方苞《春秋直解後序》；次《春秋直解目録》。方苞《後序》云："乙未、丙申(康熙五十四年、康熙五十五年，1715、1716)間，衰病日滋。……余感焉，著通論九十七章，分別其條理。而二子少之曰：'是成學者之所治也，必合舊説節解句釋，然後蒙士喻焉。'踰歲而書成，凡通論所載，悉散見於是編而不復易其辭。"

《春秋通論》卷端未題著者。書名葉欄内題"顧用方、朱可亭、魏慎齋參訂""春秋通論""望溪講授"。首有雍正十年朱軾《序》、乾隆九月(按：應爲"年")(1744)顧琮《春秋通論序》、乾隆九年魏定國《序》；次《春秋通論目録》，題"桐城方苞著；王兆符程崟校録""混同顧用方、朱高安可亭、廣昌魏慎齋同訂"。此集即爲方苞作《春秋直解》前先成之《通論》，方苞《春秋直解後序》謂爲"九十七章"，而此集顧琮《序》謂爲九十九章，目録實亦九十九章。

《春秋比事目録》卷端未題著者。書名葉分三欄，右題"顧用方、朱可亭、魏慎齋同訂"，中題"春秋比事目録"，左題"抗希堂藏板"。首有乾隆九年顧琮

《春秋比事目録序》；次《春秋比事總目》，題"望溪先生論次；王兆符程崟編録"。是集彙集《春秋》對同一事件的不同記述，顧琮《序》云："望溪先生既爲《通論》以揭比事屬辭之義，而讀者未熟於三傳，旋復檢視事迹以求其端緒，重費日力，乃與先生商別其事爲八十五類，俾從學者編次，而先生訂正焉。"

《禮記析疑》卷端題"同里劉月三、高淳張彝歎、上元翁蘭友同訂""桐城方苞著"。書名葉分三欄，中題"禮記析疑"。首有未署年方苞《自序》；次《禮記析疑目録》。是集爲方苞據陳澔《禮記集説》加以辨析發明，《自序》云："余之爲是學也，義得於《記》之本文者十五六，因辨陳説而詳審焉者十三四，是固陳氏之有以發余也。既出獄，校以衛正叔集解，去其同於舊説者，而他書則未暇徧檢。"

《儀禮析疑》卷端題"望溪方苞著""受業程崟、男道興編校"。書名葉分三欄，中題"儀禮析疑"。首有乾隆十一年（1746）門人程崟《序》；次《儀禮析疑目録》。是集爲方苞晚年所作，程崟《序》云："先生大懼是經之精藴未盡開闡，而閉晦以終古也。……其有心得，乃稍稍筆記，至乾隆七年，得告歸里，治是經者凡三周矣。"

《喪禮或問》卷端未題著者。書名葉分三欄，右題"望溪講授"，中題"喪禮或問"。首有雍正四年（1726）劉捷《喪禮或問序》；次《喪禮或問》目録，題"桐城方苞望溪著；混同顧琮用方訂"。是集爲方苞獄中所著，劉捷爲之刊刻。

《左傳義法舉要》卷端題"望溪先生口授；王兆符程崟傳述"。書名葉分三欄，右題"望溪講授"，中題"左傳義法舉要"，左題"抗希堂藏板"。首有雍正六年（1728）程崟《記受左傳六篇傳指始末》。

《史記注補正》卷端題"方望溪先生講授""門人程崟、王兆符編録"。書名葉分三欄，中題"史記補註"。

《删定管子》卷端題"管子""桐城方苞望溪氏删定；混同顧琮用方氏參校"；書名據版心。書名葉分三欄，右題"桐城方望溪删定；混同顧用方參校"，中題"删定管荀"。首有乾隆元年（1736）方苞《删定荀子管子序》。方苞《序》云："余少時嘗妄爲删定，兹復詳審，凡辭之繁而塞、詭而俚者悉去之，而義之大駮者則存而不削，蓋使學者知二子之大智。"

《删定荀子》卷端題"荀子""桐城方苞望溪氏删定；混同顧琮用方氏參校"；書名據版心。

《望溪先生文偶抄》卷端題名中"偶抄"爲小字，著者題"受業王兆符程崟輯"。書名葉欄内題"望溪先生文偶抄，續刻編附"，欄上題"嘉慶己巳重鐫"，己巳爲嘉慶十四年（1809）。首有乾隆十一年程崟《序》、王兆符《序》、乾隆五年（1740）顧琮《序》；次《編次條例》；次《望溪集》"進呈文"目錄、《望溪先生文偶抄》目錄，題"受業大興王兆符、歙縣程崟輯"。是集由方苞門人程崟編刻，未分卷次以便隨時增益，分爲進呈文、讀經、讀子史、雜著、書、論、序、記傳、墓誌銘、墓表、祭文、哀辭、騷等類；文中圈點，爲門人記方苞所指授。程崟《序》述是集之編刻云："乾隆壬戌（七年），先生告歸，崟請編定古文，多散在朋友生徒間，失其稿者十且三四，謹就二家所録及崟所得近稿，先錄諸版。各從其類而不敢編次卷數，俾海内同志知先生所作無一不有補于道教，而苟有存者，不可不公傳於世也。"《編次條例》云："兆符及崟録稿畢，必請問吃緊處，故點次是編大概仿佛先生所指授。"

方苞（1668—1749）字靈臯，號望溪，清安徽桐城人。康熙四十五年（1706）進士，以母病未仕，康熙五十年（1711）因戴名世《南山集》文字獄案株連入獄，免罪入值南書房，後授左中允，纍遷侍講學士、内閣學士、禮部侍郎，以疾辭官，嘗充《一統志》《皇清文穎》《三禮義疏》正、副總裁。爲學宗程朱，尤究心《春秋》《三禮》，爲桐城派散文創始人，著《周官集註》《春秋直解》等。《清史稿》卷二百九十、《清史列傳》卷十九有傳。

是編輯方苞著述十六種。方苞諸集多由其門人編校、刊刻。《望溪先生文偶抄》卷前《編次條例》云："先生家居所爲文，劉古塘、張彝嘆、朱字綠、陳滄州諸前輩所論定十七八；在京師，李厚菴、韓慕廬、徐蝶園、朱可亭、蔡聞之、萬季野、王崑繩、梅定九、姜西溟所論定十五六。"《望溪先生文偶抄》程崟《序》述及方苞各集之刊刻云："二十年前，崟嘗與二三同學刻《周官集註》於吳門，劉丈古塘刻《喪服或問》於浙東，龔丈孝水刻《周官辨》於河北，先生聞之切戒："可示生徒，不可播書肆。"劉、龔二君子既歿，得其書者益稀，總督漕政御史大夫顧公惜之，復刻於淮南。"

是編陸續刊刻，其中《春秋直解》一書成於康熙末，其餘大部分曾刻於乾隆初。《望溪先生文偶抄》最初應刻於乾隆十一年，據此本書名葉知其重刻於嘉慶己巳（嘉慶十四年）；又有他本增《望溪先生文外集》并著録爲嘉慶十八年（1813）刻本者，應爲後又有所增續補刊。是編中《周官集註》《周官析疑》《春秋直解》《春秋比事目録》《左傳義法舉要》五種書名葉均題"抗希堂藏板"。

此本無總目，册序亦顯混雜，原書順序實爲《春秋直解》《春秋通論》《春秋比事目録》《周官析疑》《考工記析疑》《周官辨》《禮記析疑》《儀禮析疑》《周官集註》《删定荀子》《删定管子》《左傳義法舉要》《喪禮或問》《離騷經正義》《史記注補正》《望溪先生文偶抄》。是書著録依《中國叢書綜録》子目次序，但此本末種爲《望溪先生文偶抄》，不同於《綜録》之《望溪先生文》不分卷《外集》不分卷。

《望溪先生文偶抄》"曆"易爲"歷"。

《四庫全書總目》經部分別著錄《周官集注》《儀禮析疑》《禮記析疑》《周官析疑》《周官辨》《春秋通論》《春秋比事目錄》七種，集部別集類著錄《望溪集》八卷。《中國叢書綜錄》著錄中國國家圖書館、上海圖書館、山東省圖書館、浙江圖書館等二十三家收藏清康熙嘉慶間桐城方氏抗希堂刻本。知美國國會圖書館、哈佛大學哈佛燕京圖書館、柏克萊加州大學圖書館、普林斯頓大學圖書館、哥倫比亞大學圖書館、耶魯大學圖書館，加拿大英屬哥倫比亞大學圖書館，日本國會圖書館、內閣文庫、東洋文庫、東京大學東洋文化研究所等收藏。

042
文道十書四種十二卷

T9117　7961

《文道十書》四種十二卷

　　《綱目訂誤》四卷

　　《紀元要略》二卷;《補輯》一卷　清陳黃中撰

　　《通鑒胡注舉正》一卷

　　《韓集點勘》四卷

　　清陳景雲撰。清乾隆十九年（1754）陳黃中樸茂齋刻本。六冊。《綱目訂誤》框高19.1厘米，寬14.2厘米。半葉十行二十字，小字雙行同，左右雙邊，白口，單魚尾。版心中鐫書名簡稱及卷次。

　　各子集卷端均題"東吳陳景雲"。書名葉分三欄，右題"陳少章先生著"并有橢圓牌記"樸茂齋藏板"，中題"文道十書"，左題"綱目訂誤、紀元要略補輯附，通鑒注舉正、韓集點勘、柳集點勘。以下續出，兩漢舉正、國志舉正、文選舉正、羣經刊誤、讀書紀聞傳誌銘附"。書首有沈廷芳《文道先生傳》；次未署年李光墺序；末有王峻《清故文道先生墓誌銘》。各子集卷末均鐫"男黃中手錄；小門生全州蔣良騏書諱"。

　　《綱目訂誤》首有康熙癸未（四十二年，1703）陳景雲《序》，末有乾隆甲戌（十九年）陳景雲子黃中《跋後》。卷末鐫"男黃中手錄；小門生全州蔣良騏書諱"。陳黃中《跋後》云："今年春，全州蔣生千之請急省覲道，經吳門留置半載，晨夕過從。因舉此并《韓》《柳》二集，及《通鑒胡注舉正》四書示之。千之受而卒業，請出橐中金爲剞劂費。時去先子捐館蓋八稔矣。"

　　《紀元要略》首有康熙乙酉（四十四年，1705）夏日東吳陳景雲《引》。《補輯》卷端題"男黃中附録"。首有甲戌（乾隆十九年）陳黃中識語。是書列歷朝帝王年號，陳黃中又補輯歷代僭越之年號。陳黃中識語云："今輒舉自漢迄明僭僞紀元之號附於左方，即草竊奸宄擅盜名字，下及裔夷君長妄竊帝號聊以自娛者并附載之。至諸史中有僅書僭號而紀元無考者，則闕焉。"

《通鑒胡注舉正》末有甲戌（乾隆十九年）陳黃中識語、未署年陳景雲《書後》。陳黃中識語云："因成《舉正》十卷，手稿屢經改竄。黃中頻歲負米遠遊，未録副本。戊辰（乾隆十三年，1748）秋居廬之暇，收拾遺書，獨此編得於屋漏鼠嚙之餘，紙墨漫漶，殆不可辨，補綴零落，僅存什一。"

《韓集點勘》卷端題下小字"校東雅堂本"。末有雍正丁未（五年，1727）陳景雲《書後》。

陳景雲（1670—1747）字少章，清吳縣（今屬江蘇）人，祖籍常熟。少從何焯遊，屢試不遇，絶意宦途，以著述自娛。卒後，門人私謚文道先生。貫串經史，著《讀書紀聞》《綱目辨誤》《羣經刊誤》等。《清史稿》卷四百八十四、《清史列傳》卷七十一有傳。

是編爲陳景雲歿後，蔣良騏出資協助陳景雲子陳黃中刊刻。據是書沈廷芳《文道先生傳》、王峻《清故文道先生墓誌銘》，陳景雲著有《文集》四卷、《讀書紀聞》十二卷、《綱目訂誤》四卷、《兩漢舉正》五卷、《國志舉正》四卷、《韓集點勘》四卷、《柳集點勘》四卷、《羣經刊誤》四卷、《文選舉正》六卷、《通鑒胡注舉正》十卷、《紀元要略》二卷，共十一種。是編書名葉所列十種，乃去《文集》而成，其中之《通鑒胡注舉正》原稿十卷僅殘存一卷。書名葉《柳集點勘》下亦小字云"以下續出"，則是編僅刻成前四種，其餘子集僅見稿抄本傳世。《柏克萊加州大學東亞圖書館中文古籍善本書志》謂嘉慶十二年（1807）陳鱣曾以陳景雲批校本《昌黎集》校《文道十書》之《韓集點勘》，知陳黃中所刻才十之六七，且編次紊亂。是編爲手書上版，字體雋秀。

"玄"字異寫爲"玄"，"泫"字缺筆；"弘"字缺筆，"曆"易爲"歷"。

《四庫全書總目》史部編年類收《綱目訂誤》《通鑒胡注舉正》二書，集部別集類收《韓集點勘》；史部政書類存目著録《紀元要略》。《中國古籍善本書目》著録《韓集點勘》清刻本；又著録《兩漢訂誤》《韓集點勘》《柳集點勘》稿本，《文選舉正》清抄本。《中國叢書綜録》著録中國科學院文獻情報中心、上海圖書館、南京圖書館、江西省圖書館等十一家收藏清乾隆十九年（1754）陳黃中樸茂齋手書刻本。知中國臺北"中央研究院"傅斯年圖書館、臺灣大學圖書館，美國國會圖書館、哈佛大學哈佛燕京圖書館、柏克萊加州大學圖書館、普林斯頓大學圖書館，日本國會圖書館、東京大學綜合圖書館、内閣文庫、静嘉堂文庫、東京大學東洋文化研究所、京都大學人文研究所、立命館大學圖書館收藏。

鈐“紅櫚書屋”朱文長方印，曾爲清孔繼涵收藏。

043
陳司業集四種十一卷

T9117　7934

《陳司業集》四種十一卷
　　《經咫》一卷
　　《掌録》二卷
　　《文集》四卷
　　《詩集》四卷

清陳祖范撰。清乾隆二十九年（1764）日華堂刻本。四册。框高 19.8 厘米，寬 13.6 厘米。半葉十行二十二字，四周雙邊，白口，單魚尾。版心上鐫了集名，中鐫卷次。

卷端均題“海虞陳祖范著”。書名葉分三欄，右題“同學諸子挍”，中題“陳司業集”，左題“日華堂藏板”，欄上題“乾隆甲申夏鐫”，鈐二龍戲珠紋樣“御覽”朱文圓印。書首有乾隆甲申（二十九年）嚴有禧序、乾隆甲申沈德潛序、乾隆丙子（二十一年，1756）沈德潛序；次《司業陳見復先生像》及湯愈像贊；次《陳司業先生集總目》，末有陳鋆識語。

《經咫》首有丙子（乾隆二十一年）顧棟高《經咫序》（此本裝訂於像贊前）；次《經咫目録》。卷末鐫“受業歸宣光、顧鎮、孫夢逵、蔣雍植、席巽同校”。

《掌録》首有乾隆二十九年邵齊燾《掌録序》；次《掌録目録》。卷上末鐫“受業華日新、湯愈、華封祝、張仁美較”，卷下末鐫“受業鄭鍾、王嗣賢、周霖、王浩較”。邵齊燾《掌録序》述是集編刊云：“故於暮年手自裒輯，分爲上下兩卷，名曰《掌録》亦猶進笏書思，便於省覽，循珠記事，得免遺忘者矣。……公之長子明經道光載誦清芬，永言手澤，重加校勘，刻於集後。其間脱訛，顧主事鎮、湯進士愈並嘗是正。以今歲次甲申，月建癸酉剞劂告竣。”

《文集》首有乾隆二十九年顧鎮序；次《文集目録》。卷四末鐫“姪淮，受業姪孫霖、士林、桂林、桂森、宗仁謹全挍”。是集收論、序、記、説、墓誌等文。

《詩集》首有雍正辛亥（九年，1731）□景雲序、乾隆壬申（十七年，1752）陳祖范《自序》；末有乾隆二十九年陳士林跋、己未（乾隆四年，1739）王峻題識、未署年莊大中跋。卷四末鐫“男祉、鋆、增編次”“孫昂、杲、景較梓”。陳祖范《自序》云：“收拾舊稿，其無爲而作者去之，其爲人而作者又去之，止存其自吟自止、用適己事者，工拙所不計也。"

陳祖范（1675—1753）字亦韓，號見復，江蘇常熟人。雍正元年（1723）舉人，其秋會試中式，以病不與殿試。乾隆中薦經學，授國子監司業，卒於家。著《經咫》《掌録》《司業集》等。《清史稿》卷四百八十、《清史列傳》卷六十八有傳。

是書爲陳祖范歿後，其子陳鎣爲之編刊。書首嚴有禧序云："年丈陳見復先生既歿十餘年，其子道光始彙刻其遺書。蓋先生之《經咫》已刊諸國門矣，至是盡出其詩、古文及所爲《掌録》者開雕以行世。"《總目》末陳鎣識語述是書輯刻云："晚年乃手録文稿，編彙成册，曰《經咫》、曰《掌録》，至詩古文集，一以立言立意、抒寫情性爲主，稍涉應酬代作及閒情詠物之什，脱稾後概不藏弄。茲所鋟板，上睿覽餘，亦出自手定，不敢濫入也。"此本與《四庫全書存目叢書》影印之《掌録》《文集》《詩集》同版。

"玄"易爲"元"；"曆"易爲"歷"。

《四庫全書總目》經部五經總義類著録《經咫》；《四庫全書存目叢書》影印《掌録》《文集》《詩集》。《中國古籍善本書目》著録北京大學圖書館、中國人民大學圖書館等六家，《中國叢書綜録》著録中國國家圖書館、上海圖書館、遼寧省圖書館、南京圖書館、浙江圖書館等十一家收藏清乾隆二十九年日華堂刻本。知臺灣大學圖書館，美國哈佛大學哈佛燕京圖書館、哥倫比亞大學圖書館收藏。

鈐"□書史□園林""□氏藏書""身行萬里半天下"等白文長方印。

044
屏山草堂稿四種十五卷

T9117　0304

《屏山草堂稿》四種十五卷
　　《易經碎言》二卷《首》一卷
　　《詩經旁參》二卷
　　《春秋剩義》二卷
　　《文集》八卷

清應麟撰。清乾隆十六年（1751）宜黄應氏刻本。四册。框高 17.3 厘米，寬 11.9 厘米。半葉九行二十字，左右雙邊，下黑口，單魚尾。版心上鐫"屏山草堂稿"，中鐫子集名及卷次。書名葉分三欄，右題"宜黄應囿呈氏著"，中題"屏山草堂稿"，左題"本家藏板"，欄上題"乾隆辛未年鐫"，辛未爲乾隆十六年。

各子集卷端均題"宜黄應麟囿呈著；男文笏、孫肇魁、自程編輯"。書首有乾隆十五年（1750）錢陳群《叙》、乾隆壬申（十七年，1752）史貽謨《叙》、乾隆十五年顧龍光《叙》、乾隆癸酉（十八年，1753）陶其愫《叙》；次《屏山草堂稿總目》。子集卷前各有應麟自序及目録。

應麟（生卒年不詳），《四庫全書總目》謂其爲宜黄（今屬江西撫州）人，康熙五十六年（1717）舉人。據《屏山草堂稿》諸序，知其少有才名，從張尚瑗游，然十三次鄉試始成舉人，時年已六十。著述輯爲《屏山草堂稿》。

是編爲應麟自刊其生平所撰經學著述及文集，由其子編輯，版藏其家。卷前錢陳群《叙》云："應子少負文名，從吳江張損持先生遊，與同鄉諸才儁角藝，皆避舍應子。迨屢困場屋，輒發憤自勵，曰：'不能爭一日獨不可千古乎？'于是鍵户刻苦，口誦手撰，積數十年而成一帙，以示于予。"

是書版刻一絲不苟，版式劃一，爲家刻之上乘。此本字畫凌厲、墨跡清晰，爲是書較早印本。

"玄"字缺筆或易爲"元"。

《中國古籍善本書目》未著録。《中國叢書綜録》著録北京大學圖書館、北京師範大學圖書館、武漢市圖書館、武漢大學圖書館、江西省圖書館五家收藏清乾隆十六年刻本。《四庫全書存目叢書》影印是刻《易經碎言》《詩經旁參》《春秋剩義》；《清代詩文集彙編》影印是刻《文集》。是書流傳不廣，海外僅知本館收藏。

045

西澗草堂全集五種十四卷

T9117　7224

《西澗草堂全集》五種十四卷

　　《西澗草堂集》四卷

　　《西澗草堂詩集》四卷

　　《困勉齋私記》四卷

　　《春秋一得》一卷

　　《尚書讀記》一卷

　　清閻循觀撰。清乾隆三十八年（1773）樹滋堂刻本。四册。《西澗草堂集》框高 20.1 厘米，寬 15.6 厘米。半葉十行二十二字，小字，左右雙邊，白口，單魚尾。版心上鐫子集名，中鐫卷次。

　　《西澗草堂集》卷端題"昌樂閻循觀懷庭"。書名葉分三欄，中題"西澗草堂文集"，左題"樹滋堂藏板"。首有乾隆三十七年（1772）汪縉《序》、未署年任瑗《序》、乾隆三十七年韓夢周《序》、未署年閻循霈《序》；次《西澗草堂集目録》。卷前閻循霈《序》云："友人韓公復輯其遺書，予爲刻之。"

《西澗草堂詩集》卷端題"昌樂閻循觀懷庭"。書名葉分三欄，中題"西澗草堂詩集"，左題"樹滋堂藏板"。首有乾隆三十八年韓夢周《序》；次《目録西澗草堂詩集》。卷前韓夢周《序》云："吾友閻懷庭先生，少日喜爲詩，自《三百》《楚騷》下逮漢魏以及本朝作者皆有評著，講學後遂不復注意。然觸事興咏，遂成此編。已既工且至矣，余因稍爲別擇，釐爲四卷，而付之梓。"

《困勉齋私記》卷端題"昌樂閻循觀懷庭"。書名葉分三欄，中題"困勉齋私記"，左題"樹滋堂藏板"。首有未署年韓夢周《困勉齋私記序》。是書爲韓夢周删并而成，《序》云："閻懷庭先生自弱冠講學，晚而彌篤，録其所得，積久成編。……其篇目曰《困勉齋私記》《困勉齋記忘》《求心編》，余爲併其繁稱，釐爲四卷，曰《困勉齋私記》以傳於世。"

《春秋一得》卷端題"昌樂閻循觀懷庭"。書名葉分三欄，中題"春秋一得"，左題"樹滋堂藏板"。是書於春秋筆法多有發明。

《尚書讀記》卷端題"昌樂閻循觀懷庭"。書名葉分三欄，中題"尚書讀記"，左題"樹滋堂藏板"。首有未署年韓夢周《序》。韓《序》述諸集之刊刻云："余既訂懷庭《西澗草堂集》《困勉齋私記》付諸梓，復爲訂《尚書讀記》《春秋一得》二書，蓋當時讀書程符山中相與論議，而懷庭撮記其要義者。"

閻循觀（1726—1771）字懷庭，號伊嵩，昌樂（今屬山東濰坊）人。乾隆三十四年（1769）進士，官吏部考功司主事，初好佛學，後宗宋儒程、朱，治經不立一家言，而要歸於自得。著《尚書讀記》《春秋一得》《毛詩讀記》《西澗草堂文集》等。《清史稿》卷二百八十、《清史列傳》卷六十七有傳。

是編爲閻循觀殁後，友人韓夢周爲之輯刻於乾隆三十八年，傳世刻本有書名葉鐫"乾隆癸巳年鐫"者，癸巳爲乾隆三十八年。此本無書名葉，但與《四庫全書存目叢書》影印各子集同版。

《中國古籍善本書目》著録復旦大學圖書館、福建省圖書館、中山大學圖書館等五家收藏清乾隆三十八年樹滋堂刻本，但著録缺《困勉齋私記》一種；《中國叢書綜録》著録中國國家圖書館、北京大學圖書館、上海圖書館、山東省圖書館、南京圖書館等十二家收藏。《四庫全書存目叢書》經部書類、經部春秋類、子部儒家類、集部別集類分別影印各集。知臺灣大學圖書館，美國哈佛大學哈佛燕京圖書館、哥倫比亞大學圖書館、夏威夷大學馬諾阿分校圖書館，加拿大多倫多大學圖書館，日本京都大學人文研究所、東洋文庫、静嘉堂文庫收藏。

046
清獻堂全編八種五十九卷

《清獻堂全編》八種五十九卷

《清獻堂集》十卷

《尚書質疑》二卷

《尚書異讀考》六卷

《詩細》十二卷《首》一卷《續》一卷

《陸氏草木疏校正》二卷

《讀春秋存稿》四卷

《春秋三傳雜案》十卷

《四書溫故録》十一卷

清趙佑撰。清乾隆五十二年（1787）刻嘉慶增刻本。二十六册。《清獻堂集》框高 19.7 厘米，寬 13.1 厘米。半葉九行二十字，小字雙行同，左右雙邊，白口，單魚尾。版心上鐫子集名，中鐫卷次。書首有《清獻堂全編總目》。

《清獻堂集》書名葉分三欄，右題“仁和趙鹿泉著”，中題“清獻堂集”，左題“本衙藏板”。卷端題“仁和趙佑鹿泉著”。各卷前有分卷目録。卷一首有丁未（乾隆五十二年）趙佑自序、卷三首有未署年趙佑識語。卷一前趙佑自序謂詩稿多散失未存：“以是存稿常尠存而旋失，亦不甚惜。近從山左還老矣，乃并新舊諸作稍綴集之，未即分卷，此後或得次附如例。”卷三前趙佑識云：“古人文集多分體而予分年，蓋取以自考其閲歷之先後也。”是書詩分一、二兩卷，或在趙佑作序之後有所編次；部分詩題下注明時間，始於己巳（乾隆十四年，1749）迄於丁巳（嘉慶二年，1797）；文集八卷，編年排次，始於癸酉（乾隆十八年，1753）迄於丁巳（嘉慶二年）。

《尚書質疑》書名葉分三欄，右題“仁和趙鹿泉著”，中題“尚書質疑”，左題“本衙藏板”。卷端未題書名、著者。首有乾隆二十九年（1764）趙佑《叙》；次《尚書質疑目次》。是書解説考辨《尚書》，趙佑《叙》云：“爰是積歲月，窮網羅，費參悟，苟有所得輒從而筆之，久久見多。”是集卷上《敷淺原説》篇題下注“壬子補作”，篇末案語云：“此壬子（乾隆五十七年，1792）秋在江西作，本爲《廬山志》書後者，以其有關經説也，故復收附諸説篇之末兩存之。丁巳（嘉慶二年）自記。”

《尚書異讀考》書名葉分三欄，右題“仁和趙佑鹿泉著”，中題“尚書異讀考”，左題“本衙藏板”。卷端題“仁和趙佑學”。首有目録。卷六末有識語云：

"右自辛卯至庚子（乾隆三十六至四十五年，1771—1780）凡五易本，抄録斯竟，乙卯（乾隆六十年，1795）再校，弟備另録出。"

《詩細》書名葉分三欄，右題"仁和趙佑鹿泉著"，中題"詩細"，左題"草木疏校正附後""本衙藏板"。卷端題"仁和趙佑學"。首有乾隆己卯（二十四年，1759）趙佑《自序》（據書口）。是書卷《首》正文前有趙佑識語云："用竊取其義以名是帙，譬之先儒大家之言詩，特其錚錚細響而已。"《續》正文前趙佑識語云："説詩稍卒業，尚有足以助遺聞，参餘論者，散附其後，爲續卷。丙申（乾隆四十一年，1776）初冬記。"而《續》末有趙佑識語云："乾隆五十七年壬子七月，臣佑敬謹備録于江西使院。"

《陸氏草木疏校正》首有乾隆四十四年（1779）《自叙》，末有辛亥（乾隆五十六，1791）《跋》。

《讀春秋存稿》首有乾隆四十六年（1781）《自叙》；正文末有識語："此乾隆四十五年庚子夏事也。越歲癸丑（乾隆五十八年，1793），實維聖天子壽考作人之五十八年，益務昌明經學，特允廷臣之議，鄉會試春秋文。"

《春秋三傳雜案》正文末識語："乾隆六十年乙卯夏，佑續書于福州使院。"

《四書温故録》無欄格，字體稍有不同。此本《孟子章指》末缺二葉，《續修四庫全書》影印底本與此本同版，後者末葉鐫"乾隆六十年六月泉州安溪縣學生員謝大馨付梓"。

趙佑（1727—1800）字啓人，號鹿泉，清仁和（今屬浙江杭州）人。乾隆十七年（1769）進士，改庶吉士，授編修，纍官至都察院左都御史。著《尚書質疑》《朱傳異同考》《春秋三傳雜案》《清獻堂集》等。《清史列傳》卷二十八有傳。

是編爲趙佑著述。初曾於乾隆五十二年刊刻，後又有所增補、校改：如《清獻堂集》《尚書質疑》都有年代稍晚之補作；各子集亦增加乾隆五十六年、乾隆六十年、嘉慶二年等年份之序跋。而此本諸集與《清代詩文集彙編》影印之乾隆五十二年《清獻堂集》，《續修四庫全書》影印之《尚書質疑》《草木疏校正》《讀春秋存稿》《四書温故録》同版，僅爲内容有所增輯。其中《四書温故録》刻於乾隆六十年；而書中内容、序跋最晚年限爲嘉慶二年，則是編之增刻已至嘉慶。

"玄"易爲"元"。

《尚書質疑》卷上葉三十四鈐有紅色條紋紙廠印記。

《中國古籍善本書目》著録清刻本《清獻堂集》十卷。《中國叢書綜録》著録中國國家圖書館、上海圖書館、山東省圖書館、南京圖書館等二十五家收藏清乾隆五十二年刻本。《清代詩文集彙編》《續修四庫全書》影印部分子集。知美國國會圖書館、哈佛大學哈佛燕京圖書館，日本静嘉堂文庫著録收藏乾隆五十二年刻《清獻堂全編》。

　　《詩細》《陸氏草木疏校正》鈐 "高鄂藏書之章" 白文方印、"不齋居士" 朱文方印。《四書温故録》鈐 "曾歸徐氏彊誃" 朱文長方印等。

047

燕禧堂五種十五卷

T9117　　2146

《燕禧堂五種》十五卷

　　《字林考逸》八卷　　清任大椿輯

　　《列子釋文》二卷　　唐殷敬順撰　　宋陳景元補遺

　　《列子釋文考異》一卷　　清任大椿撰

　　《深衣釋例》三卷　　清任大椿撰

　　《釋繒》一卷　　清任大椿撰

　　清任大椿輯。清乾隆刻彙印本。十册。《字林考逸》框高 17.4 厘米，寬 13.9 厘米。各集行字不同，小字雙行，白口，單魚尾，版心上鐫書名，中鐫卷次。《字林考逸》半葉八行十九字，四周單邊；《列子釋文》半葉八行十七字，左右雙邊；另外三種皆爲半葉九行二十字，左右雙邊。

　　書首有《燕禧堂五種目録》（補抄）。

　　《字林考逸》卷二首題 "興化任大椿學"。卷一爲乾隆四十七年（1782）任大椿《序》，以及《例》《録》《目》；卷八末附丁傑籤記、任大椿識語。《字林》爲上承《説文》、下啓《玉篇》的古代字書，唐後漸亡佚，是書爲任大椿從典籍中輯出《字林》文字。卷一任大椿《序》云："余於《字林》亦同斯志，爰是參覈典墳，兼及二藏音義，鉤沉起滯，積累歲年遂成八卷，綴輯既竣，復綜論之。"

　　《列子釋文》卷端題 "唐殷敬順撰；宋陳景元補遺"。

　　《列子釋文考異》卷端題 "興化任大椿"。是集有乾隆五十二年（1787）任大椿序，此本闕，序云："余故仿照《道藏》原本別爲專刻，使之流布藝林。又取古今本之異同標其崖略，附一卷於書後。"則任大椿同時刊刻《列子釋文》與《考異》二書。

　　《深衣釋例》卷端題 "興化任大椿撰"。首有乾隆四十八年（1783）任大椿《深衣釋例序》。卷前《序》云："余曩著《經典弁服釋例》凡十卷……即《禮經》所謂善衣也，又以深衣爲善衣之次，因續著《深衣釋例》三卷。首推原其所用，次詳其制度，次載異名同實者若長衣、中衣之類是也。《方言》謂襌衣古之深衣，秦漢以後襌衣名義日廣，要皆深衣之流別，故亦附考焉。"

《釋繪》卷端題"興化任大椿撰"。

任大椿（1738—1789）字幼植，又字子田，清江蘇興化（今屬泰州）人。乾隆三十四年（1769）進士，授禮部主事，薦爲《四庫》纂修官，歷官員外郎、郎中，遷陝西道監察御史，未至而卒。少工文詞，後習經史傳注，精訓詁名物，著《子田詩集》《吳越備史注》《小學鈎沉》《弁服釋例》等。《清史列傳》卷六十八有傳。

是編五種皆考證名物、訓詁注釋之書。乾隆年間陸續成書，其中《列子釋文考異》之任大椿序署乾隆五十二年（1787）。

"玄"易爲"元"。

《中國古籍善本書目》經部著録清乾隆刻本《字林考逸》、清乾隆刻本《深衣釋例》、清刻本《釋繪》。《中國叢書綜録》著録中國國家圖書館、上海圖書館、遼寧省圖書館、山東省圖書館、四川省圖書館等十二家收藏清乾隆中刻《燕禧堂五種》。知臺灣大學圖書館，美國柏克萊加州大學圖書館、哥倫比亞大學圖書館，日本京都大學人文科學研究所、東洋文庫、法政大學、京都産業大學圖書館收藏。

048

周松靄先生遺書八種二十九卷

T9118　7256

《周松靄先生遺書》八種二十九卷

　　《十三經音略》十二卷

　　《小學餘論》二卷

　　《中文孝經》一卷《外傳》一卷

　　《代北姓譜》二卷

　　《遼金元姓譜》一卷

　　《杜詩雙聲疊韻譜括略》八卷

　　《選材録》一卷

　　《遼詩話》一卷

清周春撰。清乾隆嘉慶間刻本。六册。總書名葉題"周松靄先生遺書"，次八種子目名。

《十三經音略》框高 19.7 厘米，寬 13.8 厘米。半葉十行二十二字，小字雙行同，白口，左右雙邊，單魚尾。版心上鐫"音略"，中鐫經名。卷端上題經名，下題"十三經音略幾"，署"海寧周春學"。首嘉慶戊辰（十三年,1808）秦瀛《音學三書》，次嘉慶三年秦瀛《音略序》，次嘉慶七年（1802）阮元《十三經音略序》，次嘉慶元年（1796）周春撰《十三經音略凡例》六則，次目錄。凡《易》一卷、《書》一卷、《詩》二卷、《春秋三傳》一卷、《三禮》一卷、《四書》一卷、《孝經》一卷、《爾雅》三卷後附《直音正誤》、《大戴禮》一卷，末附《上座主武進錢公論韻學書》等書五篇。《直音正誤》及書五篇未計入總卷數。

《小學餘論》框高 19.8 厘米，寬 13.6 厘米。行款與《十三經音略》同。卷分上下。卷端題"海寧周春"。有書名葉，中鐫書名。首嘉慶九年（1804）阮元《小學餘論叙》。

《中文孝經》框高 17.4 厘米，寬 11.9 厘米。半葉十行二十一字，黑口，左右雙邊，單魚尾。首乾隆庚辰（二十五年，1760）齊召南序，次未署年查岐昌序。卷端無題署。

《代北姓譜》框高 17.4 厘米，寬 11.9 厘米。行款與《中文孝經》同。有書名葉，中鐫書名。首乾隆丙子（二十一年，1756）周蓮序。卷分上下。卷端題"海寧周春芚兮"。

《遼金元姓譜》框高 17.4 厘米，寬 11.9 厘米。半葉十行二十一字，小字單行同，黑口，左右雙邊，單魚尾。卷端有周春小序。缺第三葉。

《杜詩雙聲疊韻譜括略》框高 19.5 厘米，寬 13.8 厘米。行款與《十三經音略》同。有書名葉，中鐫書名。首乾隆辛亥（五十六年，1791）王鳴盛《杜詩雙聲疊韻譜序》，次乾隆五十七年（1792）盧文弨序，次上章閹茂（庚戌，乾隆五十五年，1790）錢大昕序；次《杜詩雙聲疊韻譜題辭》，趙翼、祝德麟各一篇；次彊圉大荒落（乙巳，乾隆五十年，1785）劉權之序，次乾隆五十四年（1789）周春序；次目錄，目錄末有乾隆甲辰（四十九年，1784）周春《記》。各卷端題"海寧周春松靄撰"。卷八下爲乾隆癸未（二十八年，1763）周春《自序》及《凡例》五則。

《選材錄》框高 17.2 厘米，寬 11.9 厘米。行款與《中文孝經》同。有書名葉，中鐫書名。首乾隆二十五年（1760）楊焕綸序，次周春自序。卷端題"海寧周春黍谷篹"。

《遼詩話》框、行款與《中文孝經》同。有書名葉，中鐫書名。首乾隆己卯（二十四年，1759）沈德潛序，次周春自序。次目錄。卷端題"海寧周春芚兮輯"。

周春（1729—1815）字松靄，一字芚兮，晚號黍谷居士。浙江海寧人。乾隆十九年（1754）進士，官廣西岑溪縣知縣。革除陋規而不擾民，有古循吏之風。嘉慶十五年（1810）重赴鹿鳴宴。與兄周蓮俱以博學知名。潛心著述，《遺書》八種外，尚著有《海昌勝覽》二十卷、《西夏書》一卷、《佛爾雅》八卷、《續左

傳類對賦》不分卷、《蠹餘詩話》十卷、《閱紅樓夢隨筆》一卷等。喜藏書，曾
購宋刻珍本《湯注陶詩》。《清史稿》卷四百八十一有傳。

是書涉及經學、音韻學、史學、詩文等多方面內容，以音韻學用功最深。
《十三經音略》以唐陸德明《經典釋文》爲主，參以《説文解字》《玉篇》《廣韻》
《五經文字》等書，考訂經典音讀，謹嚴細密，與《杜詩雙聲疊韻譜》《小學餘論》
合稱"音學三書"，最爲知名。

避"玄"字諱，或易爲"元"；"曄"字、"積"字缺末筆。周春先曾於乾隆
至嘉慶間輯刊《松靄初刻》六種，含《中文孝經》一卷《外傳》一卷、《爾雅補
注》四卷、《代北姓譜》二卷、《遼金元姓譜》一卷、《遼詩話》一卷、《選材錄》
一卷，後又著成"音學三書"，陸續付刻，故前後版式不一。此《遺書》無總序，
不詳何人所編，不知爲何將《爾雅補注》摒除在外。各書後或編入《粵雅堂叢書》
《藝海珠塵》《昭代叢書》等叢書，廣爲流傳。

鈐楷書"積學齋徐乃昌藏書""南陵徐乃昌校勘經籍記"朱文長方印，"鮑
氏□經堂藏書印"白文方印、"子剛經眼"朱文方印。

《中國叢書綜錄》著錄國家圖書館、首都圖書館、北京師範大學圖書館等多
家館藏。又知哈佛大學哈佛燕京圖書館等處有收藏。

049
心齋十種二十一卷

T9100　2110

《心齋十種》二十一卷

　　《夏小正》四卷　清任兆麟注

　　《石鼓文》一卷　清任兆麟集釋

　　《尸子》三卷《附錄》一卷　戰國尸佼撰　清惠棟輯　清任兆麟補遺

　　《四民月令》一卷　漢崔寔撰　清任兆麟輯

　　《襄陽耆舊記》二卷　晋習鑿齒撰　清任兆麟校

　　《文章始》一卷　南朝梁任昉撰　清任兆麟校

　　《壽者傳》三卷　明陳懋仁撰　清任兆麟校

　　《孟子時事略》一卷　清任兆麟述

　　《心齋集》一卷《弦歌古樂譜》一卷《題辭》一卷　清任兆麟撰

　　《綱目通論》一卷　清任兆麟撰

　　清任兆麟輯。清乾隆至嘉慶任氏忠敏家塾刻本。四冊。框高 17.3 厘米，寬
13.7 厘米。半葉九行十七字，小字雙行同，左右雙邊，白口，單魚尾。版心上

鐫子集名，中鐫卷次，下偶鐫"忠敏家塾""同川書屋""經笥堂"。另，《心齋集》九行十九字；《綱目通論》十行十九字，軟體字。

叢書名據總書名葉。總書名葉分三欄，右題"王西莊、盧抱經、錢竹汀三先生鑒"，中題"心齋十種"，左題"夏小正注、石鼓文集釋、尸子、四民月令、襄陽耆舊記、文章始、壽者傳、孟子時事略、心齋詩樂譜、綱目通論"。子集各有三欄書名葉。

《夏小正》卷端題"震澤任兆麟文田註"。書名葉右題"震澤任文田著"，中題"夏小正注"，左題"忠敏家塾藏版"，欄上題"乾隆丙午秋鐫"；丙午爲乾隆五十一年（1786）。首有乾隆丁未（五十二年，1787）王鳴盛《夏小正補註序》、乾隆柔兆敦牂（丙午，五十一年）張庠芊敘、柔兆敦牂江藩《叙》；次《夏小正叙説》。《序》版心下鐫"忠敏家塾"。各卷末有校者，卷一爲"門人陳昌言、尤興讓校"，卷二爲"門人吳渭師、陸懋曾校"，卷三爲"門人張景鑑、景銘校"，卷四爲"門人孫世楨、陳王幹、内姪張錫範、姪慶科校"。王鳴盛《序》述是集之編刻云："震澤任生文田篤志好古，孜孜不怠，爰補註是篇，刻以問世。……以文田之善讀書，其拾殘補缺，訂疑攷誤，爲功於經者甚多。"江藩《叙》云："太學任君心齋集先儒舊説，參以己意，而爲之注。"

《石鼓文》卷端題"吳郡任兆麟文田集釋"。書名葉右題"震澤任兆麟文田集釋"，中題"石鼓文"，左題"心齋藏書"，欄上題"宮詹錢辛楣先生鑒閲"。首有乾隆戊申（五十三年，1788）任兆麟《叙》、乾隆戊申任璋秉題詞；次趙宧光《石鼓文發凡》；末有乾隆著雍涒灘（戊申）馬天民《石鼓文集釋跋》。版心下鐫"同川書院"。卷末鐫"姪昌運、男誥校"。是集先爲任兆麟集釋，後爲所摹寫石鼓文。任兆麟《叙》云："不揣茫昧，摹字體之可攷者，存古文亐冉，集諸説之可采者，釋今文亐後，參目管見一二，用質博雅君子。"任璋秉題詞云："吾叔心齋先生據趙凡夫本，凡得七百二言，爲之讀正，集釋其義，多發前人所未有。不棄讉陋，蒙與參論一二，因請摹薛氏、潘氏諸本古文可見者列之卷端，以存體制。"

《尸子》卷端題"楚尸佼撰"，《附録》卷端題"東吳惠棟集；任兆麟補遺"。書名葉右題"乾隆戊申夏鐫"，中題"尸子"，左題"任兆麟校本"；戊申爲乾隆五十三年。首有《尸子目録》，題"來青書塾任氏藏本"，後附乾隆五十二年任兆麟校記，又題"迂窗學人張庠芊訂""乾隆戊申仲夏月望嘉定錢大昕觀于吳門寓齋"；《補遺》末有乾隆戊申任璋秉跋。卷三末鐫"大德八季（1304）甲辰二月吳淞任仁發鈔藏""康熙庚子歲（五十九年，1720）瞢日十三世孫思謙純仁氏重録亐經笥堂之西籨""西莊老史王鳴盛觀""乾隆戊申之歲仲夏南城吳照照南氏觀于吳門桃塢學舍"。《補遺》卷末鐫"乾隆戊申夏日奉心齋師命鈔尸子一通畢。以文鮑先生嗜讀古書，適來吳門，因即貽之。抱穌學人馬天民謹記""朱奐文游讀"。任兆麟校記云："余家舊藏子書雜録數種，内有《尸子》三篇，乃先世來青樓所遺本。既聞諸舊友余處士蕭客云紅豆惠先生嚮有手鈔本，後徧訪之，今得亏□□□（按，原書剜除四字）處，亦止會粹諸書而爲之，乃取余家舊本所未見者録之，別附于後云。"

《四民月令》卷端題"漢尚書崔實撰；後學國子任兆麟編"。書名葉右題"震澤任兆麟文田校"，中題"四民月令"，左題"戊申秋鐫"；戊申爲乾隆五十三年。首有乾隆五十三年任兆麟題識，後題"乾隆戊申夏六月西莊老史王鳴盛閲""青浦許寶善穆堂觀"；末有江珠《跋》。任兆麟題識版心下鐫"忠敏家塾"。卷末鐫"門人顏懋儀校"。任兆麟題識云："竹垞朱氏編《經義攷》，謂此書雖佚，而《齊民要術》《太平御覽》所引特多，尚可攟拾成書也。今因輯次，仍爲一卷云。"

《襄陽耆舊記》卷端題"晋習鑿齒彦威撰；後學任兆麟文田訂"。書名葉右題"晋習彦威撰"，中題"襄陽耆舊記"，左題"任兆麟校"。首有乾隆五十三年任兆麟《叙》、萬曆癸巳（二十一年，1593）陸長庚《舊序》；次《襄陽耆舊記目録》。任兆麟《叙》云："余家藏有《襄陽耆舊傳》一册。……世鈔行本脱譌頗多，今爲補正數處，昍備史傳記一家。"

《文章始》卷端題"梁樂安任昉撰"。書名葉右題"梁任敬子撰"，中題"文章始"，左題"武原家祠藏本"。首有任昉《叙》，後題"第四十一世孫蘭枝訂；第四十三世孫兆麟重校"；次《文章始目》，後有任兆麟識語；末有未署年洪适《跋》。卷一首葉版心下鐫"經笥堂"。

《壽者傳》卷端題"嘉興陳懋仁無功撰；後學任兆麟文田訂"。書名葉右題"乾隆乙巳秋鐫"，中題"壽者傳"，左題"任兆麟校本"，乙巳为乾隆五十年（1785）。首有江珠《叙》；次《壽者傳目次》；末有任兆麟跋并贊，後題"嘉定錢大昕觀"。江珠《叙》云："《壽者傳》一書，世所未見。任國子文田好古旁求，尋之張氏，因爲訂正付鋟目傳世。"任兆麟跋云："乾隆乙巳，余尋之友人張庫芊家，從子璋請付剞劂氏目壽世。"

《孟子時事略》卷端題"震澤任兆麟文田述"。書名葉右題"震澤任文田述"，中題"孟子時事略"，左題"戊申夏鐫"，欄上題"光禄王西莊先生鑒閲"；戊申爲乾隆五十三年。首有乾隆丙申（四十一年，1776）任兆麟《自叙》，後題"弟子馬天民理夫、姪昌運英倍校"；次癸卯（乾隆四十八年，1783）潘奕雋《題辭》、乾隆昭陽單閼（癸卯）江藩《叙》。卷末鐫"同學王芑孫鐵夫、彭希涑蘭臺參訂"。任兆麟《自叙》云："乙未（乾隆四十年，1775）秋，繙閲家塾舊書，尋彭山梁生百詩諸家所著，論辯不一，閱者如出交衢，莫知所適。爰采諸家之說之確核者，成《孟子時事略》目附末簡。"

《心齋集》卷端題"二林彭先生評點；震澤任兆麟文田撰"，卷二首題"震澤任兆麟文田撰；仲子昌諫校"；版心上鐫"心齋詩橐"。書名葉中題"心齋居士詩橐"。首有嘉慶丁巳（二年，1797）程思樂《心齋詩集序》。《弦歌古樂譜》卷端題"震澤任兆麟文田學"；卷末鐫"弟子吳渭師校"。《樂譜》末有未署年沈纕《跋心齋先生琴譜後》。集末附《題辭》一卷，爲友朋題贊。沈纕《跋心齋先生琴譜後》云："心齋先生善琴者也。己酉（乾隆五十四年，1789）春以是編見示。"

《綱目通論》卷端題"吳郡任兆麟文田撰"。書名葉右題"吳郡任文田撰"，中題"綱目通論"，左題"同川書屋藏板"，欄上題"乾隆辛丑年重鐫"，辛丑爲乾隆四十六年。首有《綱目通論題辭》。卷末鐫"吳郡張若遷刻"。是書爲任兆麟少作，樵柯老人題辭云："括二十二史於一千三百言中，無舛遺，有斷制，斯爲不刊之作。昔人論作史須具三長，余謂讀史者尤闕一不可也。族子文田以未冠之年，擅此手筆，養根遂實，繼其眉山，先緒尚勉旃哉。"

任兆麟（生卒年不詳）初名廷麟，字文田，號心齋，清震澤（今屬江蘇蘇州）籍，興化（今屬江蘇泰州）人，任大椿族弟。太學生，嘉慶元年（1796）舉孝廉方正，以侍養歸，卒年八十二。幼承家學，博聞敦行，研習經傳子史及古文字，爲王鳴盛、段玉裁、錢大昕所重，著《毛詩通説》《春秋本義》，有詩文集《林屋詩稿》《心齋詩稿》，編《吳中女士詩鈔》。《清史列傳》卷六十八有傳。

是書收任兆麟校輯經史之書，以及自著詩集史論，共十種，乾隆末至嘉慶初陸續刊刻。《綱目通論》重刻於乾隆四十六年，刊刻時間最早；《心齋集》有嘉慶二年序，刊刻時間最晚；其餘諸集集中刊刻於乾隆五十至五十三年，成書於乾隆四十年之《孟子時事略》亦刊於乾隆五十三年；僅《文章始》一書無書名葉及署年序跋。是書《夏小正》書名葉鐫"忠敏家塾藏版"，《夏小正》《四民月令》版心鐫"忠敏家塾"；《綱目通論》書名葉鐫"同川書屋藏板"，《石鼓文》版心鐫"同川書屋"；《文章始》書名葉鐫"武原家祠藏本"、版心鐫"經笥堂"，《尸子》任思謙序亦書於"經笥堂"；此皆當爲任氏讀書、藏書之處。查中國國家圖書館藏本中之《心齋集》并無嘉慶二年序，故著録爲乾隆刻本。然《心齋集》書名葉未鐫刊刻年代、藏版地，字體與其他子集不同，頗疑其刊刻已至序文所署之嘉慶年間。

"弘"易爲"宏"，"曆"易爲"歷"。

《中國叢書綜録》彙編獨撰類著録中國國家圖書館、上海圖書館、南京圖書館、江西省圖書館、湖北省圖書館等十七家收藏清乾隆中震澤任氏忠敏家塾刻本。知美國國會圖書館、斯坦福大學圖書館、哥倫比亞大學圖書館，日本國會圖書館、内閣文庫、東洋文庫、東京大學東洋文化研究所、京都大學人文科學研究所，韓國奎章閣收藏。

鈐滿漢文"□城縣印"朱文方印，"和卿"朱文方印、"小酉主人"朱文方印，"臣變之印"白文方印，"養晦齋"朱文長方印。

050
詩禮堂全集十六種五十五卷（缺一種一卷）

T9117　1114

《詩禮堂全集》十六種五十五卷
　　《易翼述信》十二卷
　　《大學讀法》二卷
　　《中庸讀法》二卷
　　《孟子讀法》十五卷
　　《史記讀法》二卷
　　《詩禮堂古文》五卷
　　《詩禮堂雜詠》七卷
　　《詩禮堂雜纂》二卷
　　《春秋繁露求雨止雨考定》一卷
　　《河工》一卷
　　《四書時文》一卷
　　《介山自定年譜》一卷
　　《敕封儒人例封恭人王室繼配馮氏實録》一卷
　　《鄉會試硃卷》一卷
　　《聖諭廣訓》一卷
　　《聖諭廣訓衍》一卷

清王又樸撰。清乾隆刻本。缺《河工》一卷。三十八冊。《易翼述信》框高17.9厘米，寬12.2厘米。《易翼述信》《大學讀法》《中庸讀法》《孟子讀法》《史記讀法》《春秋繁露求雨止雨考定》及《河工》半葉八行二十二字，左右雙邊，白口，單魚尾，版心上鐫書名、小題，中鐫卷次；《詩禮堂古文》《詩禮堂雜詠》《詩禮堂雜纂》半葉八行二十字，四周單邊；其餘子集行款各異。

書首有乾隆十六年（1751）高晉《序》；次《詩禮堂全集目録》，分六帙；次未署年陳祖范《陳序》、乾隆十二年（1747）《方望溪先生札》及王又樸識語、乾隆十五年（1750）王又樸《自序》；次《讀法》。

《易翼述信》卷端未題書名、著者，書名據《全集目錄》。書名葉分二欄，右題"方望溪先生鑒定"，左題"易翼述信""詩禮堂藏板"。卷一、十二分上下。是集爲王又樸研習《易》之述作，陳祖范《序》云："先生自言幼稚讀《易》即致疑，老始信而有述"，王又樸《自序》云："乾隆丁巳歲（二年，1737），余年已五十七歲，始又取而尋味之。……今余年且七十，稿凡四易。"

《大學讀法》卷端未題書名、著者，書名據《全集目錄》。書名葉分三欄，右題"方望溪先生鑒定"，中題"大學讀法"，左題"詩禮堂藏板"。首有乾隆十二年王又樸《題詞》。是集上、下卷分別爲《大學原本説略》《大學原本讀法》。王又樸先著《大學原本讀法》，《説略》乃其反復研求後所著，二者合爲一書。卷前《題詞》云："余十八年前曾爲《大學總説》并《讀法》一卷……乃爲《説略》而俟於後以正之。"

《中庸讀法》卷端未題著者，書名據《全集目錄》。書名葉分三欄，右題"方望溪先生鑒定"，中題"中庸讀法"，左題"詩禮堂藏板"。是集上、下卷分別爲《中庸總説》《中庸讀法》。

《孟子讀法》行間有小字夾注。卷端未題書名、著者，書名據《全集目錄》。書名葉分三欄，右題"方望溪先生鑒定"，中題"孟子讀法"，左題"詩禮堂藏板"。首有乾隆庚午（十五年）王又樸《讀孟題辭》，末鐫"濡庠范允袋紳魚、朱彤弨兮、李堂林逸校録"。是集爲王又樸所述，卷前《題辭》云："及來廬分守濡邑，防江外暇無事，乃日與濡人論文，輒舉《孟子》以爲法。濡人隨余口而剳記之，然不知與世所傳蘇批者爲何如，而濡人則易爲明且悉也，付諸梓以問世。"

《史記讀法》卷端未題書名、著者，書名據《全集目錄》。書名葉欄內題"史記七篇讀法""詩禮堂藏板"。首有乾隆二年王又樸《項羽本紀讀法題詞》、乾隆十九年（1754）王又樸《後序》；次《目錄》《讀法凡例》；各篇之前均有"讀法"，再以圈點符號評注《史記》原文。王又樸先作《項羽本紀讀法》，後又從《世家》《列傳》擇取六篇予以釋讀。王又樸《後序》云："此七篇者，皆世人誤讀而不識史公之所用心，余故特爲著之。"

《詩禮堂古文》卷端未題書名、著者，書名據《全集目錄》。書名葉分二欄，右題"方望溪先生鑒定"，左題"王介山古文""詩禮堂藏板"。首有乾隆十九年王又樸《自序》；次目錄，目錄題"詩禮堂古文""天津王又樸著；方望溪先生鑒定"。是集爲王又樸宦後所作，《自序》云："乃於公餘自撿陳編故牘，稍爲刪易其詞。"此本目錄缺"又九"葉，間有補刻如目錄葉又八、九，卷五葉六十三等。

《詩禮堂雜詠》版心中鐫子集名。卷端未題書名、著者，書名據《全集目錄》。

是集含六種七卷，收康熙四十年至乾隆十三年近五十年詩作。《關栎集》一卷，題下注"倅扶風時作"，爲庚戌至壬子（雍正八年至十年，1730—1732）三年之作；《呻吟集》一卷，題下注"告病歸里作"，爲癸丑至戊午（雍正十一年至乾隆三年，1733—1738）六年之作；《擊壤集》二卷，題下注"起復，仍赴關中時作"，爲己未至戊辰（乾隆四年至十三年，1739—1748）十年之作；《寒蛩集》一卷，題下注"未仕前作"，爲辛巳至壬寅（康熙四十年至六十一年，1701—1722）二十年之作；《鼓吹集》一卷，題下注"詞館銓曹時作"，爲癸卯至乙巳春（雍正元年至三年，1723—1725）三年之作；《歌薰集》一卷，題下注"分司河東時作"，爲乙巳夏至己酉（雍正三年至七年，1725—1729）五年之作。

《詩禮堂雜纂》卷端有題名，題"介山老人漫筆"。書名葉欄内題"王介山雜纂""詩禮堂藏板"。

《春秋繁露求雨止雨考定》卷端題"春秋繁露第七十四"，未題著者，書名據版心。末有王又樸題識。是集爲王又樸推衍《春秋繁露》治理濡之水患，含《求雨考定》《止雨考定》兩篇。後附《創建土星祠記》《建土星祠并支水説》二篇。王又樸題識云："此余在濡，苦於江壩之日圮，乃竊取《繁露》之説，以爲人之精意既可通於天，則亦可通於地，于是推廣其意，爲建祠與支水。"

《四書時文》半葉九行二十五字，左右雙邊，版心上鐫"介山時文"。卷端未題書名、著者，書名據《全集目録》。書名葉欄内題"王介山時文""古郇新刻"。首有乾隆元年（1736）劉吳龍《序》、雍正二年（1724）孫勷《序》、雍正元年（1721）朱軾《序》；次《目録》，末有雍正七年（1729）王又樸識語。是集爲王又樸以《四書》爲題之制藝文章，未分卷。王又樸識語云："右文七十七首，爲題五十有八，刻於古郇瑕氏之地，餘四十首未及刻而余去矣。與此地之士周旋久，無可留贈，姑以是正之。"

《介山自定年譜》半葉九行二十字，左右雙邊，版心上鐫"介山年譜"。首有乾隆二十六年（1761）《王介山年譜自叙》。是集《自叙》云："今余將與世辭，而恐子孫之亦然也，乃自定著其年譜，凡一生之美惡皆無一隱焉。"

《敕封儒人例封恭人王室繼配馮氏實録》半葉十行二十字，左右雙邊，版心上鐫"實録"。此本每葉首末行訂於綫内，卷端題名不可見。

《鄉會試硃卷》半葉九行二十五字，四周雙邊，無欄格，版心上鐫篇名。是集包括《順天鄉試硃卷》《恩科會試硃卷》二篇。

《聖諭廣訓》半葉九行二十字，四周雙邊。《聖諭廣訓序》。此書闡發清聖祖提出的教化子民之十六條上諭，雍正初頒行各地。《序》云："故特頒《上諭十六條》曉諭八旗及直省兵民人等……尋繹其義，推衍其文，共得萬言，名曰

《聖諭廣訓》。"

《聖諭廣訓衍》半葉十行二十一字，四周雙邊，版心上鐫"廣訓衍"。首有雍正丙午（四年，1726）王又樸《恭紀》（據書口）。地方官有宣講《聖諭廣訓》之責，故王又樸作此書以期通俗易懂。《恭紀》云："每遇朔望，同運城紳士齊集公所，宣講睿製。……惟是愚夫村豎未諳文義，兼之土音多訛，一切稱名指物詞語各別，是以聆讀之下，未盡通曉。……謹就方言里語推衍成篇，或約略以會意，或闡發以盡辭。"

王又樸（1681—1760）字介山，清直隸天津人。雍正元年（1723）進士，改庶吉士，授吏部主事，出爲河南分司，歷泰州通判，池州、徽州知府，精水利。治經學，著《易翼述聞》，詩文輯爲《詩禮堂全集》。《清史列傳》卷六十八有傳。

此本卷前有《詩禮堂全集總目》，但與書中所收不盡相同。目錄有《四書時文》《時文十六篇》，然此本所收僅爲《四書時文》，或有闕；目錄《春秋繁露》後有"附試墨年譜"，應爲此本之《介山自定年譜》。此本之《繼配馮恭人實錄》《鄉會試硃卷》《聖諭廣訓》《聖諭廣訓衍》未見於目錄。此本之《聖諭廣訓》《聖諭廣訓衍》二書紙張明顯不同，當爲《全集》刊刻後增印。

此本又較《中國叢書綜錄》之著錄少《泰州縷堤説略》《明辨錄》《論語廣義》三種，後二種亦爲《叢書綜錄》未見原書而據歷代書目著錄；此本目錄多出《河工》一種；此本之《時文》未分卷，而《叢書綜錄》著錄爲三卷。子目之差異，當因是書曾經增刊之故。據書中避諱，此本爲清乾隆間刊刻。

"玄""眩""炫"等字缺筆；"貞"字或缺筆；"弘"字異寫，"曆"易爲"歷"。

《中國叢書綜錄》著錄中國國家圖書館、中國科學院文獻情報中心、北京大學圖書館、北京師範大學圖書館、天津圖書館、福建師範大學圖書館、武漢大學圖書館七家收藏是書清刻本，其中天津圖書館著錄爲十七種五十七卷，蓋有所增補。《清代詩文集彙編》影印清乾隆刻《詩禮堂古文》《詩禮堂雜咏》（存《擊壤集》上、《鼓吹集》《寒蜑集》三卷）。又知美國哥倫比亞大學圖書館藏《詩禮堂全集》。

附録一　書名拼音索引

B

bai

bai hai si shi ba zhong er bai ba shi ba juan xu er shi er zhong yi bai liu shi yi juan

稗海四十八種二百八十八卷續二十二種一百六十一卷　002

C

chen

chen si ye ji si zhong shi yi juan

陳司業集四種十一卷　043

D

dai

dai yuan cong shu chu ji shi er zhong si shi jiu juan

貸園叢書初集十二種四十九卷　019、020

G

gu

gu wen xuan si zhong shi liu juan

古文選四種十六卷　011

H

han

han hai yi bai wu shi liu zhong ba bai liu shi liu juan

函海一百五十六種八百六十六卷　021

J

jin

jin dai mi shu shi wu ji yi bai si shi yi zhong qi bai si shi ba juan

津逮秘書十五集一百四十一種七百四十八卷　009

jing

jing xun tang cong shu er shi yi zhong yi bai qi shi juan

經訓堂叢書二十一種一百七十卷　018

K

kang

kang xi tang shi liu zhong yi bai si shi wu juan

抗希堂十六種一百四十五卷　041

L

li

li zhu lan xian sheng shuo bu ba zhong er shi liu juan

李竹嬾先生説部八種二十六卷　030

liu

liu shi chuan jia ji san shi san zhong er bai jiu juan

劉氏傳家集三十三種二百九卷　024

long

long wei mi shu shi ji yi bai liu shi ba zhong san bai er shi wu juan

龍威秘書十集一百六十八種三百二十五卷　023

lu

lu fang weng quan ji liu zhong yi bai wu shi ba juan

陸放翁全集六種一百五十八卷　025

lü

l ü xin wu quan ji er shi er zhong wu shi si juan

呂新吾全集二十二種五十四卷　031

M

mi

mi shu nian yi zhong jiu shi si juan

秘書廿一種九十四卷　010

P

ping

ping shan cao tang gao si zhong shi wu juan

屏山草堂稿四種十五卷　044

Q

qing

qing xian tang quan bian ba zhong wu shi jiu juan

清獻堂全編八種五十九卷　046

附録二　著者拼音索引

附録三　版本索引

附録四　館藏索書號索引

參考文獻

專著

（清）永瑢等撰，《四庫全書總目》，北京：中華書局，1997 年

孫殿起錄，《販書偶記》，北京：中華書局，1959 年

孫殿起錄，《販書偶記續編》，上海：上海古籍出版社，1980 年

中國古籍善本書目編輯委員會編，《中國古籍善本書目》，上海：上海古籍出版社，1989—1998 年

天津圖書館編，《稿本中國古籍善本書目書名索引》，濟南：齊魯書社，2003 年

上海圖書館編，《中國叢書綜錄》，北京：中華書局，1959 年

北京圖書館編，《北京圖書館古籍善本書目》，北京：書目文獻出版社，1987 年

萬蔓著，《唐集敘錄》，北京：中華書局，1980 年

祝尚書著，《宋人總集敘錄》，北京：中華書局，2004 年

祝尚書著，《宋人別集敘錄》，北京：中華書局，1999 年

崔建英輯訂，《明別集版本志》，北京：中華書局，2006 年

（清）姚覲元編、孫殿起輯，《清代禁燬書目》附《補遺》《清代禁書知見錄》，上海：商務印書館，1957 年

故宮博物院圖書館、遼寧省圖書館編著，《清代內府刻書目錄解題》，北京：紫禁城出版社，1995 年 9 月

張舜徽著，《清人文集別錄》，北京：中華書局，1963 年

袁行雲著，《清人詩集敘錄》，北京：文化藝術出版社，1994 年

李靈年、楊忠主編，《清人別集總目》，合肥：安徽教育出版社，2000 年

柯愈春著，《清人詩文集總目提要》，北京：北京古籍出版社，2002 年

李世瑜編，《寶卷綜錄》，北京：中華書局，1961 年

車錫倫編著，《中國寶卷總目》，北京：北京燕山出版社，2000 年

王重民撰,《中國善本書提要》,上海:上海古籍出版社,1983 年

王重民撰,《中國善本書提要補編》,北京:書目文獻出版社,1991 年

中國科學院圖書館整理,《續修四庫全書總目提要》,北京:中華書局,
1993 年

"中央圖書館" 編印,《"國立中央圖書館" 善本書目》,臺北:"中央圖書館",
1967 年

臺北故宮博物院編印,《"國立故宮博物院" 善本舊籍總目》,臺北:故宮
博物院,1983 年

"中央圖書館" 編印,《臺灣公藏善本書目書名索引》,臺北:"中央圖書館",
1971 年

"中央圖書館" 編印,《臺灣公藏善本書目人名索引》,臺北:"中央圖書館",
1971 年

香港中文大學圖書館系統編,《香港中文大學圖書館古籍善本書録》,香港:
香港中文大學出版社,2001 年修訂版

王重民、袁同禮著,《美國國會圖書館藏中國善本書録》,Library of Congress
(美國國會圖書館),1957 年

屈萬里撰,《普林斯頓大學葛思德東方圖書館中文善本書志》,臺北:藝文
印書館,1975 年

葛思德東方圖書館編,《普林斯頓大學葛思德東方圖書館中文舊籍書目》,
臺北:臺灣商務印書館,1980 年

沈津主編,《美國哈佛大學哈佛燕京圖書館中文善本書志》,上海:上海辭
書出版社,1999 年

美國哈佛大學哈佛燕京圖書館編,《美國哈佛大學哈佛燕京圖書館藏中文善
本彙刊》,桂林:廣西師範大學出版社,2003 年

沈津主編,《美國哈佛大學哈佛燕京圖書館中文善本書志》,桂林:廣西師
範大學出版社,2011 年

李國慶編著,《美國俄亥俄州立大學圖書館中文古籍書録》,桂林:廣西師
範大學出版社,2003 年

柏克萊加州大學東亞圖書館編,《柏克萊加州大學東亞圖書館中文古籍善本
書志》,上海:上海古籍出版社,2005 年

多倫多大學鄭裕彤東亞圖書館編,《加拿大多倫多大學東亞圖書館藏中文古
籍善本提要》,桂林:廣西師範大學出版社,2009 年

范邦瑾編著,《美國國會圖書館藏中文善本書録續》,上海:上海古籍出版

社，2011 年

馬月華編著，《美國斯坦福大學圖書館藏中文古籍善本書志》，桂林：廣西師範大學出版社，2013 年

曹亦冰、盧偉主編，《美國圖書館藏宋元版漢籍圖録》，北京：中華書局，2015 年

全寅初主編，《韓國所藏中國漢籍總目》，首爾：學古房，2005 年

嚴紹璗編著，《日藏漢籍善本書録》，北京：中華書局，2007 年

點校本《二十四史》《清史稿》，北京：中華書局，1959—1977 年

王鍾翰點校，《清史列傳》，北京：中華書局，1987 年

鄭偉章編，《文獻家通考》，北京：中華書局，1999 年

林申清編著，《明清著名藏書家·藏書印》，北京：北京圖書館出版社，2000 年

《文淵閣四庫全書》，臺北：臺灣商務印書館，1983—1986 年

四庫全書存目叢書編纂委員會，《四庫全書存目叢書》，濟南：齊魯書社，1994—1997 年

四庫全書存目叢書補編編纂委員會，《四庫全書存目叢書補編》，濟南：齊魯書社，2002 年

四庫禁燬書叢刊編纂委員會，《四庫禁燬書叢刊》，北京：北京出版社，1997 年

四庫禁燬書叢刊編纂委員會，《四庫禁燬書叢刊補編》，北京：北京出版社，2005 年

四庫未收書輯刊編纂委員會，《四庫未收書輯刊》，北京：北京出版社，2000 年

續修四庫全書編纂委員會，《續修四庫全書》，上海：上海古籍出版社，1993—2002

清代詩文集彙編編纂委員會，《清代詩文集彙編》，上海：上海古籍出版社，2009—2011 年

數據庫

（中國臺北"國家圖書館"）中文古籍聯合目録，http://rbook2.ncl.edu.tw/

Search/Index/2

（中國臺北"國家圖書館"）古籍影像檢索，http://rbook2.ncl.edu.tw/Search/Index/1

日本所藏中文古籍數據庫，http://kanji.zinbun.kyoto-u.ac.jp/kanseki

中華古籍資源庫，http://mylib.nlc.cn/web/guest/shanbenjiaojuan

OCLC（Online Computer Library Center）聯合編目數據庫

後 記

  2014—2015 年間，我有幸赴美國芝加哥大學東亞圖書館，從事中文古籍善本書志的撰寫工作。得與此事，實受益於中華古籍保護工作的开展。2007 年，"中華古籍保護計劃" 啟動，在全國範圍内進行古籍普查、名錄申報等工作。2011 年，文化部下發進一步加强古籍保護的通知，其中提到 "加快海外古籍調查，加强國際交流與合作"。隨後兩年，海外中華古籍調查不斷有新的進展，比如得知美國芝加哥菲爾德博物館（Field Museum）藏有六千多件中國石刻拓本、日本藏有包括宋刻《崇寧藏》在内的大量珍貴善本等等。

  調查文獻存藏的同時，進一步的研究工作也越來越多地開展起來。北美所藏中文古籍的整理研究工作始於二十世紀，王重民、袁同禮二先生《美國國會圖書館藏中國善本書録》及屈萬里先生《普林斯頓大學葛思德東方圖書館中文善本書志》謂爲先驅。近三十年來，一方面中文善本國際聯合目録以北美收藏機構爲主進行中文古籍目録的整合；一方面美國國會圖書館、哈佛大學、伯克萊加州大學、俄亥俄州立大學、斯坦福大學，以及加拿大多倫多大學等收藏機構陸續進行書志、書録的撰寫。經過幾十年的積纍，海外中文古籍的信息愈加詳盡準確，這些珍本也逐漸進入研究者的視野。

  芝加哥大學東亞圖書館始建於二十世紀三十年代，主持館務者皆爲漢學或文獻學領域的專家，採擇圖書時着眼於實際研究，館藏頗具規模。根據卡片目録初步統計，該館中文古籍善本共約千部，數量可觀且不乏精善，其中有李宗侗舊藏善本，以及從紐伯瑞圖書館（Newberry Library）轉來的勞費爾（Laufer）購藏善本。

  幾年前，中國臺灣的張寶三教授即專門從事芝大館藏經部善本的研究，開始爲芝大所藏善本撰寫書志。我所撰寫的集部、叢部兩個部類，歷經十四個月，剛好在返程前一天完成當時善本庫房内藏書的調查。以最初的期望而言，本書志重在反映原書面貌及特徵、説明版本依據及修訂增補始末。書志涉及近三百部古籍，盡力提供細緻全面的信息、確鑿可信的依據，然陳述之繁簡、推斷之深淺，或因書而異或有力不能及之處，還懇請方家指正。如大體能接近最初的目標，很大程度上仰賴於此前已有的各項成果。除古籍整理常用的書目之外，又有影印古籍可供版本比對，還有多種書目或影像數據庫的便利。僅就北美研究成果而言，芝大館保留至今的善本卡片目録，多經錢存訓先生手訂；中文善本國際聯合目録提供豐富的書目信息；而以哈佛大學、伯克萊加州大學爲代表的多種書志，爲版本的鑒別提供了非常重要的信息和綫索。

此次書志撰寫，對我而言是專心從事專項工作的難得經歷，實打實地提高了專業素養。在此，首先要感謝國家圖書館張志清副館長規劃古籍保護事業、牽綫搭橋促成合作事宜，及古籍館陳紅彦副館長的推薦。而芝加哥大學東亞圖書館的周原館長，不僅商請夏含夷教授資助，并且每日親自提歸善本書籍、詢問每書版本特點，乃至相與討論體例、辨析疑點，極其負責地統籌了整個項目。芝大的錢孝文老師，除拍攝本書志插圖書影之外，又不厭其煩地對增補書籍進行必要信息的拍攝及核對。中國臺灣的張寶三教授，嚴謹治學的態度令人折服，在書志體例的反復討論中對我的簡單思維寬容有加。國家圖書館的洪琰、樊長遠兩位同仁，於 2017、2018 年先後赴芝加哥大學從事古籍普查和史部書志撰寫工作，普查過程中陸續從普通古籍中選出若干善本。經過幾次根據書影補寫書志的嘗試，我還是覺得依據書籍本身更能夠保證信息的完整和版本的準確，因此叢部增補的 009、011、021、022、027、031、036、048 八種書志，皆委托樊長遠代爲撰寫，在此特別感謝他的無私幫助。還要感謝國家圖書館出版社重大項目室的張愛芳主任和靳諾、陳瑩瑩兩位編輯爲文稿校正付出的心血，以及對因增補篇目而導致重新排版校稿的耐心。

希望此書能成爲古籍整理研究的有用墊腳石。期待芝加哥大學東亞圖書館善本各個部類的書志早日完成！并向踏實從事古籍工作、熱心推動古籍事業的前輩和同仁們致敬！

李文潔

2018 年 12 月